躁動的亡魂

太平天國戰爭的暴力、失序與死亡

What Remains

Coming to Terms with Civil War in 19th Century China

梅爾清——著　蕭琪、蔡松穎——譯　郭劼——審訂

Tobie Meyer-Fong

獻給我的公公方長城（1934-2002）與摯友 Quanuah Pratt（1968-2008），

無法言傳的情感，將在記憶中永存。

各界好評推薦

十九世紀中國的戰爭究竟是怎樣一回事，又有哪些影響？梅爾清的研究既罕見且深具開創性，不僅激發智識層面的迴響，也能引起深刻的情感共鳴。人們如何回應太平天國這個人類史上最黑暗的篇章？我們現在有了第一手最切身的研究。《躁動的亡魂》是一本兼具情緒渲染力與理性洞悉的作品，時而發人深省，時而令人心碎，最重要的是讓讀者大開眼界。

——**史蒂芬・普拉特（Stephen R. Platt）**，美國阿姆赫斯特麻塞諸塞大學教授，《太平天國之秋》作者

梅爾清挖掘出清代時人所留下的豐富史料，這些材料在過往常常遭到聚焦中國革命史觀的史家忽略。本書展現了像梅爾清這樣優秀的史家，如何能擺脫傳統窠臼、獲得全新洞見。這不只是欲認識太平天國者不可或缺的一本書，也是任何想瞭解晚清之人如何受戰爭影響、

又如何回應的必讀之作。

——**馬寇德**（**Edward A. McCord**），美國喬治華盛頓大學艾略特國際事務學院副院長，《現代中國的軍事武力與精英力量》作者

梅爾清這本書替太平天國相關研究指出了一個可喜的新方向……書中最有價值的見解，就是指出地方士紳在表忠時其實有著經常為人忽視的宗教面向，以及這如何反映忠烈觀在晚清的變化——這個觀念與當今中國政治息息相關。

——**布羅菲**（**David Brophy**），澳洲雪梨大學中國現代史講師，《維吾爾民族：俄中邊疆的改革與革命》作者

梅爾清的《躁動的亡魂》採用那些長期經歷過太平天國災難的倖存者觀點，內容豐富且原創。裨益於她對當代史料廣泛而深入的掌握，本書近距離檢視了生活在太平天國內戰底下究竟是什麼景況。

——**《英國歷史評論》**（***The English Historical Review***）

這本引人入勝之作紀錄了學者、士兵、女性、兒童、官員和變節者等形形色色的人物，如何經歷並紀念這場人類歷史上最具破壞性的內戰。梅爾清明白地指出，無論是在個人還是政治層面，太平天國內戰都造成了深遠的影響。

——**衛周安**（**Joanna Waley-Cohen**），美國紐約大學歷史學系教授，《中國的戰爭文化：帝國與清朝軍事》作者

本書史料基礎驚人，融匯各種體裁，回答罕有人想到的問題。選題令人信服，對希冀瞭解十九世紀中國與世界的史家來說宛如無價之寶。過去少有學者研究太平天國的長期影響，關照到這批史料者更少，只有梅爾清教授將它們綜合起來，聚焦時人在戰火底下的經驗，而非交戰各方的政治意識型態。她文字優美，主題勾人，即便撇開其高度學術價值不談，仍具一讀的價值。書中有著人相食、被斬首的母親、哀悼的花園和無法安息的亡魂，讀來宛若小說情節。

——**吳克強**（**William C. Wooldridge**），美國紐約州立大學利曼學院、哥倫比亞大學東亞所副研究員

讀者可以在梅爾清這本書的字裡行間，感受到生命的掙扎，以及人的重量。推薦給想從不同角度認識太平天國的學生。

——**蔡蔚群**，北一女中歷史科教師

像我這麼個曾經接受過單一史觀教育的臺灣小孩，若有機會回頭瞭解、閱讀曾經烙印在腦海中的「歷史」，都會產生各種「新發現」。這無非是一種悲哀。除黑白對立，正邪絕對的世界觀遭摧毀之外，還有一種反省是根基在視角的轉移——書寫本身就帶著權力，故歷史也會自帶階級。在「政治」的、「戰爭」的敘事中，更容易產生這樣的位階。若人們習於讀勝者之言，聽王侯將相之語，就會臣服在「大歷史」的威權下，忘記自己不過是區區肉身，屬云云眾生。

但越來越多的戰爭歷史、政治書寫，都拋卻了這樣的城牆框窗，而是從浮游如你我的經驗感受與角度，編織凡人的肉身歷史，他們如何在變動、災禍、無常中，留下自己的聲音與掙扎，且活出一個人的樣子。太平天國，在我心中，曾是一個被標以「亂」與「邪」的歷史，後來卻又因革命與真理的版本而被顛覆。但在這不同的詮釋，不一樣意識形態之外，除於敵對雙方之下的男女老少，他們看到了什麼？想著什麼？又如何活著？都可在《躁動的亡魂》中看到。

要在大塊大塊的官方史料中，撿拾社會裡的碎片，並且拼出過去從來不曾關注的文化樣貌、組織運作、生活點滴，實屬不易，從這個角度看，《躁動的亡魂》如「清明上河圖」一般精緻華美。作者以文字的力量，具體封存了江南地區鮮活的記憶——即使是在描述它如何在戰爭中死去。

——**阿潑**，作家，《日常的中斷》作者

目次

推薦序

傾聽亡魂的聲音

涂豐恩　「故事」網站創辦人暨執行長

西元一八六一年，太平軍與清軍之間陷入激戰。

前一年，太平軍剛剛擊潰了清軍的江南大營，再次讓清政府大為震動。他們攻佔了蘇州、杭州等城市，而後又發起西征，目標位於長江中游的武漢，政府軍也隨即展開反擊。那年四月，雙方在另一座長江沿岸城市安慶短兵相接，由曾國荃率領的湘軍，將太平軍佔領的安慶團團包圍，洪秀全族弟洪仁玕率眾前往馳援，卻沒能成功。幾個月後，太平軍宣告彈盡援絕，大勢已去，清軍攻破了安慶，整座城市重回清政府掌握之中。

就在這場安慶保衛戰正酣的同時，有另一場戰事在太平洋彼岸爆發。一八六〇年的十一月，美國舉辦總統大選，結果揭曉，代表共和黨的林肯當選美國第十六任總統。這個結果卻引起南方各州的不滿，由南卡羅來納州為首，前後共有七個州陸續宣布脫離聯邦。隔年三月，林肯在就職典禮上仍在呼籲統一團結，卻沒能挽回分裂的局勢。到了一八六一年四月，南方與北方的軍隊在薩姆特堡第一次交火，南北戰爭就此拉開序幕。

這場兄弟鬩牆的內戰，一共打了四年多，造成前所未有的慘烈傷亡。到一八六五年南方軍全數宣告投降為止，估計至少六十二萬名士兵命喪戰場——這數字比美軍在兩次世界大戰和韓戰中犧牲的人數全部加起來還要多。以當時美國人口來計算，平均每一百人中，就有兩人死於戰爭。而這還沒有計入遭到波及的平民。

毀滅性的內戰，迫使美國民眾必須逼視死亡。曾任哈佛大學校長的歷史學者德魯・吉爾平・福斯特（Drew Gilpin Faust）寫過一本《這受難的國度：死亡與美國內戰》（*This Republic of Suffering: Death and the American Civil War*），在書中，她把南北戰爭的焦點從征戰沙場的英雄與將軍，轉移到那些大量的、無名的死者身上。

生命大規模地消逝，改變了「死亡」本身的意義，比如人們開始追問，遠赴戰場的士兵們，在沒有家人陪伴的情況下，如何還能獲得「善終」（Good Death）？在戰爭情境下，殺戮如何不與宗教信仰產生衝突？還有那些活著的人呢？福斯特寫到：

> 人們發現，自己處在了一個全新的、完全不同的道德宇宙中——在這一道德宇宙中，超乎想像的浩劫已成為了日常的經歷。在這樣的一個世界中，上帝在哪裡？一個仁慈的

神，怎能允許這樣的殘忍與這樣的苦難存在？懷疑快要壓倒了信仰——這是對上帝仁慈與靈魂不朽的基督教敘述之信仰，是對世俗生命的可理解性與目的之信仰。語言似乎無力解釋；人們似乎無法理解他們的死亡——以及他們的生命——的意義。

逝者已矣，而生者才剛要開始思索生命的意義。

同一時間在太平洋此岸，太平天國為中國社會帶來的衝擊不遑多讓，上千萬人的死亡，大規模的破壞與屠殺。對於失序的恐懼，在在挑動著人們的情緒，刺激著人們的想像。死亡不只是肉體的消逝，它需要悼念，也需要詮釋。它需要意義。這是歷史學者梅爾清在《躁動的亡魂》一書中要探索的主題。

梅爾清教授並未著墨太多在我們熟悉的人物，如洪秀全或曾國藩，反而是把目光投向了那些較不知名的地方文人，或是犧牲性命的無名將士。對他們而言，死亡有何意義？他們用筆墨與身體，寫下了太平天國的另一種歷史。這不是一項容易的研究工作，卻改變了我們理解這段歷史的視野。

歷史是關於記憶的學問，關乎我們記住哪些事情，又如何記憶。一旦我們拉長時間，記憶本身也成了歷史，層層疊疊。比如關於太平天國的歷史記述，在臺灣受教育的讀者，可能已經十分習慣將它視為一場叛亂，是在那內憂外患不斷的晚清末年，另一場荒唐亂事；但在海峽彼岸的中國，有段時間卻將太平天國視為英雄豪傑，農民起義典範，例如一九七三年一本由「『中國近代史叢書』編寫組」所編纂的《太平天國革命》，講到清軍策劃戰略，便說他們「用心十分險惡」，還與歐洲國家等「外國侵略者」聯手，至於講到太平軍的人物，則說他們「堅貞不屈」、「可歌可泣」，不時有著「輝煌勝利」。

而今農民起義已經不再被歌頌，中國轉而渴望和諧社會、和平崛起，要的是偉大復興的中國夢。但歷史上人們的情緒、傷痛、失落，與夢魘般的記憶，難道就一筆勾銷，通通都不算數了嗎？在每一場災禍過後，什麼是真正重要的，哪些人與事應該被記得，又有哪些不該被遺忘的卻遭到埋葬？《躁動的亡魂》以太平天國為例，對這些議題進行了一場嚴肅的追問。

歷史是關於死者，也是關於生者。或者說，是生與死之間的對話和交流：歷史學者不也一向都是招魂者嗎？我們總是在傾聽亡魂的聲音，不論那是躁動的，還是幽微的。

《躁動的亡魂》一書雖然是嚴謹的學術著作，內容卻充滿情感，甚至有個十分感性的結尾，在兩位譯者的精心翻譯下，這些文字更是顯得格外動人。「戰爭結束後，留下了什麼？」作者問。而這本書是她的回答。

導讀
跳脫正統立場的太平天國研究

黃克武 中央研究院近代史研究所特聘研究員

我很高興有機會受邀為梅爾清教授《躁動的亡魂：太平天國戰爭的暴力、失序與死亡》一書的中譯本撰寫導讀。梅爾清在美國東岸出生，父親為醫學教授，一九八九年耶魯大學畢業。她因受到史景遷（Jonathan Spence）教授的影響而選擇中國史為專業，是我在史丹佛大學博士班的同學。一九九〇年秋天，我進入史丹佛大學歷史系博士班就讀。這一年的中國史課程只有兩位學生，一位是我，另一位就是梅爾清；而歷史系中國史的老師則有三位：丁愛博（Albert Dien）、康無為（Harold Kahn）與范力沛（Lyman P. Van Slyke）教授。其實我與梅爾清的同窗之誼並非偶然，是出於老師們的細心安排，他們希望我們兩人能彼此幫助、以長補短。我與梅爾清從此開始了一生漫長的學術合作。

在連續四年的博士班課程中，我們在三位老師細心教導下，奠定了中國史研究的基礎，一起修了許多門課。我幫她解讀中文、她幫我修改英文，我們還一起辦了許多歡樂派對、出遊，又同時參加資格考試，再開始寫論文。一九九八年她以有關揚州為題的論文獲得博士學位，後來出版為專書。此書描寫清朝建立之後揚州地方文化與文人認同的形成，由復旦大學出版社出版了名為《清初揚州文化》（二〇〇四）的中譯本。

梅爾清在閱讀揚州地方志的過程中看到了許多對太平天國戰亂之後地方社會的描寫，而引發撰寫這一本書的動機。此書的選題、史料、研究視角與美國的中國研究傳統有密切關係。一九九〇年代初期，我們一起修康無為老師「清代檔案」（Ch'ing Documents）的課，這門課採用哈佛大學費正清（J. K. Fairbank）與孔飛力（Philip Kuhn）的教科書，以一八四二年發生在湖北崇陽縣的鍾人傑案為中心，將大量的原始資料，包括清代檔案、奏摺、上諭、硃批、實錄、清人文集、詩歌、地方志、碑刻、家譜、回憶錄等編輯而成，並將專門術語翻譯成英文。[*] 當時康無為老師還邀約丁愛博老師一起參加。我們四人（和康老師的一隻大白狗）就在歷史系康老師的辦公室一起閱讀各種類型的清代檔案。梅爾清與我由此收穫甚豐。後來梅爾清用各種清代史料與大量美國學界有關清史的二手研究，撰成的兩本專書《清初揚州文化》與《躁動的亡魂》，主要就源於這門課程給我們的訓練。而《躁動的亡魂》一書的基本功夫與貢獻，即是利用個人史料（也包括英美旅行者的外文材料），儘量從「底層的眼光」去探討人們如何面對戰爭情境，以此來對抗官方充滿意識形態的大論述。

梅爾清的研究方法也涉及美國的中國研究強調一種盡可能區隔「描寫」與「評估」的「外在眼光」（outsiders point of view analysis）。她談到過去對太平天國的研究幾乎都是秉持特定立場：一、站在清廷立場視其為反正統政權的「叛亂」。二、站在國民黨或共產黨立場將此視為反帝國主義、反封建主義的「革命」。三、以傳教士立場分析太平天國的宗教性質。四、從城市史的角度強調太平天國導致近代上海的興起。這四種說法各有其政治目的，因而對太平天國產生不同的命名（她稱之為「命名政治學」），或謂「髮賊」、「異端邪教」，或謂「起義」與「革命先驅」等。

為避免這些價值判斷的糾葛，梅爾清嘗試放棄非黑即白的陳述，盡可能以中立、客觀的描寫，來探討這場戰爭如何改變了人們的日常生活，而此一衝擊對一般民眾又有何意義。她希望讀者能通過閱讀此書瞭解當時的人們如何看待、處理死亡的問題？如何記錄自己情感與傷痛？戰亂的倖存者如何解釋如此大規模的損失與死亡？對於死者的親人來說，被表彰「忠義」有何種意義？梅爾清從美國南北戰爭得到靈感，採取超越「成王敗寇」的視角，將太平天國稱為「內戰」，以此「摒棄潛在的價值判斷，並超越那將國家的重要性置於個人及集體苦難之上的敘述」。

* Philip A. Kuhn ed.,(Cambridge: Harvard University, John King Fairbank Center for East Asian Research, 1986).

從太平天國研究史的角度來看，本書具有一個嶄新的視角，與此前的研究亦可互補。對此我想例舉羅爾綱（一九〇一－一九九七，著有《太平天國史綱》、《太平天國史》）與日本學者菊池秀明（一九六七－　，著有《広西移民社會と太平天國》、《清代中國南部の社會変容と太平天國》、《金田から南京へ 太平天國初期史研究》等）的作品作為對比。這兩人的著作中無論在探討時段還是地點上均與梅爾清有所不同。在時段上，羅與菊池關注前一階段太平天國的起源與發展；梅書則探討太平天國戰爭後對中國社會的衝擊。在地域上，羅與菊池都關注南方移墾社會和被邊緣化的人群，如何「一鬨而起」；梅書則一直關注江南文化與菁英分子的審美品味與庶民生活，如何被「長毛」糟蹋得生靈塗炭。上述兩點可以說是雙方研究視角的根本分歧。

羅與菊池的著書也在對抗「清政府的官書對太平天國加以惡意的扭曲」、或「出於兩廣子弟的敵人湘、淮軍文士之手，投井下石，他們是不肯尊重他們的敵人」；同時他們也不肯偏信太平軍自身和後來革命宣傳的記載。所以他們採取兩廣地方社會的觀點，探討太平天國何以能在兩廣起事？參與者的人際脈絡與家族關係為何（菊池透過田野調查蒐集了大量族譜）？客家人如何成為中堅力量？他們何以在短時間之內蔚為勢力，而席捲大半江山？誠如吳晗在羅爾綱《太平天國史綱》的〈序〉（一九三六）所指出：「凡此都有其經濟的、社會的、歷史的、地理的原因。」羅爾綱與菊池秀明的書即在剖析此一複雜的背景，也提出「貧農革命」的性質定位及其限制（如內訌、專制的誘惑），以及對後來革命的啟示。的確，中、日的史學傳統比較不避免「評估」的問題，並肯定太平天國具有的正面意義。羅爾綱認為此一革命受到西洋思潮影響，並帶有民主主義與平等的要求、滲入社會主義的主張，因而有其特殊的地位與意義。菊池則認為太平天國的「南來之風」代表邊緣中國對中央政府的不滿，而藉著宗教帶來新時代再生之契機，因此可以視為中國近代史的起點。他們二人的研究成果恰恰與梅爾清書中底層、個人與江南的視野構成互補。有意義的是羅與菊池的作品受到大陸學界的肯定，而凸顯太平天國黑暗面的梅著則不被大陸官方論述所認可。

太平天國是近代中國的「一大波瀾」，梅爾清的這本書補充了過去太平天國研究所忽略的部分，讓我們對被民族國家論述、革命論述所掩蓋的政治暴力、個人苦難、偽裝、忠誠、背叛，以及死亡、悼念、宗教的慰藉與解脫有更深刻的體認。作者在書中提到，撰寫一本死亡與暴力的書讓她感到痛苦；而讀者閱讀這一本關於死亡與暴力的書也會感到驚心動魄，甚至被驚嚇過度。這讓我想到黑格爾在《歷史哲學》中所說的一句話：「歷史並非栽培快樂的土壤，快樂的時期永遠是歷史的空白。」（History is not the soil in which happiness grows. The periods of happiness in it are the blank pages of history.）即使如此，閱讀死亡與暴力，嘗試去感受那些躁動不安的亡魂，再從苦難與傷害之中走出來，或許可以讓我們變得更為堅強，並珍惜生命中的喜悅。

導讀

既沒有洪秀全，也沒有曾國藩的「內戰」：閱讀太平天國戰爭的新視角

蔣竹山 中央大學歷史所副教授兼所長

目前最新的中學課本，是這樣描述太平天國運動的：「一八五〇年，洪秀全啟示，隔年建號太平天國，洪秀全自稱天王。至一八五三年佔領南京，改名天京，定為國都。當太平軍勢盛之時，曾國藩奉命幫辦湖南團練。因太平天國奉行的教義源自基督教，大肆破壞傳統文化與社會倫理，曾國藩遂以維護儒家傳統名教為號召，組成湘軍與之對抗。不久太平天國發生內鬨，加上李鴻章率領的淮軍及洋人助戰，局面轉向對清軍有利。」短短幾句話，就將這場中國歷史上死傷最慘重的內戰簡單帶過。

這樣的描述，讓我們在想到太平天國時，似乎就只記得有洪秀全、曾國藩、李鴻章，其餘沒了。

不僅是教科書，以往有關太平天國的幾本名著，也都將重點放在這幾號人物，像是史景遷（Jonathan D. Spence）的《太平天國》（時報，二〇一六），或者是普拉特（Stephen R. Platt）的《太平天國之秋》（衛城，二〇一三）。敘事史大師史景遷擅長寫歷史人物，他將焦點集中在探討洪秀全的內心世界，試圖理解此人何以能在短短幾年內對他的國家產生如此驚人的影響。而普拉特則從全球史及國際的角度切入，特別著重於英美各國在軍事與外交上對太平天國的影響。除了曾國藩之外，他亦特別側重洪秀全的族弟洪仁玕。

然而，美國史家梅爾清的《躁動的亡魂：太平天國戰爭的暴力、失序與死亡》不同於上述幾本名著，她的寫法完全翻轉我們的刻板印象，她將重點放在那些因戰爭而遭受苦難的民眾身上。

梅爾清教授的研究取向，可以代表美國清史研究中的「文化轉向」這一派。要理解她為何研究太平天國，可能要先從她的成名作《清初揚州文化》著手。可惜的是，這本書的簡體版翻譯錯誤頗多，若有機會應該重譯。此書主要在講述一六四五年滿人征服後的揚州，如何建構城市裡的名勝。梅爾清在完成這本書稿後衍伸出新的關注點：她發現書中提到的所有揚州名勝，都在十九世紀的太平天國戰爭中被摧毀殆盡。這觸發她開始思考這場戰爭對於失去性命的數百萬民眾而言，代表了什麼？

就我而言，梅爾清的研究有著相當濃厚的新文化史研究取向。若相對於臺灣這幾年引進的美國學界的清史研究，就可看出我們的出版市場的偏食現象：太強調新清史對於滿文、邊境、族群及宮廷的關注，而少了這種有關死亡、記憶、情感及傷痛寫作特色的文化史著作。

若檢視這種研究光譜，我們可以發現近來的清史研究是新清史當道，強調「邊境轉向」，主張透過滿文資料以及將視角轉向清帝國的邊界，探討清的多元文化特色。哈佛帝制中國史系列的《中國最後的帝國：大清王朝》（臺大出版中心，二〇一六），作者羅威廉（William Rowe）就談到當代美國的清代史研究，以三個重要的修正性轉向為標誌。

第一個階段是一九七〇至八〇年代的「社會史轉向」（social history turn），不強調政治、軍事或外交事件，而是強調長時段時間緩慢發展的社會、經濟與文化結構。*

第二階段是「內亞轉向」（the Inner Asian turn）。這一派強調文化史研究，重視「再現」，以建構論看待族群與性別。其中有關清史的研究，這派主張「滿州認同」是清征服中國後的歷史建構。清朝將自己視為普世帝國、多民族政體。清的統治者並未打算全然漢化其領地，而是扮演著儒家的天子角色；但在面對不同族群時，則會轉化以不同形象來對待，且相當謹慎的經營非漢族的自我認同。這樣的新清史學派驅使了一批研究清帝國邊疆擴張的趨勢。

第三階段是最新的「歐亞轉向」（Eurasian turn），與第二階段的文化史有密切關聯，

* 羅威廉著，李仁淵、張遠譯，《中國最後的帝國：大清王朝》（台北：臺大出版中心，二〇一三），頁一〇－一八。

但更強調世界史與生態史的取向。在這階段的研究特色，挑戰了過往歐、亞的二分法，主張歐亞大陸整體的不同部分是沿著可比較的發展軌跡在往前進。在此脈絡下，清帝國不再只是中國王朝更替下的一個朝代，學者開始將其與鄂圖曼帝國、蒙兀兒帝國，甚至拿破崙帝國的相似性進行比較。此派甚至挑戰了將明、清相連看待的「中國帝國晚期觀」——此說認為中國早期近代性是始於清軍入關的一六四四年，而不是更早之前的明代。

除了上述這些有跨國及全球史取向的研究外，文化史取向的著作相當值得引介給臺灣讀者認識，梅爾清就是其中一位代表人物。

本書原文版在二〇一三年出版時，我組了一個明清文化史讀書會，有七位研究生共同研讀，本書譯者之一的蕭琪就是當時成員。之後約二〇一四年，我又將此書引介給浙江大學出版社，列為「新史學譯叢」的其中一冊。譯稿其實兩年前就已經完成，可惜卡在中美貿易大戰，美國作者的著作審批不過，因此拿不到書號而作罷。今年初我將翻譯版權自浙大拿回，趕緊接洽臺灣的出版社，最後落腳衛城，也圓了梅爾清教授最早想在臺灣出譯本的夢想。

《躁動的亡魂》重點不是寫太平天國戰爭的事件經過，也並非聚焦幾位大人物，而是以比較中立的態度在討論這場戰爭。本書基本上有以下特點：

首先，本書的動機與問題意識相當獨特。過往有關太平天國的主流論述，常因時空背景的轉換，而對戰爭、王朝、太平軍、死者的批判，有一百八十度的大翻轉；常因民族大義，掩蓋了無意義的暴力，掩蓋了情感，掩蓋了失去。因此，作者想要知道，死者的屍骸下落如何？戰爭時如何安排喪葬事宜？戰爭結束時，倖存者如何看重朝廷賜予的榮耀？喪失之痛對倖存者帶來如何的情感衝擊？我們如何在各種的紀念方式中，找尋情感回應的線索？

《躁動的亡魂》不再以中國革命史的角度來評斷太平天國的意義，而是把焦點放在日常經驗上。透過展現個人的痛苦、喪失感、宗教熱誠，以及各種感官情緒，梅爾清希望改變我們對十九世紀中國的認識，並拿來比對其他時空的戰爭與政治暴力。

其次，作者將太平天國戰爭定位為「內戰」，觀念相當新穎。一般我們常見的是「太平天國革命運動」、「太平之亂」。作者認為使用內戰這一名稱，讓我們不再把這場戰爭當作是十九世紀中國獨一無二的特例，而是能與不同時間及地點的其他事件做比較。此外，這使我們不再只是關注洪秀全個人或信眾的奇特意識形態，而能聚焦在戰爭的傷害上。這樣的視角得以避開很多以往被拿來描述這場戰爭的關鍵字，像是農民起義、革命者、叛亂、洪楊之亂、狂熱宗教信仰或長毛。

第三，有關史料的運用，作者也有獨到之處。作者所蒐集的史料相當多元，除了一般常見檔案外，舉凡日記、善書、方志、寶卷、旅人記述、傳教士報告及回憶錄。這些資料的引用，囊括了各種不同聲音，目的在彰顯個人及地方經驗與官方記載之間的矛盾。特別是一些回憶錄與日記，對清朝都抱持嚴厲批評的看法。至於那些外國旅人、外交官、傳教士甚至傭兵的見聞，作者也沒有把它們當作客觀目擊者，而是將它們的聲音視為多重視角的代表。

第四，作者擅寫人物，尤其是我們一般不太熟悉，甚至完全沒聽過的人物，這些人物大多不會出現在史景遷及普拉特的著作中。這種書寫功力跟沈艾娣（Henrietta Harrison）以劉大鵬的日記寫《夢醒子：一位華北鄉居者的人生（一八五七—一九四二）》的例子極為類似。

其中讓我印象最深刻的，是第二章中一位清朝政治秩序的佈道者余治。這位來自鄉下的無名小卒，在戰時及戰爭前後，都極力倡導文化更新與道德轉化。在南京陷落之後，他透過宗教小冊子、劇本與善書，向那些改過向善的人承諾他們將會獲得救贖。此外，他將文昌信仰與慈善行動串在一起，神化文字，並藉此抨擊時代危機。余治還透過一部《潘公免災寶卷》，講述他的好友潘曾沂的故事。他把潘公塑造成儒釋道三教美德的化身，透過宣講、朗讀，讓民眾累積善行，避免災禍。除了善書及寶卷，他還出版了圖文書《江南鐵淚圖》。目的是激發那些有意願作功德的人多進行捐獻，以幫助顛沛流離的江南民眾。之所以會有這些義舉，余治的核心思想還是認為這場對抗太平軍的戰爭不只是宗教戰爭、文化戰爭，更是意識形態戰爭。

倒數第二章張光烈的故事也很吸引人。這人是一位在太平天國戰後盡全力紀念母親的男子。梅爾清考掘出一部相當重要的張光烈作品《辛酉記》，此書除了詳載清朝給予他母親的官方榮譽之外，還記述了他的喪母之痛。此書對梅爾清而言，既不是回憶錄，也不是傳記，而是融合兩者的作品。在這本書中，張光烈揭露太平天國帶來許多失序之舉，人們背叛、說謊、吃人、偷盜。而清軍也對本該保護的社群燒殺擄掠，就連官員也無法達到人民的期望，暴露出這些人貪腐又膽怯的一面。此外，《辛酉記》提醒我們，戰後並不是一個整齊重建、有序紀錄忠義死者的過程。由於國家的紀念方式把個人形象抬到過高的位置，張光烈才會用文字記錄這些回憶片段，以挑戰官方敘事中黑白分明的道德觀。本書第三章所提到的李圭《思痛記》，也有類似的描述。反映出這些回憶所呈現的，正是因為這些經歷慘烈到言語無法描述的地步。

以上僅概要整理出幾點重點，本書雖然是學術著作，但作者的文筆優美，又以新文化史的敘事角度微觀過去我們所忽略掉的人事物，讀起來相當流暢。

由於本書出版於二〇一三年，距今已有一段時間，近來也已有些新的研究成果可供參考，有興趣的讀者或許可以再找來延伸閱讀。像是陳嶺（二〇一八）就研究了咸同之際，江南民眾的戰時逃難與日常生活。他的研究指出，民眾往往很難抉擇要留守還是逃離，有的舉家遷移，有的老人留守，或是壯丁看家，或全家人一半走一半留。但即便逃到鄉間，生活也是困苦，既有太平軍或清軍的劫掠，還要面對資源匱乏、物價高昂的問題。此時逃難者的心理、視覺、嗅覺、味覺等多方面感官體驗，相當值得進一步去理解。

有的研究者會特別強調日常生活史下的太平天國運動。梅爾清雖然沒有特別強調這樣的切入視角，但已經有了這方面的新文化史書寫特色。周勇軍（二〇一六）就透過一般不太常見的《管庭芬日記》，來談江南仕紳是如何應對這一場前所未有的生存危機。他透過日常生活的角度，考察管庭芬在太平天國運動時的戰爭經歷與情感體驗。魏星（二〇一八）則從戰後南京城所成立的金陵善後局，來看南京城的重建與管理。這機構的負責人為布政使、督糧道等地方官員，轄下設有保甲局、善後大捐局、門厘局、穀米局、桑棉局等機構。並以此窺見近代中國城市管理的專門化與制度化趨勢。劉晨（二〇一八）則討論太平天國時期江南的社會恐慌。他認為，民眾對太平軍的恐懼，既有先天立場和後天觀念對立，也有求安和從眾的心態。吳滔、胡晶晶（二〇二〇）則強調空間與地理的研究，探討太平天國運動結束後的鎮江，江岸的職能與空間重構的機遇。而美國學者田曉菲則透過一部寫於十九世紀末的自敘傳《微蟲日記》，描述童年時代的作者，在「太平天國之亂」間的遭遇。法國宗教史學者高萬桑（Vincent Goossaert，二〇二〇）則以戰爭、暴力與救劫主題，探討太平天國戰爭時期的宗教表現。透過戰後乩文重印的版本，作者認為這些作品延續了救劫思想，但更傾向於將戰爭理解為眾神的警告，而不是劫難本身。

《躁動的亡魂》的確是近年來美國學界清史研究的一本佳作，尤其在諸多新清史作品的圍繞下，本書的敘事筆法與濃密描述的新文化史取向，更凸顯出梅爾清的獨到之處。若將本書放在近來美國清史書寫的脈絡來看，便更可看見這本書的特色。關於這點，羅威廉在〈在美國書寫清史〉（二〇一五）一文中明白寫說：一般來看，在歷史學科中，美國學界的主要進展是將之前認為不會發生變化，或至少是非歷史學的因素，導入歷史學的研究中。這些要素又以身體與環境最為主要，例如開始重視健康與疾病等文化概念變遷的研究，關注身體創傷對行為與文化的影響，如纏足、紋身、殘疾與死亡等。梅爾清的這本《躁動的亡魂》正是這波新文化史風潮下的產物。

的確，這本書寫的雖然是戰爭對日常生活的影響，但放在今年新冠肺炎疫情對全球所造成的衝擊來看，兩者仍有許多相似之處。關於這點，梅爾清的中文版序言寫的很好。借用她的話，希望這一本關於苦難的書，可以教我們如何堅韌地面對這一切。

中文版作者序

本書英文版的受眾主要是英語世界裡對中國史感興趣的學者和學生；他們堪稱小眾。儘管如此，我卻也希望這本書能突破這個既有的小眾讀者圈，希望它也能吸引研究內戰、研究日常生活的歷史學者，或是吸引那些有興趣了解不同文化脈絡下的人群如何處理災難的讀者。但最終，我期望這本書能譯成中文，介紹給臺灣和中國大陸的讀者。這些讀者熟悉太平天國的歷史，因而對本書的特殊視角可能會產生更直接的反響。

我首先要感謝蔣竹山教授把本書收入他主編的「新史學譯叢」，並擔負起為本書在臺灣找到出版社的責任。感謝衛城的編輯們在本書中譯本無法在中國大陸方出版時，慨然接手出版事宜。感謝蕭琪和蔡松穎仔細、詳盡地翻譯原著，並感謝郭劼確保譯稿的精準、雅馴。他們三人都不吝付出自己的時間和專業，能和他們一起合力完成這項工作，我感到非常愉快並深受啟發。

歸根究底，本書所書寫的，是大規模的暴力以及歷史記憶如何為政治所用。本書講述了人們所沉痛經歷的家破人亡，講述了那些受影響最深的人——包括父母子女、夫妻，以及地方社群——如何努力理解、承受這樣的家破人亡。本書也解釋了清政府是如何在各個層面上，設法從這樁暴露了它自身軍事和政治弱點的事件中，汲取出正面的訊息。本書展示了國家祀典如何將普通人所經歷的痛苦和死亡，轉化成盡忠犧牲的英勇姿態；同時亦展現了這些表面上有利於中央集權的國家封賞，如何成了當地重建工作的一部分，從而具有新的、時而矛盾的含義。我希望臺灣和中國大陸的讀者，可以藉由閱讀本書，對太平天國之後的其他事件以及人們對這些過往暴力的應對（或不應對），會有更好的理解。

在這個書寫太平天國的過程中，我試著說一個無關中國堅定走向革命現代性的故事，並盡量不討論名人及其理念。我希望身處於現下的我們，來思考暴力、動亂和死亡對遭逢這一切的人們而言，意味著什麼。我寫這本書，是為了重申我們有著共通的人性。當災難降臨時，無論是作為個人還是作為家庭的一分子，我們都會盡力求生。不同時空的人們對世界的理解可能有很大的差別，但到頭來，人們對災難的應對方式在某些部分上是相似、甚至是舉世皆然的。對災難相似的反應，提醒著我們要對戰爭與苦難戒慎恐懼，並且珍惜我們深愛的人、深愛的地方。也許本書的中文書名《躁動的亡魂》有助於我們記住這點。

有些讀者認為本書對清朝抱有同情，因為書中採用的部分材料常常被史料編纂者歸為代表清朝立場的一方。但這畢竟不是一本關於英雄和反派的書。而且，我認為，如果我們將太平天國戰爭視為壁壘森嚴的兩方之間的鬥爭，就會對過去作出錯誤描述。在當時，即便人們謹慎地、大張旗鼓地維繫忠臣和叛軍間的界線，這界線也可以是模糊的。無論他們聲稱為誰而戰，一八六〇至一八六四年間江南一帶軍士們的殘忍行徑，在個人身體與社會機體上，都留下了深深的傷疤。這在當時許多目擊者的作品中都有清楚的記載。因此，本書所講述的故事是：在中國十九世紀中葉的背景脈絡下，歷史書寫和紀念活動是如何從模棱兩可、機會主義以及人們所經歷的憤怒中，建構起清晰的道德與政治意涵的。我並沒有特別為清朝方或太平天國方說話的意思。

另一些讀者則問我，為什麼堅持把太平天國戰爭與二十世紀的暴力事件相聯繫？為什麼不把它當作是黃巾軍、赤眉軍或五斗米道一類的朝代末叛亂？我的回應是：為何不能把它與二十世紀的暴力事件相聯繫呢？事實上，至少從一九一一年辛亥革命以來，「太平天國革命運動」就一直被當成是中國現代革命史的序幕。我們不該把「現代」這個詞的意涵侷限於進步、烏托邦和發展。「現代」這個詞不該只有正面的意涵。另有人曾經問我：如果戰爭能促進國家發展而給國家帶來好處，這場戰爭是否終究是值得的呢？對此，我的回答是：對誰而言是值得的呢？且這又是怎麼計算出來的呢？也有些人問我如何評價洪秀全。我的答案是：

我不會去評價他，那不是我要做的事。

在二〇二〇年四月寫作這篇序的當下，世界正面臨著全球疫情和一場規模自一九二九年大蕭條以來未曾有過的經濟危機。大難當頭，我為能和親愛的家人一起待在家裡而深感慶幸。我希望我是錯的，但我感到我們正走向動盪的時代。我無法預測這樣的艱難時刻會以怎樣的面目呈現。我的想法有一些自私、現實且稍顯偏狹。我想和朋友們暢談、想見到我的學生們。我覺得有些無助，並感懷昨日不再。我想要回到去年夏天，那時本城的棒球隊節節勝利，河邊的酒吧與餐廳被歡笑的客人擠得水洩不通，而我尚能毫無困難地出國拜訪摯親好友。我想要看見一個熟悉的未來，卻只看到構築起過去美好時光的基石搖搖欲墜。也許這本關於苦難的書，今日讀來，能教我們如何堅韌地面對這一切？

梅爾清，二〇二〇年四月十七日

華盛頓特區

Chapter I

戰爭

失去了什麼

根據一般常引用的數字，一八五〇年到一八六四年間的太平天國戰爭，導致了兩至三千萬人喪生。[1]據此，它被稱為人類史上最慘烈的內戰。近來幾篇研究對此時期流失多少人口莫衷一是，這顯示要回頭去做精確（甚或是粗略的）死亡人數統計是不可能的。[2]當時的記載顯示發生過規模驚人的屠殺和破壞，戰後所編纂的回憶錄及方志都以駭人聽聞的頻率，屢屢提及人口的巨大折損（長江下游市鎮喪失將近五〇%的人口，甚或更多），以及人們遭受了難以言說的痛苦。[3]但無論這些數字精確與否，死亡人數顯然遠大於同時期的美國內戰（或稱「美國南北戰爭」；一八六一—一八六五）——約有六十二萬名士兵及五萬名平民死於該內戰。[4]

可是，姑且不論這場戰爭的毀滅性有多強，在中國以外的地方，太平天國戰爭與那些照理說涉及範圍與影響都較小的事件相比，仍相對地罕為人知。[5]即使是在中國研究領域內，關於太平天國的記述也驚人地缺乏血肉：我們只關注抽象的意識型態，而非戰爭所造成的傷害。關注十九世紀晚期上海如何崛起的學者們，常常會提及移民從繁榮、風雅的江南地區來到上海，卻從未敘述那場驅使他們背井離鄉的毀滅性戰亂。在講授太平天國這段歷史時，海外中國研究學者的典型做法是，點出「它是史上最慘烈的內戰」這個事實，或是引用那個「兩到三千萬」的駭人數據；但接下來，我們（包括我自己）就會轉去講述耶穌的兄弟洪秀全和他的古怪願景——這常讓學生聽得津津有味。是時候重新思考太平天國諸方面孰輕孰重的問題了。

我在十年之前，曾寫過《清初揚州文化》（*Building Culture in Early Qing Yangzhou*）這本書，講述揚州如何在一六四五年滿人征服後建構名勝。我在完稿前意識到，儘管自己已經看過清代幾乎所有版本的《揚州府志》，但獨漏一八七四年那份。所幸離我住所只有幾個街區的國會圖書館（Library of Congress），就有這本府志。[6]我走去圖書館，打算花上一兩個小時看完它，以確保自己不會錯過揚州府所有方志中任何有關清朝的記載。但那天，我在那份材料中的發現，卻改變了我對自己研究項目的理解。它讓我重寫了該書結尾，同時也開啟了一連串全新的問題意識，指引我走向現在這項研究。我吃驚地發現，我在《清初揚州文化》中提到（以及許多沒提到）的所有名勝幾乎都毀於十九世紀中葉的太平天國戰爭。[7]更讓我震撼的是，我發現一八七四年版的《揚州府志》刻意用樣板化的方式，記載了太平軍佔領揚州時眾多百姓自殺或被殺的捨身成仁過程。我當時已有十多年的清史研究經驗，讀過一些關於太平天國的論著，也曾在課堂上講過太平天國史。可我從未真正思考過，這場戰爭對於地方上那些失去了生命、生計與所愛之人的幾百萬人而言，意謂著什麼。

接下來的幾天內，我讀了數以百計描述忠義死節的記載，儘管這些故事和我當時努力要完成的作品沒有什麼直接關係。所謂「方志」，是將一個地方各方面材料按主題組織、編纂的匯總，在官員指導的名義下，由地方精英纂輯而成，對材料取捨有自己一套固定的原則。儘管此前的清代方志通常都記載了道德模範人物的傳記，包括列女、忠義、篤行、節孝、名宦和文苑，但這本方志卻著重聚焦於忠義死節者。我後來才瞭解到，太平天國之後，江南地區的方志常常強調忠義，而且它們採用的編纂形式也頗為典型。這些有關死節者的故事被高度樣板化，除了死者姓名、社會地位、死亡地點與原因，並不提供其他訊息。例如，一八七四年版的《揚州府志》記載的眾多人物中有這麼兩例：「武生朱萬春，城陷，巷戰多時，賊以火槍環擊而死。」[8]「（咸豐八年）趙嘉琳，揚城再陷被擄。至三汊河時，賊以火藥實寶塔中。琳祕藏火種，擲入塔。是夜塔崩，賊死數千人，琳亦死。」[9]

這本方志描繪了因為回嘴而遭剮、刺、劈、燒、或砍的死節者，以及自沉、上吊、自焚、絕食或服毒的死節者。每個故事皆以死亡發生的那一刻為中心，捕捉與太平軍對抗的關鍵舉動。每個被這樣記載的人，都因此從活生生的人被「轉譯」成道德的楷模，或是忠於朝廷的化身。在這個「轉譯」過程中，每個人都被簡化，簡化到只剩下單一政治與道德意涵。他們的個人特質或經驗只留下能將他們塑造為忠義之士的部分，其他部分則不復存在。他們的義舉讓他們喪了命，卻也定義、定位、決定了一切，彷彿那英勇的一瞬間就證明了他們的紀念價值。但我想要知道的是，死者們的屍骸下落如何？戰時如何安排葬禮？戰爭剛結束的時候，倖存者有多麼看重朝廷賜予的殊榮？對倖存者而言，喪失之痛會帶來怎樣的情感衝擊？朝廷賜予的殊榮似乎很自然地主導了紀念方式，但我們是否能在這些方式中，發現情感回應的蛛絲馬跡？

在官方的紀念中，死者是在一個極為特定的政治語境與話語中獲得意義的。透過道德化的語言，平凡的男女被塑造成烈士，而他們轟轟烈烈的死亡則充滿政治意涵與道德重量。地方精英們創作有關死節的道德故事，並將其上呈府、省、禮部的官員，希望能獲得承認。這些精英建立了符合清代價值觀及制度的祠祀，以供奉戰爭死難者。然而，也不過幾十年光景，這些看似為王朝殉死之人的故事就被刻意遺忘，被國家的新需求淹沒了。在十九世紀末中國的大眾記憶裡，地方劫難的終極象徵不是太平天國戰爭，反而是年代更古早的一六四五年清廷對江南的暴力征服。這是因為人們解釋事件的方式改變了。在一八七〇與一八八〇年代的方志記載裡，十七世紀那種為明朝集體效死盡忠的行為，成了太平天國戰爭時期為清朝效死盡忠的先聲。將盡忠視為最至高無上的價值，是這種驚人的類比所試圖鼓吹的價值。再到十九世紀末與二十世紀初，滿清征服中原的故事又有了全新的意涵：不再是盡忠的象徵，而成了（漢）民族的恥辱。清朝已名聲狼藉，所以儘管太平天國戰爭發生的時間點較近，時人為大清殉難的行為已無法引起任何共鳴。人們於是替這場十九世紀中葉的戰爭樹立了一批全新的英雄，並賦予它一套全新的意義。

當公眾只聚焦於死節者的忠義與英雄主義，便抹煞了戰時破壞與殘酷的記憶；而有系統地排除太平天國製造的文本，則讓其他說法相對缺乏——至少短時間內如此。一九一一年辛亥革命後，新的一批革命烈士取代了被前朝旌表的那些人。原本被用來紀念太平天國戰爭死難者的祠祀，也都改弦更張，轉而紀念為建立中華民國而死的人。有關太平軍及其對手清朝的文本與故事，凡是不符合新說法與時俱進的，都被曲解或忽視。肯定太平軍英雄行徑的材料，則在海外的圖書館裡被重新發掘，或是憑空捏造出來。十九世紀中葉那些貌似為了清王朝而捐軀之人，在二十世紀時顯得既不革命也不進步，因而在現代中國史的主流論述中變得無足輕重——這些主流論述對戰爭、王朝、太平軍，甚至對於死者的評判，都做了一百八十度逆轉。從民族大義出發的新願景想像，掩蓋了無意義的暴力，掩蓋了情感，掩蓋了失去。原先那些紀念死者的方式，如今已不再有意義。與當初方志編纂者的用意背道而馳，對戰爭死難者的記憶消失了。

叛亂、革命、戰爭

十九世紀中國的這場內戰，常常被寫成一部傳記，講述一位夢想家如何掀起第一場革命運動的故事。一八三七年，來自中國南方腹地廣東省的失意考生洪秀全陷入幻覺，恍惚中見到了令他不安的幻景。六年後，他從幾年前由傳教士手中得到的一部基督教小冊子裡，為這些幻景尋得了解釋。他聲稱自己是天父的次子，也就是耶穌的弟弟。他在家鄉廣收信徒，並從一八四四年開始，在廣西山區發展出一個融合基督宗教和民間慣例的體系，替他日後挑戰強大的王朝秩序奠定了基礎。[10]

一八五一年一月，在對官兵贏得了一場決定性的戰役後，洪秀全自封為「太平天國」的「天王」，這一舉動相當於宣告一個獨立政權成立。太平軍由廣西向北殺出一條血路，佔領沿途的戰略城池要地。謠言四起，沿長江而下傳到了三角洲乃至更廣的地方，引起焦慮與不安。[11]一八五三年，太平軍佔領並定都於明初舊都南京，並將之更名為「天京」。他們推行新的貨幣和曆法，宣揚自己的宗教，並構想了從未徹底實施的全新政府制度與地權制度。他們還把民眾組織成生產與戰鬥單位，並依性別來隔離劃分。

太平天國操弄著一種初生的漢民族主義：他們在宣傳上將清朝直接妖魔化，用「妖」字開頭來稱呼清廷，藉以挑戰滿人、朝廷官員及機構的合法性；他們還刻意屠殺滿人駐防地的平民。[12]在建都後的十一年間，儘管內鬥幾乎摧毀了太平軍，但他們還是同清軍、地方團練、地方駐防與外國傭兵對抗，爭奪領土與稅收。[13]由於地方頻繁反覆易主，平民及其賴以為生的基礎設施受到嚴重的連帶傷害。在十四年太平天國戰爭期間，清帝國二十四個省份當中，

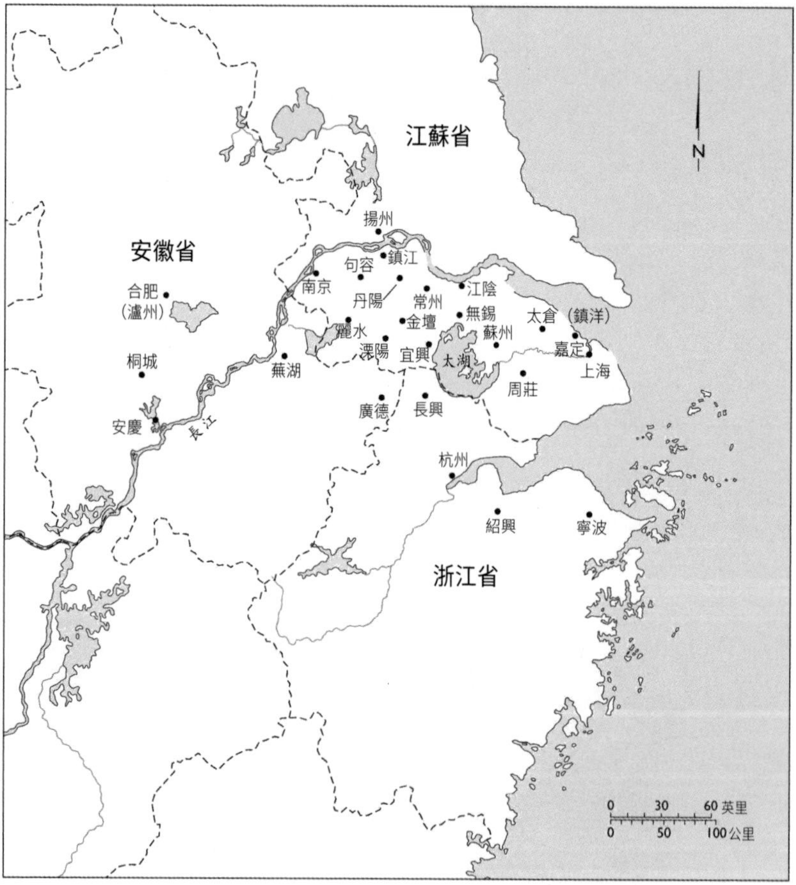

江蘇省
安徽省
浙江省
N
揚州
句容
鎮江
南京
丹陽
常州
江陰
合肥
（瀘州）
金壇
無錫
太倉（鎮洋）
麗水
溧陽
宜興
蘇州
嘉定
桐城
蕪湖
太湖
上海
周莊
廣德
長興
安慶
長江
杭州
紹興
寧波
0 30 60 英里
0 50 100 公里

圖 1.1 江南地區

有十六、七省深受其害，其中又以長江沿岸遭受蹂躪最甚。

一八六〇年南京左近清軍江南大營崩潰後*，太平天國在土地肥沃、商業化程度高的長江三角洲成功佔領了不少主要城市。從一八六〇年到一八六四年湘軍攻陷天京的幾年間，連天烽火給此處的物、人都帶來災難性後果。清廷及其盟友也刻意將敵人非人化。湘軍的創立者曾國藩便在試圖剷除太平天國時，將他們形容為儒家文明之敵。

長江三角洲的城市難民們逃往鄉村，抑或奔向上海租界避難——上海此時得益於外國勢力的保護，而這些新來的難民日後將會改變這座城市。軍隊因起用俘虜和徵募新兵而逐漸壯大，也加劇了日益嚴重的暴力行為。[14]交戰雙方為了餵飽膨脹的軍隊及團練，不得不四處打劫；同時，由於百姓也能被徵募為兵或是供給敵方物資，雙方都對平民百姓施以暴力。隨著戰事延續，戰鬥也變得愈來愈弱肉強食、難以預料、混亂無比。[15]隨著雙方都開始以徹底殲滅敵人為目的，這場戰爭也變得更加險惡。[16]盟約薄弱且不可靠，財產也毫無保障。在一些案例中，兄弟和鄰居分屬不同勢力而互相作戰，很多社群也對該支持哪一方以自保而意見分歧。[17]

* 編註：該年二到五月，太平軍再一次擊敗圍困南京城的清軍江南大營。江南大營由直轄於清朝皇帝的綠營軍組成，其遭太平軍擊敗一事標誌著清朝只得更加仰賴湘軍等地方團練。

一八八一年，《無錫金匱縣志》的編纂者提到，戰爭摧毀了清朝幾百年來在人民心中建立起的和平願景，也標誌著一個時代的終結：「雖卒憑藉黃靈湔除腥慝，而數百年之保聚蹂躪無遺。其虔劉焚掠之慘，亦前此所未有也。」[18]

事情何以走到這樣糟糕的境地？無錫這份縣志的編者們將地方事件的災難性發展歸咎於官員無能與部分地方精英的收賄行為。[19]他們指出，應付太平軍襲擊所做的準備既薄弱，又不徹底，主事者有部分責任。他們還指出，更糟的是，那些在春天收取租、稅的人們不但沒能守住縣城，還把他們徵收的錢物主動獻給了太平軍。[20]被徵召來對抗太平軍的地方團練常常對農民和商人施以恐怖暴行。糧食短缺的軍隊是很難控制、很難維持的。[21]

這場危機也有著更深層、更險惡的誘因。為了強調戰前所謂統治負責、社會和諧的情形與戰時的絕望苦難之間的尖銳對比，方志的編纂者理想化了戰前的情況。其實問題已醞釀多時，因為即使是被稱為中國經濟與文化中心的長江三角洲，也已飽受多重的社會、經濟危機影響。清帝國深受政府職能萎縮、貧困，以及自然災害所苦，而在道光年間（一八二一－一八五〇）又因人口壓力、基礎設施破敗、官場腐敗、通貨膨脹與行政問題而加劇。當時關注經世之術的學者對這些問題已多有討論。[22]此外，十九世紀上半葉的洪災、瘟疫、饑荒及地震也造成了大量的死亡和大範圍破壞。

一八四〇與一八五〇年代漸趨嚴重的貨幣危機使得局勢益發緊張。清帝國仰賴著銀銅雙本位體系運作。在該體系下，稅務及其他大宗的交易透過銀兩秤重來進行，而日常生活中的大多數商業活動則透過銅錢來交易。銀的短缺引起物價急遽上漲，而其中以土地稅漲幅最大。地主對佃農施壓，收取租金，然後他們才能納稅，並繳交官員們為了彌補財政縮水而徵收的多種額外雜費。[23]在這情勢下，佃農潛逃，地主賣地遠走，而那些走投無路的人則落草為匪。鴉片戰爭後英國強加的賠款給已經入不敷出的國庫添增了沉重負擔，外國勢力的勝利既挑戰了清廷的主權，又挑戰了其合法性。[24]

社會各階層不少人都因種種原因心存不滿；戰爭的爆發放大了既有的社會矛盾，而這些矛盾又深切影響並決定了地方對戰爭的應對。戰爭讓人們對官員的瀆職更感激憤，同時也激發人們宣稱要對王朝效忠至死。從結果來說，戰爭與戰後重建強迫修正了政治秩序，削弱了地處京城的朝廷權力，也賦予了各省巡撫（不少人統領地方軍隊鎮壓過叛亂）以及地方精英更多的權力。

縱然戰前早已存在緊張關係，但戰時苦難和破壞的廣度與深度仍如《無錫金匱縣志》編纂者所堅稱的那般，前所未見。他們指出，戰爭之下，無錫幾乎無人倖存。成片民居化為殘垣破瓦。一度繁榮的縣府所在地只剩兩成民居保留下來。編者寫道，被毀的房子中，有兩成為太平軍所焚，一成被盜匪破壞，而其他的，也就是大部分被毀的房子，損毀於搶奪戰利品的團練鄉勇之手。陸續回到縣城的難民發現自己無家可歸；外地來的人也在看到一片瓦礫後，決定走為上策。因此，即使是在太平軍被鎮壓十五年後，也就是一八八〇年代初期，縣城的人口依然稀疏，而縣官也因沒錢修復縣署，必須在民宅辦理公務，而後又轉移到一處廟宇之中。[25]此時甚至連編纂方志也很困難，因為縣裡不少文書已在戰爭中被毀損殆盡。[26]編者總結道，即使部分重建工作已經開始，但乾嘉時期的榮光「竟不可復觀矣」。[27]他們相信，過往和平繁榮的時代已然結束，戰爭已改變了一切。那麼，接著該如何恢復呢？

長江下游地區在戰後所編的方志中，充斥著這種由大災帶來的喪失之感。這些方志由省上巡撫委託縣令（在名義上）主持，而具體則由地方精英編纂。這些作品通常很直接地（以對自己有利的筆觸）描述戰爭中的事件，記錄地方百姓效忠王朝的卓越義舉，並記載戰後的稅賦減免。[28]安徽安慶府及其轄下的桐城縣似乎受創過重而無力為之，致使兩地都沒有修纂戰後方志。[29]徽南廣德州的州志修纂者這樣概述當地的戰爭經驗：

自庚申（一八六〇）二月賊竄入州境，出沒無時，居民遭荼，或被殺、或自殉、或被擄，以及餓殍疾病，死亡過半。存者至於無可托足，皆遷避於南鄉篁竹堡。堡民負險擁眾，其地倚山，四面環抱，廓其中而隘於路口，故易守。賊屢攻不克，益壯其聲勢。最後為賊酋洪容海率黨攻破，大肆屠戮，居民無得脫者。庚申至甲子五年中，民不得耕種，糧絕，山中藜藿薇蕨都盡，人相食，而瘟疫起矣。其時屍骸枕藉，道路荊榛，幾數十里無人煙。州民戶口舊有三十餘萬，賊去時，遺黎六千有奇，此生民以來未有之奇禍也。[30]

這段話用一系列套語來形容這場災難，描述了食物匱乏如何讓人由吃穀物至吃野草、再至食人；這種固守成規的敘事與意象在各種體裁的戰爭記載中都是典型的手法。戰後許多作者都採用了修辭形式以及文學典故來描寫他們的經歷；這意味著我們應該小心，不要只把他們的作品當成是對客觀事實的敘述。然而，我們也不該矯枉過正地將之全部視為虛構。我們不該也不能以法律或科學的標準來苛求這些樣板語句，它們的功用是讓作者能以耳熟能詳的方式表達戰爭的慘烈程度。許多與這段記載相似的記述，並不告訴我們某地死了多少人，或是告訴我們這個地方戰後的景狀。然而，這段記載卻（用其目標讀者看得懂的方式）揭示出，在廣德（就像在許多其他地方一樣），戰爭的破壞力既毀滅了生命，也毀滅了景觀。

很多當時的人都提到，這場戰爭中的苦難難以言喻，而且和《廣德州志》的編纂者一般，他們認為戰爭造成的破壞也是史無前例。對很多人來說，「苦難」及「損害」塑造了他們的戰爭經驗。然而，就像那些殉難者一樣，這一時期承受的損害、精神創傷與毀滅後來就被忽略、或被刻意遺忘。在我們藉以理解現代中國史的敘述典範裡，罕有痛苦、道德矛盾，以及模棱兩可等面向的地位。檢視這場戰爭對人產生的後果，或許能夠改變我們對於這個時代的理解，迫使我們重新思考我們一貫以來過於重視革命、國家、民族，以及那種將當時的人劃分為要麼效忠於「太平」、要麼效忠於「清」的簡單粗暴做法。對很多當時的人而言，效忠的意義既不絕對，也非常不穩定。

無論在國內還是國外、過去還是現在，中國十九世紀中葉這場戰爭從來沒有被用中立的態度討論過；它的命名無可避免地蘊含著政治立場。在這一點上，它與美國內戰很相似，後者也有著許多種稱呼，其中大多都對應到不同的政治陣營與地域關係上。清廷及其盟友以「髮賊」、「髮逆」來蔑稱他們的敵人，以「長毛」來貶稱其軍隊，即便這個對手在政治、領土上都已確立政權，清廷在稱呼上也從不承認這一事實，以免長其氣燄。朝廷也稱其為「粵匪」、「粵寇」，因為這場運動的領導人和最初的追隨者都來自於廣東、廣西兩省。這場戰爭也被稱為「洪楊之亂」（因為太平軍的兩名領袖一位姓洪，一位姓楊）或「紅羊之亂」。目擊者將他們的經歷稱之為「劫」，將其與佛教中帶來的末日災難相提並論，或是把自己描述為生活在烽火連天的時代。支持叛軍的人們一開始把他們的團體稱為「拜上帝會」；而當他們氣勢如虹之後，便將其改稱為「太平天國」。這一稱謂包含了中國與基督教經典中各自用來指涉烏托邦的語彙（「太平」與「天國」）。[31]

在一九四九年中共革命建國以前，這場事件同時並存著正面與負面的稱呼，並會因當下的政治需求或作者的立場而被選擇性地使用。在中國，在半個多世紀裡對這場戰爭最常用的稱呼是「太平天國革命運動」。而在英語世界，我們無意間（至少是未經思考地）採用清朝的角度，幾乎一直都稱其為「太平之亂」（Taiping Rebellion）。[32] 十九世紀中葉並存著幾種相互衝突的稱呼：親太平軍的外國人稱其為「起義者」（insurgents）或「革命者」（revolutionaries）；而我們今日幾乎無可避免地採用的「叛亂」（rebellion）一詞，則反映了當時英、美決心與清朝同一陣線的立場。[33] 基於戰爭造成的平民傷亡程度以及交戰雙方所說要「滅絕」對方的用語，或許更恰當的說法，是稱其為一場「全面戰爭」（total war）。若根據這場戰爭的打法，我們也許可以稱其為反叛者與鎮壓者之間的戰爭，或是「內戰」（civil war）。採用內戰一詞，也讓我們不再把這個十九世紀的中國案例當成一個奇異或獨一無二的特例，而看到在許多方面，它與不同時間、地點發生的其他事件都具有可比性。藉由將之重新命名為內戰，我們也可以重新聚焦於戰爭造成的損害和破壞上，而不只是關注一個人及其信眾所持的那些奇特願景或意識型態。[34] 內戰一詞可以讓我們摒棄潛在的價值判斷，並超越那些將國家重要性置於個人及集體苦難之上的敘述，超越那些橫掃一切的政治與道德敘述。

這場戰爭既艱辛，又混亂。在地方上，團練、盜匪、戰俘、傭兵，以及地方駐軍都參與其中，他們當中有許多牆頭草，並非可靠的盟友。只有在相對較小的程度上，這才是場清廷鎮壓一群來自廣西、受宗教煽動的叛亂集團的戰爭。戰爭使得鄰人反目、家庭離散，戰爭也破壞了朝廷許下的護民承諾：朝廷的軍隊與團練橫衝直撞，所過之處，焦土連天。戰爭導致了道德、社會及政治上的混亂無序，因此人們必須重新釐清各種範疇，儘管做到這一點並不容易（或者正因如此，人們更需要釐清它們）。戰爭也進一步削弱了王朝統治的合法性；弔詭的是，這反而更需要人們在戰後努力表達忠誠。戰時的損失，至少短時間內在民眾中激發出了對王朝復原的渴望。

留下了什麼

經歷過這場戰爭的人，都糾結於一些看似簡單的問題。本書關注的就是這些問題：該如何解釋那些看似無法言喻的、災難性的、甚或是千年不遇的事件？戰爭如何改變了日常生活？那麼多的屍骸該如何處置？死亡人數如此眾多，該如何消化這樣的事實？如何找到失去的親人？怎樣處理他們的遺骸，才算合適？又該以什麼儀式來紀念他們？該如何接受物質上及個人的巨大損失？如何處理戰後那些從各方勢力退伍後繼續騷擾平民社會的士兵？[35]在一個被戰爭粉碎的世界中，還剩下些什麼？各個社群要如何在物質上和想像中獲得重建？倖存者直接或間接地提出這些迫切的問題，而蘇南、浙北及徽東南等重災區的人們對這些問題尤感焦慮。即便太平天國運動已催生出大量的歷史研究（特別是在華語地區），但中外學者尚未提出或考慮過以上這些問題。在倖存者如何書寫這場戰爭，以及後人如何書寫和記憶這場戰爭之間，有著一道鴻溝。戰時的苦難被深烙在長江下游地區的記憶中；而那些把焦點放在民族主義、基督教影響以及現代化失敗的歷史著作，這些苦難被忽略了。

在二十世紀中國，太平天國幾乎一直都是現代中國史領域最受關注的研究主題之一。[36]這一被稱為「太平天國革命運動」的戰爭，催生了眾多博物館、編纂項目、口述史、學術期刊，以及相關研究機構。學者們致力於蒐集代表清帝國及外國人觀點的材料，並尋找、核實、編輯、出版太平天國史料——這些誕生於太平天國治下的資料，是在經歷了戰後清帝國為根除所有太平異端痕跡而進行的「大清洗」後，倖存下來的。他們的學術熱情參雜著政治因素。從二十世紀初開始，中國的愛國主義政治家與學者們便將太平天國視為革命理想的原初民族主義前驅。[37]其中最有名的例子，便是同樣身為革命家和廣東人的孫中山——他把自己說成是洪秀全第二。蔣介石一開始是認同太平天國的；後來，當他開始推動儒家復興計畫時，才轉而強調自己對曾國藩的認可。湖南人毛澤東在年輕時很欽佩曾國藩，後來才培養出對洪秀全的欣賞之意。[38]

在一九四九年中共革命建國後，對太平天國大業的認同成了政治上的主流看法；共產黨將太平天國領袖視為革命前輩，有意拿太平天國中的特定願景和他們自身革命的部分元素畫上等號。羅爾綱等多產且富有影響力的學者傾其學術生涯，論證太平天國具有進步、愛國、反封建、反帝國主義以及革命等特性。太平天國被賦予重大的解釋性意涵，被視為革命道路的起點，而這條路最終通向了一九四九年共產黨的勝利，並繼續向未來推進。因此，太平天國幾乎無可避免地被描繪成了一場解放婦女、重新分配土地的真正農民運動。在大躍進、文革等政治局勢緊張的年代（後者又以批林批孔時期尤然），太平天國研究作為一種評論時事與抨擊（當下）特定政治人物的管道，而大行其道。

從一八九〇年代開始，譴責為清盡忠的「漢奸」就成為一種慣例；例如戰勝太平天國的湘軍將領曾國藩，便曾受過這樣的指責。[39]一個世紀後的一九九〇年代，官方對現有體制效忠的強調壓過了漢民族主義；在這種情況下，官方才開始為自己的合法性尋找新的依據。在這樣的語境中，曾國藩和孔子都被拿來當作「民族價值觀」的典範，而被模棱兩可地平了反。[40]然而，即使在今天，將太平革命運動說成是一場內戰，仍多多少少踩到了紅線。專注於戰爭造成的傷害與破壞的做法，挑戰了學術及政治上的既得利益；過去十年左右，有一些中國學者已開始這樣做，但那通常代表著對是、非、「好」、「壞」觀點的逆轉，以及對於當下學術與政治正統的否定。[41]許多政治資本、學術資本都被投注來給予太平天國運動正面評價。關注戰時的破壞，被視為否定太平天國運動的革命性及進步性，以及批評一九四九年後的政治秩序。

這些學術傾向有一部分被英語世界的太平天國研究吸收，特別是早期的學者。他們的研究十分關注太平天國的理想願景及其主要發想人。戰時的傷害以及地方經驗在太平天國研究中不受重視，反而是在對特定區域的研究中受到較多關注。[42]冷戰時期，出於反共需要，中國對太平天國革命運動的敘述被借用、挪用，但其結論被顛倒，由正面轉向負面。[43]在這種敘述中，太平天國不再具有革命性和進步性，而被說成是在追隨一種「狂熱的宗教信仰」，其意識型態是非中國的，其體制很「原始」，其領導者「無情」且「縱逸」，洪秀全「顯然有心理疾病」，而其他領袖則「用粗糙的宗教騙術來維持威權」。[44]

與之形成對比的是，女性主義學者將太平天國視為女性主義先驅；他們利用中國的研究成果，將那群從廣西出發北征的天足女戰士當作女性主義烏托邦的例子。[45]此外，由於太平天國是從基督教獲得靈感與啟發，所以早期那些被太平天國強烈吸引的西方學者，最初是對中國能否信奉基督教有興趣，後來則對「西方衝擊」與「中國回應」模式有興趣。「太平天國的宗教到底是不是真正的基督教？」這個問題在拜訪過太平天國的傳教士、外交官以及其他觀察者的心中縈繞不去，而且在後來對於那個時代的研究中，一直都備受關注。這個問題持續主宰與這時期相關的教學內容，並時不時地在歷史書寫中重新浮現。[46]為了另闢蹊徑，或者可能是受到了柯文（Paul Cohen）關於中國史研究應該採取「以中國為中心的方法」（一九八四）的呼籲所影響，也有學者認為太平天國的宗教實踐源於盛行於華南的民間宗教。這類研究結合了（不同程度的）文本解讀及民族學分析方法。[47]儘管這些研究對太平天國的宗教思想究竟是源自中國還是源自基督教有不同的結論，但不少著作的焦點都是這場運動的主要領袖洪秀全及其宗教洞見，或意識型態的性質與內容。[48]

本書不再以中國現代史背景來考量太平天國，也不再用中國革命史來衡量它的意義；我的做法是，把經歷過那個時代、那些事件的人們的疑問與顧慮，帶進我們對那個時代的理解之中。本書將那些領袖與將軍擺在一邊，把焦點放在日常經驗上，從而調整我們對於這些事件的視角。倖存者記下種種恐怖傳聞，其中一些被證實是真的。他們描繪了讓感官應接不暇的慘烈：熟悉的世界被粉碎、鬼哭鄰嚎之聲、屍臭，以及蚊蟲叮咬之苦。在那樣一個充滿道德錯亂與喪失之痛的世界裡，人們努力重獲確定感、銘記忠行、修補破碎的信心，想要再度相信這個世界能被修復，並一如既往。透過展現個人的痛苦、喪失感、宗教熱誠，以及各種情緒，本書希望改變我們對十九世紀中國的認識，將我們對二十世紀中國苦難與喪失感的理解置於不同語境中，並拿來與其他時空的戰爭與政治暴力做對比。

本書使用的材料包括各種文類的出版品及手稿史料，包括方志、日記、殉難名冊、官方檔案、善書、詩集、傳記、寶卷、法律文書、外交報告、旅人記述、傳教士報告、正史及野史，以及回憶錄。本書廣泛地囊括各種不同的聲音，儘管留下作品的人大部分都擁有一定教育程度及社會地位。本書採用這種做法，是為了彰顯個人及地方經驗與道德說教意圖明確的官方記述之間的矛盾——這種矛盾不只存在於晚清，也存在於日後的中國。

本書採用的史料，有一部分是加了標點的現代重刊本，其餘史料只有手抄本或木刻本存世。有一些史料因為在中國史學界中被視為是無可救藥地向著清廷，所以被認為不可靠或不值一讀，無法印證當下對太平天國的主流看法。然而，出人意料的是，這類作品中，不少日記和回憶錄實際上對清朝都持嚴厲批評。普遍來說，這些文本中的精英主義和地方主義都壓倒了親清立場；位階產生的蔑視以及鄉土偏見讓那些作者很負面地將太平天國成員形容為下等的外來無賴。[49] 但這些史料並不只有對反賊的鄙夷。即使在半官方材料或官方文件中，我們也能聽到有聲音在哀嘆國家及其軍事代理人造成的破壞和犯下的暴行。人們做出了改變人生的決定，是為了有更好的機會，為了生存，甚或只是因為被抓之後別無選擇，而不是出於政治或道德的原因。他們的憤怒保存在充滿情緒的鮮活記載中，無論那憤怒針對的是清朝、是自身處境、是太平軍，還是這所有一切。我們有充分的、前後一致的證據證明，人們會為了生存而改旗易幟，做出種種複雜的決定。戰後不斷強化的忠君愛國說辭，掩蓋了戰時曾有的緊張關係與政治裂痕。

本書所用的材料中，有一小部分來自於英美的旅人、外交官、傭兵和傳教士，他們行經太平天國的領地，寫下所見所聞，一抒己見。他們的中國行讓太平天國戰爭得以成為世界史中的事件；透過他們，對這場戰爭的描述得以傳送給全球讀者。英國國會議員曾進行辯論，熱議對這些中國革命者採取中立態度有何好處，並將其與自身對美利堅南部邦聯（American

Confederacy）的立場作比較。[50]旅行作家與傳教士們穿上「當地的服裝」（包含假辮子在內），記錄、報告了他們穿越中國鄉村的體驗——這種跨文化變裝行已經成了這些人必備身段。[51]其他來訪者將遭戰爭蹂躪後的世界形容為獵手的天堂：戰爭帶來的破壞讓他們有機會捕獵雉雞、鵪鶉、豬、香獐和鴨子。[52]無論是想促進貿易，想傳教，想發財出名，還是試圖在中國的戰亂中尋覓自己國家的利益，這些外國旅人都有從中獲利的空間。[53]在很多例子中，這些人的作品被自身種族成見與階級意識所左右，有時候甚至是以始料未及的方式呈現。就像中國的記述者一樣，他們的見聞受限於當下情勢，而且他們也往往使用既有的意象、文辭套路和類比方式來抒寫自身經歷。他們的所見、所寫，通常反映了自己既定的世界觀，也反映了難免會有的偏見。然而，他們的觀點多元，不是簡單將其歸咎於「帝國主義者」身分就能輕易囊括的。本書不把這些外國作者放在「客觀目擊者」的超然地位上，而是把他們的聲音作為對戰爭的多重視角之一來對待。他們提供了不同視角，並因此產生共鳴效果。但要小心，他們所提供的觀點，並不總是清晰，更非中立的。

歷史研究的傳統範疇不足以囊括這些史料的龐雜資訊。例如，繡像宗教教化小冊子，一方面用圖畫描繪著戰爭，另一方面還附有持親清立場且充滿宗教熱誠的文字供募款所用；方志與祠廟中充滿忠清忠君的表達，但字裡行間卻掩藏著地方、行省與朝廷之間的緊張利益關係；用來紀念為國捐軀者的祠廟與墓地，變成了地方精英的避稅手段——他們因納租佃農的減少而不堪稅負；務實的用途及娛樂侵入了這些看似神聖的空間：官員不得不一再下令禁止在這些彰顯忠行義舉的祠廟中養魚和辦壽宴。十九世紀晚期湖南的某縣志歌頌一名天京義婦的美德，她殺死了兩名綁架她的湘軍男子——這就顛覆了將王朝與道德相聯繫的常規做法；施善者和急公好義的精英們組成了鸞堂*，以從神靈那裡獲取善書，他們傾聽神明（有時也傾聽死者），儘管他們用實際行動所重建的秩序更符合他們的集體利益。這些精英之所以參與重建，不僅是出於自己的切身利益，同時也充分表現出他們的宗教情懷。

本書之所以選用特定事物來作為章節的標題，是希望透過它們來強調生活經驗的物質性和存滅無常，強調人們因喪亂而釋放的情緒具有巨大力量。各章內容旨在說明，以維護中央利益為先的官方說辭，以及其無法顧及的私人細節之間，存在著緊張關係。第二章〈文字〉介紹了一位充滿魅力、支持清朝的「布道者」兼作家，余治。他自稱代表大清向百姓發聲。從因果報應的超自然邏輯中，他獲得了啟示，找到了對這個時代的解釋。早先的研究者強調余治這種急公好義的地方精英在戰時動員與戰後重建中所扮演的角色，本章則專注在精英之善行義舉的另一個面向，以闡明一個新的、充滿宗教意味的帝國正統想像，是如何與太平天

* 編註：鸞是傳說中類似鳳凰的神鳥，能傳達來自天神的訊息。這一過程被稱為「扶鸞」，是一種類似占卜的民間宗教活動，演化成士人傳承文化與道德規範的宗教活動。進行「扶鸞」的場域就稱為「鸞堂」。

國的宗教異端相抗衡的。

接下來的三章聚焦於身體：那些活著的、死去的，以及被紀念的身體。第三章〈被標記的身體〉檢視戰時的身分是如何透過刺青、髮型與服飾來表達和理解的。在那段陣營立場極具偶然性的時期，這些記號象徵著絕對的忠誠。可最終它們也被證明是不可靠的：即使是俘虜臉上的黥記，也有可能去除；制服或通行證可以被丟棄或與人交換；而剃頭師傅也會幫人改變髮型以蒙混過關。但對很多人而言，即使讓身體遍布瘡痍的禍根已經被拋開或被覆蓋，戰爭仍留下了難以抹滅的心靈創傷。

第四章〈骨與肉〉探詢的是，江南地區死者的屍體下落如何。屍體擔負沉重的政治象徵意涵——屍骨四散的景觀，表示統治政權的嚴重失敗；而食人的出現（無論是謠言還是事實），更說明支撐社會的社群紐帶已經瓦解。在這樣一個看似喪失道德基礎的世界裡，那些關於屍體如何失蹤，如何被找到，或是被奇蹟般保留下來的故事，被用來證明死者或是那些找到屍體的家人的德行。埋葬死者的做法可以幫助省級和地方的官員（或是那些攜手合力妥善處置屍骨的慈善組織）獲得合法性。

第五章〈木與墨〉聚焦於祠廟與書本對戰爭死難者的紀念。透過紀念之舉，清朝試圖恢復並重獲各個社群被戰爭所耗損的忠心。死者被作為烈士銘記；強調盡忠之死以及王朝勝利的敘事掩蓋了戰時的不確定性及背叛。然而，強烈的情感無法被操弄。紀念的同時，也成了表達不同陣營立場的方式：地方民眾堅持認為，紀念家人和鄰居是他們自己的義務。他們取木築造祠廟，潑墨作書紀念逝者；即使是得勝的湘軍和淮軍，也爭取優先紀念他們自己死去的同袍。戰爭一結束，每個層級的人們都尋求清廷支持自己的做法，即使僅是為了替自己的目的而利用王朝制度而已。

第六章〈失去〉聚焦於一名男子，如何在他特殊的回憶錄裡紀念被害的母親。張光烈，一位我們所知甚少的無名小卒，刻意援用官方紀念的書寫架構，只為了表明這些方式不足以代表或涵括他的記憶與感情。張光烈記錄了自己在面對喪親巨痛時，如何以極為個人化的方式探詢意義與尋求安慰。此外，戰時的苦痛最終透過新式媒體找到了出口：《申報》等報紙讓這些故事得以傳播，並促進了新型社群（community）的構成與動員，即使有時候這是建立在人們的痛苦經驗之上。

暴力和紀念重塑了戰後社群，改變了人們對所處的政治與社會世界的理解：無論是死人還是活人的身體，都被戰時經歷打上了標記；太平軍在俘虜臉上刺上「太平天國」字樣，男人們得思量頭髮的政治意涵；如同一切善有善報的故事，悲痛的家屬在神祕指引下尋回了屍體和棺材；食人隱喻著社會的崩壞，但也為重創下的社群提供了食物；死節者的屍體保持不壞；某人摯愛的姊姊的靈魂在死後回來，說她死得其所，好讓家人們安心。上述這些故事都說明了，真摯的情感和所受的創傷會以不同且很可能長久持續的方式，影響著人們，影響著他們與家人，與國家，以及與彼此之間的關係。在此，本書要用最接近底層的眼光來閱讀史料——既低於事後回溯所建立的、宣揚忠於王朝的崇高框架，也低於後世不斷被利用的革命框架。唯有檢視十九世紀中葉中國民眾是如何面對內戰帶來的傷害，我們才能獲得瞭解他們世界的新視角。或許，這個新視角能讓我們更瞭解自己的世界。

Chapter II

文字

戰爭催生宗教熱情，對交戰雙方而言，都是如此。這場戰爭源於一位自認為上帝次子的落榜考生的離經叛道。然而，有些比他更為正統的夢想家，也有著不遑多讓的狂熱；他們認為這場戰爭是上天因為震怒於人們的奢靡、不忠，以及沉溺於淫戲而降下的。很多江南人從歷久彌新的宗教說法中尋求解釋，以理解那些他們所見、所聞，甚至親身經歷的大屠殺，並且從「果報」的神聖邏輯中尋找長保平安的方式。遊方布道者、塾師、講師們紛紛宣稱：節儉、嚴守家庭倫理、愛惜糧食、節慾、素食、妥善蒐集並焚燒字紙以示敬惜等方式，都給人對抗死亡、喪失之痛、戰爭與疾病的護身力量。

大清支持者們把鼓舞人心的演說和對《聖諭廣訓》*的宣揚作為地方防禦措施的一部分，希望以此喚醒百姓自身的政治責任感；他們還會利用大眾宗教的語彙來加強效果。[1]藉由印刷品和演講所傳遞出去的良言，可以為個人及其社群帶來安全感。號稱通曉果報奧祕的書籍大量湧現，受過教育的男人們則創辦了各式神降組織，透過扶乩來祈求神靈降旨指導人們的言行。[2]作為科舉守護神及地方社群保護者的文昌帝君就是這樣將善書傳授給善堂善會，並因此獲得朝廷對其神力的認可。此外，戰後的方志記載了某些城隍因保護本地免於敵

＊編註：《聖諭廣訓》是清雍正二年（一七二四年）所出版的官修典籍，內容奉勸讀者應遵守律法、德行等。清朝政府會在地方推行宣講，並定為官方考試內容。

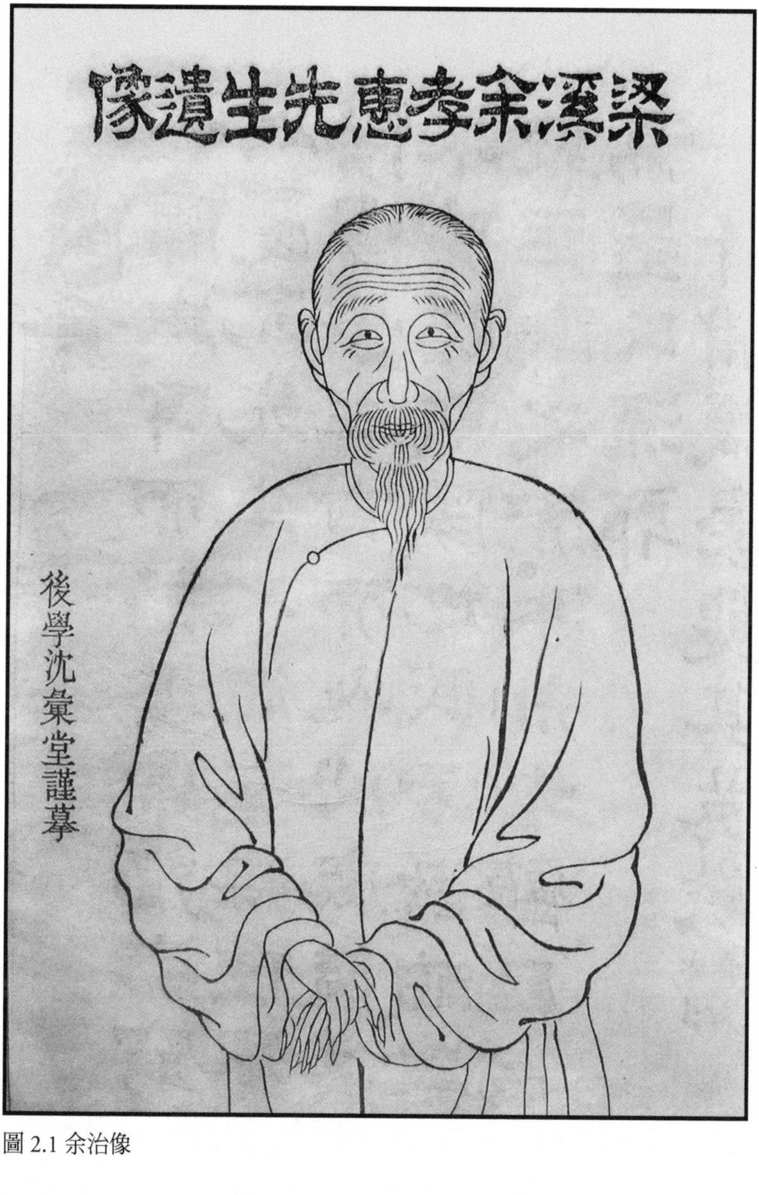

圖 2.1 余治像

人暴行，而獲得朝廷的封賞。[3]儒家道德的復古派努力對抗非正統的教派——譬如教義頗為誘人的太平天國。[4]對王朝秩序的全新宗教想像被催生出來，對抗太平天國。[5]不論是太平天國還是與之對抗的力量，它們的預言者都來自於科舉制度（它由國家推行，且行之有年，是通往財富與權力的途徑）那躁動不安的底層。[6]

本章聚焦於一位清朝政治秩序的「布道者」，余治（一八〇九－一八七四）。透過他的生平和作品，我們可以更好地理解地方精英用以應對戰爭的宗教熱情。余治在戰前、戰時和戰後都極力倡導文化更新和道德轉化，他代表了那些動員鄰居參加團練、安葬死者、戰爭一落幕就根據需要重建社會的行動派地方精英。余治五次落第，做過訓導，信奉文昌，戰時成為江蘇省無錫縣鄉村善堂善會董理。他在戰時的活動，讓他這樣一個來自鄉下的無名小卒，能在戰後包括上海的十里洋場等地，也具有影響力和關係網。他與當時最有權勢的一些人密切交往，就連淮軍的創建人李鴻章（當時最有權勢的官員之一），都知曉他的大名。

余治透過小冊子來鼓吹自己的觀點：在他本人不知情的情況下，他關於溺死女嬰現象的論述甚至透過一個法國天主教傳教士編輯的作品，飄洋過海傳到了歐洲。[7]他推廣一種精英行動主義及慈善模式，而這套模式在戰後的長江下游地區被廣泛地採用。余治的弟子們在為丁戊華北奇荒（一八七六－一八七九）[*]募款時扮演了主導角色，他們採用的正是余治在十九世紀中葉這場內戰中發展出的方法。在他的作品和社會實踐中，余治都努力向他的受眾闡明這場戰爭的意義，並在戰爭陰影下完成自己戰前就已訂下的道德轉化計畫。余治親眼見證過戰時的苦難，他地位顯赫，勇於發聲，交際廣泛，代言的是那種在太平天國期間達到新高峰的、受宗教啟迪的道德保守主義。

余治善用各種語言風格和文類來描繪戰爭、暴力和社群，他出版並廣布小冊子、劇本與善書。他還預言說，死亡與毀滅會降臨到那些拒不改正自身惡行的人頭上。在余治的眾多作品中，他將自己描繪成目擊者、倖存者，乃至先知，而對那個時代的暴力與苦難，他也有各種詮釋，例如把它們比喻成自然災害、傳染病、末日的徵兆。他最常採用的方法，就是把它們當成天譴。他也將自己描述成（有時候是被別人這樣描寫）是在勸戒和啟蒙懵懂的大眾——或者用他同時代人嚴辰的說法，「化導頑愚」。[8] 但是，宗教辭令對他來說不只是工具，他對自己試圖改變的那些信仰與習俗也是耳濡目染。慈善與道德規勸是他自己宗教實踐的一部分；他的信仰也為自己的親清政治立場提供了表達媒介和內容。[9]

一八五三年南京陷落後，余治就開始用因果報應來解釋戰爭經驗。他抱持著熾烈的勸世情懷，用充滿道德意涵的出版品或戲劇創作來推廣自己擁護中央、提倡教化的理念；而對於

* 編註：「丁戊華北奇荒」顧名思義即丁戊年間（主要是一八七七到一八七八年，前者為丁丑年，後者為戊寅年）發生在華北地區的饑荒，並「奇」字形容其規模之巨十分罕見。該場飢荒波及上億人口，造成至少一千萬人餓死。湘軍將領、曾國藩之弟曾國荃稱其為「二百餘年未有之災」。

被戰爭徹底挑戰的道德與政治秩序，余治也用寫作、戲曲作品及演說來肯定它們在象徵意義上的可行性。他同時也肯定地方，特別是支持清政府的地方士紳在這種秩序中扮演的角色，認為地方才是秩序、道德和政治教化的場所，而地方士紳正適合充當這種教化的代理人。身處戰火尚未燃及之處，余治將戰爭形容成一種對尚未被災難波及之人的警告。一八五〇年代，南京城陷落之後，余治在無錫寫下激勵人心的演講辭，向那些改過向善的人承諾他們將會獲得救贖；他也用生動的一唱一和手法，來描繪得救者與受報應者之間截然不同的命運。他對皇帝所象徵的權力堅信不疑，並將自身社群的利益和清帝國的利益視為一體，號召恢復帝國的各種制度，例如背誦《聖諭廣訓》。[10] 此外，他還出版了一份題為《潘公免災寶卷》的作品，來描述南京的陷落。無論是採用哪一種媒材，他都在告誡縣民們要改正惡行，才能趨吉避凶。

一八六〇年，戰火終於燒到了余治的村子。他的兄長自盡殉身，而余治自己也開始四處流亡。他的末世論開始以社群及政治目的為導向。就像當時有人所描繪的，「是時創夷滿目，盜賊縱橫，待命者越殷，而輸財者越鮮。於是（余治）奔走勸募……所救濟者亦不啻以億萬計」。[11] 余治受切身經驗所影響，開始參與募款，補給地方團練。他激動地呼籲要善待那些曾被太平軍俘虜、並被太平軍強迫徵用之人——畢竟，這些人中不少都是他自己社群的成員。他也更投入自己長久以來就極為支持、由士紳所組織的慈善事業，他努力募款，並為江南難民提供物資援助——他自己是深深認同這些難民的。

為了募款，一八六四年戰爭結束時，余治撰寫了一部生動描繪暴力、太平軍統治，以及清軍光復領土的作品，以吸引善資。這本小冊子有力地刻畫了秩序的淪喪與恢復，反映了余治的慈善、政治和宗教觀點。它以果報論為架構，宣稱讀者們必須當下就伸出援手，否則將來大難就會降臨該地。[12]總之，在余治的描述中，這場戰爭既是末日的徵兆，又是贖罪的機緣，是道德轉化的一個既痛苦又有效的教訓。在社會秩序以及對社會的理解分崩離析之際，他提倡建立一套由國家支持的社會秩序，該秩序以地方社群為中心，上下有序，且符合宗教規範；他並透過慈善組織來實現此一目的。在晚清，慈善與扶鸞及因果報應論密不可分。[13]因此，對於戰爭，余治的做法並不能被簡單描述成一位行動派精英為了重建秩序而促進士紳權利，以對付失敗的官僚體系或地方社會的軍事化。甚至，他也不僅是為了應對稅賦地租——儘管在某種程度上他的做法與這一切都有關。[14]重要的是，余治的做法表達了一種強烈的宗教情懷。

以文為符

對余治這樣的人而言，文字具有巨大的魅力。顯然，一個人可以以文字為工具，透過科舉取得社會地位。此外，文字（特別是寫在紙上或布上的）有著特別的力量——也因此格外脆弱。書寫下來的文字需要保護，以防污損；不當使用或不當拋棄寫著字的紙張（簡稱字紙），即便不是有意的，也會招致鬼神懲罰。使用字紙時要注意的地方很多，而這些地方從我們現代人的角度來看，顯得很奇怪：字紙不能用於鞋底或用來描鞋面花樣——婦女們被告誡說，只能用沒被寫過的紙來做這些事。[15]商家的店名不得印在商品的包裝紙上，而謹慎的店東應該用代表店名的圖像來取而代之。字紙被禁止用來製作雨傘、燭芯、門窗、冥幣和廁紙——所有會污損字紙功用的都不行。陶匠們也不能在陶器底部銘刻文字，這大概是因為碗、瓶的底部總是壓在下方，所以把字放在那裡就是賤待了字。[16]相信這些說法的人認為，把字紙拿到污穢的環境中，或是用文字創作淫書、小報，都一樣會污染文字。[17]在十九世紀中葉，「惜字會」便力圖禁掉他們認為內容汙穢的戲曲或出版品。[18]由於身體和文字之間被認為關聯緊密，惜字會的成員也因此關心如何正確埋葬屍體，很多惜字會承擔了提供棺材與埋葬窮人的工作。[19]這樣的需求在戰時應當變得更為緊迫；我們至少確知，各種地方慈善組織的數量在戰時與戰後都增加了。

惜字紙變得和明清其他種類的慈善活動緊密相關。在晚明，惜字紙還只是一種個人修身行為。到了清初，它已成了由有志書生參與的集體慈善活動，而最終地方精英、商人、店東以及這些人之下的各個社會階層都參與其中。[20]在十九世紀早期，社會、經濟矛盾加劇，清廷不再像從前那樣介入地方福利。面對這一切，惜字紙的集體行為就受到了地方精英所組織的慈善團體利用，甚或是催生了這些團體。

在這樣的情勢下，立志要守護字紙的人組成團體，開始僱人在街上、河道以及其他公共場所蒐集廢紙。舉例來說，常州的惜字會為這些蒐集者提供了制服、帽子、鞋子和袋子，並花錢找來特別的器皿，焚燒拾來的廢紙。然後他們安排把灰燼運往河流或大海，最終把灰燼撒進能淨化一切的水中。[21] 太平天國那方也在蒐羅字紙：在太平軍的佔領區，老人被派去打掃街道並拾集字紙。事實上，雖然太平軍從領導層到一般民眾都被他們的對手斥為文盲，但他們對字紙似乎充滿敬畏，將之視為護符，這說明他們可能不像中傷者所說的那麼目不識丁；或者說，他們就像自身對手那樣，看到了文字所蘊含的道德轉化力量。[22] 就像清廷一樣，太平天國也試圖用文字來象徵性地建立一套新的社會秩序，並在實質層面上用它來宣傳自己的宗教信仰。

如同掩骼會、救生會和恤嫠會*一樣，這些負責蒐集、處理字紙的團體是慈善組織中一個重要子類別；實際上，以上各種類別的組織常常被整合在一起，納入多功能善堂善會的範圍。這些組織的活動具有強烈宗教色彩。包含惜字會在內，這些十九世紀中葉的慈善團體都

* 編註：掩骼會負責掩埋屍骨，恤嫠會則負責救濟寡婦與孤兒。

希望它們的活動有神靈支持或參與；作為將神諭寫成善書從而指引人們行為的地方，鸞堂便因此從空間上和情感上都佔據了晚清江南各善堂的核心地位。[23]這些善堂常常位處廟宇之中。很多慈善組織每年都會向城隍和當地縣令提交報告。[24]這些善會的活動圍繞著「善」這一概念進行。「善」這個字可以約略地等同於英文中的「好事」（good works），但它在詞源上與「善後」一詞也有關聯，而人們後來用「善後」一詞來表示戰後的復原。[25]

這些組織惜字會並參與其他慈善活動或慈善組織的人們，也積極投入到善書的製造和散播中去。[26]特別是從十九世紀中葉開始，部分書商專營善書，他們的生意常常設在廟宇中，或者和善堂有所關聯。[27]買主們往往與扶鸞活動及慈善圈關係密切；這些關係在這類出版品的序或跋中，都被清楚地點出來。到十九世紀中晚期，這類出版品變得越來越普遍，其末世色彩也日漸濃烈。[28]善書是一種寬泛的類別，包括蒙書、行為和修身指南（例如，功過格）、歌曲、戲劇、神授或有關神靈的勸善文以及醫書。余治的作品包含了上述除醫書外的所有種類。這些作品的內容顯然並不相同，但它們的作者和出版贊助人之所以出錢出力，就是因為認為製作、傳播善書就像其他善舉一樣，可以積累功德，獲得神明庇佑，或是得到補償。即使是余治那本著名的善堂善會經營指南，也是在期待功德和回報的情況下出版的。對那些相信贊助出版作品（或親手抄寫，或協助傳播）有助於善報的人來說，無論是作為作品的善書，還是製造、傳播善書的善行，都具有保護力——眾所週知，這個時期的人們迫切需要保護，善書中日益濃烈的末世色彩亦說明了這一點。

文字的世俗和宗教力量體現在對文昌帝君的信仰崇拜中。文昌帝君是科舉的護祐神，其影響力在十九世紀中期一路上升，不少江南人（包括余治）就是出於對這位帝君的信仰而參加惜字活動、扶鸞、慈善組織和流布善書的。[29]危機與叛亂讓文昌的吸引力與日俱增，對國家與地方社群皆然。文昌不僅是科舉的護祐神，祂更常被視為一位廣泛意義上的保護之神。祂以桂籍管理者的身分，決定人們的因果報應——桂籍是「一本時常更新的冊子，裡頭記載了人們由上天註定的命運，以及因應他們的道德行為所做出的修改」。[30]當時有三位經常被扶鸞團體邀請下凡的神祇，被合稱為「三恩主」，文昌帝君便是其中之一。雖然嚴格來說扶鸞在清朝是違法的，但在實際上仍得到了官方的支持甚至參與。[31]

文昌因為在四川白蓮教亂中站在了清廷一方，所以在一八〇一年被宣布得以納入祀典。祂的地位在十九世紀中葉時逐漸提高，最後在太平天國戰爭時升到了頂點，其所得到的尊崇可比肩武聖關帝和孔老夫子。[32]

從少年時起，余治就對文昌教派產生了興趣。隨著文昌在國家祭儀與宗教中的重要性提高，余治對該教派的參與也日漸增加。余治還是一名科舉考生時，就開始了「惜字紙」的實踐。他隨身帶著一個特別的小囊來放置找到的廢紙，希望能藉此累積功德，獲得文昌帝君的護佑。[33]一八三五年，余治將他敬神的舉動正式化，在自己村裡組織了一個「惜字會」。隨後他擴大了這個組織，並制定會規來規範該會的活動。就這樣，他開始了伴隨一生的慈善事業。他的宗教信仰、慈善活動，以及親清的政治立場，密不可分。

在余治戰時所寫的文章中，文昌似乎常常顯靈，但不是每次都被確認是文昌。文昌面貌多樣：祂是國家與社群的守護者、人類命格的執掌者，以及透過乩板而擁有了千口百舌的發聲者。余治常常借助於文昌來猛烈抨擊時代危機。他在作品中仰賴因果報應觀來描繪道德上的覺醒向善如何改變命運，描繪陰曹使者如何在夢中傳達救贖觀念，描繪茅廁惡臭或浪費穀糧會如何冒犯神明——或是描繪人們集體的忠孝義舉會如何感動神明，從而讓祂們護祐國家（或特定地方）。[34]余治透過宗教及慈善活動，將「文昌信仰」與「集體慈善行動」這兩個傳統結合在一起——當時的人認為，這兩個傳統在江南東南地區特別強大。這樣的結合反映了多種因素的集合，包括宗教信仰、組織能力、對文字的神化、對污染（無論肉體還是精神上的）的關心，以及自制力。其中，自制力是余治後來在實踐和書寫上所奉行的原則，也影響了他日後對於太平天國戰爭的應對。從一八四〇年代中葉開始，余治從單純關心字紙汙損，擴展成決心根絕淫書。他認為淫書污染社群道德，後來更認為是淫書促成政治與宗教異端出現。這也將他迅速捲入一大堆有關維持地方秩序的事務中，包括辦團練並提供所需、促進準時繳租納稅、掩埋死者、開粥廠餵飽饑民、當眾宣讀《聖諭廣訓》，以及為難民募款等等。

言說社群

對余治而言，社群是由言說所構成與界定的。言談可以傳遞價值觀，還能鞏固分層化社群內的階級秩序，將社群想像成由士紳、家族族長與常民組成的聽眾，特別是在儀式場合裡。言談能夠讓聽者覺醒，就算是面對目不識丁的人也是如此。即使是在書面作品中，余治還是談及言談的問題，談及那些難以表達卻必須說給人聽的字句，談及如何透過好的戲曲表演及宣講《聖諭廣訓》來組成或修復社群。不言可喻的，這些社群幾乎都是地方性的社群；而且，在余治最早的那些有關太平天國之亂的作品中，這些社群同時也都是鄉村的社群。它們遍及講者的聲音所及之處，即便這些話語更像是在對更廣大地區的聽眾訴說。余治狂熱地布道，宣揚道德轉化和政治轉化——他透過言語（有時用方言），試圖讓他的聽眾從無知的罪人變成為忠義的臣民。在這條路上，余治並非孤身一人。那些和他有著相似背景的人們，也會遊說（甚至恐嚇）各自的社群，好讓人們捐助、或是加入地方團練組織。[35]

南京在一八五三年失陷於太平軍一事似乎刺激了余治。這一事件促使他採取行動——以及更多的發聲。他以朝廷之名募款，並援助地方團練。一八五五到一八六〇年間，余治募得了款項，並將物資運往南京城外的清軍江南大營。[36]他也抨擊那些偏離正統意識型態以及道德淪喪的現象。異端思想甚囂塵上，盜匪和太平軍正以足以亂世的惑眾之言，鼓吹著廢除稅賦和根除「滿妖」。政體之痼疾已達到危急的地步；大難臨頭的關口，余治把地方社群當作救命的君藥。他認為鄉約、鄉學等地方上的既有制度值得重視，並強調一定要重振這些制度，好讓大眾不那麼容易受太平軍惑眾之言的影響。[37] 雖然余治宣稱自己是為大眾代言、以大眾為宣講對象，但他的論點很對當權者的胃口。

余治早在戰前便已大聲疾呼，反對淫書、淫戲以及溺殺女嬰。[38] 他公開譴責流行戲曲所導致的道德淪喪，並曾經至少一次登上戲臺，悲泣地搥打自己的腦袋，力勸觀眾停止他們的墮落行為。在這一幕中，我們看到余治出現在一場典型且生動的「儒家道德表演」（staging of Confucian moral ideology），也能看到他在面對觀眾、要求人們做義行時，所抱持的狂熱。[39] 儘管他一再警告，警告道德淪喪將招致災禍，但人們依然不為所動——而當大災露出苗頭之際，余治加倍努力地勸善。在戰爭期間，余治作文指出言語能凝聚社群，儘管他是用戲劇、宗教故事和歌謠等白話媒介來闡明這些觀點。他在文章中記載了自己如何談論社群，同時也試著透過言語向社群傳達自己的治世願景。在他眼中，鄉約是醫治社會沉痾的良藥；他還製作了用於大聲念誦的宗教作品，在這些作品中，有些例子展現了言語修復鄉村社會秩序的力量。

言語可以保護社群免受戰爭與異端之害——余治與他的同道這樣主張。在一八五〇年代早期，余治認為鄉約是促進社群道德和政治健全的理想途徑。這些半個月一次的宣講，透過雍正皇帝詮釋的康熙《聖諭廣訓》來闡明朝廷所認可的道德教育。[40]鄉約以白話寫成，口吻直接針對社群，有時佐以插圖或歌謠。[41]半月一次的鄉約宣講強調恰當、和諧的人際關係，強調中庸、勤奮、準時繳足稅賦，並強調要消弭「異端」。[42]

一八五〇年代早期，《聖諭廣訓》阻擋著異端入侵的功能已經確立，儘管在實踐上似乎已開始失效或變得陳腐。官員們對包含太平天國在內的叛亂教派激增甚感憂慮，提出應該在各級學校裡教授《聖諭廣訓》，以防止學生們投向誘人的異端思想。與此同時，當時包括余治在內的很多人卻擔心「淫戲」和邪教遠比每月初一、十五頒發的親清訊息對人更有吸引力。戰爭，尤其是（常常用言語形式表達與傳播的）太平天國意識型態造成的挑戰，給這些試圖重振正統意識型態的人們帶來了新動力。[43]一八五三年，余治上呈了宣講《聖諭廣訓》的請求，希望用宣講來對抗南京太平天國政權所代表的挑戰，對抗他家鄉正在出現的社會失序——在他心中，這兩者之間有密切關聯。[44]

余治認為，地方宣講人員和助手們都缺乏吸引觀眾注意力的說話技巧。他自己教過數年村塾，給童蒙學生授過課。帶著這樣的經驗，帶著他自認為的演說家技巧，以及他善用各種通俗方法進行道德教諭的能力，余治就像半官方（或說低階官僚）的宣傳者那般，為大清服務。而到了一八五三年，他終於成了《聖諭廣訓》的專業宣講人。一年後，江蘇省的提督學政對地方團練問題表達了擔憂，認為這些團練不足以守護地方，因此號召特定人員商討改進之策。江陰人鄭經是其中一員，他用類似余治的措辭，建議把鄉約宣講提升為解決團練問題的方法。[45]鄭經表示，對團練宣講「則忠義明」，可以改善他們的行為，堅定他們的決心。余治和鄭經一樣，都屬於當時主張以宣講形式來解決戰時社會與經濟問題的大團體一員。實際上，鄭經說過，余治受聘去組建常州府的鄉約局，而且在省級提督學政的監督與支持下，他們將這套做法推行到了江蘇東南。[46]一八五七年，考量到《聖諭廣訓》對一般人來說太難記憶、背誦，余治開始撰寫、布送勸人向善的歌謠、小曲，好補充自己宣講的不足。[47]

在一篇名為〈鄉約為救時急務說〉（一八五三）的文章裡，余治用醫術來比喻為什麼鄉約是公眾秩序的支柱。他在文章一開始就指出，讀者們可能會覺得戰時最迫切的要務應該是民團防禦，從而認為這種時候把心力放在鄉約上就顯得「毋乃迂甚」。[48]他承認關注民團防禦的確很重要，但那種防禦「所以防其外也，鄉約所以固其中也」。他甚至認為，如果沒有鄉約作為意識型態的奠基石，民團不僅無法有效行使功能，甚至可能會變得難以駕馭，會彼此攻擊，或是去掠奪那些他們本該保護的鄉里（community）。[49]他借助醫學類比，提出解決危機徵兆的最佳方法，是透過強化「正統」或是「正氣」來驅走「異端」或是「邪氣」——他所用的這些詞彙，同時具有醫學上與政治上的意涵。[50]

余治主張，當「虎狼肆毒，燕雀有處堂之虞」時，當（在官方默許下）出現「千百萬失教之民」時，唯一的靈藥就是透過鄉約來洗心易俗。[51]鄉約扮演著佐藥的角色：這情況就像一個人平時很健康，但突然罹患重疾：「尚不知急進參蓍（兩者都是常用的佐藥）以補救，是直坐視其死而不之救，必非人情也。」他認為鄉約就是起到人參、蓍草的功用，可以強健王朝，讓它更有效地抵抗異端邪說的毒素。[52]鄉約的重要性就是如此地切中核心、關乎存亡。如果缺少了有效的教導性言辭，危險異端就會乘虛而入：

若平日坐視，而不早為化導。一旦稍有瑕釁，奸民乘機煽惑，揭竿蜂起，此倡彼和，千百成羣，頃刻釀為大禍。欲遷徙而誰為樂土？欲保護而誰是腹心？至此而始謀化導，遲矣！晚矣！[53]

余治一針見血地批評官員們對這些情況沒有合理應對，若等到這些官員都升官或去職，地方的利益已然受損。在官府崩壞失能之時，余治和他的同道補上了這個官僚崩解、軍事失敗後出現的缺口。他要傳達的重要訊息是：比起那些官僚，以言語來武裝自己的地方行動者們更有能力維持公共秩序，更有能力恢復王朝政治、道德權威的象徵體系。余治展現了像他這樣的人在對帝國權力的詮釋中所扮演的關鍵角色。

戰爭作為報應

在有關南京陷落的文章中，余治把戰時經驗，特別是暴力，放到宗教果報論的框架中解釋：受苦的人之所以遭罪，是因為他們曾經踰矩，而那些尚未受罰的人，則必需把握這次上天所給予的機會，矯正自身的邪惡行徑，以獲得救贖。一位外國傳教士在他一八六一年去南京見太平軍的描述中，提到了這種觀點的盛行：

在中國，災禍降臨之時，很多人會出版短文勸人悔罪，認為人會因為罪過而遭天譴。我們注意到其中一篇。它是一個印刷單頁，張貼在〔丹陽附近〕一座荒廟的牆上。它要讀者反思國家眼前遭受的災禍是居民的罪惡帶來的，並保證說，只要他們肯悔改，和平與幸福應該就會再度降臨到這片土地上。神明們也會不再生氣，而對他們重新展露笑顏。[54]

在這種思考模式下，余治採用同樣的書寫文類，將南京、揚州和鎮江的陷落描繪成了諸多惡行所招致的天譴。儘管這些惡行並不一定與城市有關，但余治還是把它們當成了長江三角洲那些大城市的特色。事實上，關於都市罪惡以及鄉村良善的想像，被他在戰時早期作品中用來解釋南京的命運：三座城市陷落了，陷落得理所應當，但是鄉村還有希望，那裡數不勝數的善行可能會緩解上天的憤怒，並護佑鄉里。對余治來說，關鍵的問題是，哪些人死了？為什麼會死？如果這場戰爭是天譴，那麼受難者就應當受難。他們的死不是對王朝的殉難，而是因為沒認清自己走上了岐途。余治主張，真正的德行唯有正氣凜然地活著才能體現，而不是用為王朝殉死來彰顯。這與之後由地方精英與省級官員精心協作策劃的紀念活動，形成強烈的反差。[55]

一八五三年，對於南京、揚州、鎮江出現太平軍蹤影的憂慮，助長了太平軍即將攻打無錫和蘇州的傳言。隨著戰事看似不會東漸，這種恐慌有所減輕，但是，有關戰爭雙方施暴的傳聞，以及無錫、蘇州地區持續不斷的抗租和拒稅造成的緊張關係，都讓余治更加心旌不定。在南京、揚州、鎮江陷於太平天國之後不久的一八五三年，余治寫下了一篇名為〈劫海迴瀾啟〉的文章，痛批那些被他視為禍根的道德敗壞行為。[56]這個作品模仿演說辭，採用有力的白話寫成，同時眉批裡充滿了讀者的肯定意見——這些意見看似出自感服於余治言語道德力量的讀者。在這個作品中，余治譴責那個時代的種種過失，並提及近來出現的暴行。他把當地居民當作自己的假想讀者，問他們：「此何時？此何事耶？」他的結論是，在此時此事裡，人們活得「猶昏昏未醒」。[57]然而，就在彼時彼事中，駭人聽聞且難以言喻的暴力無所不在：「大地震動，生民塗炭，積骸如山，流血成川。聞之痛心，言之酸鼻。」[58]他向他的讀者（或聽者）保證，這些暴行是喚醒人們的動力——而且這種喚醒會讓個人與群體都獲得拯救。

戰爭摧毀的城市不太遠，卻也不近。在戰爭帶來的恐怖中，余治發現了一個訊息，或說一個強烈的警告——災難只會使不義之人受苦。他把南京、揚州和鎮江的苦難當做惡人遭受天譴的例子，並宣稱要以「不忍言」之事來展示苦難，好激勵那些得以從安全距離見證這些事件的人改過向善。他認為，他人的痛苦經歷可以激發人們行動起來。這不是「醉飽嬉遊」的時候。[60]相反，這是我們的人民（他似乎是特指自己家鄉地區的民眾）瞭解恐懼、反思過錯、改邪歸正的時候。他宣稱：在有關太平軍逼近的流言甚囂塵上之時，無錫縣民正在挨餓，而且不堪一擊。[61]但他們仍有機會拯救自己。他的社群必須清醒過來，擁抱正義。「前車之覆」給了後人一個悔過自新的機會。

余治論證道，那三個失陷城市的居民因劣行觸怒了上天，所以他們的個人和群體苦難是理所當然且應得的。他用旁白敘事的手法展現市民的墮落，寫說自己曾到過南京、揚州和鎮江，而那些地方的人的確「奢華暴殄！」[62]他解釋說，這些城市中，就連富人也很吝嗇，拒絕為平亂做貢獻。城市陷落後，這些人都被虜走，或是他們的孩子被強迫去做苦工，他們藏匿的黃金也被找出、奪走。但即使在苦難之際，那些惡人還是連一滴水都不願分享。[63]他進一步報導說，他有一次在南京，見到城裡人習慣性地浪費稻米和其他穀物，且「春方墮胎招紙，多貼在溷廁之上！」他們浪費養育萬物的糧食，並將字紙用於汙穢的環境與醜惡內容，這些行為違反了天地間的秩序。[64]他列出長長的踰矩行為清單：南京、揚州和鎮江人好訟，將私仇帶上公堂，他們還被淫佚戲曲引往道德敗壞及謀逆之途。這些惡行惡事觸怒了上天，讓太平軍佔領他們的城市，以行使天譴。[65]南京、揚州、鎮江的居民集體造下了罪孽，所以也一起遭受了懲罰。由此推展，他認為其他社群應該能藉由自我反省和正確的行為來避免災禍。[66]

在〈劫海洄瀾啟〉中，余治表示常州府（書中稱之為「吾地」）的好人享受了緩刑，因此獲得了改過的機會。他列舉出改過的必要步驟——一份如何施行善舉的清單，顯然源於他自身的信仰與實踐。他建議，人們必須關掉當地的酒肆與茶館、停止搬演與刊行淫戲、關閉妓院、停止過度飲食。人們應該慷慨資助清廷的軍事活動、開辦團練、禁止搬演《西廂記》、《水滸傳》之類誨淫誨盜的作品。[67]他們必須吃素、反省自己的踰矩行為、重振忠義之風，並藉此改變自己。他們必須像一個團體般集體盡忠、守孝，並用報答國家與父母之恩的方式來表達內心的良善。[68]簡言之，他們應該效法四川梓潼縣民——在余治的眼裡，梓潼人就是因為共同展現了合乎正道的價值觀，才得到一位慈悲神明的干涉，在十七世紀張獻忠之亂的大難中得以保存。這名慈悲神明顯然就是文昌帝君，其教派發源地正是梓潼。[69]余治在文中舉了很多例子，描述個人和社群如何藉由義行和正義的誓約，才得以在太平軍的襲擊中存活下來。他由此主張，即便是最平凡的人也能為善，而透過積善，任何人都會在眼下的大難中得救。[70]

就像古往今來的無數人一樣，余治把「忠」與「孝」類比。在維繫人與人之間的適當關係上，在維繫政治組織上，這兩者都起著重要作用。忠孝的表達被視為是社會及政治健康的指標。作為人類的父母和師長，上天把叛亂降到人間，是一個粗暴的提醒、一次顯著的打擊，好提醒人們力行忠孝，以恢復世間的秩序。為了達到這個目的，他的家鄉人應該尊敬朝廷、尊敬祖先、竭盡家財來資助團練、守護家園，並修正自身的行為。這樣他們就能夠在叛亂中得到護祐。[71]余治宣稱帝國的每個人無論多麼卑賤都是皇帝的臣子，都有義務用忠誠報答皇恩。但是，余治在這裡所說的皇帝其實是個抽象的概念，是象徵性的領袖而非具體哪一位皇帝。他關注的是以皇帝之名行事的將軍、官員和普通人，以及所有臣民對那個象徵性權力核心所負有的義務。在他的想像中，這份義務既個人且世襲：每個臣民都因為自己此生以及前面幾代祖先所享有的富足而欠下皇恩，就像自己這輩子的善行也會傳給後代，幫助他們抵擋未來的天譴。

面對南京的陷落，余治想像了一個絕對的、嚴苛的社會關係理想願景，並猛烈抨擊了當時的墮落文化。作為修正，余治創作戲曲作品來替代他眼中的淫戲，這項工作持續了整個戰爭期間，並在戰後的上海繼續開展，但成效不大。這場戰爭和它激發的道德教諭不僅在這些戲曲作品中，也在其周邊文本佔據了顯要地位。

余治曾為自己那些道德正確的戲曲作品題詞，他在詞中表達了對太平軍的憤怒，抨擊這個時代看似輝煌卻失敗的文化，並把自己的戲曲當成是淨化妙藥。他把那些加入太平軍的人斥為「跳梁小醜」（編按：原文寫法）、「忘恩負義」，並將其比作妄圖擋車的螳螂。他將一般平民貼上「愚俗人」的標籤，認為他們無知，認為他們那種以為加入太平軍就能當大官的錯覺很可悲。他斥責他們居然沒能看出「他（這裡顯然是指洪秀全）說天話父，多半是胡言亂道」。他哀嘆太平軍政權「不管你三教門頭」都下令毀像抑神。他描繪受難者的痛哭和悲嚎，並責問：「此時鐵石人也動心！誰無父母？誰無妻小？也應該戴天不共，怎讓他殺人如草？」[72]他重申儘管「如今國家有難」，但清朝兩百年以來的「承平日月」仍然值得感懷。[73]在激昂抨擊之後，他以懇求來作結：有能力的人應竭盡所能地支援戰事，而普通人則該奮勇報答君父。[74]擁有正統價值觀的社群會在災禍中得到護佑。惡人已然受懲，且必將再次遭罰。道德上的覺醒，將會使得江南東南部一帶的人們得到護佑，使他們免於遭受附近淪陷城市居民的那種慘烈命運。

良言與救贖

余治至少寫過一部寶卷。寶卷是一種用來大聲朗誦的宗教文本。[75]到十九世紀中葉，寶卷和善書在文類上的區別已經變得很模糊；它們宣揚的價值觀很相近，表達的宗教情懷也很類似，而且不少作者既創作寶卷，又創作善書。根據歐大年（Daniel Overmyer）的研究，人們認為寶卷是在末世的混亂與毀滅來臨之前，對「天機」（primordial truth）的揭示，目的是透過勸戒聽眾修正惡行來解救他們。[76]在典型的寶卷文本中，散、韻文交替出現。如果聽眾能遵循大聲念出的文中教誨，他們就能得到拯救，免受即將吞沒世界的災禍。人們可以藉由信守忠、孝、謙和、戒殺及吃齋，來累積善行，避開災禍，甚至延遲末日的降臨。

南京在太平軍佔領的一八五〇年代中期，出現了道德危機。寫在此時（一八五四－一八五五）的《潘公免災寶卷》講述的是余治的正直好友潘曾沂的故事。潘曾沂出身蘇州富有之家，是地方上有名的慈善家。他在南京城陷落的前夜因肺病去世。事實上，他是在發出了一封寄往南京的信之後才過世。潘曾沂在信中對南京的城防提出詳細建議，此舉在感情上和想像中都將他與隨後吞噬了南京城的災難連繫在一起。[77]在這本寶卷中，潘公死後去了陰間，管理記錄人們命運的生死簿。新上任的潘公察覺到大難將至，軟心腸的他向閻王懇求，希望死亡人數能夠減少三分之一。[78]為達目的，他請各郡縣的城隍和他一起編出立誓改過之人的名字清單——這些人可以獲救。

余治賦予了潘曾沂很多通常出現在佛、道教神祇身上的特質。在寶卷中，潘公很像文昌帝君：他們都是亂世中的道德楷模。身為神靈界的官員，他們的神聖處所滿是用於司命的陰德簿。同時，作為神，他們都很仁慈，都試圖從即將來臨的內戰大災中拯救人命。[79]潘公不只被塑造成一名神界官僚，同時還被賦予了觀音的一些特點。觀音在佛教中以慈悲著稱，從劫海中拯救即將溺亡的眾人。[80]實際上，潘曾沂在現實中也篤信佛教，他甚至根據自己的夢境，相信自己是某佛教高僧轉世。離開官場後，他「為善於一鄉」，焚香長齋，並成立了一個放生會。[81]

這些多重形象讓潘公在《潘公免災寶卷》中，成了儒釋道三教美德的化身，也反映晚清道德勸戒中出現的一種自然而然宗教合一現象。三教在這部寶卷中融洽並存：道教的陰曹對念誦觀音名字的人和惜字紙的人都給予獎勵。此外，這本書是由座落在元妙觀中的得見齋書坊所印，該觀名義上是道觀，實際上卻納有各教的神明，裡面還有書鋪、出版行、茶館和飯館。該觀也為慈善活動提供空間，包括免費的藥局、粥廠，以及讓神明撰寫善書或治病的鸞堂。它同時也是繳納租稅的指定場所，官方亦會在此張貼或當眾宣讀布告。[82]各種形式的宗教文本（包含《潘公免災寶卷》）的表演或朗讀，都在元妙觀這個核心場所裡面或周圍進行。

就像作者在扉頁提到的，這部寶卷是本「免災寶卷」。好行善之人可以將之印刷分送，並藉此累積善行，避開災禍。沒有錢印書分送者可以「常向眾人前宣誦廣勸」，以達到同樣的效果。[83]書籍在整部作品中佔據重要地位。陰間充滿了書籍，有積善簿、生死簿、小冊子，甚至是《潘公免災寶卷》本身。潘公每次出場，身邊都有成堆書籍。有好幾次緊要關頭，讀者被告知，書頁本書不僅載有獲得救贖之法，還有護身符的功能。[84]在該文本中，重要起承轉合之處也會透露出口述的特點：「有緣聽」的人被形容為非常幸運，因為他們將能改過自新，並獲得拯救。[85]說「好話」和「點化提醒」都可以積善，就像潘公對他周遭之人所說的那般，這「比燒香更妙」。[86]有錢者出錢印這部寶卷，無錢者則可以出言。[87]事實上，好話透過口說或朗誦在文本內外繁增：就像文本所描述的那樣，好話在「生活」中出現，並在人們誦讀寶卷的時候被複製繁增。

該寶卷共三卷，分別展現了言語力量的三種面向。前兩卷描述潘公死後他那些有效的「好話」是如何傳播的。在這兩卷中，潘公和一位有德行卻在南京陷落時死去的訓蒙先生*一起成為陰間的官員，他們都決心要拯救那些命該絕於戰火中的人。在第一卷裡，死去不久的潘公在他親戚的夢中出現，要這位親戚把他的道德訓誡傳揚開來，好在劫難來臨之際盡可能多救一些人。聽眾們開口起誓，透過言語的媒介，獲得了改造，並進而得救。第二卷描述一位孫姓訓蒙先生的經歷：南京的陷落導致死者太多，讓陰間應接不暇，孫先生因此被選作臨時幫手來協助處理。第三卷描述潘公還活著時的光景：他在收租莊房對佃戶們進行道德說教。在此，言談將聽眾從佃農變成了忠臣，兩者間的轉換是透過儀式、言談，以及準時足量地繳納租稅來達成的。

第一卷中，潘公將自身投映在親戚的夢中，並吩咐這位親戚幫他把好話傳到人們耳中，從而改變他們的行為，避開災難。在夢裡，潘公端坐在一座高廟中，身邊除了雲霧繚繞，還有印刷小冊子——很可能是《潘公免災寶卷》，畢竟該書在文中就勸告人們要將之複製、流傳，以散布救贖之道。[88]潘公警告那位親戚說，災難（即南京城的陷落和太平天國戰爭）即將降臨，只有下決心行善之人才能獲救。他建議，慈善事業可以成為自我保護的一種策略，有錢人可以捐錢，沒錢的也可以出言。藉由傳揚好話、決心行善，厄運也能轉為好運，困境亦能化作坦途。[89]他更將自己的意思提煉成「十二條好話」。[90]這十二條好話囊括了傳統的價值觀，勸誡人們要避免家庭衝突、異端邪說、惡言、舞弊、奢侈、溺殺女嬰以及殺生。文中直接點明，這十二條好話必須口頭表達：它們構成了潘公的追隨者們為了自救所立下的誓言內文。

最後一卷描述了潘曾沂生前以及戰前的情形。文中我們能看到他如何化理想社群為現實——這種理想社群象徵的美德在余治和當時很多人看來，值得付出財富、權力和地位來換取。然而，作品別有深意地將他描繪成一位地主、一位道德秩序代言人，而場景則是他的收租莊房——他把這個地方建在家中義莊裡（這件事頗為有名），以鞏固家族的慈善事業。藉由潘曾沂這個人物，余治把租、稅和慈善，當作相互關聯的社會責任，以此說明地主與佃農

* 編註：訓蒙先生指的是教導剛入學之人或幼童的老師，類日今天的小學老師。

之間的關係，以及地主與王朝之間的關係。繳款與否，就成了應該如何正確展現、應對或否定階級關係的想像場域。晚清蘇州、無錫地區的地主通常是透過「租棧」來收租的，那是一種勢力強大的地主們經營的組織，他們統一收取該地大小地主應得的租金，將收來的錢繳納應付的稅額後，扣掉手續費，最後剩餘的才發還給那些小地主。[91]在余治的寶卷中，這種收租機構的財政也有意識型態或道德上的層面，地主與佃農之間、納稅的臣民與朝廷之間（至少在余治的想像中是如此）的恰當關係就是在這個層面上形成的。

在這一卷中，余治描述了潘公的道德改造行為，包含了余治所偏好的那些慈善實踐：募款、幫助貧婦以預防殺嬰、設立粥廠與藥局、減輕饑荒，以及承擔公共建設。[92]余治將潘公放在蘇州城外潘家義莊的收租莊房中，佃農們集合在那兒，滿懷感佩之情地歡迎他。余治寫道，潘公在父母誕辰日免租，鼓勵善行和倫常，成功地讓他家土地上的所有佃農都成了良民。[93]然而，佃農中有位老人出來說話，指出儘管先前有赦租，但佃農們還是受苦於貧困和疾病，因而沒有餘糧來繳租。老人希望潘公免除所有的租子，而不是只免一部分。[94]潘公聞言大笑道，富裕和健康與否並不取決於租金的減免，而是因果報應的結果。他提醒他的佃農們要孝順、要表達自己內心的善。他們一走上了義理之道，潘公就將他們組織成一個防止浪費五穀的志願社團——惜穀佛會。[95]接著，潘公就在那群農人的頭上見到一個閃耀的光環，他隨即意識到，自己的努力有了成效：他們已經轉為向善了。余治還讓潘公這個理想化人物在收租莊房實施了惜穀的相關舉措。潘公鼓勵自己府上和廚房要惜穀。最後他的家人、僕傭與佃農都成功地轉變。做為他們克己和善良的獎賞，他們獲得了物質上的安適，並平安度過了之後的災難。

在這個故事中，潘家義莊的收租莊房成了潘公透過言語勸戒，從而把佃農和家人轉化成為忠貞臣民的關鍵場所之一。透過樣板化的對話，余治用這個故事和潘公這個人物來描繪自己理想的政治社群。當潘公走進村中與他家的佃農見面時，發現已有幾百人加入了惜穀佛會。他們央求潘公為大家宣講。潘公沒有馬上同意，說自己必須洗手焚香，先向龍牌、再向佛祖行禮。他表示對皇帝的尊重必須優先、進貢必須優先，因為：

> 若非皇上，佛堂也難以自立。我等祖宗以來，皆靠了皇上過日。若非皇上差了文武官員治世，你們辛苦種田成熟，安保不被那一班無廉無恥之人奪去。哪一個代你伸冤？可見皇上之恩，一言難盡。所以龍牌供在佛前。[96]

在場佃農中一位魯莽的老者拱手說道：「大少爺不說，我們哪裡知曉這個道理，但是我們小百姓哪裡有什麼報答皇恩？」對此潘公答道：

也不必定要你報答，但把你應該還與皇上的錢糧漕米早早完清，安份守己不犯王法，便算你們不負皇恩了。若然拖欠錢糧，雖然日日燒香念佛，也不能見功。種田要還租、收租要辦糧，都是看皇帝而上也。

那位老者繼續和潘公爭論道：「現今大戶人家尚且不完，我們所以看看風色。」潘公笑道：「他人拖欠錢糧是他人對不過皇上，後來貽害子孫。你們盡你們的良心。勸你們不必佔此便宜，這個便宜是決定佔不得的呢！」[97]聽到潘公的勸導之後，在場的佃農們忽然呆住了。他們見到一道金光沖天而上，聞到一陣異香，並聽到悠揚的樂聲。這些上天嘉許的徵兆讓他們吃了定心丸，決心改變自己的行為；他們不再殺生，不沾葷腥，並且開始放生。

接著，敘事者告訴我們，奇怪的事情發生了。秋天來臨之時，時疫肆虐，無處得免，只有那些不吃肉的人沒有得病。同年秋天出現旱災，所有的嫩芽都枯萎了，人們祈雨也沒有用。但參加了惜穀社的佃農因為潘公要求日常節省而存下糧食，正好能在這時拿出來賣，並將收入拿去購買香燭。接著他們開始齋戒祈雨。結果大雨降下，保住了所有作物，更讓他們獲得一場大豐收。人人都說這是因為他們聽了潘公的良言，因此得以倖免於饑荒和疫病。他們的感激之情無可限量。[98]潘公在收租莊房所說的話，在他生前保護了他的社群免於飢餓與疾病之苦。由此延伸，讀者透過口誦《潘公免災寶卷》中的文字，便成了潘公的替身，所誦之辭也能在已經吞噬南京的戰火中保護蘇東南的個人與社群。

然而，在這套有關道德社群（moral community）的說法背後，可以看到社會關係如何在不平等、腐敗和官府失能下開始崩解。造反及其引發的經年戰事打破、挑戰了把道德、社會、政治和文化秩序連在一起的想像紐帶，在個人和政治層面上都顛覆了早前的承諾和關係所遵循的邏輯。當太平天國的領袖正建立起另一套現實，有著自己的宗教及道德價值觀，《聖諭廣訓》的宣講者與宗教布道者們則拼命地想要提醒聽眾（以及講者）對社群和帝國所負的義務。在戰時與戰後，余治他們都透過言辭在想像中把世界恢復成一個前所未有的情況。他們用道德寓言來闡述自身價值觀。南京被戰火吞噬，是因為居民的踰矩行為觸怒了上天。而其他人、其他社群只有儘快努力履行自己對家庭、社群及國家的義務（也就是立下潘公所創的十二條好話之誓），才能避開類似的命運。

余治在《潘公免災寶卷》的第二卷中，講述了城市中的種種不義。該卷講述一位名叫孫雲際的中年訓蒙先生替地府臨時管理功過簿的故事。一八五三年某天的日落時分，土生土長的南京人孫雲際路過城隍廟。突然間，他看到了一名身穿深色布袍的老者。老者看著孫雲際，說道：「來得正好，正要來請。」他領著孫雲際進了大門，一直走到大殿上。孫雲際抬頭一看，見到上面坐著的城隍，而老者隨即跪下。城隍站起，歡迎孫雲際的到來，並說孫雲際一生正直，希望他能擔任管理功過簿的工作。孫雲際提出異議：要是接受了地府的工作，自己年邁的母親該怎麼辦呢？城隍被他的孝心感動，但戰爭即將爆發，確實需要人手來處理必定暴增的文書，於是給了他一個臨時的職位：在他擔任陰間記錄官的這段時間，他的肉體將會陷入昏迷。這份工作會在七天之後結束，而他和家人們會一起被神力護送出這座注定要毀滅的城市，直抵安全之地。[99]

這位塾師瀏覽那些記載了城陷後的市民命運的冊子時，觀察到了一個果報原則。那些一心向善的人們，全都受到神明的護祐並逃離了死劫。[100]作者寫道，人們慘烈苦難的根源，在於他們忽視了潘公的話。他們做了惡行，背離了道義，忘記報答皇恩。他們在某些方面只不過是一群「普通的江南人」，但同時他們也很墮落，陷入冥頑不靈、不孝、不忠、縱樂與叛亂的沉痾中。就像孫雲際從城隍那裡得知的一樣：「此番大劫不關國運（這是對災禍的常見解釋），實為下民作孽太重。」[101]

孫雲際在他工作期間「點名對冊」，「把在數之人一一細看注定，某地某人為作何惡孽，應該遭劫，派他在某年某月某日在某處如何身死。」[102]他也瞭解到哪些人在改變了心念的同時，也改變了自身命運。地府裡的事務都明確地對應到現實生活中有名有姓的人、地方、甚或是鄰里巷弄。譬如說。孫雲際發現有個來自城北、經營一間煙草舖的男子，一輩子未曾珍惜過糧食或敬字紙。這位煙草商和他的家人本來註定要在即將到來的大難中慘死。但因為聽了眾人傳揚的潘公託夢免災之說，此人發生了改變，他將煙草同業們組織起來，不再把他們的店名印在包裝紙上，並在文昌宮中就此發誓。[103] 由於這些善行，一位土地神在太平軍入城的前夜，把這位煙草商和他的家人護送出城。另一位高姓蒙館先生住在清涼山腳（城內的風景名勝區），他在文昌廟中召集了一群塾師，勸誡他們使用余治寫的童蒙書，並集資複印了幾千份余治的著作。結果這位高先生和他所影響的塾師們自然倖免於難。[104]

鄉村居民似乎比城裡人的下場要好。有些地方全村都信奉潘公免災的好話，在城陷之後立下誓言，組成會社，全心實踐惜穀及行善的教誨。他們都去「淘洗坑廁……把家中所有夾鞋樣花線的有字書簿，一概自買白紙訂簿換去。各各戒食牛犬田雞……卻也奇怪，他處鄉村都被長毛放火搶掠，獨有此方毫不礙事」。[105]

余治認為戰爭是上天的報應，會降臨在其他更墮落的地方。然而，這種看法只有隔岸觀火時才得成立。一八六〇年，江南陷落。更多人因太平天國政權而離鄉背井，也需要調整看待這個政權的視角。至於余治，江南陷落後他去了上海，並在那裡得到了向上攀升的機會。

「我亦江南舊難民」[106]

太平軍的戰火在江南延燒多年，終於在一八六〇年五月三十日漫延到了余治的家鄉。太平軍與團練在鄉間持續戰鬥，雙方也不斷洗劫地方百姓。無數平民被殺或自殺。許多人或自願、或被迫地加入了太平軍。房屋與田園被付之一炬，煙火照亮了夜空，卻燻黑了白晝。當戰火燒到余治家鄉時，他和家人逃了出來。在戰爭結束以前，他們一直浪跡於上海以及長江兩岸各地。

余治深受這段時間的所見所聞影響，他不再苛責城市中的逸樂無度，而是開始書寫好人們被迫加入太平軍的經歷。他書寫起集體的苦難經驗，無論是難民，還是太平軍治下之人。他從親身經歷學到，不是只有惡人會死。所以，儘管他繼續使用果報論，卻開始把焦點放到人們所能得到的善果上。例如，募款捐助團練、為清軍提供補給，以及援助從江南淪陷區逃出來的其他難民們，諸如這般有助於王朝大業的好事，都能累積善果。他還提供江南同鄉們一套做忠臣義士的新模式：對朝廷盡道德責任不必殉節，而可以透過參與慈善活動、經營地方事務來達成。

當難民的前幾個月中，余治一直在閱讀，沉痛地反思發生的一切。[107] 他更加投入團練工作，鼓勵富有人家捐錢；儘管他反對殺戮太平軍。他在一八六〇年寫了篇題為〈解散賊黨說〉的文章，並將此文分發給這一地區的所有清軍軍營。文章表示，過度狂熱的鄉勇們讓太平軍俘虜感到恐懼，因而不利戰事。此外，這些鄉勇把口音陌生的人視為眼中釘，因為這些人可能是支持叛軍大業的南方人。[108] 這種不留餘地的策略有損清廷大業，就像余治所寫的：

今日逆匪猖獗，日聚日多。雖兵勇鄉團殺賊無算，而不見其少者，何也？以該逆到處虜人，日數百計，故愈殺而愈甚也。彼被虜之人，初未嘗不欲逃，而各處鄉團盤查過刻，語言稍異，即目為奸，以致人人畏死，不敢做逃逸想。不得已，遂亦與相安之，久之并為賊所用。是以賊之黨愈甚，而勢亦愈橫。自廣西起事以來，良民之陷賊而死者何啻數十萬眾（有的是想逃離而被太平軍殺，有的是逃出後被團練殺）。家人婦子，望眼將穿，其歿其存，將信將疑……竊聞該逆中嘗有從賊多年，時時欲還故里，而苦於出無生路，勢不能休者。[109]

余治建議地方團練應避免嚴酷訊問和使用暴力，應該成立一個由士紳運作的部門來鼓勵俘虜投降、返鄉。他以楚霸王「四面楚歌」的故事為例，建議清軍和地方團練也應該試著喚起太平軍俘虜的思鄉之情，進而使他們出逃。「濫殺」和「不分玉石」的做法，都有損清廷大業。他寫道，要是「盤查異客俱自為奸法，則密矣而風聲四布，致被虜之人從此欲逃無路，是逼之終於從賊也！」[110] 只要承諾人們能夠平安地回到平民生活，就能激發太平軍內部的不滿情緒，並讓清廷獲得更多助力。

在清代對太平軍的典型論述中，頑固的領袖和被迫順從的俘虜是被區分看待的。而在鎮壓地方起事的過程中，官員們不可免地要解釋，他們究竟如何從一大堆受挾持的好人中分辨出「冥頑的」叛亂領袖。余治把這種常見說法納入自己個人的創作中：他編寫了讓人思鄉的歌謠，並在太平軍佔領區散布——這也顯示了余治在佔領區有聯絡暗線。[111] 他列舉了把太平天國追隨者重新變成臣民的方法，例如喚起他們對家園的回憶（透過音樂或他們的家鄉話），用金錢誘惑，以及讓他們剃掉前顱的頭髮，令身體重新打上帝國臣民的記號。據余治的弟子們記載，當地的巡撫十分認可余治的建議，說余有「佛心俠骨」；而「俠」字在白話中通常是對盜匪的委婉稱呼。[112]

余治在努力處理自己家鄉危機的過程中，透過宣稱自己是難民，透過稱難民們是自己的親人或同鄉，透過感謝資助難民的人等種種行為，表達了他對自身難民身分的認同。他先是憶起一八六〇年——那時他家鄉的鄉下地方還沒完全被太平軍佔領，難民的數量也還尚可應付。然而不久之後：

（難民）絡繹奔赴，有殘肢體而至者，有被虜從賊逸出者，有少婦踉蹌而至者，有老嫗蹣跚而至者，有幼孩失父母啼號哭泣而至者。其始至或稍留囊橐，繼則擔破釜、挾敗絮、赤體足，鳩形鵠面，一息僅存。而其人則皆吾郡邑也，近則吾鄉里也，尤近則吾親族也。[113]

看著這些難民們來到了長江口周圍的村鎮，余治和夥伴們創辦了各種機構來供給「飢者粥、寒者衣、病者藥、死者棺——遠行訪親友者贐」。[114] 作為難民的代言人，或者說是作為施者與受者之間的紐帶，余治表達了感激之情。他認為，透過慈善，施者可以以家庭、宗族和鄉村的人際關係為樣板，在人與人之間建立起情感或社群紐帶。為了強調此一理念，他重複同樣的語言，寫道：

> 而其所濟之人，則皆吾郡邑也，近則吾鄉里也，尤近則吾親族也。夫人當危急存亡之際，見夫困苦顛連、流亡垂斃者，非其父兄，即其子弟。[115]

這樣的慈善行為兼具務實及宗教兩個層面。包含余治在內的支持者，將現下的災難放到宇宙論及宗教信仰的框架之中：人的苦難可以用果報論來解釋、來緩解。[116] 但此時他的文章不再像早期那般苛責城市居民缺乏自制，也不再在南京、揚州、鎮江等陷落城市的可鄙居民與蘇東南地區的好人們之間劃出一條清楚的界線。在他一八六〇年之後的文章中，余治滿懷同情地認為江南（江蘇南部）人與江北人之間其實並沒有那麼大區別。因此，他將兩地合為一個社群，這個社群因兩地的慈善交易和共同的果報循環而被緊緊合在一起：

> 嗚呼！江南難民之苦，至今日尚忍言哉？房屋則焚燬矣！田地則拋荒矣！人肉則烹食！餓殍且滿路矣！鳩形鵠面！四野呼號！地慘天愁！神驚鬼泣！鐵人聞之亦應墮淚！江南難民之苦，至今日尚忍言哉？夫江南難民猶是人耳，其居心行事，必非大異於江北也；其團練巡防，非必遠遜於江北也。乃江南則烽火連郊，江北則黍苗盈野？江南則室家離散，江北則婦子恬熙？江南則樹皮草根，搜掘殆盡，江北則暖衣飽食，宴樂如常？同是人耳！彼何不幸而生江南，此何厚幸而生江北耶？彼何罪何愆，而為天之所棄？此何德何能而為天之所眷耶？[117]

在這裡，余治透過了地理巧合而產生的一系列鮮明對比，來言說他在別處不可言之事。他緊接著論述道，難民危機其實給未受難的人一個前所未有，甚至十分絕妙的機會，讓他們積善。他甚至說，這些有機會捐贈的人不該「入寶山者空手而回」，而應慷慨解囊，以確保自己和後代避開未來任何形式的災禍：

> 劫運之來，非可逆料。來遲來早，尚未定也。且夫劫運之來，不必刀兵也，水火盜賊、瘟疫饑荒，何一非劫！頃刻之間，飛災已到，為名為利，百事皆虛。萬貫家財，一錢難

帶。刀兵不來，天災時有。欲逃此劫，何地可逃耶？欲免此劫，何術可免耶？[118]

他提醒讀者，長江並不是攻不破的天險。任何船隻都能過江而來——即便是長城也擋不住災禍。江北民眾化解厄運的唯一辦法，就是慷慨地捐助江南同胞。[119]在此他透過自身亦為江南難民的身分，以及身為一個眼見慘不忍睹之事、口述難以言喻之情者，提供了一個重新建立兩地人民間聯繫的機會。這些聯繫必須透過參與慈善事務來展現，而慈善事務被重新想像成是一種具有集體性、隱含階級差別，並由地理位置所決定的交易。

繪不忍見之狀

為了回應戰爭和軍事佔領所引發的意識型態及物質危機，余治出版了《江南鐵淚圖》。這是一本插圖小冊子，印製於一八六四年戰爭結束後的蘇州元妙觀。《江南鐵淚圖》全書四十二幅圖，每幅都配有曲詞及散文，生動描繪了太平軍佔領江南的歷史，並以樣板化的風格描述了一八六〇到一八六四年間戰爭對江南地區人民的衝擊。該書在序中稱，書中包含了「凡不忍見、不忍聞之事，怵心劌目，罄筆難書，所謂鐵人見之亦當落淚也」。[120]《江南鐵淚圖》的出版是為了激發那些有意做慈善的人多捐獻一點，好幫助那些因戰爭和佔領而流離失所的江南人。結合了詩、文、圖的《江南鐵淚圖》，結構上近似於寶卷、善書、余治早年擔任童蒙塾師時用來教育幼兒的插圖蒙書，以及有圖解的《聖諭廣訓》。[121] 以上文類具有教學及道德訓誡功能，而且引人入勝；它們融合了口語習慣，並配以插圖、歌謠等。作品採用直白的語言來傳達因果報應的宗教信仰。

這本書以劣質的紙張廉價製成，既呈現了太平天國造成的充滿暴力和流離的反烏托邦，又呈現了神奇恢復的大清烏托邦，這兩種景象代表了一個道德世界的中斷與復興。書中的插圖極為生動地描繪了暴力，讓人聯想到佛家對於地獄的表現手法、儒家的道德文本，以及對自然災害的圖解作品，例如《饑民圖說》。《饑民圖說》是一本描繪河南饑荒的作品，內有十四幅圖，於一五九四年和一道奏摺一起呈給萬曆皇帝。卜正民（Timothy Brook）認為，《饑民圖說》意欲激使萬曆皇帝去援助他的人民、減輕他們的痛苦。[122] 在該書和《江南鐵淚圖》描寫的世界中，人群流離，家人遭販賣或棄置，人們得吃平常不會去吃的東西（包括人肉），隨處可見野獸吞食屍體。這些苦難圖是用來教導、警誡世人的，並用來激發同情心，讓人慷慨解囊。其對象廣泛：上至皇帝（如《饑民圖說》）、下至百姓（如《江南鐵淚圖》）。雖然這些書可能捕捉了當時人們對於災難的一些情緒與道德共鳴，但它們並不是對事件的如實呈現。當然，將饑饉、殺嬰和食人說成是比喻、說成是種對群體災難的概略表達，不代表人們沒有挨餓、沒有溺嬰，也不是說在極端的情況下人們沒有吃親戚朋友的肉。[123] 他們確實做過這些事，也遭受過這樣的對待。但《江南鐵淚圖》中斷食、被吃、或是溺死女嬰之類圖畫的主要功能，是用人們普遍接受的方式來揭示苦難的程度，而這種苦難既可以視為真實，又可以視為比喻。

《江南鐵淚圖》中的圖像既有獨特性，又有普遍性，其中有些要素明顯與太平天國戰爭有關，但同時它所描繪的一系列可能後果，卻又在中國古代歷史上所有表現天災人禍的圖說中經常出現。[124] 在募款文本中加入展現人民受難的圖像本不讓人意外。即使在我們所處的今時今地，圖像依然被用來激發同情與慷慨之心——我們只要想想雜誌和電視上全球慈善廣告中的飢童畫面便能明白。但是，在十九世紀中國的脈絡下，這種用圖畫來描繪受難者的手法，揭示了有組織的慈善專業在道德、教學及宗教方面的情況，揭示了募款和果報觀念兩者間的緊密關係，而果報觀念又與道德正統及大眾宗教脫不了關係。在這本小冊子的短序中，余治寫道：「勸分非易，況見聞之不及，尤觸發而無從。」[125] 透過用視覺圖像來呈現人們所不忍見之事（其實是強迫他們感同身受地觀看），余治這本書希望感動讀者，讓他們行道德或慈善之舉。這本書的功能在於募款、揭示這場災難的成因，並預示王朝秩序恢復的美好結局，而正是這些功能決定了它的具體表現形式。余治聲稱他在《江南鐵淚圖》中透過呈現自己作為目擊者的經驗，參與這個世界的修復，並透過道德實踐來轉化原有的道德秩序。

這四十二張圖片可以概略分為一條時間軸線上的三個時段，這條軸線本身是幅從暴力過往通向未來烏托邦的路線圖。前六張圖片直接呈現戰爭場景，描繪的是一八六〇年時太平軍進攻江南的情況。這些圖片呈現了（長毛獠牙的）太平軍對民眾施暴的樣子。第七到三十二張圖呈現了太平天國佔領下的江南生活，這組圖或許可以視為一段長期（三年）經驗的濃縮，而非捕捉單獨的事件或時刻。這組圖描繪了受苦的難民、受損的財物、毀壞的寺觀（受冒犯而生氣的神明）、謀生手段的喪失、太平軍與地方團練間的激戰（勇悍的蘇州、常州人應該比四下逃散的清軍更加英勇善戰）、這些地方團練對太平軍俘虜的迫害（這也暴露出他們既不英勇也不仁慈）、殺嬰、食人，以及鬼魂出沒。余治將戰爭描繪成一種慢性病——人們被痛苦與壓迫持續不斷地折磨著。更重要的是，這些圖像把戰爭描繪成了一種道德上的苦難；在戰爭的世界中，人際關係及行為標準都被顛倒了，與理想世界中的一切正好相反。在這一系列圖像中，「長毛」退到了背景中去。造成痛苦和毀滅的原因更為多樣、抽象，包括飢餓、疾病、寒冷，以及家園與家人的痛失。最後，第三十三到四十二幅圖呈現了王朝及道德秩序的恢復，且藉由有權勢的巡撫的及時幫助，一個依據余治理想而建的世界出現了。該書整體上給了我們一條敘事軌道：從如火如荼的戰鬥到漫長的抗戰，再到完美的宇宙秩序、道德秩序（在想像中）的重建。

舉例來說，圖2.2是該書第一組文、圖對頁。這幅圖描繪了一個慘禍場景：長毛用火把點

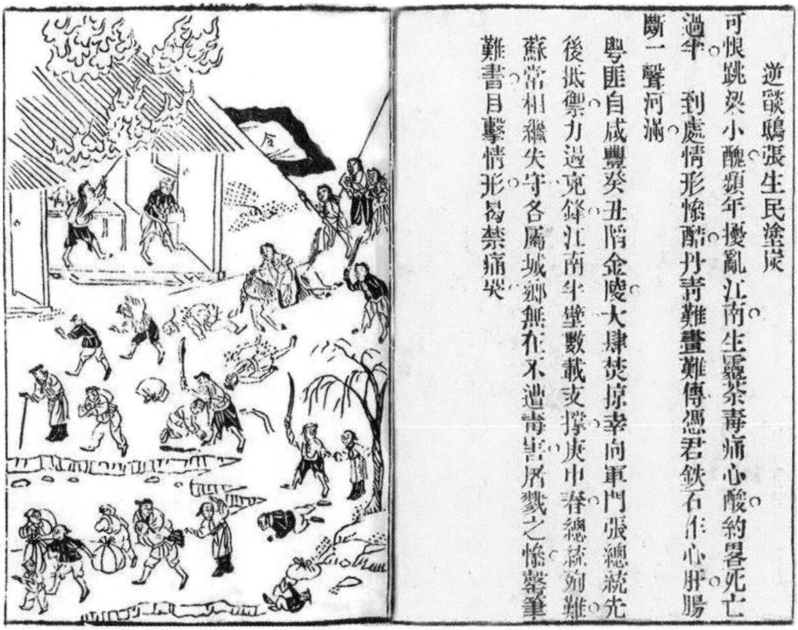

逆燄鴟張生民塗炭
可恨跳梁小醜頻年擾亂江南生靈荼毒痛心酸約畧死亡過半到處情形慘酷丹青難畫難傳憑君鉄石作心肝腸斷一聲河滿
粵匪自咸豐癸丑陷金陵大肆焚掠幸向軍門張總統先後抵禦力過兇鋒江南半壁數載支撐庚申春總統殉難蘇常相繼失守各屬城鄉無在不遭毒害屠戮之慘罄筆難書目擊情形曷禁痛哭

圖 2.2 逆燄鴟張，生民塗炭

詞：可恨！跳梁小醜，頻年擾亂江南，生靈荼毒痛心酸，約略死亡過半。

到處情形慘酷，丹青難畫難傳。憑君鉄石作心肝，腸斷一聲河滿。

文：粵匪自咸豐癸丑陷金陵，大肆焚掠。幸向軍門張總統先後抵禦，力過兇鋒，江南半壁數載支撐。庚申春，總統殉難，蘇、常相繼失守，各屬城鄉，無在不遭毒害。屠戮之慘，罄筆難書。目擊情形，曷禁痛哭？

資料來源：寄雲山人（余治），《江南鐵淚圖》，1b － 2a。

燃了一所房子的屋頂，並充滿威脅地埋伏在畫面右上角的旗幟之下。淌血的屍首四散在乾涸龜裂的大地上。一小群難民流淚奔逃，或走或爬，帶著家人財物往畫面左下角而去。所配的文字則點出了確切的時間與事件：一八六〇年，清軍潰敗，關鍵的將領戰死，太平軍佔領了蘇州和常州。這張圖製造的氛圍（或者說意象），是要呈現發生在江南的破壞究竟是什麼景況：家庭生活被粗暴地徹底破壞；面對有著明顯身體標記（長毛）的暴徒，男男女女要麼被殺，要麼出逃。余治聚焦於太平軍犯下的暴行，把這些人描繪成殺戮成性的野人、慾壑難填的盜賊和強姦犯、侵門踏戶的暴徒，以及踏平社會正常尊卑秩序的破壞者。這個情況在圖2.3中又被放大了。

在這幅圖中，長毛正在攻擊一戶人家。門檻上躺著流血的無頭屍。一名持矛的男子正要砍一名僕人的頭，另一名僕人則躲在附近的草叢中。附近有名長毛用手襲向一位女子的胸部，並持劍威逼。畫面中央，一名太平軍正把哭泣的女子拽入臥房，而其他兩名太平軍拔劍威逼一位老人交出食物。這場景可怖而真切；它很可怖，部分是因為施暴的地點是家庭空間——這一空間通常不為外人所見，但現在卻成了混亂暴行的發生地，而這種無法言喻的暴行同時卻又被用無法言喻的清楚方式呈現出來。這幅圖透過風景要素、建築特色等視覺能指（signifier）來強調事件的地點蘇南，而所配題詞則凸顯了該場景發生在崑岡（即蘇州府）。由畫中人的衣著所透露的各人社會地位（主、僕），以及余治對於太平軍對「名門舊族」與其

圖 2.3 羣兇淫掠，玉石俱焚

詞：陡覺天昏地暗，驚看豕突狼奔。崑岡烈火一朝焚，我欲名言不忍。富貴賤貧一轍，男婦老幼同倫。老蒼辣手太無情，怕讀招魂天問。

文：賊到之地，奸淫搶掠，行同狗彘。不問名門舊族，所至凌虐，或死或擄，有不可名言者。萬貫家財，悉歸烏有；傾城玉貌，半被摧殘。搔首問天，似蒼蒼者亦在可信可疑之際，則亦衹可委之於三生因果而已。

資料來源：寄雲山人（余治），《江南鐵淚圖》，2b － 3a。

他階層不加區分所感到的震驚，都提醒著我們，余治心中的理想社會在根本上是個階級社會。

在這一組畫作中，充滿了針對個人及群體的暴行與殘虐，而且這一切都有著明確的時空座標。正如余治反覆提醒我們的，發生地是江南，時間是一八六〇年最黑暗的那些日子。那些不忍卒睹、難以言喻的苦難正不分貧富貴賤地折磨著所有的人。作為對個人和集體道德敗壞的天譴，苦難降臨了。余治筆下的戰爭不像是個軍事問題或歷史事件，反而更像是個道德工具，目標是那些踰矩而應受罰之人。在這組畫中，以及在書的其他部分，余治反覆地舉例說明：太平軍官兵只是上天對人類罪惡表達憤怒的工具。而悔過、自省，以及道德教育則是避免更多苦難的唯一方式。

第二組畫作展現的是太平軍佔領下的江南。這些畫描繪了各式各樣的苦難。這些圖像呈現了一個道德上的反烏托邦、一個從道德支柱上墜落的世界，在這個世界中，苦難針對的是整個系統，而不是個人。畫作中展現了種種暴力行徑，例如〈烈女完貞，甘心碎首〉圖展現的場景（圖2.4）。在這個例子裡，暴力似乎提供了一個展現英勇行為的機會、一個道德實踐的場合。但是施暴者的面貌多樣，而且英勇行為無從預測。這組畫的另一幅圖像呈現了地方團練對太平軍俘虜展開的報復性殺戮。該圖的說明文字透露出，這個問題著實困擾余治——那些看起來是朝廷友軍的隊伍，正在濫用他們盡「忠」防守的身分來仇殺他們自己的，也是余治的，鄰居。[126]

圖 2.4 烈女完貞，甘心碎首

資料來源：寄雲山人（余治），《江南鐵淚圖》，頁 12b － 13a。

暴力圖像只是偶爾出現；與之形成反差的是，這組畫作中很多圖像描繪的是饑饉、財物損失和集體苦難。這樣的畫作也有其道德意涵，表現在頻繁強調太平天國引發人際關係崩解，而人際關係正是儒家道德秩序的基礎。余治強調了太平軍佔領期間和承平時期之間的強烈反差。在承平時期，人們不會食屍。但現在，他們被迫為之。這種表現方法凸顯了過去與現在的反差，理想守序的過去與戰火籠罩、危機四伏的今日的反差。於是我們把殺嬰、鬻子（編按：販賣孩子）、饑饉、喪失生計，乃至食人看成是一個更大的道德劫難的症狀。余治在很多案例中都提供了具體的解決方式或「道德藥方」。舉例來說，他概述了自己認為該如何解決殺嬰問題；殺嬰的做法由來已久，並不是太平天國佔領時期才有的現象。過往的錯誤行為導致了災難；在眼下的災難中，太平軍正是天譴的一種手段，是道德秩序的反撲機制。同時，太平軍的到來又使得社群道德更加墮落。除非採取措施，醫治社會的道德疾病，否則更多的報應可能會接踵而至。太平軍的佔領提供了一個機會，讓人們反省並改善日常實踐，累積善果，並創造出更完美的道德秩序。

余治反覆提醒著自己的讀者，援助難民是為自己創造一個得以在未來災難中受到保護的機會、一個讓捐贈者製造善功的機會。太平軍讓出了舞臺，而難民一躍成為主角。如果說在前面的畫組中太平軍被描繪成是在代行天譴、懲罰人們過往惡行，那麼，在後面的畫組中，難民則代表了讓人在未來獲得保護和回報的契機。這個道德體系由因、果、報、應所主宰：

貪婪將被報以喪失，自私則會被報以受難。這些圖文暗示，孝道不彰、行為不檢會讓道德秩序備受威脅，並表現在政治和家庭問題上。寺觀和神佛圖像遭到反偶像崇拜者的破壞，他們以外國宗教之名「邪說橫流釀禍」。孤兒寡婦穿越荒涼大地尋求救援，他們的悲愴姿態看起來就像是命令觀畫者一定要捐助他們一般。

這些圖像一方面展示了余治理想道德秩序的反面，另一方面也說明他對道德轉化有更廣義的興趣，同時還讓我們瞭解，在他心中，像他這樣的慈善家在透過善堂善會、演說、宣講和表演來散播自己理念的過程中，應該扮演什麼角色。在文字和圖畫中都被明確點出的江南地區以及江南各社群，成了道德實踐和積累陰德的舞臺——正因為這樣，它們也成為逃離苦難的管道。

文字和圖像可以合力打造出善行的模範，圖2.5〈冲風冒雨，泥水淋漓〉就是一個例子。該圖所配的文字寫道（節錄）：

> 難民冒雨，科頭赤腳，往來乞食，衣褲盡濕。浹於肩背，更無可換。至夜則和濕衣而臥溼地，風寒之所以入骨，疾病之所以早伏也。安得有心人另眼相看，代為設法安頓，免得沾濡速死。造無窮陰德耶。

圖 2.5 沖風冒雨，泥水淋漓

資料來源：寄雲山人（余治），《江南鐵淚圖》，頁 26b － 27a。

圖中雨絲順著對角線劃過，看起來是由一朵浮雲中落下。圖中兩個難民走近一戶富裕人家的房門前，而屋主正從房中伸手相援。在路上，一名女子在協助一個孩子，而另一名小孩正踐著她襤褸的衣衫。一位提籃的男子正在張望，而不遠處溝渠中有具屍體。一位有光環（和翅膀）的神明從雲上讚許地俯瞰著這一切。透過畫出神明對圖中衣冠楚楚的富人的慷慨行為的讚許，該圖強調了余治的政治想像中所蘊含的宗教層面。

這組圖像的最後一幅有三個鬼魂，十分陰森。其中一個鬼魂拿著祂自己的頭，在蔓草叢生、烏雲籠罩的大地上遊蕩。所配文字宣稱，風中帶有絕望之聲，就連作者都說自己也不忍聽。作者寫道，這些鬼魂看來像是要訴說祂們所受的苦難，希望能透過倖存的妻、子、朋友來報仇。鬼魂仍在，而人們也依舊困難重重。正當苦難看似難以承受之際，畫面忽然變了。就在下一頁，出現了一個回到正軌的世界。新的道德秩序誕生了，對危機的記憶也成了人們自省的試金石。在圖 2.6〈恩詔頻頒，萬民感泣〉中，敘事進入了一個新的時間框架：未來正在開始。

余治寫道：

> 近年屢奉上諭，深憫小民陷溺之苦，飭妥為安撫。並悉從賊者不得已之情，許令自拔來歸，准予寬宥，不許勇丁擅殺。網開三面，惻怛哀矜。仰見聖德寬仁恩宏覆載，敬讀

之下，人人感泣。[127]

旁邊的插圖重現了文字內容。在一棟建築開裂的牆上，我們可以看到一份框起來的布告，周圍圍著一群男子。其中有些人穿著長袍馬褂，戴著士紳的帽子，另外一些人則穿著褲子和繫著腰帶的短上衣——這裝束意味著他們是工匠或農民。畫中人物的注意力都集中在那份布告上，用指指點點的姿勢或動作，把觀畫者的視線引向畫面中心的詔書上。而詔書的內文用一條條波浪型豎線來代表，邊框則飾以仙雲及仙浪的紋樣。牆上的裂縫與布告的完美形成了對比，另一方面，裂縫也成了布告的框飾。這份布告貼在滿是裂縫的牆上，似乎是要蓋過那些傷痕。一名小童領著一個拄著拐杖的人，要加入那群讀者和聽眾中去。他的動作像是在說：「來啊，是個好消息。皇恩再次眷顧我們村了。」一名女子帶著孩童站在一所屋頂殘破的房屋門口聆聽好消息。人們各歸其位。俘虜們返鄉了，婦女兒童也回到家中，那個他們本來應該要待著的地方。

書中剩餘的圖像表達的都是秩序已獲重建。這些圖歡慶重建的完成，但在現實中，重建其實才剛剛開始。圖和文都強調重整、重建與歸位的必要性，並在文中創造了一個快樂結局——儘管依然不斷發生著的失序和流離讓書中的樂觀顯得言之過早。作者頌揚著巡撫們的政績，認為他們用仁愛與慈悲重整社群，並帶領地方精英建立各種事務局，以施展他們的影

圖 2.6 恩詔頻頒，萬民感泣

資料來源：寄雲山人（余治），《江南鐵淚圖》，頁 33b － 34a。

響力。對巡撫這樣歌功頌德，其實是在強調像余治自己這樣的行動派地方精英在重建中扮演的角色，同時也是在這官府財務嚴重受限的時刻激勵人們捐助，以讓復原工作順利進行。由於有這樣一個慈善中心協調官紳合作，結果「相期全活斯人，勞來安集體皇仁」（編按：所有人得以共同生活、打造祥和且能體現皇帝仁慈的共同體）。皇帝在此是美德的美好象徵，是民眾價值觀的體現，行動派精英們就是以皇帝的名義來統治並謀取自身利益的。

從余治的觀點出發，這場對抗太平軍的戰爭既是文化戰爭、宗教戰爭，也是意識型態的戰爭。對他而言，勝利不能只用軍事標準來衡量，而且無論具體情況是什麼，也不論從哪個角度來看，清帝國在戰場上的勝利都不值得驕傲。在歷經十年多的內戰折磨、數千萬人的死亡，以及非常嚴重的人道危機後，余治頌揚著王朝的道德勝利，而他是從自己畢生推行的事業——一場獲得上天認可，由像他這樣的人來推動、詮釋和監督的道德轉型——來看待這種勝利的。在最後的兩組圖文中，余治又回到了他最喜歡的主題上：作為道德轉型試金石的鄉約，以及對於戲曲的整肅。最後一張圖像所配的文字聲稱：淫詞豔曲的污染導致了剛剛發生的這場可怕危機，而形成對比的，是圖畫中井井有條的戲臺上，正搬演著修正後的嚴肅戲曲。他勸誡讀者和聽眾說，無論是經由書寫還是口說，文字都有改變人生軌跡的力量：社會秩序會因為人們汙穢文字而遭天譴摧毀，也能在進行矯正後獲得重生。

重整河山

余治在作品中表示，太平天國戰爭是一場「劫」，或者說，是上天對人們踰矩行為的懲罰。透過這些宗教詞彙（它們也常出現在當時其他人的作品中），余治強調了太平天國在宇宙輪迴中的意義，認為它和其他大災一樣，標誌著一個時代的結束。這是為了用來對抗太平天國異端而精心設計的宗教策略嗎？還是說它代表了那個時代的宗教狂熱？代表了異想天開的正統和宗教異端之間，並沒有我們想像的那麼不同？太平天國的意識型態，是因應當時更廣泛的宗教、政治、道德和經濟危機所發生的宗教運動中的一支嗎？余治和洪秀全兩人都是眾多失意落榜考生中的一員——這難道只是巧合嗎？

余治那種認為世界要歷經破壞、復興和改造的觀點，表面上看似衍生於常見的正統道德觀，或是說衍生於一位學者口中的「中國保守主義」（Chinese Conservatism）道德觀。128 但是，余治對於通俗媒介的重視，似乎說明他的觀點中有新元素注入，而這顯然是受到太平天國挑戰傳統的影響。在意識型態的對抗中，無論如何妖魔化敵人，自己依然有可能、甚至是無法避免地受到敵人所持的觀念影響。歌頌過往，並不意味著真的要把一切都恢復到過去的樣子。余治的保守主義中有新的東西（帶有新的福音派和清教徒色彩）。這些新東西應對（或者說附和）戰時的環境以及來自太平天國的意識型態挑戰。余治的觀點和實踐，也預示了十九世紀晚期的宗教活動的興起——即張倩雯（Rebecca Nedostup）、尉遲酣（Holmes Welch）、柯若樸（Philip Clart）和高萬桑（Vincent Goossaert）等學者所說的「宗教復興」；這些學者認為這場宗教復興發生於一八七〇年代，這期間出現了世俗團體與救贖社團等新型宗教組織。[129]

有些諷刺的是，余治和他的理念因為這場戰爭獲得了大量觀眾，並取得了極高的影響力；如果沒有這場危機，這一切都是他無法企及的。值得注意的是，即使余治在一八七四年過世之後，他的慈善與宗教實踐依然持續進行著。透過乩壇，成了仙的余治得以繼續領導著上海仁濟堂。[130]

Chapter III

被標記的身體

在余治眼中，時代雖然動盪，道德卻黑白分明。然而，他同時代很多人卻試圖要弄清，為什麼在這個世界中，那些看似固定的服飾和身體記號，竟然是可以變化和操弄的。無數人在內戰時穿行在江南的陸路或水道上，人們移動和遷徙的程度不亞於死亡與破壞的程度，甚至有過之而無不及。當時，盜匪可能會加入團練，降兵可能會恣意地變換（或背叛）其效忠對象，家庭不同成員可能會支持敵對的雙方，難民離開家園可能會一去不回，而各方勢力都在俘虜中招兵——在這樣的情況下，人們在尋找能夠揭示身分的標記，希望從中尋獲一點確定感，即使這種確定感並不可靠。[1] 人們還一再調整自身的外表和行為，好在頻繁易主的領土上能符合規範；有時候，他們還會記錄下這一過程中的尷尬。人們和事物並不總是他們表面上看起來的那樣。當承諾與忠誠的常見表達方式不再可靠，甚至有意被拋棄時，該如何辨別敵友？即便在承平時日，陌生人身上可以靠視覺、聽覺辨認的身分線索，都足以引人注目和引發蜚語流言了；何況在戰時，外地口音、奇裝異服、臉上的刺青、前顱的殘髮（或是剃得晶亮的腦門）、旅行文件，以及門牌，都會彰顯或洩露一個人的陣營隸屬——這實際上也的確發生過；顯然，這些身分標記具有極為重大的意義。

身分標記牽扯的風險可能是（通常也的確是）極高的。在太平天國與清方兩邊穿梭，可能會讓人付出性命或永久的傷殘為代價——很多試著逃跑的俘虜從他們的不幸遭遇中領悟到了這點。然而，一個人的生計和性命，有時也可能依賴於穿梭跨界，而穿梭跨界的成功則依賴於不露聲色地變換身分。即使長江三角洲已經為朝廷和太平軍分據多年，商人們還是得把貨物拿到市場去賣。清軍和團練一旦懷疑鹽商攜帶太平天國的文件和通行證，或是看到他們留了太平天國的髮型而未像清朝官方規定的那樣剃頭，就會逮捕他們。然而，如果這些鹽商要經過太平天國的領地，攜帶正確文件、打扮符合要求，也是至關重要的。[2]

從城市逃出的難民希望在鄉下找到安全，而那些原本住在鄉下的人也躲到他們以為更安全的地方。誰大權在握，農民就給誰納貢或繳稅，以買到家人的安全。[3] 飢餓、家破人亡和破壞將人們從原本熟悉的社群中連根拔起，拋了出去。各方勢力頒發了旅行文書和各種文件，以維持對地方百姓的控制，而人們在這片被戰爭撕裂的大地上旅行時，得更換不同文書。軍隊樹立帶有己方標誌的旗幟，以界定自己的勢力範圍。俘虜們的身體很多時候被迫打上屈辱標記。那些因日常事務而需要在清方與太平天國的領土間穿行的人，便需要掩飾打了記號的身體，或是將記號除去。俘虜對於自身髮型、外貌及口音的焦慮，顯示了他對於打扮是否合規定，對於效忠對象，對於身分認同的不自在。而對於他人髮型、外貌和口音的關切，則反映了普遍的恐懼心理——人們害怕滲透，害怕背叛，害怕看似正常的行旅之人可能心懷鬼胎。理論上來說（或是事後來看），身分與價值觀都是絕對且清晰可辨的；但實際上，它們往往極具偶然性。

時人對於這場戰爭的書寫，無論是當時所寫或事後回顧，不管是中國人還是洋人所寫，都在髮型、服飾、刺青與口音上著墨甚多，即便這些東西很少是作者最關心的部分。人們穿什麼？他們講什麼方言、有什麼口音？男人們留什麼髮型？為什麼太平軍中的少年兵驚人地多？[4]無論是在回憶錄、日記、外交報告還是供狀中，提到這些細節，就表明作者經歷的真實性——這種真實性體現在反覆陳述那些只有局內人才知道的訊息，並藉此迎合讀者的期待。此外，這些細節把人們的差異分門別類，並由此區分出界線——實際上，這些做法遠早在戰爭開始之前便已出現。

在儒家經典中，服飾是區分性別與華夷的重要符號。[5]一名女子的年紀、民族、婚姻狀態和社會地位都體現在她的髮型中。一名男子前顱有沒有留頭髮，清楚說明他是支持還是對抗朝廷——這從一六四四年滿洲人征服中原後沒多久頒布剃髮令起，就一直如此。[6]在這個多語言帝國中，方言和口音長期扮演著鑑定身分的試金石。這些記號都不是新玩意，但是，當人們渴望在混亂中找到秩序的蹤跡、並渴望重新穩定因衝突而動搖的身分時，他們便更加關注這些記號。人們總覺得陌生人威脅著穩定，而當陌生人大量出現時，就更可怕了。當不僅陌生人，就連鄰居都開始掠奪、姦淫、擄人、打劫時，任何臨時的記號，都能提供一點哪怕無濟於事的慰藉。

除了用服飾、髮型和口音來判斷身分外，交戰雙方還用護身符、儀式和姿勢來區分出敵我。東安義軍，浙江紹興一支至少在名義上效忠清廷的地方團練，就用佛、道教詞語及護身符等宗教標誌來表達立場。[7]交戰雙方也命令己方成員和相關人等攜帶旅行文書和身分文件，好更容易認出彼此，並讓自己人在白熱化的戰區也有一些行動自由。例如，很多太平軍士兵會把帶有「太平某營」（其軍隊名稱）及「聖兵」字樣的布片縫到衣服上，藉此把一套普通衣服變成了軍服。[8]觀察家也注意到其他的識別記號。太平軍士兵會把他們軍團的編號印在外袍上，或是印到掛在腰帶上的木牌上，同時還會寫上配戴者的姓名、軍階和籍貫。[9]這些木牌上也蓋有軍團司令的印。舉例來說，作為識別，蘇州所有士兵都配有一塊標有忠王印的小腰牌。[10]

士兵們不是唯一被這樣作上記號的人。在行經太平天國領地時，旅人們，包含外國人在內，也要在腰帶上掛上標有天國印記的木牌。一位英國旅人森然寫道：「沒這牌子，性命不保。」[11]這樣在的文件可以仿造，來「證明」虛假身分，或為非法行為提供合法掩護。比方說，在蘇州，有個在太平軍手下做筆墨先生的人，他在和其他俘虜一同潛逃前，偷走了印信，並為自己偽造了通行證和其他文件。他後來回憶，他和同伴是如何透過配上木腰牌來證明自己是太平天國這方的人。每個人都一眼就認定這些識別記號「不致為疑」，即便它們只是用來掩護這些人逃回清方領土的工具。[12]類似的，一位作者在他內容豐富的回憶錄中追憶過，自己如何用太平天國印信填寫旅行文書，假裝自己和同伴要前往鎮江購買糧食，好藉此逃離。他確信，如果沒有合適的文件，他就會被逮捕；而且，即便用上了正確的印信，他也只是從一個敵據區移到另一個敵據區，最終也沒能逃跑。[13]

隨著戰事沒完沒了地拖下去，各方都渴望獲得最終勝利，反而更陷入僵局。叛亂和鎮壓催生出殘暴，而不管誰在臺上，施暴的對象都是平民和那些口音讓他們覺得有問題的降兵。即使太平軍也因火烙或殘體毀容等肉刑而臭名昭著，但清軍及其盟友在這方面顯得格外惡劣。包含慈善家余治在內的當代評論者主張（儘管沒什麼用）清軍及其盟友應該寬容行事，好儘快獲勝。他們指出，仁慈的待遇能激發對方儘快投降。根據這個在大清一方佔上風的邏輯，人們天生忠於王朝，而且不願離開家鄉。只有那些最桀傲不馴的叛軍領袖才會頑抗到底。[14]如果知道自己可以恢復平民身分而不必擔憂遭到報復，敵人就會解散，就會剃掉頭髮並回歸日常的穿著。可是，報復確實存在，對象就是那些以當下標準來看選錯邊並帶著錯誤陣營標記的人。這些標記代表的意涵很明顯——要知道，即便是承平時日，人們的籍貫、性別、年齡和地位的差異，都會不可避免地透過髮型、口音和服飾暴露。

偽裝與背叛

太平天國戰爭引發了人們對偽裝和背叛的嚴重焦慮。在充斥著道聽途說或真有其事的欺詐行為的氛圍裡，人們對細作和滲透者的恐懼大增。[15]政府官員、軍官和營隊都可能會投降敵方，也確實有人這麼做了。有的人反反覆覆地轉換陣營；在一些亟需擴軍的地方，二度背叛所負的風險也因為人員補充的迫切需求而被忽視。[16]然而，新近向任何一方投誠的人依然會引起極大的擔心；服飾和髮型上的改變是否真的反映了真心投誠，仍有待觀察。讓焦慮和不信任氣氛雪上加霜的是，雙方陣營都採用了讓自己人偽裝成他人的策略。透過服飾、髮型和書寫而編成的立場符號，是可以被有意操弄的，所以將領們用監視和焦土政策來將滲透、背叛的可能性降到最低。

對偽裝和背叛的焦慮可能會（而且的確常常）導致極端的決策，特別是（但不僅限於）一八六〇年後戰爭進入鎮壓階段時。各方勢力都逐步增加使用掃蕩郊區、禁止貿易、處決俘虜和屠殺百姓的手段。那些表面上像是難民的人，真的是在逃難嗎？還是說他們其實是偽裝的叛兵，拿乘舟同行的女人和小孩做掩護，好滲透到清軍的領地去？要怎樣才能區分太平天國細作和解甲的兵勇？[17]那位走街串巷的算命先生會不會也是細作？[18]類似事件真的發生過；這解釋了為什麼團練會出於對偽裝的恐懼，就拷打、審問（或殺戮）整船難民。[19]有一名作者描述說，「賊」將自己假扮成平民，帶著酒水和其他補給想混進清軍。在接近清軍時，他們向清軍炮船的船帆扔擲炸藥和燃燒彈，讓它們燃起熊熊大火。[20]一八六〇年，太平軍混入難民和香客之中，企圖接近杭州城。還有一次，他們從廟中帶走木頭佛像，給祂們穿上太平軍的制服，並把它們繞城而排，造出人數眾多的假象。[21]這些舉動無疑助長了清軍和與之結盟的團練對平民犯下更多暴行。而且，不只太平軍會偽裝自己的身分，盜匪們也會假扮成太平軍、團練和清軍，並以這些身分去洗劫船隻、搶劫當舖，引發人們的恐懼。[22]難民們假扮成乞丐，希望藉此能平安通過險地，到達安全之處。[23]清方的人也曾假扮成太平天國的人，以滲入被佔領的城市。

流動人口是所有人的懷疑對象。[24]雙方將領都擔心商人或是外來勞工可能是敵軍士兵假扮，而在一些情況下，他們會對這些被懷疑人群的遷徙加以限制。包含外國旅人在內的觀察者們提到過，太平軍佔領的城市就像是軍事設施，在有些城市中，居民似乎被有意驅離，城內只供太平軍和那些得要為他們提供後勤的人居住。[25]太平天國在一八五八年禁掉了長江口岸城鎮蕪湖的貿易，並趕走這個地方所有居民，只留下那些可以被他們強行役使的人。如果出現長期圍城（這種事情可能性不小），驅逐居民被認為能減少一些需要餵的嘴；此外，這種政策也被認為能降低背叛和滲透的風險。[26]兩年後，一名外國人觀察到相似的政策在蘇州推行。只有藥舖被允許進行商業活動。除了守門人和藥商外，當地人都不得在城內居住而被趕了出去。[27]大部分佔領軍隊都來自外地，特別是湖南、湖北和安徽等長江中游省份，以及太平軍的發源地——遠在南方的兩廣。最終，貿易在南京也遭到禁止，以防同情清方者假扮成「商人與苦力」混入城中。[28]

太平軍、團練、盜匪和清軍之間的界線並非滴水不漏。儘管清方的語言強調效忠，而太平軍強調順應意識型態，且身體上的記號表現出了這兩者的區別，但人們還是經常更換效忠對象，而且躲過了懲罰。事實上，身體的記號可以為細作或變節者提供掩護：一名剃光前顱的男子會被當成效忠清廷的人，而前顱有髮的，則表示他是太平天國一方的人。太平軍新抓到的俘虜會被強迫留長前顱的頭髮，而那些要潛入清軍領地的「老賊」卻會剃光自己的前顱。有名太平軍的俘虜抱怨道，這種對外表的有意操弄叫他很難判斷究竟誰是誰，雖然口音與服飾還是能提供他一點額外的線索。[29]這些記號並不總是直接打在身體上。立場有時會表現在文字中，會表現在繫在他們頭上的布條上，或是縫在衣服上。一八六〇年太平軍進入杭州時，一些鄉勇轉而投靠他們。這些人拿出藏在衣衫內的紅巾綁在頭上，由此亮出自己的新身分。[30]兩邊陣營都因細作、叛徒和變節者而焦慮。在一八五三年的一場圍城戰役中，有名駐紮在合肥的官員徒勞地想要讓身分和立場不容易改變。此人給鄉勇們分發了三千條上有「大清一統」字樣的白布條。這些布條寬三寸、長一尺，上頭的字樣用特殊的字體寫就，大概是為了讓人較難偽造。鄉勇們被要求將布條縫進左邊袖子裡。只有佩有這暗號的男子才許進出城。這樣，鄉勇們就不會潰散或逃跑，而細作與叛徒也無法混進城去——至少理論上如此。[31]

兩邊陣營都對投誠者賞以權位和榮耀。帶著人馬來投靠清方的太平軍有望繼續統領自己的部隊；投靠太平軍的團練領袖亦然。因此，整個軍團有可能一夜之間就換了效忠對象。事實證明，這樣的盟友在各方面都是不可靠的。任何軍官只要換過一次陣營，一旦政治風向或戰況不對，就可能故技重施。讓我們來看兩個例子。一名曾在一八五九年協助太平軍佔領某地區的男子，在投靠清廷後，被賜予了清軍職位。不到一年，他便再次轉換陣營，帶領太平軍向揚州清軍發起進攻，而後被清軍與團練聯手擊退。最後，這個人被捕獲，並遭處決。[32]在蘇州附近的水鄉周莊，一位地頭蛇給兩邊陣營都付了錢，以確保他的船隻能跨戰線貿易。[33]他的組織中至少有部分頭目穿上了清軍制服，但同時地方上也認為他們是在為太平軍做事。清方官員顯然知曉這種兩面手法，但為了維持該地的秩序，對此睜一隻眼、閉一隻眼，因為此人的人脈極廣。[34]在混亂中大量滋生、無所不在的盜匪們以投機而臭名昭著，他們在太平軍與團練之間一再改變陣營。此外，新結盟的或無原則的盟友，不太可能深切認同任何一方的意識型態，於是不可避免地，時人總將這場戰爭中最惡劣的暴行怪罪到這些立場不堅定的團體頭上。

從理想角度說，當清朝官員敗在太平軍手上時，應該殺身成仁，以死效忠，從而保住自己的榮譽。但在實際上，很多人逃之夭夭；更糟的是，有些人選擇了投降，從而背叛了那些他們本該保護的人民。對於那些認真看待自身對大清所負義務的人來說，這種行為讓人震驚。事實上，很多人認為，太平軍之所以可以撐這麼久、可以那麼有吸引力，都是叛變的清朝官員和將領造成的。[35]人們普遍認為，解甲的清兵和新加入太平軍的盜匪對平民造成的威脅特別大。[36]太平天國「老兄弟們」以嚴格遵守教義著稱，但太平軍的新成員沒有被要求要同樣地守規矩。[37]這些人期望靠打劫謀財，對天王禁止姦淫擄掠的三令五申置若罔聞。

就像虔信者一樣，投機份子參加太平軍起碼也是出於自願。除了這兩類人外，太平軍的隊伍也因強迫俘虜加入而膨脹。這類人男女老少都有。當時有特殊的行話來稱呼這些俘虜。健康的男性俘虜稱為「牌面」，他們被編進太平軍中；老弱稱為「牌尾」，被派去做卑賤雜事。[38]這些俘虜被根據性別分開，編入各「館」工作。通常這些人說著新近佔領地區的方言，而那些「老兄弟」則講廣東話——清方與外國觀察者認為，後者才是真正的「粵賊」。

俘虜從根本上壯大了太平軍和團練的人數與力量。在那個時代，人們認為士兵具有根深蒂固的返鄉渴望，為了預防兵卒們屈從於這樣的念頭，需要在意識型態上影響他們；如果無法影響，就需要給他們的肉體打上記號。鄉勇們逐個盤問旅人，試圖將他們分類：他們在路上抓到的陌生人大多是平民或逃走的俘虜——這些陌生人究竟是好人，還是是太平軍呢？有些人——譬如說，雇工和有前科的菜販——靠耍小聰明謀生，如果這樣的人說自己只是受俘而沒有真心效忠於太平天國，可以相信嗎？[39]那些廚子、腳夫、裁縫、繡工和挑水人呢？他們也都說自己是被迫為太平軍做事的——他們的話信得過嗎？[40]路上那些乞丐和背著大包衣服（因而很可疑）的人呢？他們可信嗎？還有那一夥夥發下「夥伴誓言」的人呢？他們號稱只是結伴而行，除了都歸鄉心切外沒有其他瓜葛——他們可信嗎？誰能替他們擔保，或者說，憑什麼為他們擔保？他們身上有什麼特點透露出他們的內心忠奸？有什麼蛛絲馬跡可以判斷他們無辜與否？老實說，我們又在多大程度上能相信這些審問者自己是誠實可靠的？或者說，他們所留下的供狀反映的真實有幾分？[41]身分被分配，被指派，被具體化，因此它們可以被調查，被核對（或是被改變），儘管查了也不一定有確定答案；這讓人擺脫不了焦慮感。一個人的立場、陣營常常由不得自己選擇，它們就像商標、制服和標籤一樣，可以穿戴在身。有些時候甚至可能會被刺在臉上。

銘刻於面

見證或參與了這場戰爭的人，都被它打上了象徵的或肉體上的記號。在戰鬥中傷殘的老兵與平民身上的印記，提醒著他們過往的痛苦經歷。燒痕、傷口和斷骨是當時經歷暴力的證明，同樣的證明還有孤、寡、難民以及其他戰爭暴行的目擊與受害者所經受的情感創傷。此外，戰爭還造成了其他疤痕，它們被蓄意加在俘虜身上，象徵著屈服和恥辱。太平軍在一些俘虜臉上刺下它政權的名字「太平」，並在自己的細作與俘虜頭上烙下新月或十字型的記號。[42]太平軍藉此援用了大清律例的做法，類比清廷，把自己放到了一個類似的權力地位上，一方面懲罰罪犯，另一方面給為己方賣命的人烙上記號。太平軍顯然也吸收了一些逃脫的犯人；這些人臉上的烙印和刺青證明他們犯有前科。[43]刺青似乎是戰時徵兵用來界定或分配身分的重要手段。在臉上寫字在中國的刑罰或是軍事實踐中，有著悠久的歷史；它利用了根深蒂固的社會異化標誌和犯罪標誌。[44]我們無法知曉有多少人被這樣打上記號，但這些刺青的臉龐卻是時人作品中常見的意象。

一八六〇年陰曆五月十八日，常州安鎮的一支團練巡邏隊抓到一名四十一歲的男子，此人臉上刺有「太平興國」四字。他是誰？他從哪來？應該怎麼看待他臉上的字？他是太平軍的鐵桿成員，還是僅僅被他們刻上了字？這個團練巡邏隊給他上了枷，然後把他帶到團練局調查審問。[45]實際上，這名刺青男子能載入史冊，僅僅是因為團練留下了其供狀的粗略紀錄，這份報告是安鎮團練活動與交流相關資料的一部分。這份供狀越看越像是想要證明團練的人道與寬大，儘管這很可能是蓄意製造的假象。[46]在每個案例中，審問紀錄都會描述團練如何判斷一個難民的證詞是否可信。要是審問者認為他們的旅行文件足以採信，就會釋放他們，讓他們平安回到家鄉。然而，在一八六〇年，很多人的家鄉都已落入太平軍手中。團練們會讓這些持有最新大清通關文書的人進入太平天國的領地嗎？如果放這些人進入太平天國領地，團練們覺得這些人的命運會如何？

至於那位面有刺青的俘虜，團練的審問人斷定他叫嚴和大，來自蘇南常州府江陰縣城西邊的一個市鎮。他告訴團練的鄉勇說，他的家鄉落入太平軍之手不久（也是他被這群團練抓住前不久），他就當了太平軍的俘虜。隔天，捉到他的太平軍將他帶去無錫總部，並在他臉上刺了字。第二天，他逃到蘇州附近，卻被地方團練給抓了。根據團練的紀錄，他的回答完美無暇，在審問過程中，他的一舉一動也毫無可疑之處。團練局總結說，儘管他面上的刺青永遠無法消除，但他還是個良民，應該放他回鄉。他們給他發了解釋他處境的旅行文書，以確保他能順利上路。[47]只要他待在清軍的領地裡，團練發給他的旅行文書就應該能提供一點保護，雖然當時清廷在蘇南的勢力範圍十分有限，並且持續在萎縮。

審問嚴和大的鄉勇應該知道，太平軍在試圖逃跑的兵丁臉上刺青作為懲罰。臉上的記號說明，他是被迫加入太平軍的，也說明他是遭辱受罰的受害人。雖然他臉上的印記表明了他和太平軍之間的關係，很可能也正因為這個標記，團練才覺得他和太平軍之間的關係其實不深。然而，他臉上的刺青依然有可能讓他在重回故里時難以融入——對此我們無從得知。關於嚴和大這樣的刺青者戰後的遭遇如何，史料一片靜默。重要的是（或說我們所能知道的是）打記號是在軍事、刑罰兩方面長期存在的凌辱性做法，儘管在這個案例中它只讓戰爭經驗表現在一個人的肉體上。

在一個人的臉上刻字，是以一種粉碎他尊嚴的方式，來展現自己對他擁有絕對的權威。至少在理論上，只有國家能以合法暴力的形式，將刑罰刻寫在他人的肉體上，儘管在國家之外顯然可能也有其他的勢力會把字烙在肉體上。該勢力透過仿效國家把黥刑作為一種懲罰手段，來表明自身的權威，因而太平軍對俘虜刺字的行為是一種根本上的挑戰——在政治上挑戰被取代的王朝，在個人層面挑戰被刺之人。在明清時期，臉是「自我」的重要隱喻。那些做出道德上的讓步，或是從羞辱中熬過來的倖存者，常會提到他們沒臉面對社會。因為「臉」帶有種種意涵，所以人們對將社會或政治身分刻在臉上的做法有特別的反應。臉上的刺青意味著此人被排除在人類社會之外。那和幫派的刺青不一樣，後者意味著自願加入，有時還被認為會帶來更大權力。而那些加在罪犯和募來的兵丁身上的刺青，則意味著強迫和貶抑。[48]

明清的刑罰透過身體銘記來複製社會階級與界線。有時候，罪犯的皮膚會被作上清楚的記號，來標明犯下的罪行種類，或是表明他們的流放地點。理論上來說，士人階級可以免除包含烙印、刺青在內的國家肉刑，即便是科舉制度中最低階的士人也有此待遇。[49] 然而，這樣的階級特權在戰爭中遭到了顛覆，這些曾經的精英很快就發現他們在新政權下也會受到肉體懲罰。「玉石俱焚」之類的表達時常在這一時期的作品中出現，這顯示，對於先前特權突然地煙消雲散，對於士人身分不再能為他們的人身財產提供任何保障，精英們感到非常不滿。[50] 即使是那些受過教育、曾經有權有勢的人，也有服勞役或遭肉刑的可能。在這種情況下，有些人傾向於收起自身的風雅，讓自己默默無聞，或避免沾染太平天國的事務；也有人苦澀地抱怨他們喪失了從前神聖不可侵犯的特權。[51]

在中國，在臉上烙印或刺青的刑罰可以追溯到唐朝之前，自那時起刺青就一直和犯罪及其後果密不可分。[52] 黥刑（墨刑）和劓刑（割鼻）、刖刑（斷腳）、宮刑（閹割），以及大辟（死刑）在古代並為國家頒訂的五種主要刑罰（五刑）。[53] 這五刑都刻意地傷毀犯人的身體，讓人一望可知此人偏離了人類社會的標準。隨著之後朝代在刑罰上轉而偏好笞、杖、徒、流及死刑，這種對於造成（永久性的）身體改變的常規做法也隨之被調整。[54] 明清時期，政權用鞭笞這種身體性的宰制手法來強調對罪人的羞辱、強調他們的附屬地位。要是更嚴重的罪行，徒刑、流刑（這兩種刑罰通常會附帶刺青）以及死刑會將這個罪犯從其原本的社會環境中去除。儘管隨著法令變遷，這些早期的刑罰形式也發生了相應變化，但刺青作為一種「附加刑」繼續存在了好幾個世紀。在清代，此刑通常用在累犯或逃囚身上。[55]

由國家施行的黥刑，有著囚禁、強制勞動、控制及有罪等意涵。根據清代法律規定，黥刑的適用範圍和所黥文字的內容有著明確規定與範圍，至少在理論上來說是這樣。因為黥刑是為了保障判了苦役和徒流的犯人不會逃離，所以犯人被迫在皮膚上刻上他們的罪行，很可能還要刻上流放的目的地。根據一六四六年頒布的大清律例，犯者要在右前臂刺下罪行。再犯者，加刺在左臂。三犯者（從一六九二年之後的案子算起）則是刺在犯人的太陽穴處或前額。[56] 每個案例所刺的文字和大小都得符合規定。女人、老人和青少年則可以免受黥刑。[57]

在臉上刺青是比在手臂上刺青要嚴厲得多的懲罰，因為刺在臉上一般來講是暴露在外的，但刺在手臂上可以用衣物遮掩。由於這種恥辱如此的觸目驚心，黥面也被視為是對潛在罪行的有效嚇阻——它把犯罪、流離及社會異化暴露出來，警醒大家小心這些不穩定因素。[58]它也令政府更容易識別及掌控這些人。被流放到新疆的犯人會在臉上刺字，雖然他們隨身帶的身分文書記錄了他們的籍貫、年齡、罪名、顯著的疤痕，以及指印。[59]這些文書使得前往新疆的旅程更為順利。理論上，刺青就是要確保犯人逃跑後沒那麼容易融入當地的社會。但在實踐中，刺青不具有永久性，儘管人們之所以特別害怕這種恥辱記號，是因為以為它無法去除。如果犯人表現良好，刺青可以由官方合法移除（雖然很痛）。它們也經常經由非法的手段移除，要麼是藉由勾結刺青的胥吏（他們收取賄賂後會用可以褪去的墨水輕輕刺上），或是透過在刺青上燒、灸、塗抹收斂劑產生疤痕來蓋住刺青。[60]

在太平天國掌控的地區，黥面被用來當作懲罰和控制的工具。太平軍利用了人們害怕傷殘、害怕一旦被刺青或遭到身體損毀就會背負上罪犯嫌疑的心理，讓徵來的兵丁嚇到乖乖聽話。容貌的損毀使這些人無法在家鄉被接受，並讓他們即使在太平天國的隊伍中也受到限制。這類刺青不僅具有刑罰的意味，還是軍隊傳統的一部分，用在那些被強徵入伍的一般百姓身上，既可以預防臨陣脫逃，又可以當作對逃亡的懲罰。例如，宋朝一份記載提及被強徵入伍的刺青俘虜心中的孤獨感、他們對回鄉的渴望，以及他們意圖逃離時刺青讓他們背負的疏離感和犯罪嫌疑。[61]太平軍實施的黥刑帶來了一系列類似的後果：思鄉的情緒、疏離感，以及軍人與盜匪身分之間的掙扎。

李圭的〈思痛記〉生動記載了他三年來在太平軍的俘虜生活。書中切身記錄了刺青的場景。這本回憶錄充滿了感官細節——視覺、聽覺、嗅覺與觸覺；這些元素混和在一起，使得這份記述既飽含藝術性，同時也讓人覺得發自肺腑、無比真實。作者特別著墨於像他一樣的俘虜所遭受的苦難，特別是那些想要逃跑的人。據說軍營有被害俘虜的鬼魂作祟；日落之時，空氣中縈繞的呻吟聲令人毛骨悚然。[62]李圭列舉了施加在俘虜身上的其他處罰：傷損、割耳、剜鼻、火烙等等。有些人的臉上被刺上標語：「太平天国*，真心殺妖。」[63]據李圭說，這種刺青名為「切字」**，即「（墨）水使透入骨」。[64]和其他的已知案例形成反差的是，逃跑俘虜臉上刺的字不僅將太平天國的國號標到他們身上，讓他們由此成了太平軍的財產，還將該政權的任務昭告天下：殺清妖，即殺滿人和為滿人做事的人。這些字也大方、公開將被刺青的人與太平天國大業綁在一起。這段關於「真心」和刺青的記述，就像武俠小說一樣，肯定了為有價值但非主流的理想奉獻的做法。也許這裡遙相呼應的是《水滸傳》中那些臉上刺字但義薄雲天的眾家好漢，他們的故事在當時藉由說書人之口以及各種戲劇表演而家喻戶曉。無論如何，透過記述自身的慘痛經歷以及加諸俘虜的諸項肉刑，李圭也是在替自己為太平軍長時間做事的行為做辯解——他受到恐怖對待，因此是身不由己的。對於暴力的恐懼讓他一直留在太平軍中，一開始是當僕役，而在他被迫坦承自己知書識字後，則開始擔任祕書與會計的工作。

接著，李圭描述他是怎麼驚險逃過這些肉刑的。他既害怕逃跑，卻又擺脫不了逃跑的想法；不管怎樣，他被一名特別狠毒的太平軍官給抓了起來。李圭這次被抓的情形有些不清楚：當時他在營外工作，而且看來一副想要逃跑的樣子；但由於不確定有多大機會，他還沒下定決心要跑。再次被抓，他以為自己必死無疑。但最終只不過派了個刺青師來，要在他臉上刺字。李圭形容他既恐懼又憤怒，因為這些刺青一輩子都不會消除，而且會讓他受人注目。他暗忖：「不若死卻乾淨」，並大叫：「寧死不願刺字！」刺青師抵達時，他拼命地反抗。捉到他的那名軍官大笑，旁人也開始說刺字也許沒有必要。另一名太平軍把刀磨利，持刀刺了李圭的肩膀，說這次算輕饒了他。劇烈的疼痛讓李圭幾乎倒下；他覺得自己快暈過去了。在清醒的短暫時刻，他記住了他在太平軍中的新保護者，一位談吐文雅、身穿太平軍軍官黃袍的浙江人。[65] 荒誕的是，李圭逃過了刺青師的針，卻因此喪失了逃離太平軍的機會。他的俘虜身分沒有刻在臉上；然而，他和抓他的人現在卻變得更加密不可分了。

接下來，他描述他所屬的隊伍是如何攻克金壇城的。進城後，監視更加嚴密，而李圭也

---

* 編註：史料原文作「太平天国」，国內為一個「王」字。此字並非簡寫，而是太平天國當時自稱。

** 編註：史料原文為「謂『之切字』」，推測應為「謂之『切字』」之誤植。

被迫承認了自己的文人身分。李圭開始在太平軍的糧倉做事後，一時之間更難逃離了。雖然他的臉沒有受損，但在精神上他覺得自己飽受考驗的忠誠心蒙上了汙點。此外，他對遭逢刺青師這段經歷的敘述，似乎蘊含著階級上的焦慮。從那名湖北惡棍和那位後來成為他的保護者和恩主的黃衣浙江人之間的反差中，我們也能看到這一點。無論在個人、家族或是法律層面上來看，損傷士人的身體都被視為禁忌。這使得李圭從刺青師針下逃脫的故事在時人及其他士人眼裡，會遠比在我們眼中要更可怕。

在這場戰爭中，那些臉上的墨記會遭到巡邏團練的緊張檢視，當過俘虜的人後來也常在作品中不安地回想到這點。有些曾造訪太平天國的西方軍人、外交官和傳教士，也提到他們在俘虜與奴隸臉上或身上，見過刺青與烙印，儘管他們更關注其他殘酷少見的懲罰與奇怪的習俗，以及充滿異國色彩的服飾（這些服飾暗示了這些人的異域特色和殘酷，而這些西方人的某些同胞卻想把他們當作基督教教友）。在十九世紀歐洲，刺青被看成是一種充滿異國色彩的原始行為。以刺青（包括黥面）作為懲罰，在近世歐洲具有悠久的歷史，但當它在十九世紀被拿來和殖民地原住民所謂的野蠻行為相聯繫時，歐洲本身的這段歷史就常常被忽視。[66]然而，此時在美洲，以及歐洲人在亞洲的殖民地，刺青、烙印，以及其他施於肉體的極端刑罰，都還是用來處罰逃跑奴隸的常用手段。因此，儘管在西方人筆下，太平天國轄區的刺青做法顯得頗為奇異，但實際上對十九世紀的西方人而言，刺青並不陌生。

描繪外國人造訪太平天國的作品裡，出現過若干遭遇刺青俘虜的描述。一八六二年，維多利亞主教從香港到北京的途中經過上海，拜訪了當時「佔據寧波的太平軍領袖」。這些英國訪客遇到的中國俘虜告訴他們，他們是「被強迫留下的，而且想要逃跑」。其中一些人臉上刺了「太平天國」四個字，這是逃跑失敗後的懲罰。一名專欄作家寫下這個事件，在他筆下，這些人的刺青具體體現了淒涼、悲慘的俘虜生活。[67] 在一封給英國駐華公使布魯斯（Frederick Bruce）的信件中，英國外交官巴夏禮（H. S. Parkes）寫道：

> 南京的太平軍只有士兵和奴隸兩個等級，後者很多都被烙上「太平天國」四字。他們是被太平軍從所過各省擄來的，沒有任何金錢酬勞，且每天只在他們所屬之王府或將軍的衙門裡供給兩餐。他們的臉上清楚地顯露出淪落為奴的屈辱，而有幾個在無人竊聽時說的話，透露出他們迫切地想逃走。[68]

然而，巴夏禮猜想，對於其他有相似刺青的奴隸，天京的奴隸生活其實可能比他們過往熟悉的艱苦日子還要好。他們現在起碼「有充足的食物、有可居住的房屋」。

在他一份寫於一八六一年三月往返上海與南京旅行的紀錄中，英國駐寧波的代理領事富禮賜（Robert James Forrest）提到蘇州的護城河由一位骯髒的收費人掌管。當富禮賜進城時，曾在那裡和士兵們聊天。士兵中有很多人「面頰上都刺著」太平天國的國名，而且他們中沒有人能給他提供任何有用的情報。[69]在富禮賜眼中，這些徵來的兵已經屈服於他們的命運——只要有口飯吃，他們便不太關心未來會怎樣。他們像是被毀滅的大地上逆來順受的一群，這片大地上屋宇被毀、被燒，人民迷茫不知何去何從。富禮賜被認為是太平天國問題的專家。在部份作品中，他表露出對太平天國的同情，而且他對自己在南京和洪仁玕的對談，描述得頗為正面，儘管他得出的結論是洪秀全很可能是個瘋子。[70]

富禮賜的領事報告栩栩如生地描繪了一處荒涼可怕之地：刺青者、被拋棄的護城河、盡成廢墟的城市、繁華不再的城郊、消逝的蓬勃貿易，以及太平軍從南京到蘇州一路進軍所留下的斷垣焦土。[71]富禮賜的報告廣為流傳。他在《華北先驅報》（*North China Herald*）登載了他的領事報告以及旅途的各種文章，而這些報告和文章也被收入其他人的書中，幾乎是全文照搬，僅調整了段落順序。像是林西·布瑞恩（Lindesey Brine）和托馬斯·布萊基斯頓（Thomas Blakiston）描寫太平軍統治地區狀況的章節，就大大依賴富禮賜的作品。[72]布瑞恩和布萊基斯頓都曾在英軍中服役，但二人都以他們作為探險家和科學家所寫的軍事及地理著作出名。在密集引用富禮賜的文章長達數頁後，布瑞恩（他顯然不太瞭解中國文字）立刻換回自己的口吻，描述那些在蘇州城中或附近的士兵將「太平天國」這個「字」（布瑞恩將「詞」誤寫為「字」）「刺進頰中」。他接著說，「一名歸依新教的中國人」在蘇州陷於太平軍手中後不久到訪該地時，也觀察到了同樣的狀況。

據布瑞恩說，在皇家亞洲文會北華支會（China Branch of the Royal Asiatic Society）的一次集會上，富禮賜發表了有關其旅途的文章，文中解釋說，刺青的真正目的是要預防這些被再次捕獲的俘虜再試圖逃跑。[73] 皇家亞洲文會北華支會是一個由英、美旅外人士組成的俱樂部，成員對與倫敦的東方學會有關聯的學術活動都很感興趣。富禮賜在該會發表這番見解，說明太平天國施加的刺青被認為是值得細究、讓人著迷的學術與科學問題：這些刺青一方面有效揭示俘虜的悲慘與淪落，同時也令太平天國顯得深具異域色彩，甚至近乎野蠻，而且表現得不那麼符合真正的基督教義。

頭髮、臉龐、政體、自我

太平天國成員被很多人稱為髮賊、髮逆或長毛。這些稱呼並非無足輕重，而是反映他們對政治規範構成的重大挑戰。髮賊們信仰異端，對抗朝廷，並留髮來反叛清廷——這一切都是重罪。頭髮與太平軍之間的關係既是實在的，又是想像層面上的。在《江陰縣志》中有關這時期的災異紀錄裡，編者稱一八六〇年陰曆二月時，大地長出了頭髮。到了四月，縣城便落入太平軍之手，而這些髮賊前顱留著妖異的、反叛意味濃厚的頭髮。這地區的其他方志也提到了類似的現象。[74]很多當時的觀察者和回憶錄作者都提到了太平軍及其俘虜的髮型，而太平軍本身則引用了歷史、種族與生理上的材料來解釋他們為什麼要蓄髮。對外國訪客而言，髮型是民族差異的標誌之一；有些時候髮型也成了他們跨文化變裝的要素。對中國作者而言，作為表達忠誠或反叛的政治象徵，不論本人願不願意，頭髮都是表達政治關係的關鍵場域。因此，頭髮問題值得關注和記錄。

在清代中國，一個男子的頭髮極具政治意義：頭髮是政令的對象，而與時尚無關。[75]男人們只有兩個選擇：接受清政府規定的髮型，或是違抗政令，從而構成叛亂。自從十七世紀滿人征服中國以來，幾乎所有的漢人男子都被迫將前顱剃光，並把後面的頭髮綁成一條長辮子。一六四四年攻陷北京後，攝政王*幾乎是立刻頒布命令，要所有漢人男子留辮；當時，剃光前顱成了對新政權效忠的標誌。在諸多抗議之後，這項命令雖然被廢止，卻沒有被遺忘。[76]

根據一六四五年七月朝廷頒布的一道命令，大清領土上的所有男子都必須改變他們的髮型。不這樣做的人便等同於謀逆，可處以斬首。[77]很多男子拒絕服從；士人和庶民直到不久前都還因衝突而走不到一起，但他們在違抗剃髮令一事上取得了共識。士人們引用經典和前例來強調「身體髮膚，受之父母，不敢毀傷」。[78]而當謠言四起，暗指改變髮型可能對婚姻和男子氣概有損之時，庶民們顯然也為此憤怒。[79]在剃髮者和拒不剃髮者之間，爆發了衝突。[80]江陰和嘉定的縣城都鄰近上海，這兩處對清朝的抵抗都集中在薙髮令上。兩個地方都死了成千上萬的人，因此被視為明遺民的大本營。當太平天國戰爭在兩個世紀後結束時，由於這兩座城市有過盡忠抵抗並為此犧牲很多生命的經歷，它們再次自視為（甚至是引以為傲地）有至死盡忠之風的地方。當年江陰和嘉定人抗拒薙髮令而死，後來他們卻是為了保護剃光的前顱而死，並為此受到頌揚。

在清朝幾個世紀的統治中，頭髮一直具有象徵意義，也是政治上的敏感問題。剃光頭髮的佛教僧侶是少數幾個可以免於蓄辮的群體之一。在十八世紀，新疆的穆斯林也得到豁免，讓他們維持傳統的髮型。在其他情況下，不遵守清朝的髮令將會招致嚴厲的處罰。因沒有薙髮而被捕的男子會被斬首。而執行逮捕的轄區官員們，也會因為寬縱叛賊而遭懲處。[81]就像孔復禮（Philip Kuhn）在他討論剪辮的書中所說，薙髮令曾是，也仍是「皇帝用來測試臣僕的試金石」。[82]孔復禮認為剃光前顱，而非蓄辮，才是政治和情感上糾結的核心所在，但他也指出，頭髮和它據稱擁有的魔力，總的來說是很敏感的問題。[83]在太平天國期間，清廷和太平天國強加在臣民身上的髮型彼此之間水火不容。清廷延續著他們幾個世紀以來的堅持，

＊編註：指多爾袞，努爾哈齊之子，皇太極之弟。攝政輔佐年幼的順治皇帝。

要男子剃光前顱，而每當他們收復失地或是抓到人，他們也會強迫實施薙髮令。相反，太平天國禁止人們薙髮。[84]在清朝治下，乾淨的前顱被認為是男子身體認同及政治認同的重要成分。作為面容特徵之一，乾淨的前顱可能已經成為男子習以為常的社會自我呈現的一部分。

「長毛」這個加在太平軍身上的稱呼，指的是前顱長出了頭髮，而非解開辮子。在對清廷的反叛中，太平天國的人不再剃光他們的前顱，但大多數人仍留著辮子。[85]與此同時，他們採用了一些特別的頭飾：當時的觀察家們描述過這些人的紅色頭巾、奇特的兜帽與小帽，以及纏在辮子中的紅色或黃色緞帶束（好和清朝臣民辮子上纏的黑色或深藍色的線相對）。[86]前顱的頭髮長度能大致證明一個人對太平軍的忠誠度，或者至少也說明此人在太平軍治下已有多長時間。它因此也成了評論的話題。

在太平天國轄區，那些前顱頭髮最長的成員被稱作「老兄弟」；那些髮茬尚短的，則另有稱呼（且不那麼尊顯）。李圭曾描述他和一個湖南人之間的某次遭遇。當時對方一身黑衣，還佩有一把大刀。他的口音清楚透露了他的籍貫：他講湖廣話，稱他的俘虜為「妖魔鬼」。李圭注意到他的前顱頭髮長達五寸，微微飄動，就像女人一樣。在李圭看來，他顯得既嚇人又有點滑稽。[87]李圭自己頭髮的長度則標誌著他當了多久的俘虜，同時也對應著他思鄉的程度——他寫道，兩年後「髮漸長，憂益劇，故鄉遙望，浮雲蔽空」。[88]

髮型的改變與政治權力的轉手密不可分。一旦太平天國控制住一個地區，他們就會禁止薙髮。一八六一年的一份文件為他們在宗教、道德、身體和政治上的政策做了生動的辯護。這份題為《欽定英傑歸真》的文件在結構上是對話錄，採用的是洪秀全新得勢的侄子「干王」洪仁玕與一名叛逃來太平天國的清朝軍官之間的一場對話。這名清朝前官員要洪仁玕解釋太平天國的留髮政策。在對話中，這位前官員提出一連串假設性的反對意見，而所有這些意見涉及的都是有關是否舒服和方便與否的日常細節問題：

> 但有無知之人，言留長髮不便，每至半月，不薙則癢不可耐。前代雖留長髮，究不如今之為便。況久而不薙，則天熱即癢，非吾所愿也。

干王像個學者一樣莊嚴地打斷了他。他列舉了許多深刻的理由來解釋太平天國的這項政策，認為這些理由都有其道德準則或是有生理上的根據。頭髮「之生於首，猶草之生於山也」。光禿禿的山易受侵蝕且不再美麗。剃光的前顱導致「洩氣壞腦，多生頭暈善忘之病」。為了讓人神智清明、讓身體充滿活力，必須把頭髮留長。此外，干王還告訴這位清朝前官員說，頭髮是身體的重要部分，因此，和其他部分一樣，它（在基督教框架下）也是上帝以自己的樣子創造的。他指出，頭髮和衣服不一樣，它是在母親腹內時便由上天賜予的禮物。要是剪掉它，便是否定了神、背叛了上天，同時也是大不孝之舉。最後他總結道，薙髮令是

「妖」在明末征服中國時所推行的，「凡百列祖必不肯薙髮。」他對此加以補充：即使是孩童也會在頭髮被剪掉時哭泣，女人們留了長髮，卻也沒有在天氣熱時抱怨頭會癢。所以，他總結說，留長頭髮是對的，而剃頭則是不孝、不愛國、不自然且不敬神的做法——也就是從根本上和新政權的規矩唱反調。[89]他暗示聽者，這樣看來，頭癢和不便根本不值一提。

在太平天國治下生活，意味著必須向這個新政權繳稅，來換取新的身分證明文件；對男子而言，也意味著得留長頭髮。一個住在江蘇南部的人記道，太平軍在他家鄉建起稅關稅卡後，居民便無法剃光前顱了，這也意味著他們此後很難在太平天國轄外的地方做生意。[90]這種情況在清方亦然，也因此給那些需要往來於大清和太平天國轄區的商人和旅人帶來諸多不便。前面提到的那名江蘇南部人形容自己在太平軍佔領他家鄉後，留了六個月的頭髮，但因為「其髮已飛去大半，尚不能行走〔前往上海〕，只得剃淨」。在上海待了兩週後，他決定返鄉，但旅行再次受阻，這次是因為他前顱的頭髮太短了，以致他必須隱匿行蹤，直到頭髮留長。[91]

清廷和與之結盟的團練屠殺那些前顱有髮的平民，太平軍則是殘殺那些新近剃頭者。[92]在面對軍隊入侵或捲土重來時，平民們想必對他們自己前顱的狀態焦慮不已。士兵每取下一個長毛的頭顱，清軍軍官都予以獎賞。獎賞的數目取決於頭髮的長度：前顱頭髮五寸長的頭顱可以得到最高額的賞賜。[93]當團練重新奪回江蘇南部太倉一帶地區時，對人民頒布了薙髮令。雖然那一帶的難民們表示自己並不想要留長頭髮，但他們也擔心要是剃了頭，而團練又撤走了的話，會有怎樣的後果。所以他們最後並沒有薙髮。後來，一方面因為官方宣稱剃頭、殺賊的時候已到，另一方面因為有傳言說清軍即將大獲全勝，一部分人便剃光了他們的前顱並起而抵抗太平軍。但預期中的軍事援助並沒有出現，這些人被遺棄了，只有用他們精光的前顱面對太平軍。結局可想而知，是場災難。[94]關於頭髮的謠言甚囂塵上，使人心焦，尤其在戰爭接近終點之時更為嚴重。有些人說，連太平軍也為了不被殺而剃光了前顱，並搶走百姓的衣物。其他人則說太平軍在採取措施防止人們改變髮型——這就意味著平民終究難逃一死。[95]太平天國的都城南京陷落後，城中許多平民立刻剃了頭，向湘軍投誠。但這並沒有用，絕大部分人仍被處死。這是因為他們前顱的頭皮顯得比臉上的皮膚白皙——這明確說明他們直到最近都還是太平天國的臣民，所以湘軍認為他們因此當然不值得寬恕。[96]趙烈文描繪了隨之而來的暴行：街道上屍首橫陳，死的很多都是老人、嬰兒和幼童。年輕女子被強暴或被擄走。傷者遭到殘暴對待，身體流著血。哀號聲不絕於耳。[97]

頭髮除了是忠誠或反叛的標誌，它也可以是羞辱及控制人的手段。頭髮不僅具有強大的象徵和政治意涵，長辮子也可以很順手的抓在手中，成為凌辱、折磨他人肉體的工具。柯悟遲回憶，太平軍抓到他後，把他的辮子綁在其中一人的馬鞍上；他也描述了太平軍是如何抓住他的頭髮，用刀劃他的。[98]趙雨村的回憶錄也記有一段類似的經歷：當他的辮子被一名團練抓住時，他以為這人要殺死他。[99]很多當過俘虜的人都提到過，抓他們的人把他們的辮子綁在一起，或是用長繩穿過他們的辮根，然後強迫他們行軍。[100] 在《江南鐵淚圖》中，余治描述俘虜們的頭髮被用麻繩穿在一起，好讓他們無法逃跑。他寫道，這些人就像是被織成一張網，又像是被串在線上的魚一樣。旁邊附了圖來展現了他們的悲慘處境，以吸引人們的同情與資助。[101] 其他的材料描述了這些俘虜被綁在一起——一根巨大的竹筒把他們的辮子穿在一起，他們手腳都被綁，以防止他們逃跑。有名男子回憶道，他們就是這樣過一晚的：「蚊聲如雷，真是生來未受之罪。」[102]

即使在最好的條件下，自己給自己剃頭也是件很困難的事。挨家挨戶的剃頭匠在地方社會和清代全國的日常生活中扮演著很重要的角色。可想而知，有清一代，他們的生計和清廷的命運緊密相連。我們從軼事類材料中獲知，對於那些想要重新融入清廷治下社會的太平軍俘虜或戰士而言，流動的剃頭匠提供的服務相當重要；因此，剃頭匠會跟著軍隊或團練到處走，好做生意。在一張繪著清軍江南大營與南京城郊太平軍對峙的地圖中，城外清軍營地圍著很多小販，其中就有剃頭攤子。在剃頭匠旁邊，我們看到一座戲臺以及縫補衣服的裁縫，還有小販在賣雞、魚和柴火。頗為不祥的是，四個砍下的頭顱被用各自的頭髮懸掛在那個剃頭匠身後。[103]

安鎮的團練在路上捉到難民和逃亡者時，會去注意這些人究竟是什麼時候剃的頭。在很多案例中，他們不只記下有誰剃了頭，還會記下這些被他們盤問的人是何時何地剃的頭。他們這樣做，可能是因為這能讓他們掌握線索，瞭解這些俘虜會不會想逃跑。有些團練似乎乾

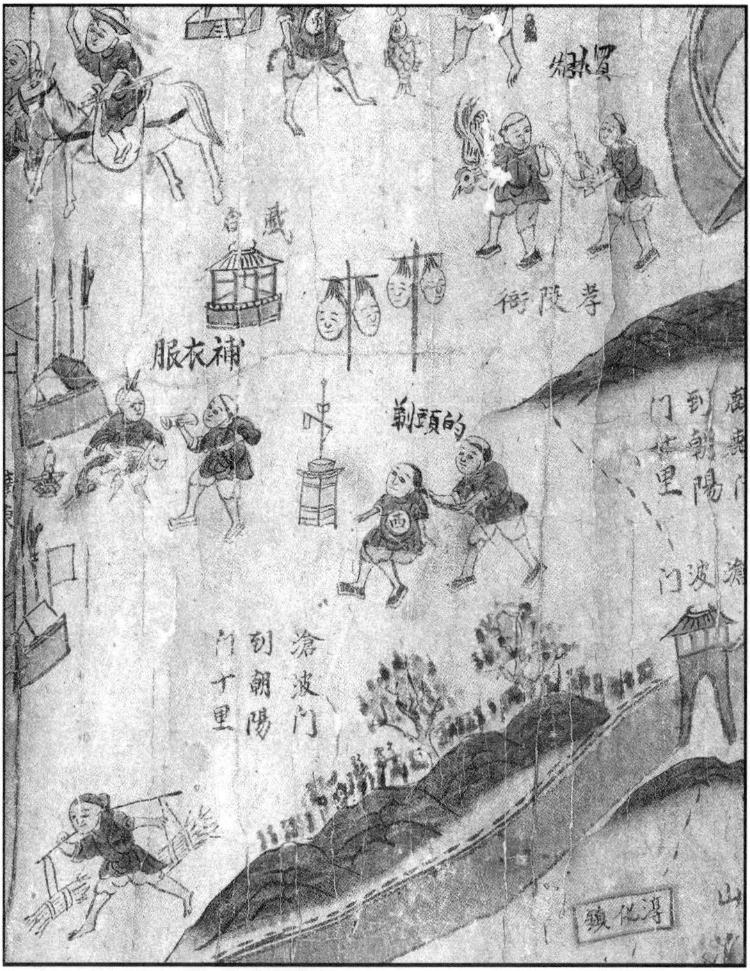

圖 3.1 呈現南京城剃頭細節的圖畫

資料來源：美國國會圖書館地理地圖部（Library of Congress, Geography and Map Division）

脆直接和剃頭匠合作，要他們當場提供剃頭服務。其他的團練則直接將俘虜送去剃頭匠那兒剃頭。[104]有位做過俘虜的人便回憶道，他從江蘇南部的太平軍手中逃出後，被團練抓住，送去剃頭；他因沒錢付給剃頭匠，甚感恥辱。那名剃頭匠甚至拒絕收下他的衣服和鞋子作為補償，因為它們實在太破舊了。[105]

髮型似乎也有其情感層面，儘管這種感情的真實性顯然是難以測量的。有些做過俘虜的人在回顧他們受控於太平軍而無法剃頭時，相當悲傷；還有些人則宣稱，他們前顱重新剃得光光滑滑、重新做回大清臣民時，感到無比歡欣鼓舞。有名男子抱怨自己因為頭皮受傷，流出的血令頭髮糊在一起，而不能在被俘期間整理髮型，並驚訝自己居然熬過了那段屈辱時光。他把焦點放到頭髮上，好轉移自己沒能好好維護應有髮型的責任。他暗示，自己並非不忠（只是因為傷口太嚴重，他才任由頭髮長長），所以他不應該被視為叛徒，而只是個受害者。[106]他的陳述有其表演性質（performative quality）；他這段話的用意似乎是想給他那可受質疑的行為一個正確的解釋。

在〈思痛記〉中，李圭描述自己逃跑後，一名同伴幾乎立刻就幫他剃前顱。保險起見，他只剪了兩寸，留下一寸以防再次被太平軍抓住。李圭寫道：「（我的頭髮）長短若杭人。」換句話說，他看起來比他實際上在太平天國控制地區待得時間要短。[107]快到上海的時候，李圭和他的夥伴覺得自己已經離開了太平天國的勢力範圍，於是決定要處理一下自己過長的前顱頭髮。他們找了剃頭師傅，每人付給他一個鷹洋*。李圭分享了他那時的心情：「昔日頭顱，依然還我，快哉！快哉！」[108]

這一幕本該是團圓和復興的最終表達：剃乾淨的前顱提醒他，他已經回到了過去，回到了家鄉，回到了他的王朝。然而，在下一段敘述中，他卻提醒我們說，他其實回不去了。即使只是在個人的層面上，所謂的復興也只是表面的，且殘缺不全，甚至只是種幻覺罷了。即便他的前顱恢復了光滑，他所目睹的一切——那些他在回憶錄中描述的奇詭的、無法言喻的暴行——仍在記憶中折磨著他的心靈。他用設問的方式反思，什麼時候他才能「還戴吾頭」，又什麼時候他才「得不痛定思痛」。戰爭結束十年之後，李圭完成了回憶錄，裡面描寫了他驚奇滿滿的環球旅遊。即便在這個時候，他形容自己仍為戰爭和被俘時期的經驗所苦。[109] 對李圭來說，和解與回歸似乎一直都是沉重的、不完整的，讓人充滿挫敗感。他似乎是想說，剃頭其實只是其中較簡單的部分而已。

---

* 編註：鷹洋指墨西哥銀元，因錢幣上有著墨西哥國徽的老鷹圖案。曾在清代時流入中國。

身上所穿

在十九世紀中國，衣著是顯示族群、宗教、性別以及地位差異的重要場域。人們用穿著來建立關係或強化差別。太平天國於一八五三年建都南京後，開始系統性地用衣著來區分軍隊和政治組織中的位階。新兵和俘虜一到來就會立刻被要求換上新衣。根據清軍捕獲的太平軍成員的證詞，對很多人而言，改旗易幟就等於改衣換裝。有個人被太平軍抓到後，抓他的人發了一襲紅衣、一條紅頭巾讓他穿戴，以成為太平軍一員。他想逃跑，於是把那身紅衣丟進水田裡，並換上從廢屋裡偷來的藍衣綠鞋。[110] 在戰爭最後階段，衣著也提供人們一個判斷誰才是清軍盟友的方法。有人建議在收復一座城池時，應該殺掉那些穿著紅、黃、綠色衣服的人，還有那些戴黃頭巾、穿紅鞋的人。而與此相對的，那些在衣著上仍然遵循著地方習俗的人就不該殺，因為那意味著他們並沒有投靠敵人。[111]

無論是中國還是外國作者，他們在記錄太平天國的經歷時，幾乎都提到了太平軍的穿著。這些作者標出了前後的衣著之別，以及自己和他人間的不同。憑藉自己的審美觀，他們表達了自己對太平天國的同情或鄙夷。他們的描寫帶有自身的階級、宗教與種族成見。他們透過展現穿著的差異，記錄了太平天國社群內部的地位差異，或是透過討論某位太平天國領袖的高雅言談與服式，來讚美此人。即便是敵人，只要穿著家鄉的服飾，便也可能會在同鄉有難時伸手相助。[112]有的俘虜覺得，只要是同鄉，就可能激起對方的同情，自己便能得到額外的保護。

在天京居住的中國精英時常批評太平軍領袖的糟糕品味。諸王和他們的將領、官員穿著俗豔的顏色，而且款式不符時下的高雅品味。例如，據說他們誤穿女子的衣服，且把女人的褲子剪開套在頭上，這不僅顛覆了社會及性別規範，甚至幾乎狂歡似的摧毀了正常的行為標準。[113]

外國觀察者描述他們在太平天國轄區的經歷時，對於民族學上的細節關注絲毫不比他們的中國同行遜色。就像很多中國觀察者一樣，這些外國作家試著在服飾體系的細節中區別出政治陣營（更確切的說，是尋求文化真相）。而他們往往只看得到符合他們既有成見的東西。西方的描述，不論是對太平天國持同情還是批評態度的，常常聚焦於太平軍外貌上那些不變的特徵。他們傾向於用嚴格的種族、地位和階級觀點來看待、區分中國人的外貌特徵。從表面上看來，一個人的穿著和舉止可以顯示他是個貴族、野漢，還是個理想中的「高貴野蠻人」（Noble Savage）*。這些作者們對他們的所見所聞賦予了各式各樣的意義——或是說，同

* 編註：所謂「高貴的野蠻人」，是指西方視角下一種理想化、刻板印象化的土著形象，認為這些土著或原住民尚未被文明污染。

樣的細節會讓他們看到不同的現實。在不同人眼中，同樣一套裝扮可能代表著不同意涵，例如野蠻的高貴、基督教的美德、太平天國的優越、殘暴或瘋狂。

在很多中國精英眼中，太平天國成員的穿著彰顯了他們的不入流。將豔紅和鮮綠俗氣地搭在一起，顯示出太平天國是一群沒受過良好教育的鄉巴佬，也說明（對於反對他們的人而言）他們不適合統治者的角色。[114]就像她們在家鄉時那般，來自兩廣的太平天國婦女穿褲子和短衫，通常還會加上色彩繽紛的飾品；在那些被征服了的江蘇人看來，她們的樣子既粗野又庸俗。[115]一位南京居民評論道：

> 蠻婆搜擄各人家衣飾……身穿上色花繡衣、或大紅衫、或天青外褂，皆赤足泥腿，滿街挑抬物件。汗濕衣衫而不知惜，亦不知其醜。[116]

太平軍的穿著有種戲劇效果。根據南京精英對於自己新主子行徑的記載，太平天國的成員由於沒有更好的材料來瞭解古代的穿著與習俗，因而模仿了戲劇裡的裝扮。[117]中國精英期望統治者在衣著、食物和居所布置上都具有良好的品味，就像受過良好教育的人一般。所以，他們透過自身的階級成見和敵意來看太平天國；他們對太平軍服飾的評論反映了他們自身的偏見，也反映了他們對教育、品味、消費和權力之間關係的看法。

對中國精英來說，太平天國官員對黃色的濫用意味著對皇權的刻意僭越。[118] 一般情況下，黃色為皇帝專用；此外，黃色可以用在皇帝賞賜的物品和衣飾上，用來表達皇家對被賜之人為國奉獻的感激之意。十九世紀中葉，朝廷常常將黃馬褂賜予那些有特殊軍功的傑出臣民。[119] 這種做法應該是源於十八世紀，當時乾隆皇帝給在金川之役中立下的功勞的官員們賜了褂子。這種褂子也被稱為「得勝褂」。朝廷官員在詩作中常將黃馬褂和孔雀花翎並提——二者都象徵著浩蕩皇恩。[120] 這些禮物具有特別意義，因為它們代表了與皇帝的親近關係，而且一般情況下是禁用的。

當衣服作為禮物賜予他人時，它成了在正統階級關係下展現仁愛的方式。父母給子女提供衣服，而仁君也這樣對待他有功的官員。由於黃色的絲綢一般是皇室專用，這就意味著它獨立於一般的流通管道之外。理論上來說它不能賣，只能賜，而且只能由皇家機構來賜。在太平天國戰爭期間，作為賞賜的黃色衣服就像其他表達尊榮的方式一樣，似乎變得浮濫，因為朝廷想要用其尊顯來激發臣民的忠誠，這就造成了過度使用。黃色也為太平天國諸王與官員們所借用。太平天國精英幾乎都穿黃色絲袍，這刻意為之的做法是為了誇耀他們無視大清的權威與規範。與此同時，對李圭來說，他在太平軍中的主要保護人所穿的黃衣標示著，與他人相比，此人品味高雅、地位尊崇，而且他對於俘虜中的文人較他人更為憐憫。太平天國諸王及一眾將領、官員所穿的黃衣，自然吸引了很多人的注意，包括俘虜、外國傳教士，以及來到太平天國轄區的使節們。

外國人對太平軍穿著如何、面貌如何，以及他們如何說話的描寫，也往往和他們對太平天國的總體看法一致。對太平天國衣著的評論，能夠反映特定作者對於諸多問題的觀點，例如太平天國信奉的基督教、這場運動對於貿易的影響、太平天國是否代表了一種有別於清廷的可行政權，以及作者的祖國是應該支持太平軍、支持清朝，還是維持表面上中立不干涉的假象。這些外國人的觀察也反映了自身的種族及階級偏見。支持太平天國的人常常倨傲地將中國人視為墮落的劣等種族，他們對太平天國成員的看法相對更為正面。而那些瞧不起太平天國的人，則對他們外表和風格表示輕蔑。在某種程度上來說，外國人的主流心態隨著時間而改變。他們一開始充滿樂觀的期待，將這些穿黃衣、蓄長髮的男子視為高貴的原初基督徒（proto-Christians）——特別是在傳教士圈子中——後來卻認為他們蓬頭垢面、粗鄙不文的外表簡直就是極其混亂、不宜統治的外在證明。後一種論調，即便在稍早之時，就已在那些想要鼓動英國輿論反對太平天國、維繫英國在華的重大商業利益的商人與外交官之間，佔了上風。

查爾斯．泰勒（Charles Taylor，又譯戴樂、戴作士）的回憶錄《在華五年》（*Five Years in China*）中，有著對中國人（包括太平天國成員和其他人）髮型、服飾、習俗的大量詳細描述。不意外地，他把自己在太平天國那段日子中見到的人們穿著給仔細記錄了下來。他觀察到，太平軍的制服「形形色色，很顯然是因為符合顏色要求的絲和布數量不夠——按照要求，貼身的夾克要用黃色，而寬腿褲則要求用紅或藍色」。[121] 服飾上的形形色色反映了太平天國的成員各式各樣：「士兵衣服的顏色多種多樣，就像他們在年齡、體型、容貌與方言上的巨大差異一樣，這是因為他們是在這支愛國〔反清〕軍隊勝利橫掃各省的前進途中吸收的。」[122] 泰勒說，這些人對他也一樣充滿好奇，他們仔細打量他的帽子、雙手和衣服，「就像在動物園裡看到前所未聞的物種那樣充滿興趣。」[123] 和其他外國作者一樣，他觀察到太平天國的官員戴著黃色的絲或緞做成的帽子，帽子上用紅色點綴，這種帽子不單包覆住頭，在肩膀後面還有個短披肩。他拿他的讀者們可能更為熟悉的異國形象來比較：「埃及英雄的帽子或頭盔」，或是「萊雅德（Layard）在尼尼微（Nineveh）所發現的人首獸身像」。[124] 泰勒希望把太平天國說成比大清好：他們整潔、熱誠、自信，而且儘管他們對聖經的理解有待完善，他們畢竟傾向於基督教。他們有異國色彩，但卻也帶有熟悉的味道；更重要的是，他們有潛力。

泰勒把服飾當成一種隱喻，用它來解釋自己的所見所聞（或是成見）。他注意到一名太平軍將官的簡單穿著，並斷定此人不可能是位以「軍事謀略與能力」而聞名的軍官，因為他缺乏「一般中國軍官常有的浮誇形象」。直到那人的僕役「為他穿上軍官制服」，泰勒才終於相信他確實是位指揮官。[125] 他的制服說明了他的地位，而他穿著低調的偏好則展現他的性格。當然，這種闡釋的基礎是泰勒真心相信太平天國就是他所嚮往的事物——一個有助於在中國推展新教的本土基督教運動。泰勒對於太平天國（以及他們服飾）的熱情，在很多早期鎮江和南京的傳教士身上也出現過。確實，他們對太平天國運動的熱情也常反映在他們對其成員的外貌和服飾的描寫上。

支持者記下太平天國服飾的「貴氣」，並把太平軍的外貌與清軍及其盟友的相比較。在他們看來，穿著優雅的太平軍戰士超越了中國人的人種劣勢，代表了中國基督教民族主義大業對滿清征服者的挑戰；這種看法展現了當時英美人士的幾個關注點。以與太平天國關係良好著稱的外國探險家呤唎（Augustus Lindley）寫道：

> 太平軍和他們被奴役的同胞之間最明顯的區別之一（也是最引起外國人注意的一點），就是他們在外表和服裝上截然不同。我們知道，中國人是一個看起來較為愚笨、穿著糟糕的種族，而薙髮是破壞他們形象的主因之一。[126]

他順著這個脈絡繼續寫道：被清帝國壓迫的中國人有著漠然、乏味的面容，而太平天國的成員卻展現了聰慧、直率和伶俐，他們求知若渴，而且很有軍事才能。簡言之，他們更像歐洲人多過像他們「被奴役」的同胞（在呤唎的生花妙筆下，太平軍裡的湖南人有「安達盧西亞美人」那樣的眼睛）。[127] 太平軍的衣著甚至讓他們更具吸引力，而吟唎細細描述、解釋了他們衣著的特點。他覺得頭髮是「他們主要的裝飾」。前顱的頭髮留長不剃，辮子留著，但把它像頭巾一樣纏在頭上，並綁上紅線、末端結穗。吟唎提供了一幅插圖，圖中的太平天國成員髮型整潔，旁邊的親清份子剃了頭，但留有短髮渣，還皺著眉——兩個形象形成反差。此外，太平軍戰士被描繪得盡量讓人感到熟悉，認真且充滿智慧。雖然兩個頭顱畫得幾乎一模一樣，但因為留著鬍子，太平天國成員的臉顯得較柔和，眉毛也沒那麼劍拔弩張。在吟唎看來，普通太平軍士兵就已經衣冠楚楚、相貌堂堂了，而他把特殊的讚美留給了太平天國諸王的衣著，說他們的正式服裝很「華麗」，而且說，「世上完全不可能有比這些貴族身上鑲金嵌玉的頭冠、繡袍，以及華麗鞋靴更精美、更襯人的衣服了。」[128]

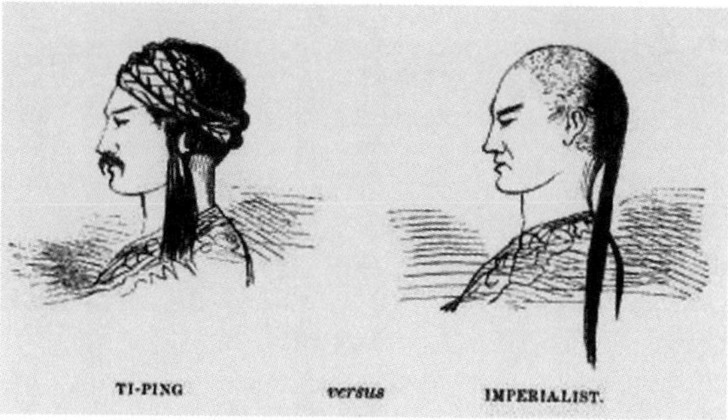

圖 3.2 太平天國及滿清髮型對比

資料來源：吟唎（Agustus Lindley），《太平天國：太平革命史，包括有關作者個人歷險的敘述》（*Ti-Ping Tien-Kwoh: The History of the Ti-Ping Revolution, Including a Narrative of the Author's Personal Adventures* (London: Day & Son, 1866, p. 80.）。

在一些不是那麼熱情洋溢的紀錄中，一模一樣的元素就被寫得很不討喜。[129] 一份一八五四年英國外交文書的附件，便把南京這些有著「豔麗色彩」的俗氣衣著批評為「外表光怪陸離」，而不是像口氣更熱情的泰勒那樣，認為這堂而皇之地展現了有序的多樣性——雖然他們所描述的是全然相同的穿著。這些服裝和頭飾讓太平軍顯得愚蠢而非英勇，臉上和前顱毛髮太長，這也讓他們看起來凶惡、邋遢。[130] 長期在印度活動的英國文職人員鮑文（Lewin Bowring）於一八五四年到訪天京，他認為太平軍極端傲慢、聲名狼藉、不修邊幅，而且穿著糟糕。[131] 他的記述有意挑戰了泰勒之流觀點的前提假設——「那種在很多人之中流行著的論調，即，一種純粹的基督教在中國出現了。」[132]

太平軍在一八六〇及一八六一年征服了蘇、杭，這顯然影響了天京的穿著。外國訪客們注意到了這點，因為他們很想知道，在太平天國治下地區，絲綢等商品的交易狀況如何，同時也十分關注英法聯軍佔領北京、洗劫圓明園後清廷的疲弱。色彩繽紛的絲緞在天京出現，標誌著太平天國的崛起，以及清廷的無能和腐敗。有人寫下了他的觀察：

> 當我們已經習於看到剃乾淨的頭之後，首當其衝讓我們每個人印象深刻的，當然就是那麼多長了頭髮的腦袋。再來就是男男女女都穿著俗豔的衣服，這和那些穩定地區百姓的深藍和灰色衣著形成了強烈對比。那些絲緞的顏色和紋理，暴露了他們對蘇杭的武力

劫掠，說明了為什麼大運河上不再行駛滿載的貨船、為什麼中國需要從暹羅進口稻米。那些絲緞散發著一個政權逐漸腐朽的氣味。[133]

一八六二年的一份報告明顯挑戰了英格蘭國內支持太平政權的勢力。在這份報告中，中國通巴夏禮提到，天京城中不只女人眾多，而且她們的外表「秀麗」，還漂漂亮亮地穿著上好絲綢。他將這歸因於「蘇州和其他的大城市最近遭到的洗劫」以及「男人們因為跟著軍隊征戰而不在城中」。[134]他寫道，在天京中所見的衣服又好又多，是洗劫長江三角洲的直接結果。他對服裝的描述是英國政策辯論中列舉的太平天國缺點中的一項。類似的，吳士禮（G. J. Wolseley）中校也在天京待了一週，並做出了結論：儘管城中「可吃的東西」十分稀少，但「各式衣服的數量相當豐富，這其中有很大一部分是在奪得蘇州後獲得的，而蘇州正是中國這類商品的大型集散地」。[135]吳士禮也提到，所有太平天國朝廷的高官都穿著皇家的黃絲袍，上面「繡有精巧的龍、花卉，以及其他奇特的紋飾」。在吳士禮看來，這些服裝採用了清宮的款式，但頭飾沒有——它附著黃色的短兜帽，頂上有「可笑的鍍金紙板冠冕，裁切成奇怪的式樣，有時候還飾有粗製濫造的假花，有時則是小老虎」。[136]吟唎眼中激動人心的那些東西，在吳士禮看來，卻很荒謬。

在一份對太平天國懷有敵意又極為生動的領事報告中，駐寧波的英國領事夏福禮

（Frederick E. B. Harvey）* 強調了太平天國運動的狂熱荒誕，並提出著裝是讓征服區人民覺得他們又古怪又可怕的重要因素。他聲稱太平天國讓地方百姓感到恐懼，一方面是因為他們人多勢眾，另一方面則是因為：

他們身上俗麗的小丑服。無論有多讓人難以置信，這種衣服對這國家各階層人民的心靈有著古怪的影響。對我們來說，太平天國的滑稽服裝和其他荒謬的玩意只會讓人一笑；但我堅信，這服裝本身對這個國家無知和帶有幾分原始的居民，卻有著極為負面的影響。……他們蓬亂黑長的頭髮令他們的外表更顯粗野，而當這種奇怪的外表配上兇狠和粗野時，那些溫馴的中國人——他們的天性就像我們知道的那樣——選擇逃跑或屈服實在沒什麼好奇怪的。137

在他充斥著戲劇性的隱喻、種族主義言論和勢利眼的描述裡，夏福禮將這場叛亂稱為「十年狂歡」、稱為一場「錯覺」：

我在歷史上最黑暗的時期尋找和他們類似的團體和叛亂，但沒有找到：過去的紀錄中沒有出現過如此黑暗、糟糕之事——邪惡打著宗教的旗號，小丑假扮著英雄，荒謬伴隨

著恐怖，而在血海與巨大的悲劇間，結著脆弱的蛛網。 138

夏福禮因此總結道，太平天國是對基督教的褻瀆和冒犯；他們把中國搞得一團糟。總地來說，他們的所作所為不過製造了一堆胡言亂語和庸俗服裝，同時也帶來了致命的後果。當然，也有人抱持著不同的觀點。

符號

有什麼東西比文字更為確定，又有什麼東西比人的身體更為確實的呢？在戰爭中，那些以往確定的東西都成了幻影。人不再是表面上看起來的那種人（或那個人）。身體細節似乎可以提供線索，來界定政治陣營和籍貫，所以人們在這些細節中尋找確定感。但是，有合適的外表不代表獲得了安全，不代表能免於暴行——無論在哪個政權底下，都是如此。

從事後來看，身分似乎是固定的。我們大概會覺得，在這場戰爭中有兩方勢力：太平天

* 編註：原文誤植為 Frederick W. Harvey。

國和清廷。但在具體事件中，就像我們看到的，人們的利益和立場並不是黑白分明的。誰是太平天國的人？他們是前顱蓄髮的男子、放了足的女子（娘子軍）嗎？真的是他們嗎？如果我們的史料可信的話，這些人不一定是。我們應該把那些與太平天國結盟的盜匪和解甲的兵士當作太平天國的人嗎？或是我們該像呤唎以及後來的簡又文那樣捍衛太平軍們的名聲，用「太平天國」來稱呼這群廣西來的高尚革命家嗎？如果這樣，那我們又應該怎樣看待那些被迫屈從的俘虜呢？余治認為應該寬恕他們，因為他們對太平軍的忠誠心很薄弱；而曾國藩和他的弟弟則屠戮了這些人——因為他們認為整體戰況十分緊急，這些無辜的人必須為他們不幸被迫選擇的立場犧牲。

另一方的情況則更為複雜。我們稱之為「清」的那一方，是一堆彼此利益競爭的團體出於共同敵人而形成的集合。他們都剃了頭，並聲稱對北京效忠。但清方陣營內部關係緊張，戰場上很多同盟是偶然結成的——而且很多在事後被現代編者歸為清朝一方的著作者們，其實對清廷並沒有感情。這些人聲稱自己效忠於清，但就像他們在回憶錄和日記中生動地告訴我們的，他們對清持嚴厲的批評態度，而且對清的希望顯然已經破滅。

檔案材料中充斥著謊言和半真半假的話，而這些不實之詞通常是為官員和將領之間的瑣碎紛爭服務的。[139]外國的友人和敵人則是為了各自更為遙遠的謀算而述說著故事——諸如發展基督教，在國會中取勝，從事茶、絲、鴉片及英國產品的貿易等等。長久以來，過去被簡化成一場有關絕對身分、絕對立場的道德遊戲，我們對過去的理解忽略了效忠的模糊性和偶然性。於是，活生生的模糊性立即被轉化成了絕對、明確的道德立場。在當時主流的說法下，戰爭成了叛亂，盡忠而死之人成了烈士。但與此同時，江南還有數百萬計的屍首和成堆的無主白骨等著掩埋。

Chapter IV

骨與肉

本章的焦點是屍體：在內戰期間及戰後的恐怖情形下，人們如何理解屍體的意義、如何處置屍體。[1]與一八二〇年代及一八三〇年代的瘟疫和洪災相比，太平天國期間，不論是疾病、饑饉、自殺還是暴力造成的傷亡，都以其規模之大、牽涉地域之廣，迫使人們直接面對國家政體、社會和宇宙諸方面的難題。近來湧現的對南北戰爭後的美國、戰後的越南、十七世紀的韓國、種族滅絕事件後的盧安達，以及前南斯拉夫等不同地方的研究都指出，死者的屍體在政治危機發生之後，是如何成為充滿政治意涵與情感意義的象徵。[2]在戰時的江南，死者屍體的處理，有著物質上與政治深層面上的意涵。具體來說，屍體要安置在哪裡？又是誰來把屍體放在那裡的？這些屍體引發了怎樣的意義闡述？這些屍體應該怎樣被形容？同時，這些為數眾多的死者又留下了怎樣的無聲空白——什麼東西被壓抑、被抹去了？什麼東西被認為是不可言說的？在某些情況下（包括戰時），死者需要得到國家旌卹，也需要在家族祭祀與紀念儀式中佔有一席之地；在這樣的世界裡，這些死者究竟歸屬於誰？

和其他地方一樣，中國的喪葬習俗有區域差異，並隨時代而變遷。明清時期的普遍共識是，死者需要得到妥善的處置。[3]其中牽涉到的葬禮、葬儀被認為是建立人際關係的重要場域，而這些人際關係對於社會的良好運行至關重要。因此，這些葬禮、葬儀也是重要的道德教育課題。[4]人們期望至少能給死者提供一個適合的棺材，棺材需要下葬，而死者的家屬應該給死者獻上食物、衣服和其他供品，並把它們燒給九泉之下的死者。[5]受過教育的精英或許還會將凡間發生的事寫成祝文，燒給他們死去的父母，好讓他們知曉。清明節時應該掃墓，中元節（盂蘭盆節）時也該這樣做。儘管受到官方的批評，但在某些地區，人們會停棺不葬，直到找到適當的墓地；有些地區則盛行著等到屍體腐爛後將骨頭撿出、二次埋葬的做法。佛教徒和一些無法負擔土葬費用的人，則會將屍體火化，而這種做法同樣受到官方與士人的譴責。[6]

人們普遍認為，妥善處置屍體對於家族、皇朝和地方社群都有著利害關係。實際上，無名屍的處理一直是國家、家族與地方的利益交疊之處，至少理論上如此。得不到安葬的死者會變成餓鬼，成為人類社群的潛在威脅。[7]於是，埋葬屍體成為道德秩序的重要象徵，並代表著理想世界和理想人際關係，而當時的作家為了表達他們關於世界應該或不應該是什麼樣子的看法，常常利用戰時人們的逾越行徑與敵軍暴行的諸多實例，來與戰時及戰後安葬死者的做法做對比。但撇開這種有力的象徵不談，戰爭期間以及戰爭剛剛結束之時就有很多人死去，他們之中很多人沒有得到安葬。這些由骨骸、屍體和死亡構成的真實存在，宛如夢魘般飄浮於戰爭倖存者與目擊者的作品中，即便生者是為了死者具有的隱喻力量，才將他們召喚出來的。在一首描述揚州慘狀的詩中，日記作者金長福在對句中用到許多常見的意象，來呈現饑饉與死亡如何籠罩了揚州昔日的名勝：

戰骨沉薶下馬陵，招提湧現白雲層。無情鐵佛應垂淚，春雨宵寒鬼拜鐙。
迴野交馳薄笨車，蜀岡草長日西斜，清明寒食都過了，麥飯墳郎有幾家。[8]

在另一個語境中，金長福回憶道：「兵火後積屍數萬。有言鬼能為厲者，詩以解之。」[9]

就像本書前幾章展現的那樣，江南地區蔓延的戰事折磨著生者。戰爭、佔領，以及長時間的僵持破壞了日常生活，切斷了維繫人類社群的紐帶。這些情況使人們無法妥善處理屍體。人們因為暴力、疾病、饑饉和戰爭而像野獸般死去，並成為野獸的腹中餐；野狗、野豬以充斥道路和溝渠的屍體為食，此情此景觸犯了不能出現屍橫遍野景象的禁忌。[10]吃人的行為顯然困擾著某些社群，在泉州、安溪、杭州及其他一些地方的市場上爆出了販賣人肉的消息。[11]這類交易既是活生生的事實，同時也隱喻著社會的崩解。這些秤斤論兩販賣的屍體，成了市場交易的貨品，失去了生前的身分，也失去了人的影子。人們流傳著種種故事，講述屍體如何還保有生前特徵，或是遺失的棺木和屍體如何被親人重新找到；這些故事成了強而有力的道德對策，也代表著人際關係超越死亡的勝利。形成反差的是，那些在戰後撒滿鄉野的骨骸沒有任何標記，身分無法辨認，因此只能以朝廷的名義收集起來，並經由祭祀儀式重新整合進地方社群中去。這些骨骸成了另一種交易中的物品。它們被重新包裝成忠義殉死者，而埋葬這些骨骸也成了恢復、重整崩解社群的先決條件。

在受過教育的中國精英眼中，這場戰爭深深挑戰了原有的道德秩序。不只是因為太平天國反孔的宗教傾向，同時也因為對許多人而言，這場災難的影響範圍與暴力程度深深地損壞了社會政治秩序和宇宙觀。這些死屍提供了確實的證據，證明了政府的無能，證明政府對自己仁政承諾的食言。在對災難的標準敘述中，死者象徵著災難，同時也給生者帶來有形的威脅與難題。人們相信死屍與傳染病之間有著某種關聯，也認為死屍是一種麻煩的東西，在正常情況下應該從大眾的視野中清除。[12]

屍體與棺木暴露眼前被視為是違背常理的，而且會引起根本上的動盪。[13] 屍首如果暴露在外，就宛如威脅到內外整體性——這種內外整體性可以在不同的語境下以各種形式出現，被認為對家庭與國家的穩定至關重要。[14] 那些在傳言中被饑民吃掉，或是被已死或受傷的親人拋棄的屍體，都清楚揭示出道德在受戰爭摧殘的社群中已然崩壞。據說，雙方軍隊都曾褻瀆棺木，而這種行為恰恰標示出他們對道德常規的絕對偏離；而那些自詡為慈善家的人，則會為了防止棺木被拿去建造防禦工事而將棺木妥善掩埋，這凸顯了他們作為地方道德規範主要維護者的重要角色。[15] 失蹤屍體被重新找到並得到掩埋，說明了被尋獲的死者及其家人義舉動天。建造墓塚來埋葬、紀念無人認領的屍體，是對道德及政治價值的認可，同時也是情感撫慰——當時，許多人認為這些暴行無法言說，是宛如末日的行為。

本章透過以下幾種彼此相關聯的類別，來探究圍繞戰爭死難者出現的意義：吃人行為，被妥善保存、遺失與重新尋獲的屍首，以及讓死者入土為安、讓生者對重建道德與政治秩序懷抱希望的義塚。

以屍為食

當時人們都知道，戰爭中出現了人吃人的行為，是戰爭對江南地區所造成傷害的一部分。當饑饉發生，而屍體又隨處可見時，總會出現吃人肉的傳聞，甚至是吞食親人屍體這種極度犯忌的行為，或是刻意將人肉當成一般的肉品在市場販賣。[16] 許多作者都告訴我們，屍首對絕望之人來說意味著食物，而作為食物的屍體則成了一種駭人的流通商品；其中一位作家還提供了人肉和新鮮人肉兩種商品的價格資訊。[17] 這些作家的論述很少是不帶立場的。不論是十九世紀中國還是今時今地，因飢餓而吃人的行為都讓人們產生強烈的反感。在我所看到的大多數史料中，以人肉為食物（而非藥物）吃掉，都被視為社會崩解的標誌，而不像某些武俠小說或某些地方文化那樣，把吃人肉當作強身健體或完勝敵人的一種方法。[18] 回憶錄中有一些引人注目的紀錄，描述在太平天國戰爭期間發生的象徵性吃人行為（例如吃掉敵人的肝、心或生殖器），但我在此主要討論的是因飢餓而發生的吃人行為。[19]下面舉的一些例子反映了蘇堂棣（Donald Sutton）描述過的一種現象：明清時期對吃人行為的深惡痛絕，是以社會或道德考量為基本出發點，而這種憎恨深深紮根於主宰人際關係的禮制及尊卑階級。[20]

顯然，明清時期對吃人行為的討論，受到了通俗文學和勸善書籍中文學慣用手法和修辭的影響。[21]不論是燉一鍋浮滿手指的湯（手的形狀讓鍋中的人肉露出馬腳），或是滿溢怪異香味的餃子或糕點，或在市場上以銅錢報價：在這些描述中，把人肉作為食物販賣被視為是和割股相反的行為——後者指的是孝子孝女割下自己的肉給長輩作藥。[22]在市場上把無名屍當做肉品販賣，抹煞了家庭倫理關係，而割股則重新確立了這種關係。[23]描寫人肉交易的作者通常會以道德角度來評斷參與這種駭人交易的人，以及迫使飢餓的人參與此交易的環境。他們不僅告訴我們，死屍在江南實際上會受到怎樣的處置，還利用吃人行為說明當時的時代有多邪惡，百姓有多絕望。[24]將人肉當做食物，象徵著社會的徹底崩壞。在一個人吃人的世界裡，人——吃人的和被吃的——在根本上已不再是人。[25]

為了支援江南災民，余治製作了《江南鐵淚圖》圖冊，以此激發募捐行動。此圖冊中有一幅圖名為〈羅雀掘鼠人肉爭售〉（圖4.1），其標題凸顯了飢餓如何強迫人們吃一些平時不常吃的東西，並暗示了通往人吃人的絕望之路的第一步是什麼：從抓鼠、蟲來吃，到掘草、

圖 4.1：羅雀掘鼠人肉爭售

資料來源：寄雲山人（余治），《江南鐵淚圖》，（蘇州：元妙觀瑪腦經房，無刊刻年），頁 30b － 31a。

剝樹皮果腹，到最後吃人肉。[26]這幅圖中有一家店面，店裡有一口大燉鍋，鍋旁有一名男子揭開鍋蓋、伸出筷子，其姿勢表明他即將要吃鍋中可怕的東西。在店外，有一個男人手拿刀子充當屠夫正在肢解屍體，另一人則秤著路上被分解的屍塊。他們準備將這些屍塊當成肉，賣給旁邊一位看起來很有錢、帶著小孩的顧客。這張圖片的設計顯然是要讓人們在視覺上得到最大的震撼，它和白話短篇小說中人肉販子的繡像有其共同點。[27]

在這幅圖旁邊有一段禱文，其詞曰：

底事雲愁月慘，民間又動兵戈，殺人養命痛如何，狼藉刀砧慘睹。漫說狐悲兔死，都成變相閻羅，餓夫血肉本無多，能夠幾人腹果。

余治接著描述了看似頗為具體的吃人肉、或將人肉作為食物售賣的例子及其發生的地點。他告訴我們，一八六二年，他聽聞宜興、溧陽發生了人吃人的事情。因為聽起來太過駭人，太不像是「民風柔弱」的江南人會做出的事，所以他當時還不敢完全相信。一八六三年，他又聽聞常州府的陽湖及無錫兩地，出現了專門出售人肉的市場。余治認為，這種應嚴厲斥責的狀況是如此極端，以致於應該能夠激勵善心人士慷慨救助難民。[28]顯然，吃人的行為在這裡成了行動的動力，而這個例子中的具體行動是《江南鐵淚圖》的作者余治倡導、組織的慈善活動。被肢解、被售賣、被吃的死屍，在這裡一方面提醒人們戰時社會可能陷入的可怕境地，一方面也直接揭示出，為了讓個人和集體都能在戰後得以恢復或獲得拯救，有必要採取道德行動並行善。當時人們普遍信仰因果報應，慈善因此成了一種抵消戰時集體劣行（包括吃人）的機制，此外，救濟者還能在面對未來不可避免的災難時得到某種保障。

回憶錄或其他比較沒有明顯說教意味的資料，似乎將江南地區的吃人行為當作是這個曾經富庶之地的戰爭經驗的一部分。有一些對吃人行為的敘述，似乎特別傾向於強調原籍的差異性，以將這種應受譴責的行為轉嫁到其他地區的人身上——實際上，某些資料特別暗示吃人是宜興人的特殊癖好。根據施建烈的說法，吃人求生的做法源於宜興縣，後來擴散至鄰近縣去，例如無錫縣。當清軍攻打宜興時，開始有宜興人在逃難途中吃人。一開始，他們吃倒臥路上的屍體，後來則開始吃病人和老人，甚至是那些還未死的人。施建烈說，當這些宜興人抵達無錫時，還是比較喜歡吃自己的同鄉。[29]之後無錫人也開始吃宜興人。最終，惡棍們將人肉切成薄片或剁成塊，並拿到市場上當作食物販售，聲稱是牛羊肉。浙江長興縣某人的作品中提到類似情況。他的一位年輕親戚剛在鄰近的宜興從抓捕他的太平軍手裡逃脫。這位親戚口口聲聲說宜興人在互食，還報告說，人肉在宜興以五十文一斤的價錢出售，致使當地生病或瀕死的人因為害怕人肉販子會找上他們而不敢呼救。[30]

這些敘述一方面反映了地域偏見，一方面也反映了吃人的傳聞如何甚囂塵上。關於賣肉的店舖及價錢的相關敘述，似乎削弱了這一時期給人的那種極度混亂的印象，這是因為市場交易需要一定的秩序與信任，即便這些交易是建立在欺騙與恐怖基礎之上的。[31]

報導吃人行為可以滿足物質利益需求，或是反映戰時日常生活的夢魘——或者兩者兼之。在兩江總督曾國藩的某道奏摺中，描述了地方社會絕望的狀態而提及吃人行為，以敦促朝廷採取行動：在這個例子中，他的具體目的是減輕戰後地方的稅賦。[32]當他在日記裡提及安徽南部人肉售價正在抬升時，他其實是在記錄當地百姓越來越深的絕望。[33]張光烈把杭州的吃人行為形容為該城往飢餓與痛苦深淵墮落過程的一部分（張光烈的《辛酉記》將是第六章聚焦的重點）。人肉是最不適合人吃的東西，但它的價格卻正在上漲，而曾經繁華的城市則慢慢陷入饑饉中。[34]張光烈寫道：

> 浙民習於浮靡，高屋崱屴，類無甔石儲。城初閉，米值驟湧，漸苦乏食。太恭人盡鬻釵珥以給饔飧……，久之越困，樹皮草根，居民爭取以充饑，猶有苦其難得者，餓夫行道上，每仆而死，氣未絕而兩股肉已為人割去矣。[35]

張光烈所描述的事情惡化過程提醒我們，在江南，食物是一種市場商品，因為這一地區已經有很長的一段時間必須依靠其他地方進口糧食。杭州人如果對市場運作充滿信心，並且認為食物買得到，就會繼續過著頹廢的生活。但當鄰近的紹興和寧波分別在十月和十一月被攻陷後，杭州的食物供給就變得非常有限，而從上海運糧的努力也失敗了。當杭州城湧入近十萬軍隊以及大量的紹興難民後，食物供給問題更加惡化。一些資料顯示，在圍城時期，杭州城內的人口已從承平時期的六十萬人膨脹到兩百三十萬人。[36]當戰爭阻斷了交通及商業網絡後，人們只好吃任何能到手的食物，而在絕望的時候，還會吃人肉。然而，張光烈向他的讀者保證，他的家人沒有吃過或賣過這種不祥的肉品，儘管他們的狀況變得越來越糟，而且人肉販子已經上門向他們兜攬生意了。[37]

柯悟遲是蘇南的一位地主兼小商人。他所寫的編年體回憶錄簡略提到幾個吃人的例子，每個例子的可信程度不一。柯寫道，常州附近某個地方流失了大量人口，已經杳無人煙。[38]這一帶墓地周圍的樹林被伐，從老樹、大樹開始，逐一被人砍走。盜匪到此洗劫棺材，最開始是洗劫值錢的東西，[39]而新近則有人開始將棺材裡的屍體拿去當肉品販賣，最後，沒人敢在這裡埋葬死者。[40]在十九世紀中國，洗劫棺材的駭人程度幾近於吃人肉（至少在理論上如此）；同時犯這兩個禁忌肯定令人感到極度不安。引述這些吃人的案例，讓人看到一個悲慘世界——在這個世界中，葬儀之類正常生老病死的儀式無法進行，而對死者遺體及其財物的非正常使用，卻變得稀鬆平常。處處是駭人聽聞的事；參與吃人行徑的人成了（被非人化的）客觀存在的恐怖力量，威脅著瀕死的社群。這是一個不講德行、不分敵我的世界。根據柯悟遲的說法，每一個人最終都會喪失人性。

在這一時期的回憶錄文學中，謠言既提供了資料，也是這些作品討論的對象。作者們記錄（有時似乎是逐字記錄）給他們的社群帶來戰爭相關消息的謠傳，以及道聽塗說之言帶來的道德兩難困境。這些作者也會描述人們在聽說危險將至時的恐慌。在這些情形下，吃人的傳言引發了焦慮或憎惡：

> 有人云父女二人垂斃，父曰：「吾欲割汝股以啖。」女曰：「待吾氣絕時任憑可也。」父又曰：「汝不絕，吾要先絕矣。」竟生剜之。41

在這則傳言中，父親殺死並吃下自己的「血肉」（在英文中是這樣稱呼自己孩子的）；透過重複這則傳言，柯悟遲為我們提供了一則值得思考的匿名軼事。一方面，這對父女的故事象徵著人倫（即道德正確的人際關係）徹底崩解。沒有人倫，就沒有人類社群、沒有家庭、沒有國家，而父母就可能可以吃掉自己的孩子。但另一方面，在這個案例中，儘管不情願，這位女兒畢竟還是讓父親活了下來（而不是犧牲父親、讓自己活下來）。因此，這個案例也算是略微地呼應了那些割股療親的故事。即使如此，這段對話的用意不在於記錄得到確認的真實吃人案例，而是揭露道德及社會的崩壞。然而，其他資料中（常常出現的）對將人肉當做食物販售的冷靜敘述也說明了，吃人不只是一種文學比喻或是道德墮落的標誌（儘管有時二者皆是），也反映了真實的絕望景況。

面目如生

和那些橫陳街頭或被宰割成肉品的無名屍形成強烈反差的是，有一些屍體被打上美德的標誌，或是說，他們承載的美德讓其得以回歸他們所屬的社群和家庭。在一個全面抹去性別、地位、政治陣營、民族差異的環境中，在一個屍首常常被草草集體掩埋的情形下，有關個人的遺體如何妥善回歸他們所屬之處的故事，以其正直道德的力量及意義，有力對抗著戰爭對社會差異的抹滅。

戰後的文學作品與地方志充滿了有關死屍的敘述，尤其是女性的屍體——這屍體有些沒有腐爛，有些尚未變僵，有些面目如生。有三種傳統將完美的節操與完整保存的屍體相聯繫：第一，古代屍體防腐術；第二，佛教對有德高僧死後屍體處理的記載；第三，明清白話小說。[42]

普通人（特別是女性）的屍體保持完好不腐爛的說法，似乎是清政府對普通人出眾道德行為極度重視下的產物。[43] 屍體之所以能保持完好，是因為這些人生前的道德超越常人——例如因抵抗太平軍而被殺或自殺，因此這些人的生平也特別值得效仿。同樣的，我們在不同體裁的作品中讀到，遺失的棺木與屍體在戰後奇蹟似地被親人尋獲並得到妥善的埋葬。[44] 這些家庭之所以能與死去的親人再一次重聚，是因為死者或這些家庭本身有著超乎尋常的美德並且值得仿效。這些失而復得或不可思議地保存完好的屍體，是一種機制，透過這種機制，傑出人士不論是活著還是死去，都可以被人們辨識出來，受到推崇與公開祭祀。那些讓屍體得以重返或完好保存的道德價值，也正是讓死者家庭有資格作為道德轉化或教化典範而獲得國家旌表的價值。實際上，屍體失而復得或完好保存，可以成為獲得官方旌表或祠祀的資格憑證。不朽的屍骨象徵著正統，象徵著國家認可的貞、孝、忠三種美德，而這些美德支撐著人類社會，成了主體性（以及臣民資格）的最重要形式，在十八世紀之後尤其如此。透過肯定「人倫」的超凡力量，肯定某些階級分明的人際關係（尤其是家庭人際關係），保存完好或失而復得的屍體成為一個護身符，可用來抵抗戰爭中泯滅人性的混亂與破壞。而這些保存完好的屍體也與叛軍屍體形成強烈反差——後者遭到刻意褻瀆或被砍頭，以表示將其永遠摒除在人類社會之外。[45]

揚州府人金長福在他一八六三年的日記中，描述了他的一位女性親屬之死，並作了一首詩紀念她的美德。一八五九年太平軍佔領她家鄉後，她誓言自殺，但她丈夫強迫她逃到西山避難。路途中，他們突然遭遇一支太平軍，這些人俘虜了逃難者中的所有婦女。這位女子在與丈夫分離的情況下，與另外一位婦人逃走，躲到路邊的一間祠廟裡，而後兩人在那裡雙雙上吊。第二天她們的屍身被發現時，兩人「貌如生」。後來，她們被葬在各自的祖墳中，象徵性地回到了自己在父系中的適當位置。在敘述完此一事件後，金長福以一首詩重述了這一連串事件，但加重了情感強度與戲劇性。詩的第二段聚焦於這位女性恐懼的喘息聲、她成為太平軍俘虜的慘況，以及她如何「千衣泣別聲嗚嗚」。這首詩也告訴讀者，她的屍體是如何在廟裡被找到的，而宛然如生的屍身則證明了她純潔的節操。金長福將她的血比做文字：流血使她獲得了金石銘刻的資格。金長福用最傳統的純潔象徵，將她比擬為一塊在讚揚文字中閃閃發光的無瑕之玉。最終，不僅她的屍身回歸了家族，她的美德也保佑了丈夫與兒子在未來的科舉考試中獲得成功；她的貞節與忠心最終得到了社會的最高獎勵。[46] 在這個作品的敘事常規和陳腐意象中，交織著讓人心驚氣喘的緊張。

金長福的〈洪母殉節事略敘〉一文，則記載了另一位女性的屍體如何奇蹟般地得以完好保存。這則作品也使用了深具戲劇性的語言。故事的主人公洪先生是一位作家，也是金家的朋友。危機發生後，洪先生因為突然想起孝順母親的義務，而回到浙江老家母親身邊。故事發生的那天是觀世音菩薩的生日，但菩薩並沒能阻止戰爭。戰鼓之聲夾雜著恐懼的哭喊，屍體越來越多，而城鎮被攻破後也陷於大火。洪先生被擄獲帶走，等他回到家時，發現母親已經自盡。洪母的屍體看起來就像是還活著一般，眼睛和臉上的光彩都沒有黯淡。金長福提醒讀者，壯烈殉死可以確保在丹青史冊中永生，或獲得身體的永生。在這篇短文的最後，金長福表達了他的期望：他希望這篇文章對家譜撰寫者或史官有所幫助——簡言之，就是對那些有責任整理記錄並紀念德行的人有所助益，也就是對家族與國家有所助益。[47] 像金長福的那位女性親屬一樣，洪母顯然是一種理想典型；她的形象並不特別，而與中國文學及歷史書寫中數不清的列女傳主人公形象很相似。

如果婦女的屍身超越了死亡或是被家人找到，人們會認為這些婦女是因為生前守節而得到如此回報的；而如果父母的屍骨被孝子找到，或是忠臣的屍骨被繼任者找到，也被視為是因為類似的美德（孝與忠）而得到相應的報償。一個例子就是《杭州府志》所載的仁和縣孝子沈頌元的故事。沈頌元摯愛的父親是一位舉人，曾在廣西任過縣令，後來死於任上後，屍體因為戰爭而失蹤了。沈頌元因母親生病而暫時不能到廣西尋找父親的屍骨，備感沮喪。直至母親去世後，他才終於得以成行。當時廣西仍為太平軍佔領。抵達廣西桂林後，他在太平軍的一次襲擊中受了重傷。臨死之際，他哭喊道：「所來為求父骨也，即死奈何！」他的轎夫深受感動，決定替他完成這個願望，並求助於一位深具同情心的浙江人。這位僱來的幫手奇蹟般地在城外找到了沈父的墳墓，而那位有同情心的浙江同鄉則幫忙安排，把沈父的棺材運回了浙江。[48]

張光烈提供了一個類似的故事，這個故事來自他家中一位婦女的屍體失而復得的過程。他一位叔父的妻子貞節而美麗。當杭州城於一八六一年被攻破時，她用自己衣服上的腰帶上吊自盡。太平軍抵達時，她已斷氣多時。一位男性親屬將她的遺體放進皮篋，藏在屋子的牆後。等到清軍收復該城後，這位親屬回來，在原處找到了這個篋子。鄰里都說，正是由於她的貞烈，她的遺體才保存得完好無缺而沒有遺失。

張光烈還記錄了他堂姊的故事。他堂姐名為滿姊，年十四，容貌平平但德行出眾，天性純篤。一八六一年城陷之時，她大部分家人業已逃走，但滿姊毅然自縊。她父親發現她時淚流如河。他將她的屍體放進皮篋，然後將其放到屋子的牆後，與裝著她叔母的皮篋擺在一起。太平軍撤退後，家人們返回家鄉，在屋子的牆後找到了她的遺體。她被葬在龍井山，並附祀於浙江忠義祠。[49]

由此我們再次看到，人們總是把屍體的失而復得與年輕女性生前的義行相聯繫。寧為玉碎不為瓦全的做法，與官方認可的行為標準是一致的，這樣的做法於是成了這些婦女取得政治及家庭主體地位的絕對保障。她們的美德保護她們的屍體不被褻瀆，並且讓她們能夠回歸祖墳，並在忠義祠中獲得應有位置。

把背井離鄉的死者送回原鄉安葬本就不容易，而戰爭又進一步增加了難度，並催生了許多義婦、孝子如何將丈夫、父母的棺木送回家鄉的故事。一八五〇年代末期，在江西擔任知縣的四川華陽人曾詠（一八一二－一八六二）的故事就是一例。在他所轄的縣落入太平軍之手後，曾詠成了曾國藩在安徽南部的軍師。在奪取被太平軍佔據的九個縣的戰役期間，曾詠積勞成疾，死在安徽。一八六二年，他那勇敢、有才華的妻子左錫嘉前往安徽領回丈夫遺體，先將其送到江西，然後和她的幾個孩子一起用船將棺木運回華陽。左錫嘉將丈夫的棺木運送回川之舉是妻德的理想體現，在這一過程中，她還對素未謀面的公婆履行了孝道。[50] 左錫嘉曾作畫紀念這段經歷，而畫中的時人題詠說明了，他們認為左錫嘉能成功地穿過戰區完成如此危險的旅程，是個奇蹟。她挺過了惡劣氣候、盜匪襲擊以及其他災害而保住了丈夫的棺木，這在她的親友相識眼中，充分證明了她和丈夫二人的美德感動了上天。[51]

其他奇蹟般尋回屍體的故事，凸顯了在戰爭中犧牲性命維護所謂王朝道義的官員們的忠孝德行。清代學者方玉潤描述過一位有德官員的事蹟。清軍收復湖北武昌後，這位官員的屍體被找到。當時附近所有的屍體都已腐壞或屍骨四散，但這位有德官員卻還保有生前的容顏與外表。方玉潤告訴我們，這證明了忠貞與剛正不阿的德行具有足以保存一切的力量。[52] 在另一則故事中，就連叛軍都辨認得出故事主人翁的高尚本質。姚作楷，臨安人，侍母甚孝。太平軍到來時，他揹著母親逃跑。母親生了病，希望可以吃點肉，於是姚作楷就到一個村子去買，但在路上卻被太平軍抓回軍營。他向抓他的人解釋，自己只是想買肉給他母親吃，太平軍頗為理解，於是放了他。姚作楷最後為母親買到了肉，但她病得太重，最後還是死了。

因為戰爭，姚作楷無法好好埋葬母親，所以他在絲帛上用血寫下紀念他母親的字句。[53]

林姓典史乃杭州城仁和縣衙的一個低級官員。他在死後被視為為清捐軀的烈士。在有關林典史之死的記載裡，他屍體的保存狀況成了焦點，這是因為這種保存狀況被看作反映了他剛正不阿的節操。由於他是位孝子、循吏，所以他死後的屍身能保持完好。而他那些自縊取義的女眷，也以她們的完美無暇證明並呼應了這名典史的忠義，而且還提升了他忠義之人的地位。

林典史事蹟的主軸如下：杭州城在一八六〇年被攻陷，林典史知道死期將至，所以懇請父親帶著他的孩子逃走，因為這樣才能延續宗祀。但由於林父拒絕離開，林典史只好求他躲在監獄的牆壁後面。回到衙門後，林發現母親、妻子、兩個姐姐和最大的女兒都已自縊身亡——這慘絕人寰，但符合道義。林典史跌倒在地，悲痛至極。後來他收拾起尊嚴，走到辦公處。在那裡他把代表著他的職務的印章排列整齊，喝了酒，在牆上用大字寫下表達忠誠的文字。[54]太平軍到達時，他斥罵他們。太平軍稱讚他是少見的忠臣（與他的上司形成強烈反差），沒有殺他就離開了。[55]隨後第二群太平軍到來，這群人把屍體搬成一堆，搜尋錢財；他們一無所獲，於是砍下了林典史的頭。他的無頭身此後就一直端坐在他的辦公椅上。其後，他的父親從藏身處走出，命僕人埋葬家人，然後也自盡了。林典史的長子向朝廷請旌，並加入抵抗太平軍的行列，最後戰死在對抗太平軍的戰役中。次子死於一八六一年杭州二度陷落之時。幼子被林妻娘家那邊的親戚養大，而不能繼承林氏香火。按照官方說法，林家的香火已斷；林家人為國捐軀，因此應該受到國家旌表。

建築工匠在一八六六年修復典史的辦公處時，發現了六具屍體；其中一具看起來就如生前一般，穿著官服，頭就在脖子旁邊。這些工匠大為驚恐，因為無頭屍被認為是邪惡的；後來，一位老役認出了林典史的屍體，這些工匠才平復下來。林典史屍體被尋獲的故事，激起戰後上任的官員與地方士紳群起捐款，為他建祠立碑紀念。碑文頌揚他的自我犧牲精神，而正是這個精神讓林典史全家都為國捐軀。[56] 地方書院的主持對此事深為感動，甚而要求學生們為此作文，以作為碑文來銘刻。[57] 巡撫馬新貽請求朝廷讓林典史能夠名列國家祭祀忠烈的春秋祀典。即使身首異處，林典史完好且具辨識度的屍體應被視為其個人價值的具體證據。他的屍體最後下葬在杭州一處可以俯瞰西湖的山丘上。在一個亟需楷模的時刻，這樣的安葬讓一位卑微的典史化身為成為正直官員的象徵。

用文字和儀式來旌表林典史，讓他安息，是形式上的解決方法，這種方法似乎也安撫了他那飽受怨氣與悲傷困擾的靈魂。這種做法也在各個層面上進一步凸顯了作為王朝代表的官員的正義與剛正不阿，即使有關官員貪腐膽怯的說法人人皆知。透過將一個卑微的典史抬舉為官方忠義的典範，他的鼓吹者一方面頌揚了王朝，另一方面卻也確實透露出林典史的長官們並不具備他這些美德。[58]

白骨四散，屍橫遍野

透過中、西方時人的描繪，呈現了一幅戰爭蹂躪下死屍遍野的景象。[59]當時的中、西方資料不少都講到踩著群屍走路，或船行於屍體壅塞的水域時的可怕感受。「白骨遍野，雜草叢生」這個源自古書的標準意象，被大量用來形容人們在十九世紀的中國經驗。這些白骨和無主屍骸一方面反映社會失序，一方面也對社會秩序構成潛在威脅。在一個治理有方的世界裡，死者的屍體不會暴露在外，而且會被小心處理。放任屍體不管，或更糟的，讓屍體遭到野獸或盜匪的侵犯，會使這些死者變成厲鬼，並危及生者的社群。[60]就像美國漢學家宇文所安（Stephen Owen）所說：「屍骨如果沒有紀念性標識，就等於失去了身分，失去了在歷史上的位置，也失去了家人，而家人的作用就是保存記憶。屍骨沒有時間性，是匿名的，而且無親無戚。」[61]

在一個人口大量死亡的時期，四散的屍骨不斷昭示著死亡與治理失敗。這些屍骨失去了得到追念儀式的基本權利，也失去了它們在家鄉、在父系家族中的位置，因而被徹底地非人化了；於是，這些四散的屍骨不可避免地嘲諷著遺棄它們的家族和國家。[62]因為這些原因，暴露的屍體成為公共焦慮的來源之一，也激勵（廣義定義下的）掌權者採取行動。確實，就像我們會在下一節看到的那樣，透過埋葬死者，地方善會不只是象徵性地取代了死者的親屬，也取代了先前聲稱自己是死者善後主力的朝廷。[63]

許奉恩，安徽桐城人。一八六〇年太平軍攻打杭州城時，他正在杭州擔任幕僚。許奉恩在回憶錄中寫道，他聽到成群的太平軍喊著要殺「妖」（即清朝官員與他們的追隨者），而同時又在姦淫婦女、襲擊逃難者；他們放過那些交出錢財的人，而那些無錢可交的人則被他們一刀結束性命。[64]許奉恩還回憶起自己看到太平軍燒毀了城外的房子，烈燄照亮了夜空，讓黑夜恍如白晝。他描述城中的街道屍體壅塞：

> 惟街衢屍積如山，所見者凡三必須越屍而過。既至太平門，門以內屍盡滿，無隙罅，相與移屍，傴僂彳亍乃得出。[65]

在這裡，敘述者自己就像是活在無名死者之間的一具行屍走肉。他繼續描述說，他往東走到清泰門，發現這一街區也到處是面目全非的屍體。在許奉恩充滿地理細節、具體直接的描述中，杭州以死亡之城的面目出現。身為同知的幕僚，處理屍體似乎是許奉恩工作的一部分。他鉅細靡遺地描述他如何幫忙掩埋成堆的、無人認領的無名屍。許奉恩曾與一位才華洋溢的獨特女詩人比鄰而居，此女還曾與許奉恩及同知詩文唱和。這位女詩人曾活在一個由文明的人際關係構成的時代；因此，她的死去，以及她屍體的遺失，象徵著這個時代的永遠消失。這位女詩人死得慘烈——她因譏諷太平軍而遭砍殺，遺體一直下落不明。[66]

對很多觀察者來說，戰爭的恐怖和戰後縈繞不散的淒涼是由很多意象和經驗構成的；而在這些意象和經驗中，又以他們在江南遇到成堆無人認領的無名屍和四處散落的白骨最為顯著。有一位作者回憶當時的一次旅程，寫道，他途經安徽時，每踏出一步他的腳都會碰到屍體，而這些屍體仍留有餘溫；他覺得，人到了這一步真不如螻蟻。[67]他也看到了一些橫屍路上、衣服被剝光且被砍頭的「長毛」，認為他們應該是被當地百姓所殺。[68]一八六〇年，《傳教士雜誌與編年史》（*The Missionary Magazine and Chronicle*）發表了楊格非（Griffith John）牧師的一封信，信中描述說，他在一個可怕的夜晚乘小船穿行「在高度腐壞的屍堆中」。[69]

這些屍體本身就是對戰爭及其發動者的沉默控訴。當了好一陣子太平軍俘虜的李圭，在其回憶錄〈思痛記〉中談及一個滿是屍體的房子：死者多到活人都沒地方睡覺。[70]他還描寫了一個大村莊的殘破景象：

臨河大樹以百計，樹下個有死屍一二具，反縛樹身，肢體焦黑無完膚，樹亦無枝葉。[71]

對李圭而言，這些屍體是交戰雙方對江南百姓施暴的無聲證據。死者屍體被賤待，甚至遭到褻瀆。在遺體被肢解、被惡意破壞後，他們身後的人性被剝奪了。對戰爭暴行的類似記憶隱含了種種質疑：在戰後，朝廷是否還是值得尊敬並效忠的對象？戰後的歷史書寫，是否應該堅持把這場戰爭描述為一場擊敗太平軍、重新征服江南的正義之戰？

除了擔心沒有下葬的屍體會變成厲鬼之外，當時的資料顯示人們還很擔心疫病問題。當曾國荃（一八二四－一八九〇）在一八六一年包圍太平軍重鎮安慶時，他的兄長湘軍將領曾國藩寫信給他，表達了憂慮：

> 弟處殺人甚多，腥臭之氣，嚴暑熏蒸，恐易生病，又加日夜防守，余實不放心。宜將賊屍設法埋之，或用舊船載棄大江之中，何如？[72]

在之後的一個禮拜，曾國藩還是很擔心屍臭的問題，建議弟弟應該試著焚燒一些乾大黃。大黃是一種常見藥材，也是製香的原料，焚燒後可減輕異味並降低疫病傳染的風險。[73]

關於平民死難者的問題，無人收殮的屍骨意味著戰爭受害者的無辜與無助，也代表著戰爭倖存者所要面對的道德和身體挑戰。根據李圭的說法，被迫行軍穿越江蘇南部的俘虜，如果太虛弱而跟不上隊伍的話，就會在蹲下想休息一會兒的時候被砍死，他們的屍首會被棄於路邊。這一帶遍布水道，而那些想要跳水逃跑的人，會被刺死或射死，百人之中無一人得以倖免，以致最後水都被染紅了。[74] 還有一次，李圭驚恐地發現自己赤腳踩穿了一具腐爛屍體的胸腔；當時泥地上遍布腐屍，而如果他自己不站好而被踩踏，或是惹怒走在他前面的太平軍而被殺掉，也會讓自己變成一具腐屍。[75]

在《辛酉記》（第六章會更詳細討論這部作品）中，作者張光烈回憶說，遍布杭州街巷無人過問的屍體，是他戰時經驗的重要部分。例如，他提到，當杭州在一八六〇年被太平軍短暫佔領後，他們一家回到杭州城，發現沿途「屍骸橫臥，血水盈盈」。[76] 後來，在母親死後，張光烈與照顧他的僕婦在浙東流浪，其間也躲藏在「叢屍中」。[77] 當時，死者給這位身心俱疲的男孩與他的褓母提供了不可思議的保護。在金長福的詩中，他認為那些對壅塞道路的死嬰、死童視而不見的人，比那些逃走的人更可悲；在正常情況下人們應該無法承受這種童屍遍野的場景，而那些已經習慣的人，真的是相當可悲。[78]

時任湘軍統帥和兩江總督的曾國藩，在一八六三年提交給皇帝的奏摺中，描寫了皖南的慘況，提到了遍野的白骨：

> 自池州以下，兩岸難民皆避居江心洲渚之上，……，狀者被擄，老幼相攜，草根掘盡，則食所親之肉。風雨悲啼，死亡枕藉……。徽池甯國等屬，黃茅白骨，或竟日不逢

一人。[79]

在這裡，曾國藩用傳統的災難意象來描述這個殘破省份承受了多大的災難。這讓我們又一次看到，吃自己親人的肉被當成了紐帶斷裂的標誌。成山的屍骨暴露於「風雨悲啼」之中，違背了自然秩序和道德秩序。「黃茅」讓人想起墳場與死亡，因此成了死者的借代，而「白骨」也因意涵相似，而與「黃茅」配對出現。第二年，幾乎一模一樣的意象出現在曾國藩的另一道奏摺中——這次是為了請求減免皖北的稅賦。[80]然而，雖然這些意象十分老套，曾國藩仍用它們來強調這場浩劫無以復加、無可言喻的性質。在他的奏摺中，死人的骨頭象徵著徹底的破壞，象徵著朝廷採取減免賦稅等特別措施的必要性，因為只有這樣才能保證生者與土地回歸農業生產。

外國人的江南旅行見聞錄，無疑為巨大的死亡人數提供了佐證。大部分人都描述了一個雜草叢生、白骨遍野、屍首壅塞水道的景象。例如，英國領館一名工作人員在一八六一年三月往返於上海與南京時寫道：

> 四處都述說著同一個悲傷的故事。在我們的旅程中只看得到毀滅。〔大運河〕兩岸往內陸延伸一英哩內的土地全是荒煙蔓草，而被太平軍當作交通要道的縴道，則像是被挖

得底朝天的墳地。人的遺骸橫七豎八倒臥在地上……如果說縴道上尚有殺戮的痕跡，運河水道則隱藏了更多受害者的遺體。[81]

在一封寫給倫敦傳道會的信中，楊格非牧師描述了一八六〇年夏天他從上海行經蘇州時所看到的情景：

城鎮與村莊都是一片悲傷至極的景象。這些曾經繁榮的市集現已徹底荒涼，成千上萬的房屋被燒成灰燼。到處可見孤獨的老頭或老嫗獨步履蹣跚、顫顫巍巍地走在斷垣殘壁之中，因周遭的殘敗不堪而沉思、啜泣。除了這些景象，不斷映入眼簾的死屍也讓人感到無以名狀地噁心。[82]

這封信接下來提醒讀者，「然而，一定不能遺忘的是」燒殺與破壞很大一部分是清方所為，而太平軍造成的破壞則是出於自衛才釀成的，或者是新近招來的新兵，而不是自廣西的老天軍們做的。楊格非告訴他的倫敦讀者們說，這些死者多數是自殺，而非直接死於戰爭，因此，儘管他們很可憐，但卻不那麼值得基督徒憐憫。這段陳述儘管強調了破壞的程度及其激發的悲愴之情，但最終把重點轉移至朝廷的難辭其咎以及太平軍的無辜上，也把這位旅行者的政治與宗教同情投射到他看到的荒涼慘境上去了。

很多外國人特別提到為數眾多的跳水自殺者，其中很多是婦女。例如，住在浙江的一位傳教士見證者寫道：

我自己在三北*看到，那裡的好多池塘不久前都還塞滿了女屍——這些婦女自沉溺死，將此作為逃脫的唯一希望。在杭州，據說一個禮拜就死了五萬至七萬人，而其中多數是自殺。[83]

一八六〇年，一位太平軍佔領區的到訪者觀察到，蘇州周邊數以百計的屍體還暴露在外；「這些人中有一部分是士兵所殺，但很多人是出於愚癡而自溺身亡的——中國人在慌亂的時候經常這樣做。」[84]一本二十世紀早期、由美國駐杭州副領事所寫的一本旅行指南，在戰爭結束約四十年後出版。書中寫到杭州城的主要購物街道曾經熙熙攘攘，「堂皇的店舖一間接著一間」，但這條街道卻在一八六一年化為一長條焦黑的破瓦殘礫，而其中尚有數以千計面目全非的男人、女人和小孩的屍體。[85]這本書還提到屍體堵塞了杭州城的水道：

* 編註：為清朝寧波府下地區名，包括鎮海、慈谿、餘姚，因三縣北部皆臨海，故得名三北。

運河擠滿了屍體，這些屍體是在恐怖統治開始的前幾天即自殺的人們，其數量太多以至於那些後來也希望結束自己生命的人找不到足夠的水來淹死自己。在巨大的恐懼中，人們衝出西門，自沉於西湖，以至於「人可以踩在屍體上朝湖心走上半里路那麼遠」。[86]

這些有關集體溺水自殺的敘述，一方面看似描述了一個非常真實的現象，另一方面，這些外國作者也用他們所理解的中國特殊道德體系（以及這個體系對女性所產生的過大影響），來強調暴力的後果。對於十九世紀的中國觀察者而言，這些自殺行為表現了集體的美德，克盡了基本人倫關係的責任，因此也是值得紀念並得到官方旌表的行為。然而，對當時的西方讀者而言，這些自殺行為表現了一種不可思議的異族道德觀。

解讀這些殘破景象的時候，有些外國人採用的常規意象與中國作者使用的很相似，但中外作者處理的問題不同，這些問題的情感共鳴與力量也不同。畢竟，這硝煙下的斷垣殘壁並非這些外國人的家鄉。英國傳教士艾約瑟（Joseph Edkins）曾到南京拜訪太平軍領袖之一的洪仁玕。他這樣描寫通往太平軍佔領下的江蘇省無錫的道路：

> 到無錫的路也是一片荒蕪。道路兩邊半哩之內的土地都無人耕種，長長的荒草取代了原有的水稻和其他作物。道路兩旁隨處是無人收斂的屍骨。曝曬數月之後這些屍骨已經變白。在善心人士埋葬他們之前，這些屍骨會一直暴露於此。[87]

就像我們在曾國藩的描述中看到的那樣，雜草叢生再次成為殘敗景象與農事荒廢的象徵。四散的白骨暗示著人類社群的消失與令人絕望的破壞。死者們沒有姓名，也沒有個人特徵，名副其實的被剝奪到只剩下白骨一具。很多時候，根本無法辨識他們是大清臣民還是太平軍的支持者。他們不再是精確意義上的人，即使是他們的親人也無法認出他們。實際上，他們是江南地區作為死亡之土的標誌，或是中國作為荒原、作為無人統治（或是無法統治？）之地、作為他者的標誌。

掩埋枯骨

戰爭期間，儘管人們在埋葬死者一事上盡力符合儀式與物質上的規範，但仍面臨許多挑戰。在太平軍控制的區域，一般通行的葬俗遭到廢除，太平軍政權規定人們不能使用棺材，只能用衣物或草蓆裹屍。[88]人們只能暗中尋找、埋葬死者，並偷偷地舉行葬禮。[89]一八五三年攻下安徽桐城之後，太平軍將所有死屍集中丟棄在城外的一片荒地上。當地大家族只好派人偷偷摸摸地尋找他們的家族成員，並安排埋葬。附近村莊有人提供棺材，以此積善。他連續三天收集屍骨，最後埋葬了三千五百人，包括年輕人、老人、女人和小孩。[90]在其他案例中，埋葬屍體有實際的必要性。在炎炎夏日裡，對佔領者來說，為了騰出空間供自己使用，有將死人埋葬的實際需要。李圭回憶起抓走他的太平軍，在一開始強迫俘虜移走儒學署中的屍體，因為他們自己想住在那兒，後來更常叫他們清除街上和巷弄中的屍體。這些死者包括太平軍在佔據金壇時殺的人，以及太平軍到達前被清兵所殺的人；那些橫屍於儒學署中的人被丟進泮池*，並被加土填平。而那些四散在城中的屍體，則被運到更遠處，然後集體掩埋。[91]

在這樣的情況下，至少在短時間內，舉行儀式似乎是不可能的。如果一個人能按照恰當的葬儀埋葬死者，並由此榮耀死者，會被視為擁有正統價值，而且還積累了善德。這樣的標準甚至也適用於朝廷的敵人。太平天國的忠王李秀成，至少給好幾個敵軍成員辦過體面的葬禮——例如他曾找到並埋葬了在丹陽溺斃的清朝將領張國樑。[92]這件事以及其他幾個寬宏大量的舉動，讓他得到了義賊的名聲。

在理想情況下，為了讓死者返回家族，必須先辨認他們的身分。根據標準的程序，家屬用一種驗屍的測試方法來認出家人的屍體，亦即，在有待辨認的骨頭上滴一滴他們的血，如果這滴血被骨頭吸收，那麼這些骨頭就被認為是他們近親的骨頭。[93] 其他認屍的方法，包括透過個人或身體上的標誌來辨認，如一些不尋常的特徵、身上攜帶的東西，或是穿著。有一個被送去參加團練的人，穿著祖母因擔心他會受凍而給他的毛氈襪；後來，正是因為有人認出這雙襪子，這個人的屍體才被找到。還有一個被火燒得面目全非的人，是因為朋友認出他身上殘存的一小塊背心料子才被找到，然後被悄悄安葬。[94] 在很多地方，包括金壇，人的骨頭被丟在街道上好幾年，堆得像灌木叢一樣密；等過了很久、徵集到足夠的資源之後，才將這些白骨挪出大眾的視線範圍，最後很可能送到了該縣為數眾多的集體掩埋場去了。確實，金壇遭受的破壞程度如此之深，以致於掩埋屍體的工作持續了十多年。[95]

延葬的風俗在江南很普遍。為了買到一個風水良好又負擔得起的墓地，或是如果人死在他鄉，為了等其屍體運送回鄉，都可能讓棺材在地面上停放一陣子。很多記載都把停放待葬而易遭破壞的棺材當作失序時代的標誌，而很多屍體的確就在混亂中不見了。[96] 在屍體不見的狀況下，人們會用一個刻著死者姓名和生卒年份的木盒代替，將其葬入墓中。大量的死亡需要大量的墓穴，而一片混亂之際，人們被迫不分貴賤、賢愚（這些區別或可以解讀為清朝

* 編註：泮池即「泮宮之池」，是中國古代修建的半圓形水池，上面常有拱橋，亦是當時儒學署常見的設置。

效忠者與太平軍之間的區別），而將屍體全部混放在同一個墓穴中，尤其是當屍體已腐爛到所有人的身分特徵已經消失之後。[97]因此造成地方社會疲於奔命與資源匱乏，在短期內，這樣的情況壓過舉行儀式紀念死者的需求，儘管人們深深覺得他們有這種需求。

當面對幾萬甚至幾十萬的屍體時，有些社群至少還是試圖維持死後世界的男女有別。無人認領屍骨的性別，並不總能可靠地被辨認出來，[98]儘管這時期的驗屍指南通常反覆告訴人們可以透過骨頭的顏色來分辨屍體性別：男人的骨頭較白，女人的骨頭較深。[99]而且，掩埋屍體的急迫性往往凌駕於男女有別的禮儀考量之上。戰爭期間暫時擱置禮儀規範，以及經常性大規模地拋棄死者，都是大規模的暴力、飢餓、傳染病蔓延下無法避免的結果。再者，當平民逃離他們的家園，在鄉間或上海找尋避難之處時，留在原處的人太少，以致他們無法扛起處理死者屍骨的責任。據說在杭州的艮山水門，船夫會利用運河將屍體運離杭州城，然後將屍體沿水道丟棄於兩岸，並為之覆蓋上一點泥土。[100]當江西義寧縣在歷經三週的激烈戰役，最終落入太平軍之手後，據說河水因此染紅，河中也因屍體太多而使船隻無法航行。這些屍體被燒掉，然後埋於一個集體墳墓，該墓被稱為「萬人塚」。[101]

在承平時期，有財力的家庭會埋葬死去的親人，祭拜他們，並把他們作為祖先供奉。若子嗣不能提供雙親這種死後需求，會被視為大大違反了道德規範，有時甚至被視為是違反了法律規範。清政府及其地方官員也在埋葬死人一事上負有責任。一本成書於十七世紀，在清末廣泛成為地方官指南的官箴書寫道：「貧窮之家埋葬無地，每有柩暴荒郊而卒致朽壞者；商旅之人客死他鄉，每有拋棺曠野而久無主認者；甚或年遭凶祲，疫癘大作，屍骸枕藉道路，填委溝壑而臭徹地天者。凡此，司牧之仁所宜惻然而動心者也。」該作者還提醒像他一樣的官員說，道德上他們有責任修建義塚，以撫慰窮人、流民和受災者（譬如說，瘟疫的受害人）。[102] 統治者有義務將仁善治國之心延及死人；根據舊例，朝廷應該確保死者不會被棄之不管，而無人收殮的屍體正代表了朝廷的失敗。[103] 據說清軍曾經為了建造防禦工事，破壞了浙江長興郊外山丘上的墳地，這件事代表了嚴重的瀆職，也令人嚴重懷疑朝廷是否適合統治大任。[104]

在戰後妥善處理屍體一事，為那些戰時眾所周知殆忽職守的官員提供了一個將功補過的機會。戰後於其轄內監督處理數以萬計屍體的知縣或巡撫們，似乎成了不少作品中的常見人物，代表了良好治理的回歸。

在戰後描述地方社會狀況的不少文章中，屍骨堆積如山的悲愴凸顯了地方上那些所謂拯救者的英雄行徑與堂皇作為，也為那些在不少情況下造成傷亡與破壞的人，提供了改正並參與義行的機會。收復失地的清軍抵達之後，重獲新生的平民和「求食之鬼」，據說都顯得迫不及待——「胥喁喁」。清軍還發現，「城內外積骸蔽地」。[105] 不可避免地，死者既包括那些同情太平軍的人，又包括清軍捲土重來時遇害的平民；對於清廷而言，這是沒有明說也不可明說的事實。地方官員透過埋葬死者，或透過賦予地方行動者正當性，來標榜自己的仁慈以及在恢復秩序方面的努力，也順便藉此掩蓋或抹去清軍犯下的暴行及其失序行為。在一些地方，如杭州，朝廷及其盟友寬宏大量地（也是先發制人地）宣稱，這些地方的屍骨都是為朝廷殉難的忠誠子民，由此含蓄地承諾了補償性的重整。他們與地方精英不謀而合，而地方精英在處理這些事情時，也可能會請省上官員向皇帝遞上奏摺，請求朝廷讓新的墓塚得以納入官方的春秋祭祀之中，好讓地方社群的忠誠與合法性得到朝廷的認可（而反過來，朝廷也因此得到了地方社群的效忠與對其合法性的認可）。[106]某石碑的碑文作者認為，國家祀典可以補償鬼魂，讓他們不會對自己的子孫和宗族再有所求。這位碑文作者誦道，以合宜的葬禮與儀式紀念死者，將會為生者帶來繁榮，並為橫禍、災難與戰爭畫下句點。[107]

不論是在實際還是象徵層面上，重建的前提是把街道、巷弄、溝渠、水道和田野中的屍骨清理乾淨。當湘軍和淮軍一點一點地收復江南之際，同時扮演著軍事佔領者與民政管理者雙重角色的將領們，面對的是「纍纍白骨，遍地如林，白骨尚累累然填塞衢巷」的挑戰。[108]杭州的相關材料不斷提到，面對這麼多未處理的屍體，左宗棠與部下蔣益澧深感困擾，儘管他們自己的軍隊就是不少死亡案例的罪魁禍首。[109]左宗棠的親信胡光墉奉命重建這座省城。他組織人手收集無主屍體，為這些屍體提供棺木，並派人將散落四處的屍骨埋進俯瞰西湖的兩座山丘上的五十七個墳墓中。[110]類似的，用官紳士民所捐款項僱來的人手在富陽和杭州之間沿路蒐集了六千四百二十六斤屍骨（顯然，這些人是按屍骨的斤數來賺取工錢的），這些屍骨被葬在天池寺的集體墓冢中。[111] 雖沒有明確數字能顯示其他集體墓冢埋葬的屍骨數量，但從它們的大小可推斷出，應與天池寺集體墓冢所埋屍骨數量相似。

清軍收復失地後的幾十年間，杭州周邊地區成了紀念場所，為了安葬戰爭死難者而修建了數十個新墳場以及數以千計的墳墓。[112] 浙江巡撫代表當地精英向朝廷要求豁免這些墓地的賦稅，並仔細記錄了用於這種用途的墓地大小；而朝廷批准了這項請求。在孫樹禮《義烈墓錄》的插圖中，可以看到一排排排列整齊、數量清楚、打理妥當的墳墓，不少以石牆圍住——在這些圖中，對「紀念」和「結局」的呈現，都做了理想化的處理（圖4.2）。饅頭似的墳墓群被樹木簇擁著，而儀式與刻文確認了其合法性，與四散的白骨所呈現的象徵完全相反。[113]

有關合乎禮儀的葬儀與紀念儀式的紀錄，凸顯了過去與現今之間的顯著反差：亦即，以往敵軍犯下的暴行與當下地方官員與精英重整治世（這個概念本身模糊不定）的努力之間的顯著反差。我們可以在杭州郊外泉山洞處的碑文上看到這樣的反差——這份碑文解釋說，此處的祠廟與墳墓銘記的，是地方人士的抵抗、叛賊犯下暴行，以及朝廷施予的恩典。根據戰後的描述，當太平軍包圍省會杭州城時，很多居民躲到白沙村附近的大山洞中避難。一個靠捐納得到功名的鄉紳把躲在山洞中的人組織成團練，抵抗當時已經佔領杭州城的太平軍。太平軍堵住了出口，在洞口堆放木材並點燃之，結果燒死了洞中的三千人，包括男人、女人及

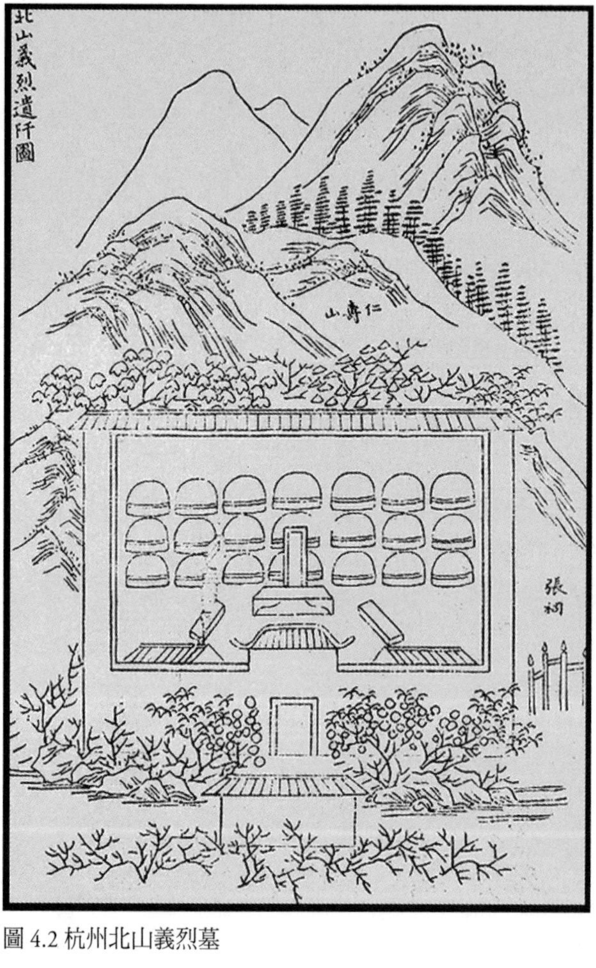

圖 4.2 杭州北山義烈墓

資料來源： 孫樹禮，《義烈墓錄》，收於丁丙，《庚辛泣杭錄》，卷五，頁 2a。

兒童。[114] 一八六八年，皇帝詔准這一遺址可以蒙受國家旌表。如果把焦點放在太平軍的暴行上，就會掩蓋了一個明顯且不幸的事實：國家及其支持者在戰時也犯下類似的暴行。

雖然在清軍佔領區裡原本未獲掩埋的屍骨最後都被承認為具有國家旌表資格的忠誠臣民，但被認定為太平軍遺體的屍骨，則大多都被隨隨便便丟棄至未做標記的墓穴中，或者扔在路邊。一八六三年，清軍在蘇州雙塔寺屠殺了一萬多名太平軍，其屍體被埋在莊先灣。這個被稱作千人坑的掩埋地或許反映了官方對掩埋於此的屍骸的厭惡。[115] 太平軍的屍骸被當成一種需要清除的東西，被當成像危樓一般需要處理的問題。清軍第一次收復無錫時，一個在地機構集合人力，將路上的太平軍屍體與其他東西一起清走，並且修整了沿路的房舍。雖然清朝官員聲稱他們以清除太平軍屍體為優先要務，但他們還是將工人徵去軍中服役，從而干擾了屍體清理工作。[116]

在重建中，地方官員與士紳致力於為死者豎立紀念碑，把官方的「真相」建立在死者屍體之上。一篇名為〈書銅佛出井事記異〉的文章講述了兩位無名烈士的故事——他們一男一女，屍骨被一位從上海派去金壇的鹽運使發現。這位鹽運使的任務是去金壇收集並埋葬屍骨，因為金壇本地受損過大，在地社群已無法進行這項工作。在執行這項任務期間，這位鹽運使訪問了一位來自江北的工人，此人說，在做了一個怪夢後，他在地方上的一口井中發現了這兩具屍骨與一座銅製佛像。

這位鹽運使與此文作者經由他們共同的朋友——慈善家余治而結識（此文作者認為余治是他這篇文章及其傳遞的觀點的象徵性支持者）。他們都認為銅佛以及找到屍體的神奇事件是一種吉兆，既預示著朝廷重建工作的可行性，也預示著一個更加光明的未來。因此，他們立起石碑，將此地命名為「金壇丹陽門內供奉銅佛殉難於井義夫烈婦無名氏之墓」。[117]

那些為了紀念忠義死節之人而建造的宏偉建築，不論是用文字、石頭還是木材建構的，事實上都非常脆弱，這一點在申請國家旌表過程中出現的矛盾與違法亂紀中，被凸顯了出來；杭州的「五人墓」即是一例。在「五人墓」這個例子中，知府、巡撫以及同善堂一同為葬於「五人墓」的「五人」尋求朝廷旌表，而作為申請旌表憑據的傳言，其真假卻無法得到證實——這些傳言講述了「五人」是如何在投降太平軍後被殺的，因此他們可能（但卻不一定）是效忠朝廷的雙面細作。[118]

在身分被剝奪並因此被驅逐出普通人類社會範圍之後，所謂「飢餓屠戮與夫百戰之骨」[119]實際上成為一種空白的表述，上面可以銘刻或是幽微地投射出有關朝廷仁義以及社群重建的文字。這些屍骨同時也構築了一個場域——在這個場域中，朝廷、省級官員與地方善會三方時而合作，時而競爭，力圖影響地方。地方上積極參與收殮工作的人，證明了自己是有經驗的管理者。在這一過程中，他們還詳細記錄了參與活動的細節，指出自己與政府官員的關係，列舉捐款數額，寫明捐款人的姓名，並由此代表死難平民要求得到官方承認。督撫和總督則總攬大局，在奏摺中請求朝廷認可新的紀念建築以及新的祭祀儀式。地方精英努力為那些埋在新的烈士墓地裡的無名死者，求得在祭祀儀式中的地位，而省級官員則努力為死去的湘軍爭取類似的地位——這兩種努力之間有一種奇妙的對稱。[120]藉著替死難平民求取本來只給予為朝廷犧牲的文武官員才能得到的旌表，地方精英與省級官員重新聚焦於太平軍佔領區內平民社群的忠義，透過將死者尊為烈士，而讓這些死難者免遭非議。

同時，地方善會善堂也堅持認為用作墓地的土地應該免稅，並向朝廷提供了這些土地的地點、面積等詳細資訊。他們為用作墓地的土地反覆要求朝廷豁免賦稅，說明慈善組織可能把這些墓地當作避稅的途徑，而他們對墓地的興趣不單純只是為了紀念死者。[121]中國復旦大學教授馮賢亮指出，在同治時期，太湖周圍六縣的義冢之數顯著增長。他觀察到，很多墓地都設於荒置的土地上。當時佃農短缺，而這些土地的賦稅豁免，減輕了地方精英因擁有這些無法投入生產的土地而蒙受的損失。這些地方精英也更容易強迫窮人接受他們的道德規劃，用正統的方式埋葬死者，因為相較於火葬或延葬，土葬已經變得較為負擔得起，雖然火葬與延葬的做法一直沒有消失。[122]

甚至在戰爭之前，人們就期待這些常和府縣及其他官員合作的慈善機構，擔負起處理無名屍體與窮人屍體的責任，希望他們能為這些死者提供棺木並得體地埋葬他們。[123]這種機構似乎很興盛，特別是從道光時期開始。在一八二三年和一八四六年的江南大水災和一八二〇、一八三〇年代的霍亂流行期間，慈善機構都積極應對。在正常情況下，那些客死異鄉的人會被裝在同鄉會提供的棺木中運回家鄉埋葬，或是被葬在當地慈善機構為安葬同鄉建造的義塚中。

戰後各地善堂善會透過投入重建工程，特別是透過修建義塚和集體墓冢，而向清政府爭取稅賦豁免與旌表。在紀念死者與處理無人認領屍體的問題上，朝廷與地方的利益重合在一起，而慈善組織通常也從中為己謀利。舉例來說，到一八六九年，省城善堂已得到許可，可以將杭州天池寺集體墓冢中新建的祭祠用作錢塘江救生局的總部。[124] 同時，相關的文件重申，所有葬於此處者「全部」都是忠義烈士。戰後，慈善機構的管理者常常認為自己是朝廷秩序的代理人，認為自己在地方上的所作所為代表著省級官員（或與其有合作關係），也代表著朝廷，就算有些時候他們的利益和朝廷或省級官員的利益並不是非常吻合。

就像我們在十九世紀中葉編撰出版的慈善機構規章中看到的，在太平天國戰爭之前，人們已經期待地方紳士管理的慈善機構，應該在埋葬無人認領或無名屍體一事上扮演核心角色。[125] 余治編輯並於一八六九年首次出版的《得一錄》，是一本收錄了有關慈善組織相關章程的勸善書，當中即包含了如何處理路邊或溝渠中發現的無主屍體的材料，也包含了為仵作*準備的報驗樣表。[126] 這些材料證明了人們期待慈善組織在埋葬死者一事上應該扮演怎樣的角色。這類文件很多都出自一八五〇年代，它們肯定了善堂對死者的處理權，並提供了登記造簿的方案，以避免鄰居、胥吏差役、地主和地方官員之間的衝突，因為（在承平時期）這些人可能會利用無人認領、無法確認身分的屍體牟利，甚至藉此敲詐勒索他人。[127] 在這充滿衝突的地方社會中，善堂的管理者於是將自己以及他們的組織放在解決問題的客觀仲裁者位置上。但是，當水道被過密的屍體壅塞、船隻因此受阻無法航行時，或是當聽聞一萬多具骨骸堆積在城牆之外時——在類似極端情形下，慈善團體就會修正（甚至拋棄）既有的優先等級與辦事程序。在內戰中，正常情況下的驗屍程序成了一種很難執行的理想方案。但無論如何，在戰爭末期，作為埋葬屍體、建造義塚與祭祠以紀念死者的代理人，慈善團體的地位獲得了顯著提升。

《得一錄》收錄了一份出自一八六一年上海某個善堂管理者的文件。該文件顯示，戰時大屠殺使得埋葬屍體的服務需求增加了，而且針對這種情況的應對策略已經開始出現。這份文件提議在上海建造一個新墳場，以容納本來住在鄰近區域後來又移居上海的死者；這些人的屍體無法回到他們在江蘇南部的家鄉，因為那些地方「兵燹之死亡甚眾，既難歸骨故鄉」。[128] 這份文件還請求官方允准他們再蓋一處墳場，以容納城裡的窮人屍體；文件還提及了鬼魂可能造成的危險，尤其是在大量屍體未受到妥善掩埋的情況下。最後，這間善堂頗為

* 編註：古代的殯殮者，相當於古代的法醫。

典型地要求政府豁免墓地的土地賦稅。在這個例子中，地方官員批准了他們建造義塚的請求，但對賦稅豁免一事卻不置可否。戰後不久出現的類似文件顯示，地方慈善組織與官員之間這種為建造墳場申請土地、申請賦稅豁免的互動，在整個江南地區頗為常見。這類文件也凸顯了慈善組織在建造、管理新的墳場、藏骨堂，以及集體墓冢的過程中扮演的角色。

埋葬屍體是眾多慈善活動的一部分；而透過這些活動，地方精英推動社會秩序，並為自己積累（宗教性的）功德。埋葬（並紀念）戰爭死難者的龐大任務，以及其他與重建和復原息息相關的慈善工作，可以說提高了慈善組織及其成員在戰後的地位。佔領蘇州的太平天國官員希望請一位著名的慈善家來埋葬轄區內的屍體——這件事發人深省；很可能太平軍知道此人在戰前便已從事這類活動，或者他們覺得像他這樣的人都很關心這種事情。[129] 雖然史料顯示這位慈善家拒絕參與，但在太平軍佔據蘇州後的幾週內，掩埋局即開始處理這些暴露在外的屍體。[130] 在太平天國的首都南京，很早就建立了一個專司屍體掩埋的機構。此機構稱為「館」，這讓它至少在名字上，與太平天國治下用來組織城市生活的居住與生產單位地位相當。就像其他「館」一樣，掩埋館的運作遵守嚴格的男女有別原則，一切行動也聽從上級指揮。掩埋館在組織上既與士紳運作的掩埋局不同，也與清軍佔領區內負責掩埋死者的慈善團體不同。一開始，掩埋館僱用了三十人專門運走並埋葬死在姐妹館的女屍。後來，由於死的人太多，掩埋館開設了其他分館。然而，最終還是由婦女負責搬運她們的「姊妹」到城外埋葬。[131]

就像其他地方所證明的一樣，在戰後地方社會的基本運作上，士紳管理的慈善組織是不可或缺的，而很多此類組織正是為了對付戰後慘狀而創設的。[132]日本漢學家夫馬進已向我們揭示，杭州同善會是在左宗棠及其軍隊重新奪回杭州的六個月後，於一八六四年由地方精英與地方官一同創建的。杭州同善堂由若干副局（包括提供棺木材料的施材局、掩埋局、義診，以及正蒙義塾）構成，這種結構顯示了慈善團體對死者與生者需求的處理範圍。而且，雖然杭州在道光時期就已有一個由士紳組織的掩埋團體，但它早已荒廢，而新的掩埋局在收復杭州之後就立即成立了，而且任務明確，即在三個月內掩埋所有死者。[133]這個新組織最終被吸收進同善會中。夫馬進指出，在同治年間，慈善組織的創立或振興，與處理無人認領的屍體、埋葬死者的需求有緊密關聯，而這些機構在創立初期因與巡撫有關而富有強烈的官方色彩，即使它們是靠地方精英提供資金與人力而運作的。[134]

蘇州也出現了這樣的模式。李鴻章收復蘇州後，柯悟遲立即前往蘇州遊歷，並記錄下他的見聞。他提到，曾經佇立在六個城門外的建築如今片瓦不存，整個西城區徹底被摧毀，幾乎一半的東城區成了廢墟。他因城中著名的景點幾乎全部被毀而甚感遺憾。城中官署都成了瓦礫，只有被太平軍用做王府的園林得以保留。在一片廢墟中，這些俗麗的園林顯得格外刺眼。[135]面對這種超乎想像的破壞，省府在一所前太平軍王府裡展開工作，而柯悟遲也告訴我們，地方慈善家馬上籌組機構協助重建，以照料生者與死者的需求。柯悟遲用以下的順序列舉了這些機構：收埋局、留養院、粥廠、施藥室。[136]

在整個江南地區，慈善組織與地方官員合作，執行重建的相關緊急任務，並為這些任務籌措經費。此外，至少在行政中心，這些慈善組織還提供了與地方官員打交道的機制，並因此得到了額外的政治地位。透過參與這些組織，佔成員大部分的低層士紳強化了自己的社會地位，也促進了此階層的社會利益。實際上我們可以說，這場戰爭讓低層士紳和科舉失敗者在官僚體系內外都得到前所未有的權力與影響力。[137]對於透過重新想像儒家正統來對付太平天國與其基督教異端，這些組織也發揮了重要作用。最後，他們似乎也透過組織埋葬屍體增進、保護了其成員的經濟利益，而做到這一點的具體方法，是積極為那些用作墓地與祭祠的土地求得免稅，同時清楚記錄這些土地的面積和範圍，讓它們免遭地方豪強的蠶食，也避免老百姓把這些土地拿來圖利或做娛樂之用。[138]尋找遺骸並組織紀念的議題，持續存在了幾十年，直到一八九〇年代，一些機構仍在安排紀念戰死者的事務。

從埋葬到紀念

金長福在他的戰爭組詩的其中一首裡問道：「練勇團兵費不貲，如何一戰竟輿屍？」

（編按：連支付團練打仗的錢都沒有了，他們到底如何在戰爭中搬運屍體？）在接下來的四句中，他提到了安撫、紀念死者的祭祠和祭儀，並指出一個很可能會出現的劇烈改變：被棄置的屍骨會成為官方認可的烈士，並被重新整合進社群與國家制度之中。這首詩暗示著一個連結：令人筋疲力竭的屍體搬運工作，最後會在朝廷的旌表與紀念儀式中落幕。這是一種心理補償的邏輯：為了補償無意義的犧牲，屍體與骨骸必須被重新想像為烈士，被當作道德楷模。詩人因此把凌亂成堆的屍體與武器拿來和整齊排列的祭祀器具做了對比。[139]在下一章，我們會討論朝廷及其曾經的盟友透過哪些法律、宗教、文字、建築來掌控人們對死者的記憶。

朝廷與其地方盟友掌控人們對死者記憶的過程，既不直截了當，也非一蹴而就，更未能長久維持。同時，它們並不主宰一切，儘管慈善家可因手握權力而獲得利益，而且與儒家思想有著千絲萬縷的關聯。以處理死者的方式為例，佛教儀式就提供國家葬儀之外的另一種選擇；在特定情況下，佛教也可以為那些無法安息且具有潛在危險的太平軍亡魂服務，有時還提供了批評官方紀念儀式的語言。舉例來說，至少在一些案例中，佛寺的儀式似乎安撫了無法安息的太平軍亡魂。有一則史料告訴我們，南京人在毗盧寺特地供奉了洪秀全與李秀成，而且根據史料作者的說法，他們這樣做不是出於對太平天國的忠誠，而是為了安撫他們的亡魂。[140]有一首佛教輓歌尋求透過更好的輪迴轉世，讓戰爭死難者獲得救贖，特別是那些抵禦敵人的官員、在南京滿人營地數以千計被屠或自殺的人、兒童、遭到強暴的婦女，以及太平軍將領及其追隨者——希望他們全都能在上天恩澤的蜜露中得到救贖。[141]

一八八七年，地方精英集資請來佛教僧侶在杭州忠義祠舉行法事，以慰籍死難者亡靈。這個舉動或許是對朝廷的隱晦批評，暗示著朝廷的旌表其實無法安撫死難者的亡魂。這場法事持續了二十一天，在很遠的地方都可以聽到誦經之聲。祭拜的群眾，包括很多婦女，從杭州城前來敬奉供品與香燭。《申報》的一篇文章報導了此事，該文作者總結說，現場就像趕廟會一樣擁擠嘈雜，但他又加了一句：「回念當年罹禍之慘且多，則又擲筆長歎，為之痛悼不置矣。」[142]

我們會在下一章看到，清政府改寫了這個故事，（毫無說服力地）把它說成是場對付異端的勝利。就像我們已經看到的，像余治這樣的人將戰爭說成是一則道德寓言，從而將其寫進蘊含濃厚儒家思想的新善書中。要重新整合、重建和恢復這一切，就必須要有明晰的意識型態，並將之銘刻在官方認可的紀念物上，即使當時的這些努力是出於強迫，極不穩定且曇花一現。在這樣的戰後狀況下，死者的屍體似乎成為別樣敘事中的元素，且為其他各種目的所用：為了團結社群，為了鼓勵道德改造，為了「證明」對朝廷的集體效忠，為了展示朝廷的失敗之處，為了強調勇敢的行為，或為了讓用作墓地的土地能夠獲得減稅。在這場戰爭中，家庭被分裂，許多人出於機會主義或出於保護家園和家人的欲望而改旗易幟——這樣的一場戰爭被重新書寫成一段段道德故事，講述善惡如何相抗、人們如何忠貞不渝、英雄如何至死抵抗或至少死得光榮。因此，模稜兩可的死者被寫進別的故事，儘管人們已經建立了新的機制和場所來安置他們的屍體，而且還重啟舊有儀式來慰籍他們冤屈的躁怒亡魂。我們會在下一章看到，透過製造烈士傳記，透過儀式祀典，透過建造代表紀念新氣象的祭祠，戰爭死難者在政治上及地方上都被賦予了新的意義。

Chapter V

木與墨

刻有姓名的木頭牌位，按照位階高低排放在祠祀中，是對戰爭死難者表達崇敬。書與名冊則佐證了為清王朝犧牲的英勇行為。不管是木石銘刻，還是以墨寫就，或是以建築的形式呈現，紀念死者的諸多做法都試圖要將人們經歷的失序體驗，納入到有序的框架中來。誰忠？誰義？誰背叛了朝廷、加入了太平軍？在實踐中，清楚明確的分類受到了挑戰、遭到了破壞；但倖存者仍然試圖回溯他們的生活軌跡，並把他們死去的親人套進一個死板的框架中，使之符合頌揚皇家榮耀、詆毀太平軍劣跡的模式。戰後，透過建造忠義祠、編輯忠烈傳記，人們重新銘刻正統的價值觀，並由此重申對王朝的忠心不二以及王朝表面上所代表的原則。正統價值觀的重塑或許也說明，朝廷本身沒能維護這些原則。在這些中央授權修建的祭祠中，死者獲得妥善的安置與令人滿意的儀式，並且不再對生者造成威脅——與這一意象同時並存的，是令人不安的因素：一方面，百姓對朝廷過失所產生的憤怒需要得到安撫；另一方面，戰爭陰影也縈繞不散。

對於地方及朝廷來說，紀念死者顯然是戰後重新整合的重要先決條件。[1]是什麼樣的制度、禮儀和期待決定了這些悼念行為的形式？這些悼念行為發明於何時何地？它們有著怎樣的歷史？悼念死者是否代表著一種劃上句號的方式？是否代表著一種宣布戰爭與死亡已然過去的策略？或者，紀念是否標誌著生者與死者之間，正在形成一種全新但又絕不陌生的關係，並提供了一個正式的機制，讓戰爭倖存者可以據此照料逝者的身後所需？還有，究竟是生者的，還是死者的憤怒得到了安撫？戰後的追憶有多大的程度需要「遺忘」？——而「遺忘」可說是一種抹除戰爭暴行的策略，並可以藉此激發一種新的想像，想像著戰前存在著理想的王朝秩序。最後，在晚清這樣充滿不確定、充滿變數的時空背景下，政治化的悼念又是如何隨時間而變化的？

很清楚的，接受並處理不久前發生的災難，是十九世紀中國至為緊迫的事情。實際上，官員與地方精英儘管在這一點上目標一致，但他們同時也在爭奪權力，來決定何為戰爭記憶、戰爭應如何記憶，並由此定義、形塑戰後社會，以求滿足各方的不同利益。在某種意義上來說，地方精英藉由強調自己對國家的忠誠，並利用國家認可的紀念形式，來加強自己對地方社會的主導。晚清的各項紀念工程有一套完整的法律與有形的紀念建築，以及制式化的旌表體系作為支撐，為那些對很多人而言一度模稜兩可的事件注入正當性、道德清晰度以及政治確定性。在政治與軍事上都遭逢眾所公認的慘敗後，朝廷透過官方紀念儀式、語言與建築，來製造其合法性與權威。而這些紀念形式也成了取得戰爭勝利的總督巡撫、軍隊將領與地方精英手中的工具——他們藉此表達了他們與中央之間新的權力關係。

成千上萬的人名被上呈禮部求取官方旌表。他們之中很多人的忠義之死得到了官方承認。例如，杭州幾個紀念死者的祠祀中，有一個就供奉著二十萬個有名有姓之人。符合官方旌表規定，且被納入戰爭死難者紀念祠祀中的人，會被記錄到半官方或非官方的烈士材料輯錄、方志、書信、日記、文集或忠義錄裡。受到旌表的人包括官員、士兵、男人和女人。在太平天國戰爭期間及戰後，隨著紀念漸漸變成一樁地方事務，紀念活動開始受到各種通常用來瞭解地方歷史的方法所影響，例如實地考察、文獻蒐集、口述訪問等。這些由地方及朝廷的新舊制度形塑而成的紀念活動，與地方精英重新定義他們與清廷中央政府的關係、與日漸強大的省級督撫的關係，以及與鄉里的關係的努力，越來越多地交織在一起。

定義「王朝死難者」[2]

本章的第一小節探究誰是受朝廷旌表的死者。此處的重點是，朝廷在特定的時間點上，用哪一套標準挑選出死難者，將他們放在一起，認定他們值得獲得官方旌表。要回答這個問題，一方面需要一個更長的歷時性（diachronic）視野，另一方面也需要考慮更大範圍的官方紀念形式。透過探究十八世紀初以來國家旌表系統的演變，我們可以更清楚地瞭解到，「紀念」如何從原本勢力範圍甚廣的皇權權威手中的政治與意識型態工具，轉變成了一種官僚功能——借用英國漢學家伊懋可（Mark Elvin）形容十九世紀貞節旌表的比方來說，也是一種「生產線」——而最終被下放到總督巡撫及地方權威手上。[3]這樣的功能擴張與下放因太平天國戰事而加速進行。戰爭期間，巨大的死亡人數使旌表數量激增，更進一步促進行政手續的簡化，並讓省級官員與地方精英更得以介入調查、甄別與旌表的過程。因此，所謂「戰爭殉難者」（the war dead）的涵蓋範圍，從早期為一部分數量有限的軍官（多為滿人，其軍功彪炳到足以得到官方旌表）擴增到一個更大的戰爭受害者群體，亦即基本社會地位以上的平民或軍人，這些人在面對王朝的敵人時，或者戰死或者自殺。對此，我們可以透過深入檢視「昭忠祠」祭儀的方式而清楚看到。「昭忠祠」是一種國家旌表方式，這種祭儀是國家表彰戰爭死難者的典型代表。

檢視《大清會典事例》中有關昭忠祠的部分，可以發現「誰是王朝死難者？」這個問題的答案千變萬化，這是因為「（戰爭）殉難者」的定義會隨著意識型態、軍事與政治要求而變化，在有清一代也逐漸擴張。透過考察清代如何紀念戰爭死難者，我們得到一個並不令人驚訝的答案：王朝殉難者獲得的旌表，並不主要用於表彰個人的優良行為，而更多在於表達國家與臣民之間的想像關係（這種關係也不斷在變化）。[4]

旌表戰爭死難者是清廷官方所認可的眾多道德楷模群集中的一種。這樣的表彰強調一套特定的基本道德、政治價值，特別是貞、忠及孝，並透過嘉獎、旌表的體系，讓這幾種價值以時人及後人都能理解的方式呈現。國家將這些美德放在道德教化的核心位置上，並讓這些美德成為國家自身意識型態合法性的基石。擁有這些美德的人，有資格得到國家認可，讓國家為其修建牌坊，同時可獲得春秋兩祭，被寫進方志，入祀地方祭祠，並獲得撫卹金。[5]

忠士與節婦必須成為旌表的中心，以頌揚、提倡他們所代表那些所謂正確的社會及政治關係。戴真蘭（Janet Theiss）在《醜事：十八世紀中國的貞節政治》（*Disgraceful Matters: The Politics of Chastity in Eighteenth-Century China*）中指出，雍正時期，節婦化身成力圖擴張、推行教化的清帝國理想臣民，而貞節也成為展現清朝官方政治價值體系的關鍵場域。但同時，國家並不能完全掌控其後果：貞節崇拜在實行時不可避免地受制於地方及個人詮釋，同時也受制於朝廷與各省份之間不斷變化的權力平衡。[6]類似的，在《清會典事例》之類處理忠義死難者的紀錄中，甚至在有關「忠」的廣泛話語中，我們都可以看到變化。這些變化不只體現了十八、十九世紀清統治者面對不斷變化的軍事局勢而做出的反應，也體現了王朝發展過程中中央權力的具體表達與施展——我們應該記得，與接下來的討論中會提到的敘述相比，這個過程具有更大的偶然性、更難以預計。

對盛清的皇帝而言，「忠」所代表的核心價值對一個擴張中的國家至關重要。要得到旌表資格，就必須以死表忠。的確，在盛清時期，忠於明朝的人獲得了他們曾經抵抗的清朝的認可；而轉而為清朝效力的明遺民，則受到清朝訓誡，成為「貳臣」。[7]國家對「忠」的表彰，具體體現在一七二九年（雍正七年）京師昭忠祠的設立上——設立這個新機構的直接目的，是要表彰那些為建立王朝而戰死的烈士。[8]同時，雍正也在京師及各地設置了忠義祠，以表彰為王朝捐軀的平民百姓。[9]時日一久，昭忠祠和忠義祠之間的界線變得模糊。

藉由表彰為國殉難者，雍正皇帝試圖透過春秋兩祭來確立紀念模式，並總結說，新祭祠「於治道亦有裨益」。[10]根據雍正二年（一七二四年）皇帝的諭令建立的京師昭忠祠，位處崇文門內，是一項範圍更廣的紀念工程的初步措施之一，這個紀念工程包括旌表貞節婦女、孝義之人以及「法施於民以勞定國者」。

皇帝為昭忠祠的儀式與空間做了詳細指示，明確規定昭忠祠是用來紀念從努爾哈齊時期至南明滅亡期間死於沙場的功臣，以及那些在康熙漫長統治時代中，在西南、臺灣和西藏獲取重要戰役勝利的將領。昭忠祠在建立之時供奉了一萬零三百零七人，他們是為國盡職、盡忠的楷模，也是當時及未來臣民的典範（雍正皇帝特別指出，這些臣民包含了西北地區那些很可能難以控制的群體）。[11]在諭令中，雍正皇帝援引了經典先例，稱：「〈祭法〉曰：『以死勤事則祀之。』凡以崇德報功，風勵忠節也。」[12]這段話反映了人際關係及政治關係下隱藏的相互性邏輯。為國盡忠效力應獲得祭祀的回報，而旌表則能激發仿效。然而，儘管援引的是漢人經典，昭忠祠仍表現了清王朝的制度創新，而且開宗明義地宣揚了征服的武功和旗人的驍勇。同時，藉由號召紀念勝利沙場上自我犧牲的忠勇行為，這道諭令說明，皇帝希望在治下不同民族的臣民身上，都能激勵出類似的忠誠。

在乾隆的漫長統治期間，昭忠祠成為皇帝彰顯其治下軍事成就、展現浩蕩皇恩、要求臣民報以忠誠的眾多舞臺之一。[13]昭忠祠也成了一個表達民族優先權的地方，同時還成了檢視、細化位階的地方。[14]弔詭的是，打勝仗不再是入祀昭忠祠的先決條件。乾隆皇帝下令旌表在平定準噶爾與苗疆戰役中死亡的將士，並說明不管戰爭是否贏得勝利，他都懷著「一例憫惜為國授命盡節者之至意」。[15]儘管昭忠祠中牌位的排列仍遵循嚴格的位階順序，但入祀的標準已明顯變得寬鬆：官員的奴僕和一般兵丁，只要是因戰而死都可獲得表彰，他們可能在死後得以消除奴籍*，或者讓家人得到金錢補償，又或是入祀昭忠祠。[16]甚至就連「戰死」也不再是入祀昭忠祠的必要條件：包括在金川之役中自殺的顯達之人、病死的軍官，以及抵抗叛賊盜匪而死的知縣、典史和土司之類有一定社會地位的人，都破例入祀昭忠祠。[17]

根據互惠及階級衡量的原則，浩蕩的皇恩要求臣民表現出更大的忠誠來回報。[18]透過擴大入祀人數，皇帝展示了非凡的皇恩，同時也要求生者報以特出的忠誠。乾隆皇帝恩准抵抗叛賊的平民有資格像戰死沙場的將士一般得到朝廷旌表。此舉進一步擴大了擁有入祀資格的戰爭死難者群體。很明顯，乾隆皇帝想透過擴祀來鞏固中央集權，但在他治下開創的擴祀先例，卻讓他的繼任者在接下來的一個世紀，為了應付百姓對皇家旌表極速膨脹的需求，不得不將此權力委託給官僚與地方精英。

嘉慶朝時期，死於對抗白蓮教的地方團練成員獲得了入祀昭忠祠的資格。雖然他們在昭忠祠中的牌位位置仍然象徵性地顯示他們比綠營和旗軍低階，但這個變化還是影響甚大，使得有資格入祀的人數大增。這也等於承認了朝廷因為旗人軍力下降而越來越依賴（由漢人組成的）團練。[19]即使如此，旗營統領依然非常積極地為旗軍士兵尋求官方旌表，這進一步加長了京師昭忠祠候選入祀者的名單。禮部與各地督撫聯名上奏，概述昭忠祠空間不足的問題，並提出了解決方案，即利用全國各地現有的建築來設立祭祠：

> 莫若於外省各府城內，如關帝廟、城隍廟地址有可展拓者，祔祠從祀，既足安妥忠魂，令其各依故土，又可使其鄉閭親屬共睹共聞，互知感發，亦足以昭激勸。[20]

這個立祀的新辦法不但讓忠烈典範走出北京，進入全國各府縣，也讓低階或八旗等級制度以外的人員更有機會獲得旌表。同時，昭忠祠在空間上的地方化還伴隨著昭忠祠內部階級邏輯的強化：只有特出之士才有資格入祀京師昭忠祠，祠內的牌位排列嚴守階級次序，而祭祀者必須穿著最好的官服參與祭祀活動。高階官員可以同時入祀京師及其原籍地的昭忠祠，以使「忠魂咸依故土，亦使其鄉閭親屬共見共聞，益知國家誼美恩明，倍生激勵」。[21]八旗官兵需入祀於他們戰死處的昭忠祠，他們的名字列於綠營與地方團練之上，提醒人們八旗仍

＊編註：旗人家奴如果獲有戰功，可以透過「開戶」來消除奴役身分。

然地位尊榮——至少原則上如此。[22]

旌表的地方化也擴展至受祀者的入選過程和祠祀的財政上：祠祀的資金由地方籌集，只有在地方缺錢償付時，才由各地督撫衙門或禮部挹注資金。[23]就這樣，朝廷旌表了更多的忠義死者，同時也將死者身後處理的禮儀、財政責任交給了死者的原鄉或其亡身之地。表面上，旌表由中央主導，但實際上，中央已將權力下放給了府、州、縣，而在府、州、縣各級，旌表成了另一套政治與地位算計的一部分。

乾隆朝之後，越來越多的記載將建祠和歲祭視作「安撫忠魂」的手段。王朝死難者越來越少被當作英雄典範來呈現，且和之前相比，他們更加被視為朝廷及其地方代理必須補償、撫慰的受害者。[24]隨著忠誠與軍職之間聯繫的減弱，值得旌表的忠義之死逐漸遠離正規的戰場。在十九世紀前期，我們發現越來越多出身平民的烈士，有些死於與叛賊的遭遇，有些則在清白可能遭受玷污的情況下選擇自殺。在道光朝早期的地方祭祠中，平民烈士與軍人烈士之間的界線十分模糊，例如在陝西昭忠祠的「昭忠節孝例」中，[25]有將近五千名的士紳、平民和婦女因抵抗叛賊時的特出義行，而成為烈士入祀祠中。在某個邊區例子中，「商、民、漢、回」成為附祀的烈士，而他們只代表著「殉難」類別下人數不斷增長的平民與文官的一部分。[26]

儘管旌表與特定案例中的激烈情感與傷痛糾結在一起，但旌表理由也變得越來越官僚化。身分地位及位階等等的劃分更為精細。與此同時，有關地位的規定也隨時可以被打破：遭受極度折磨與家破人亡的受害者，可能有資格在死後得到升遷，好讓他們達到一定位階，以符合規定的最低入祀要求。[27]因此在實踐上，有關身分地位的規定遭到侵蝕而逐漸鬆動，儘管這些要求在原則上被重新強調。

在一八五〇－一八六〇年代，被認定有旌表資格的死者人數多到旌表體系無法應付。一八五三年的一份諭令稱：

自粵匪竄擾以來，地方文武官員，或守城殉節，或臨陣捐軀。及紳士人等，志切同仇，盡忠效死者，業經立沛恩施，交部分別議卹，並將被害較烈各員，命於各該處建立專祠，以昭忠節。該官紳等忠義之氣，允堪振起懦頑，褒卹之典。仍宜特從優厚。著該部詳細查明已經給予卹典者，再行分別酌議加增予謚，或入祀昭忠祠。

關於「其家屬殉難者，應如何優卹之處」的問題，咸豐皇帝希望「毋稍疏漏，用示朕勵節勸忠之至意」。而尋常百姓的犧牲尤其不能忘記：「雖貴賤之不同，實節義之無愧。」[28]各省督撫也應查訪轄內德行特出的犧牲者加以旌表，以確保偏僻鄉里的受害者不被「湮沒弗彰」。[29]受害者將被尊奉為烈士和英雄，他們為朝廷盡忠，至死方休。

《大清會典事例》中列有入祀候選者名單，名單上有不少文官和低階文士。這些名單通常會先列出一些有名有姓者，並標明其位階；在這些有名有姓者之後，常會附上一個驚人數字，說明此外尚有多少死難者候選入祀。婦女同樣也得以入祀紀念殉難者的祠堂，雖然她們通常處於「附祀」的從屬地位。有些時候，女性死者會另行入祀於「節義」類的祠祀中。[30] 賞金必須豐厚，而旌表決定必須簡單化、地方化，這樣才能為不安分的百姓製造絕對的忠誠典範，並在各種場所（包括但不僅限於昭忠祠）公開祭奉殉難者。咸豐當政期間（一八五一—一八六一年），旌表忠義成了平息憤怒與絕望輿論的方法之一。這在《大清會典事例》的若干政令中清楚可見。[31]

人民巨大的損失迫使官方用極致的旌表來表達其深切的同情，而慘烈的傷亡數字也需要進一步的系統化、官僚化方式來因應。面對著來自於文武官員（他們應該是代其轄區的民眾請願）增速驚人的旌表申請，咸豐皇帝於一八五三年頒發了一條諭令，精簡了國家旌表的申請程序，擴大了地方官員及督撫扮演的角色。他本人自始至終一再強調對忠的堅持，承諾奉行憐憫，並宣稱他十分感動於士紳官員為國盡忠的德行。他的結語中似乎透露了明顯的挫折感：

> 至奉旨照例賜卹各員，仍著照例辦理，毋庸再行加贈，以昭區別。所有單開各員，無

論已奏未奏，均著照此次新定章程辦理，著為令。[32]

一年之後，也就是一八五四年，咸豐皇帝頒發了一道旨令，指出雖然過去是由省級督撫負責訪查抵抗叛賊而陣亡的團練鄉勇，以辨識何人得以進入祀祭祠；然而，除了團練鄉勇外，士紳與平民也有因忠烈之舉而被害身亡的。他們的行為也應當獲得紀念，從而讓他們成為其親屬及鄉里的楷模。死者是否應該獲得旌表應由地方層級決定，而不論是讓死者入祀受供奉還是為之建造牌坊，每一種紀念形式都應該在地方訪查順利完成後隨即施行，可以事後再儘快通知禮部，而禮部則要提供存案空間。[33]死者親屬將得到喪葬費，同時還會得到獎金，以激勵人們仿效。死者被分為幾個類別：官員、軍官、士兵、士紳、平民、婦女。他們依照條例規定排列，其牌位被安放到按上述類別劃分的房間中。

這些修訂表面上是為了「俾免稽延」，實際上卻削弱了禮部的角色，使禮部淪為因應地方主動性的橡皮圖章。[34]這些修訂也明顯增加了地方社會及督撫層級官員的主動權。[35]一八五八年，江西一座正在修建中的水師祭祠使用了昭忠祠之名。咸豐皇帝追認了這座新建物的合法性，僅要求地方官員依照昭忠祠的相關規定來完成此工程。類似地，一八五八年，當抗擊太平天國的將領曾國藩捐了資金與物資，為他家鄉湖南的忠義士紳、官員和團練士兵建造一個新的祠祀時，咸豐皇帝（事後）恩准了此事，僅要求此祠依照其他昭忠祠的前例建造與運作。[36]曾國藩後來又上書要求朝廷讓他在湖南平江興建祭祠以紀念忠義，並懇請納入官方祀典，而咸豐皇帝也再次恩准，同意使用「昭忠祠」之名，並准許「紳耆」透過地方自行籌措的善款來維持祠祀及其供奉活動。[37]

上述例子說明，曾經用來彰顯中央權力與帝國教化的「昭忠祠」之名，已變成省級督撫和地方精英手中的象徵性工具（這些人越來越當仁不讓的把自己粉飾為移風易俗的使者）。[38]原本屬於中央政府「安撫忠魂」和「昭示貞烈」的職能，落入曾國藩一類的地方精英和地區軍事首領之手。他們在名義上或經朝廷批准而將其主持建造的祭祠與國家體系相融合，或是透過建立機構來查訪、旌表忠烈死者，而成功地把自己安插進國家的旌卹機制裡。[39]

在某些情況下，下放立祠的權力，意味著省級督撫與地方精英利用中央的命名方式來旌表特定的群體。但在另一些情況下，這意味著採用不同的，但名義上相似的名目來旌表地方上的死難者。不論如何，地方精英旌表為「王朝」盡忠而死之人的共同工程，很難掩飾彼此在戰後的緊張關係，例如江南地方社會與解甲的湘軍、淮軍士兵（他們被大部分人視為無法無天的外來者）之間，就存在緊張關係。這種緊張關係的具體表現之一，就是湘軍、淮軍戰死士兵與羅難士紳平民入祀不同的祠祀。例如，一八六五年李鴻章上奏請求在無錫建造一座昭忠祠，專祀在收復江蘇戰役中死去的湘、淮軍將領。這座昭忠祠位於城外惠山寺風景優美之地。一八七一年，當地人士籌措物資，在同一廟宇所在地修建了惠山忠節祠，並特別指定該祠專祀「本邑紳民士女殉粵匪之難者」。[40]

在杭州，原籍湖廣而任職於浙江的官員出錢建造了楚湘昭忠祠，並批准為這些死難者舉辦盛大的佛教儀式。[41]另外，杭州也有專奉浙江死難者的祠祀，包括忠義祠和昭忠祠。這兩間祠祀是地方精英透過省級督撫獲取中央認可而完成修建的。

隨著太平軍的潰敗，紀念殉難者成為各地重要的工作，但這項工作的管理並不那麼完善。事實上，到一八八一年時，中央不得不（很不滿地）提醒其地方代理人，各省的昭忠祠旨在「慰忠魂而作士氣，著各直省督撫嚴飭各該地方官，照例於春秋二祭親詣行禮，不得仍前怠玩，以重祀典」。[42]雖然朝廷透過昭忠祠還象徵性地維持著一些紀念戰爭死難者的承諾，但選拔受旌表者的實際工作以及祠祀的管理，都已經轉移到省級督撫和軍事首領手中，此外還進一步轉移到了在新機構名下工作的地方精英手中，而這些精英對其服務的新機構擁有著實權。

地方精英在旌表王朝死難者一事上的利益，與朝廷的利益並不總是完全一致。我們只需看看特定地方紀念場所的修建，看看紀念性作品的生產與出版，就很清楚了。地方精英挪用了朝廷旌表的語言，來進一步提高自己的地位與運作範圍，卻也因強調自己對皇帝與清廷的忠誠，反而矛盾地凸顯了自己的自治程度。[43]同時，由於地方在決定誰能獲得旌表一事上，需要得到禮部的背書，所以奉祀王朝死難者仍是中央與地方之間溝通的渠道，儘管這個渠道很脆弱。另外，在戰後地方社會的重建上，皇帝仍然具有重要的象徵作用。[44]

辨識王朝死難者

戰爭期間，許多紀念王朝死難者的工作都與新湧現的省級機構有關，這些機構的建立者既是將領，又是行政官員。一八六〇年，湘軍統領曾國藩在他接任兩江總督後不久創立了兩江採訪忠義局。[45]該局隨曾國藩的幕府輾轉各地，負責蒐集「陣亡殉難官紳士女團丁死事之烈」。省級及地方官員或死者家屬，需將相關資料呈送採訪局。曾國藩會定期親自向禮部申請，上呈文件，並要求建造集體或個人的祭祠或牌坊。[46]

曾國藩派到該局的人員要負責蒐集、傳播有關殉難官員、地方精英和平民的「事蹟」，以使其得到應有的榮耀，並使他們的家人得到恰當的補助，以補償喪葬花費。兩江採訪忠義局的設立，進一步促成紀念工作的掌控權從中央轉移到地方。接下來，類似的半官方機構擴展到了兩江地區（即安徽、江蘇和江西）的各府、州、縣，並擴散到其他省份，例如浙江在一八六三年也成立了採訪忠義局。[47]清軍收復這些地方之後，這些採訪忠義局在各行政中心設立了總部。在一八七〇年代初以前，這些採訪忠義局由地方精英組成，這些「士紳耆老」在省級官員的監督下工作，至少名義上如此。

就像書局、方志局等同治時期建立的機構一樣，採訪忠義局將地方和官方活動與既存的國家認可象徵性體系結合在一起。因此，儘管朝廷已有先例，為「王朝」死難者提供了旌表所用的術語（這些術語一直到十九世紀末都還在使用），但地方社群與個人還是將紀念死者的號召變得符合他們不斷變化的個人目的，而這種變化有時很矛盾。因此，要理解這些機構的活動，我們就應該明白，這些活動反映了地方精英與省級官員之間時而衝突、時而共生的關係，也反映了這兩類人如何看待自己與運作不良、財政有限但仍擁有相當象徵意義的遙遠中央政權之間的關係。就像我們在對祭祠的討論中所見，這些省級官員本身常常就是在該區贏得戰爭的部隊軍事統領，對於紀念，他們有自己的計畫，這些計畫與中央及地方社群的計畫不同，有時還存有矛盾。[48]

這些新的機構是眾多地方工程的一部分，建立它們是為了讓地方重拾對朝廷的信心並且重組地方社會。兩江採訪忠義局的紀念性工程分為建築與文字兩類，具體包括修建祭祠及出版烈士傳記。正如兩江總督劉坤一在一份紀念死難者出版品的序中所寫：

咸豐十年（一八六〇），曾文正公督師江上，嘗愀然慨喪亂之既平，而死事之眾，貞精毅魄不容煨滅也。博攷文學師彥諮考甄覆，達諸朝廷，褒諸祠表復為忠義錄，播諸幽遐，蓋大賢君子紀綱風化之苦心如此。[49]

此處被稱為「文學師彥」的地方精英蒐集資訊、整理材料，將之送至各省巡撫手上，而巡撫則以此求取官方旌表。令人驚訝的是，這樣的過程在戰後持續了相當長的時間。以浙江為例，在一八六三年至一八九六年之間的歷任巡撫，就曾代表數萬人呈交過多達五十八次的昭忠祠入祀申請。[50]

透過將活動放到由省級官員、地方精英和中央權力機關組成的同一網絡中，忠義局組織紀念的做法緩和了這些活動的潛在矛盾。中央認為這些過程完全是地方事務，尤其是當中央資源減少的時候；但在其出版品的凡例中，採訪忠義局的編輯卻一再提到，他們參與的是一個龐大的、高度官僚化、看起來由中央總控的國家旌表體系。[51]顯然，與中央的聯繫不論在實踐過程中有多脆弱，在原則上仍帶有象徵上的份量。然而，雖然這種正式的、中央認可的程序被一再強調，但忠義局及其人員依然需要巨大的地方獨立運作空間。實際上，要將國家旌表系統轉變為地方倡導的場域，大部份仍仰賴成功平定叛亂並獲得權力的省級官員來推動，同時，這種轉變也與中央出現財政窘境而自顧不暇有關。[52]

各地區的當地精英似乎很看重忠義局。他們在書信和日記中都記錄了自己如何參與資料編纂的工作。有一些人因參與忠義局的工作而在方志列傳或其他資料中受到讚揚。日記作者金長福描寫過，自己曾在揚州府殉難者資料蒐集工作中扮演過重要角色。[53]在金長福的日記中，存有一封寫於一八六三年的信。信中，金長福用一種給尊長寫信常用的謙卑口吻描述說：

> 曩屬采訪殉節紳民，合城鄉而論，已得一千五百餘名。由吳曹帥先後出奏，現仍隨時甄錄，期於無濫無遺。上邀國家綽楔之殊榮，次體閣下闡揚之至意。所媿見聞弗廣，未克勤加蒐葺，恐長逝者抱憾無窮耳。[54]

除了這封信，金長福在日記中也記下了他幾次到褒忠局呈交文件的情形。他的一些詩作強調了國家旌表的意義，並凸顯了紀念活動如何替人民的喪失之痛賦予意義——至少在理論上。金長福在一首詩中以寫實的筆觸描寫一個有十位成員喪生的家庭，並在結尾處讚美了將這個家庭相關材料上報、為他們求取旌表的人。中央的力量儘管被削弱了，但顯然並沒有徹底變得無足輕重；作為地方精英的一員，金長福借用源自中央的工具和語言，把這場戰爭書寫成一場道德的勝利。在日記中，對紀念活動的描寫與對出遊、天氣、詩詞唱和以及宴飲的描述混雜在一起。由此可知，參與記錄烈士事蹟一事，是金長福日常活動與經驗的一部分。

紀念工作是在國家權力減弱，而地方權力在軍事、行政以及其他方面日漸受到重視的背景上展開的。經地方推動而讓本地死難者獲得國家的旌表榮譽——這種做法可能讓訪查貞義烈士烈女的新機構官員與精英得以在道德上理解苦難，這同時也給他們一個機會回溯、展示他們所屬社群的美德事蹟。因此，即便人們是用「破壞」與「重建地方基礎設施」的角度來記錄這場災難，但他們同時也將這場災難中那些矛盾、複雜的眾多經驗轉譯成了道德上的絕對（因為絕對，所以在道德上也變得清晰易懂）英雄主義及價值觀。

部分紀念工作在方志中完成。到清末，方志已經具有成熟的出版模式，這種模式還得到了朝廷的肯定；不過，其大部分纂寫、編輯仍是由地方人士完成的。例如，十九世紀末一份無錫縣和金匱縣的共同方志中，附有按年代順序編纂、於叛亂中犧牲的烈士名單。這份方志的編者們坦承名單不全，部分原因在於該名單只收錄了那些被視為為國家而死的人，包括士紳、平民、僧侶以及流寓者。[55]他們的名字按社會階層劃分，並標註出死亡地點或具體遇害原因。從人名隨時間激增的情況可以看出戰爭在空間與經驗上的變化，一開始只波及居住在揚州、南京等地的一些無錫籍官員和士紳，後來卻席捲全縣的百姓。

這份名單列表展現暴力的方式十分格式化，簡潔且具有目的性。其所述細節剛好足以描述死者死於本地何處，說明他們如何成為烈士，並註明他們是本地人還是客居者。[56]他們都有名有姓，而且很多人的具體死亡地點都有註明，例如某橋、某里或某村。透過描繪死亡的具體細節與紀念，產生了一種得以彰顯、補償亡者個體性的幻覺。然而在實際上，死者們卻是集體構成了一種可預測、不斷出現的主題，透過不斷重疊與重複催生出重要性。姓名與死亡在時空中堆疊出種種不再具有特異性的對抗姿態。一八六〇年四月，無錫某男子在張涇橋上遇到太平軍，投河自盡[57]。其他事蹟包括在馬橋攻擊太平軍而陣亡；與兒子、家人們一起自焚身亡；搭船迎救難民時被殺等。[58]然後是各種類別、長達多頁的冗長名單，記錄了各人如何死（例如，數以百計的人因拒絕向太平軍投降，罵賊而死）或死於何地（例如那些死在余治家鄉浮舟村的人）。[59]

雖然大多數在方志或祠祀中獲得榮耀的人，至少在表面上都死於太平軍之手，但零散的資料顯示，那些被清軍或其盟友所殺之人，居然也可能有資格得到官方旌表。根據其中一項資料，有一次，蘇州附近一群人在扶鸞時，有一靈魂降至壇上，寫下其生平及死因。靈魂表明身分，解釋說他是在一八六四年遭到八旗軍捕獲，因拒絕投降而自縊之人。他當時是個十四歲的男孩。他的屍骨一直埋在虎丘的白骨塔。這群人因可以穿越生死與這名男孩的靈魂溝通而甚感高興，儘管他們之後再也無法與之聯絡。在訪查了靈魂所說的故事後，他們向官方為他求取旌表。[60]

另一個例子更不尋常。湖南《湘鄉縣誌》的編者描述，一八六四年太平天國都城南京城陷時，一位士人家庭的十幾歲女兒黃淑華被湘軍士兵抓走，最後因抵抗湘軍士兵污辱而自殺，成為貞烈典範。縣誌編者複製了這位少女題在湘鄉縣一家旅店牆上的文章。這篇文章敘述了她的遭遇，並表明她決定慷慨赴死。然而，這篇文章一方面完美複製了貞烈行為，另一方面也同樣挑戰了人們對籍貫與忠誠的看法。畢竟，湘鄉縣正是湘軍統領曾國藩以及綁架黃淑華的士兵的故鄉，但即使如此，這份縣誌還是將這位意圖報仇的年輕女子描述得非常聰明、貞節、正直。

年少的黃淑華與她的兄弟們住在太平天國的都城南京。她的兄長們教她讀書寫字，並且向她介紹了古今貞女典範，向她解釋因「余家逼處城中，城克必及於難，慎勿苟且，以玷先德」。她在文章中也解釋她之所以拒絕許多提親，是由於時局未定，也說到清軍收復南京時，她為此歡慶，卻沒有想到光復會給她家帶來怎樣的災難。在清軍收復南京的第二天，士兵來到她家，殺了她的兩位兄弟，並四下洗劫。她母親跪著哀泣，而士兵怒吼道：「從賊者，殺無赦，主帥令也。」他們於是殺了她的母親、小弟弟和嫂嫂。

黃淑華乞求士兵也殺了她，但士兵笑著說到：「余汝愛，不汝殺也！」士兵綑綁她上船，往上游方向來到湖南。黃淑華盤算著如何報仇。他們抵達旅店後，她寫下了這篇文章和十首詩，殺了綁架她的人，然後上吊自盡。[61]這位女子在兩名湘軍的家鄉殺了他們，卻被該地的方志編者認為值得在方志中稱讚，被描述為是位正直、貞節、勇敢之人。

到底什麼樣的人才有資格代表王朝的死難者？而誰才是正統美德的最佳代表呢？

紀念王朝死難者的地方建築

透過紀念儀式與紀念性建築物，人們用符合朝廷道德要求的語言，將表達苦難和死亡的個人義舉，轉譯成集體或社群的共有功績。看似出現在中央與地方之間的象徵交易，將官員、鄰居、親戚都轉化成一個忠義烈士群體，他們誓死抗敵，也誓死效忠（搖搖欲墜的）大清。正如浙江某位巡撫戰後在一部記錄、紀念忠義死者的書序中所寫：

> 我朝二百年百姓之涵濡於德澤者，深漸摩於教化者久，人人知有殺身成仁見為受命之義，上而疆臣閫帥，下而一命之吏、一介之夫，以及婦女童孺，罔不激於義憤，雖斷首剖心九死而靡悔故不止。[62]

在此脈絡下的死者，構成了一套小心翼翼呈現的模式：在這個模式中，美德和自我犧牲是為了回報過去兩百年來朝廷施予的恩惠。必須先有破壞，然後才有光榮的變身，而這一切的發生背景，正是倚仗著朝廷命令及地方財物資助而建成的祭祠。

在某些案例中，紀念戰爭死難者的文本與建築物，努力地要證明一個地方已然回歸政治秩序。這些文本與建築物構成了一張象徵性的複雜網絡，試圖暫時（且不完整地）將中央與被破壞的城市重新聯繫起來。在太平天國戰爭期間及其戰後，紀念戰爭死難者的地方祭祠成了精英積極挪用朝廷權力的眾多機構之一。之所以需要精心安排紀念，是為了記錄每位接受榮譽之人的事蹟，並遵循看似來自中央的、榮耀王朝死難者的政令。個人經驗被同化成歌頌為王朝的自我犧牲和英勇行為。這些姿態隱含著對地方的推銷：某一地所承受的極端痛苦反映此地特出的義行——這種觀念並不罕見（即使這些姿態在今天看來很古怪）。悲慘與死亡彰顯了原本隱藏的集體美德和個人美德。因此，致力於紀念浙江省境內死難者的方志和合集評論道，杭州近郊的民眾所承受的痛苦特別駭人聽聞，也因此特別值得稱許。[63]來自其他地方的資料也有類似論調。[64]例如江陰、金山、嘉定和揚州的方志撰寫者強調，太平天國內戰中的烈死行為與清軍征服明朝時出現的烈死一脈相承；這樣的論調，如果不是因為與清王朝自己定義的美德如此契合的話，讀起來其實頗具顛覆性。

戰後，人們覺得蘇州的舊昭忠祠太小，無法安放那些有資格享受官方旌表的死者。城南平橋附近的太平軍政府所在地被改造成祭祠，以祭祀過去在舊昭忠祠受祀之人，包括平定蘇州府的湘、淮軍官，一八六〇年城陷時死去的官、紳、平民，以及和他們一起死去的外省、外郡之人。[65]

以經世之作聞名於世的馮桂芬（一八〇九－一八七四），曾寫過一篇討論蘇州昭忠祠的文章。他在文中指出，朝廷前所未有地推崇忠誠大義的做法，激發出特出的忠誠行為。他提到人們不論身分高低，都展現了忠義。在戰鬥中或城陷之際，獻出生命的不只是高官，就連普通士紳、平民乃至婦孺也都懷著同樣為大義視死如歸的心志。[66] 如馮桂芬所詮釋的，在戰後興建祭祠，可以說是透過旌表死者來鼓勵生者在現在和未來都更加效忠清廷。此外，他還讚揚了這一地區戰後的官員們，認為他們透過修建祭祠、恢復秩序，也開始治療這場戰爭帶來的創傷。[67] 在太平天國佔據蘇州之後，地方人士透過這些行動，展現出他們想將這塊被太平軍佔領過的土地重新整合進大清政治組織的願望。

然而，也有一些江南人士或直接或隱晦地表達了他們對祭祠與朝廷旌表的不滿，以及各群體之間的緊張關係。例如，嘉興知府許瑤光就曾在一部戰爭詩集裡寫道，他認為在杭州地區，個人的喜好片面地影響了旌表決定。[68] 曾經是由京城皇命指揮的紀念活動，現在改由地方運作，受到了與江南地區利益息息相關人士的操弄與經營。

杭州的紀念工程在戰爭尚未直接影響該地時就已經開始了。早在一八五五年，當時的杭州知府王有齡就假「昭忠祠」之名，行個人目的之實。王有齡透過修建祭祠來紀念在與粵匪（即太平軍）衝突中死去的浙人，但其真實目的是重建本地一所衰敗的書院。在一篇關於新祭祠的文章中，王有齡質問現有的紀念性建築物是否符合現下所需。他認為北京的昭忠祠只讓高階文官武將入祀，而地方人士只能入祀省、府級祭祠，如何能紀念那些太平天國戰爭開始後，死在浙江任上的官員呢？顯然，杭州需要一所新機構來執行、擴展中央委任的昭忠祭典，而又有什麼場地比書院更適合建祠呢？——當這個工程亟需金錢挹注之時，尤其如此。

紫陽書院（其名稱與朱熹有關）在此前不久已衰敗。紫陽書院的經濟來源曾與鹽業壟斷息息相關，但現在已經無法維持或恢復。透過將該書院轉作祭祀場地，旌表不久前在衝突中喪生的地方官員與人民，王有齡得以提供整修紫陽書院所需的資金，儘管他宣揚的是，這座新祭祠會讓來此祭拜的人重新激發出忠誠之心——這在這樣的困難時刻至關重要。[69]不幸的是，杭州城在一八六〇年失陷。這場戰爭讓修建祭祠、重建書院得以展開，卻也使該祭祠、書院及其官方贊助人都成了犧牲品（王有齡此時已升任浙江巡撫，浙江省會也在杭州，城破後殉難）。祭祠被毀，裡面所奉祀的數百牌位無一倖免。[70]要等到戰爭結束之後，杭州才會為戰爭死難者建下更持久、更完備的奉祀——而那時需要受旌表的戰爭死難者就更多了。

當清廷及其盟友收復江南核心地帶時，官方及地方的紀念工作已經急切地展開了。實際上，太平軍一退出杭州城，杭州的精英們就立即建了一座祠祀，紀念一八六〇年的死難者。該祠即崇義祠，它在一八六一年杭州第二次被圍城時有部分毀壞，而在清廷收復杭州不久又由慈善家重建，以紀念死於戰爭的當地百姓與官員。[71]太平軍於一八六〇年及一八六一年兩次攻佔杭州，於是祭典通常選在太平軍佔城紀念日舉行，並不與官方安排的儀式日程同步。[72]浙江巡撫馬新貽（一八六五－一八六八年在職）顯然是出於對地方精英在官方旌表系統之外紀念死難者的顧忌，故在此後向朝廷申請對這個特殊祭祠的認可；從此，該祠得到一些官方資金，建了一座牌坊，並獲賜一塊紀念牌匾。[73]杭州崇義祠的維持主要來自土地的捐贈款項。這塊地原為本地讀書人所有，後來這些人在戰爭中死去。修建款項一開始源於慈善家丁丙、丁申兄弟，而建地由一位當地人提供——據說這位當地人被戰爭中目睹之事件深深感動，故而捐出了自己的房子。

要重建江南及其充滿傳奇色彩的歷史名城，資源是很有限的，在軍事威脅持續存在之際更是如此，但紀念死者的工作仍然分得其中一些資源，至少在原則上如此。[74]正式的紀念祠祀的機構與人員甚至在戰爭結束之前即已就緒。浙江採訪忠義局於一八六三年在寧波成立，並在收復省會杭州後立即轉設於杭州。記錄忠義死節事蹟的工作在忠義局的帶領下進行，這些工作吸收了在杭州居住的地方精英及退休官員的力量，並且得到政府的許可。忠義局的檔案和出版品（提前了幾乎十年之久）成了官方紀念空間的先行者——後者的花費更多，於一八七一年應地方倡議而建。一旦決定需要建立這樣的場所，紀念忠誠死者的祠祀要建在哪裡、要如何籌措資金等問題，就成為官員與地方精英們激烈遊說與博奕的焦點。於是，在杭州建造一處紀念性場所，可被解讀為一場國家與各省之間、官方利益與地方利益之間的競賽（或合作）場域之一。在此競賽中，各方表面上都採用了效忠清廷的象徵性語言。

一八六三年，內閣接到的一道諭令，宣布浙江巡撫王有齡的繼任者左宗棠已經呈上奏摺，報告他已完成調查並釐清死去的高級官員的身分，並且記下了這些官員的德行和死亡的真實情況。左宗棠所調查的官員中，包含了他的前任王有齡——據說王在一八六一年太平軍佔領浙江時自殺了。[75]左宗棠——或更確切的說，他的代理人——將死亡官員的相關資料整理成詳細的列表，並將相關資料彙編呈上朝廷。朝廷對左宗棠的回應是，這些人應該入祀杭州昭忠祠，他們的靈位也應安放其中。這個要求當然還言之過早，因為左宗棠所領導的清軍此時尚未收復省會杭州（而左當時已是浙江巡撫），因此，即使這座祠祀能在太平軍佔領期間安然無恙，這時也無法為死難官員舉行任何紀念儀式。

杭州於一八六四年四月收復，而在這之後很多年，都一直沒有像會典、朝廷諭令要求的那樣，建立昭忠祠這樣的專門祭祠來正式紀念戰爭死難者。[76]在接下來的十年內，為回應連續幾任巡撫的請求，皇帝授權杭州建造獨立的祠祀以紀念省級死難官員。皇帝也批准建立昭忠祠，並且在祠祀中心位置放置集體刻碑，以紀念「陣亡殉難官紳士庶」。[77]然而，儘管地方不斷為死者尋求旌表而朝廷也不斷授權之，浙江採訪忠義局也不斷搜集事蹟材料，昭忠祠到此時依然尚未完工。

《昭忠祠志》有一部分被收入《庚辛泣杭錄》中出版（可能也重新編輯過）。而《昭忠祠志》中複製的部分材料顯示，地方士紳早就購買了皮市巷的一處房產，打算將之權充為昭忠祠。[78]但他們所購的房產最終因為太過狹小，無法容納需要紀念的大量死難者；而且，不論如何，其所在地點也太過偏僻。如此窘迫的景況最終無法讓死難者得到與其忠烈之死相稱的風光展示和供奉。此外，或許更重要的是，地方領袖對如何使用這處房產有其他更優先的打算。一八六七年，地方人士決定整修這棟建物，以作義學*之用——義學屬於江南戰後工作的典型之一。[79]差不多同一個時間，巡撫指示軍需局說，儘管杭州收復已久，但他們調查、收集死難者資料的工作尚未圓滿完成。死難者中的模範人物，一年內（即一八六八年末之前）就應甄別出來。而且，浙江省內各行政區也應該在昭忠祠舉行相應的儀式。我們並不清楚，若不依循這項命令行事會受到怎樣的懲罰；但不論怎樣，完成整個工作所用的時間比規定的一年期限長得多。

面對大量檔案材料及緊迫的截止期限，一群地方要人請求官員幫忙，希望他們協助挑選一個適當的地點，或者，更重要的是，希望他們資助祭祠的興建。[80]作為交換，他們願意負責安置牌位、準備要刻在牌坊上的文字，並在祠中提供空間，儲存死難者的所有事蹟檔案、文書、書籍，以及印刷《浙江忠義錄》所需之雕版。[81]雖然政府文件說明這一過程應由巡撫發起，並重申巡撫應該致力於「表揚忠義，期於不朽」，應該致力於昭忠祠的儘快修建，以符合各省都必須有這樣一個場所的要求。[82]但是，出自地方人士之筆的文學作品卻突出了他

* 編註：義學是指由民間捐款或官府創建的地方免費學校。此制雖始於清朝康熙年間，但在太平天國戰爭後的江南地區曾大量設立。

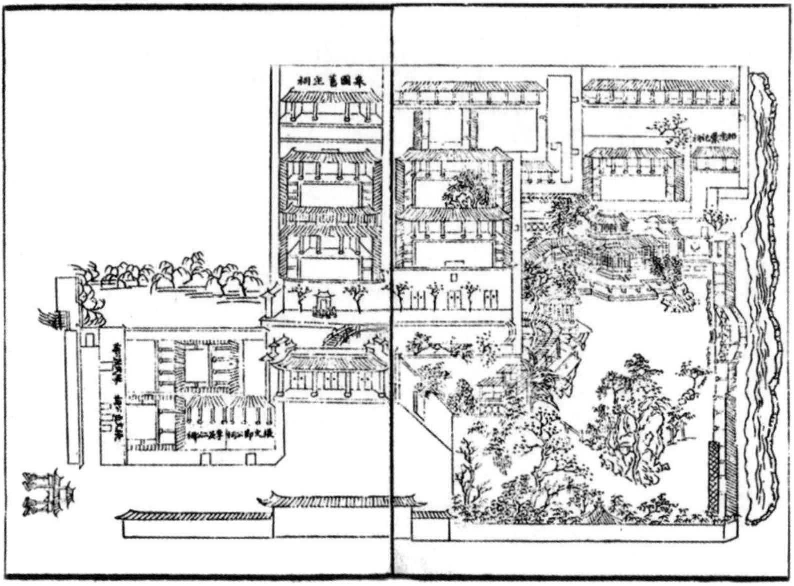

圖 5.1 杭州昭忠祠。

資料來源：范承堃，《昭忠祠志》，收於丁丙，《庚辛泣杭錄》，卷三，頁 2b-3a。

們自己作為這個工作創始者的角色，暗示是他們向巡撫請願，並要求巡撫准許並資助他們的各項紀念工作。最後，浙江昭忠祠於一八六九年獲批修建，並於一八七二年建成。

在尋找昭忠祠合適地點的過程中，退休官員及地方精英們曾相中好幾個地方。武林門內大街有個地點看似適合，但這塊地並不連在一起，也不屬於同一人，而是由不同平民擁有，他們無法從各業主手上購得這些土地。此後，他們認定名為「金衙莊」的一處產業較適合。這塊土地位於城東清泰門內，不久前曾為杭州府同知寓所。[83]此外，這個地方頗具傳奇色彩的歷史背景甚為有用：它曾為前明金子魯中丞所有，在這裡還可眺望臯園——而臯園本身也是一處曾由高官持有的名園，後來也被納入祠祀建地的範圍。[84]這些園林在戰爭中被嚴重破壞；儘管有四位退休官員合力修復以用作別墅，但不久就因他們離開杭州城而將之棄置。[85]

為了建造一個與其用途相符的宏偉祭祠，建祠者購買了周邊的土地來擴充建地，並建立起宏偉的建築物及廣闊的水道工程。其中一個被吸收進祭祠範圍的是臯園，臯園最後成為採訪忠義局的所在地——該局的任務是調查「殉難諸公事實」。[86]由於兩處產業在戰爭中遭嚴重損壞，它們以合理價格被出售。本來有可能反對這樁買賣的原主親戚與後代，或者需要現金，或者已經不在浙江，故最後都被成功說服。[87]

浙江昭忠祠主祠由多個小空間組成，在這裡死難官員被分別安放紀念。每年會依例為他們舉行春秋兩祭。浙江布政使會派一名官員代表擔任主祭官。杭州知府和仁和、錢塘（兩縣縣衙設於杭州）知縣會帶領官員與地方耆老參與儀式，儀式中必獻上羊肉、豬肉、穀物、水酒、果蔬諸物。在紀念死難者的祭文中，司儀宣告說，這些亡者生為英雄，死為英靈。他們會千古不朽，與山河日月同在。與展示於此處的敕制碑刻呼應的是，他宣稱這些人「為國捐軀，成仁取義。……正氣撫綏萬姓」。[88]

昭忠祠根據條例，將不同類別的殉難者嚴格分置於不同區塊，如官、紳、民、官眷、紳眷與民婦等。這幾個區塊還根據郡縣而被進一步細分。隨著入祀申請接踵而至，牌位數量暴增，也使祭祠的空間變得擁擠雜亂。《昭忠祠志》的編者范承堃也擔任了昭忠祠慈善機構的負責人。一八八〇年代末昭忠祠翻修的時候，范僱了幾個人來重新安排牌位，並反覆核對之前的紀錄，以保證牌位被放置在適當的位置。[89]

放置在主祠的敕制碑刻讚揚（或強調）了本地的「湖山正氣」，並以此凸顯太平異端企圖佔據本地的失敗。幾十年後有些人寫詩描寫此地的樣貌，其中一位作者比較了昭忠祠址的前後變化，指出十年前它是用作遊樂的園林，而現在則是用來紀念死者的傷心地。[90]是故，可以將園中的祠祀解讀成一種隱喻。作為皇家與文人曾經的娛樂之地，這座城市的傳奇過往在戰後被覆蓋了，並被賦予了新的功能，即榮耀死難者。

建造紀念性祠祀需要大量資金。[91]維持其運作進一步需要穩定的額外資源，特別是因為新的英烈還在不斷地被甄別出來，因而一直需要金錢來滿足新的需求。因此，杭州昭忠祠同時牽涉到各種人員之間的複雜互動：省、府級官員、半官方性質的忠義局人員、慈善家、地主，以及工匠——而這些人由於昭忠祠的花費及範圍的擴大，需要處理並規避財政責任。歷任巡撫們的圓滑獻詞沒有任何一篇提到這種複雜性，但在程序性的文件、士紳的請願書、官方回應，以及地方人士的文學作品中，這種複雜性則清晰可見。這些文本都複製在范承堃的《昭忠祠志》中，而《昭忠祠志》則收於丁丙所編的《庚辛泣杭錄》裡。

資金、管理與人事甫一確定，建造的規模就開始擴大。知府與兩位候補知府在巡撫府裡收集整理了各種圖紙、企畫，包括建築木料的樣本。他們還說明，如果能在神道西邊添上一座牌坊以壯觀瞻，會很不錯。他們更進一步請求上級允許他們增加幾座新的建物，包括新的正廳，而不是使用原址上的已有建物（舊建築需要花錢拆除），並主張加蓋一座引人入勝的橋以妝點池塘，並建牆以改善布局、區隔空間。這些新計畫當然也會影響祭祠的預算。但是，因為浙江的死難官員、士紳、婦女、士兵與鄉勇需要受到旌表，因此工程就必須完成，而巨額花費也因此可以被合理解釋。[92]

接下來的一份資料提到，工程的花費雖然透過與工人談判而有所降低，但工程的主持者表示，由於入祀牌位的數量超過預期，也確實超出原先計畫的建築空間可以容納的數量，所以需要更多資金才能完成這些工作。結果，這個工程一完工，災難就降臨了：因工人的疏忽大意引發了火災，焚毀了一座主建築，使工程的主持者只能請求更多的資金。[93]

向巡撫尋求資金以為死難官員建造的個人紀念祠祀，也遇到同樣的結果：祠祀興建工程由巡撫批准，但資金則由各忠義局自籌。最後，一八七三年，在將工程具體舉措上報中央後，中央宣布永久豁免浙江昭忠祠整個體系的賦稅，並且因為符合官方規定，該祠還有資格獲得國家補助。[94]一八八〇年代末的資料顯示，祠祀的運作最後是由兩浙鹽運使司監督的一所地方善堂維持的。善堂人員認為，因為本籍之人是基於同鄉情誼才捐款的，所以政府或許應該提供資金，以維繫外籍死難者的祠祀。[95]這顯示了戰後重建與紀念活動中的另一種緊張關係：隨著時間流逝，隨著中央和省級政府繼續將其功能下放給用地方主義定義自身義務的組織，中央與地方之間的斷層加劇了。[96]

雖然很多人是出於個人利益而紀念戰爭死難者，但並非所有人都接受官方要求的紀念形式，也不是所有的旌表申請都獲准了。《申報》有篇文章記載了一個失敗例子：一位死於太平天國時期的節義僕人申請旌表，忠義局認為，她的案例缺乏她家族所在地提供的證據支持，所以被駁回。[97]同樣的，在同一社群內，也並非每個人都有資格入祀。皇家榮耀通常只保留給精英，而正是這群人主導著祠祀的建造與儀式運作。

再者，這些場所也用於與其預設目的不同的用途。在金衙莊昭忠祠完工後不久的一八七四年一月，巡撫頒布了一道禁令，宣告該祠是遵皇命紀念浙江死難者的神聖場所，要用肅穆莊嚴的儀式撫慰忠魂。但是，卻有無知愚民不顧這一重要目的，把此處當做休閒娛樂的遊樂場地。巡撫進一步抱怨，這些無知愚民在這裡辦壽宴、聚賭、唱戲、租屋養病、下棺入土、舉辦喪事、攀折花木、亂丟垃圾，並利用祠中的池塘養魚維生。他表明，這一切喧囂和不受拘束的活動，已經破壞了紀念忠義的目的，因而必須被制止。[98] 顯然有些當地人全然不知官方紀念的重要意義何在，在看待這一神聖之地時心懷其他目的。

就連祭祠主事者也對這塊場地心懷他想。如果這個產業可以用來賺錢的話，那麼，它享有的免稅待遇就會帶來豐厚利益。如同巡撫在他一八七四年對祭祠被挪作他用的批評中提到的，在祠內池塘中的養殖水產似乎成了某種緊張關係的源頭。從一開始，祭祠主事就將此池視為一個可以帶來租金的收入來源，藉口是由此獲利以修整祭祠。或許已經察覺到祭祠主事沒有把資金用於正途，官員們指出修理費應出自年度撥款以及免稅所得，並指出應如虔誠的前業主一般，把池塘用作放生池。出租養魚與放生的傳統不相符合，並違背了祠祀的精神。但儘管禁令一再重申，士兵和農民還是繼續從池中捕魚。採訪忠義局因漁權每年可收取租金，並試圖讓其成為固定收入。一八八八年，杭州知府譴責該局，並下令在祠中池旁立碑重申禁令，提醒該地百姓，只能將魚放生池中，任何捕魚行為都會被視為偷竊，並將受到嚴懲。[99] 捕魚禁令的一再重申，說明了並不是每個人都將昭忠祠視為神聖之地，也並不是每個人都會在此反思並記得他們欠下的王朝恩情；這道禁令的一再重申也揭示，利用此地的免稅待遇來賺錢，有時比神聖的紀念活動要迫切得多。

不斷變動的政治環境造就出人們對忠誠表達方式的不同期望。章炳麟（一八六八－一九三六，他後來因反清活動與寫作而聞名）在一八九五年夏天所寫的〈浙江昭忠祠志〉中，用昭忠祠和入祀其中的死難者來批評時人對不久前發生的甲午戰爭（一八九四－一八九五）的漠然。這篇祠記的開頭十分惹議：「事君不死難，守土不殉亡，忠之臬（編按：標杆）也。」這個說法與之前提倡的為朝廷而死乃忠誠象徵的理想相悖。[100]他認為，為朝廷服務的臣民值得尊敬，而投靠叛賊之人則可鄙。一個知恥、有道德的人能辨認哪一邊比較有價值，有些情況下犧牲自己，或許還會獲得榮耀。依據章的邏輯，死亡與榮譽是次好之事，而最好的則是做傑出之事並活下來。他尖銳地指出，在最近的甲午戰爭裡，幾乎沒有將軍或地方精英用為朝廷殉死來表達他們的忠誠。

此外，普通人麻木不仁，只忙於自己的事情，不願改變日常生活。他把頭一年看到的一切與數十年前發生的暴力事件相對比。雖然他的浙江同鄉似乎沒有與「粵匪」（太平天國軍隊）對抗的湖南人那麼英勇，但在他看來，和今天那些麻木不仁的人相比，他們還算是很不錯的。[101]他解釋說，紀念浙江戰爭死難者的祭祀活動一直持續到他自己生活的時代；那些寧死不降之人的名字都被蒐集了起來。甚至戰爭結束三十年之後，父老每次說起這場戰爭，都還是涕泣不已，淚濕沾襟。而較年輕的一代已無法理解，因此也失去了行動的機會。他們對浙江死難同鄉做出的犧牲無動於衷。他們在這座本應對他們有意義的祭祠裡飲酒作樂——他們在國家危難之際的偷歡行徑有辱他們的祖先。

在這個背景下，章炳麟認為，杭州昭忠祠不只是一個紀念王朝死難者的場所。更重要的，它是個激勵省內愛國情懷的地方——章炳麟認為，這種愛國情懷是產生國家認同的基礎。[102]他也同時暗示說，對老一輩而言，太平天國戰爭具有持續不斷的情感力量，儘管章自己是利用這些情感為當前的政治理想服務。對章炳麟而言，昭忠祠可以動員自己的浙江同鄉，也可以動員國家——此處國家由清王朝代表，即便這種代表有些矛盾——在這個危機時刻行動起來。[103]

戊戌變法災難性地失敗後，章炳麟遠走臺灣。因中國在甲午戰爭中的失敗，臺灣當時已淪為日本殖民地。章不久回到中國，成為反清革命運動的主要倡導者。

烈士名冊

地方烈士名冊的製作似乎與嘉慶時期地方昭忠祠（及其他祭祠）的出現有關，也與道光時期地方調查研究的興起有關。[104]例如，十九世紀初，人們開始有興趣發掘那些較早時期（如清軍入關及明代黨爭時期）「事蹟逸失」且「已被遺忘」的烈士。這些重新被發現的烈士出現在方志中，或出現在列舉太平天國戰爭之前的忠義人士名冊中，例如江陰地區受旌表的忠義之士名單紀錄《江陰忠義恩旌錄》。該書有六卷，於道光年間初版，記錄了在晚明對抗沿海海盜的烈士，以及一六四五年清軍征服江南時上萬被害的江陰百姓。[105]

然而，到同治年間，有關地方烈士的資料彙編多聚焦於太平天國期間的戰爭死難者。在多數情況下，此類作品的編纂由採訪忠義局直接主持。[106]某些熱心或有考古癖好的人也編纂了死者名冊。不論是出於情感原因還是考古興趣編纂的，這些名冊都由地方募款出版，在其附錄常可見捐款人的姓名（及其所捐金額）。其中有些作品不時提到昭忠祠或禮部，並由此參與或操弄了王朝旌表話語的製造。部分作品盛讚那些幫助贏得戰爭、迎來和平的軍事要人及督撫大員（尤其是曾國藩），這反映出對清朝政治權力的新理解。[107]其他彙編作品透過紀念來構想新的國、民關係，或是要求被佔領地區對王朝忠誠，或是透過參加半官方計畫而提升叢書編輯的地位，或是藉由讓死去的親友鄰居與某種值得正式旌表的高尚理由掛上鉤，從而為無意義的死亡尋求意義。

這些書籍有的製作精美，採用了優雅的字型、上好的紙張、風格獨特的設計。其中不少還用了各種複雜的「副文本」：序、複製的諭令，以及各種詳細的凡例。也有一些設計簡單，甚至粗製濫造。[108]大部分都採用了官方旌表的語言，並由此將受害者「轉譯」為烈士，將死亡「轉譯」為對忠誠的表達，將一場可悲的危機「轉譯」為獲取絕對道德勝利的一次機會。紀念性出版品吸引地方及官方精英的參與，他們有的擔任編輯，有的負責收集資料；這些作品有的在官方贊助下出版，有的則由私人或地方社群安排出版。美國漢學家周錫瑞（Joseph Esherick）在《葉：百年動盪中的一個中國家庭》（*Ancestral Leaves: A Family Journey Through Chinese History*）一書中追述了安慶葉氏家族史。葉家的一位成員在太平天國和捻亂平息後，編輯並出版了一份名冊，其中包括殉難的官員、士紳和婦女。[109]

採訪忠義局的出版品反映了其贊助機構的半官方性質，所以與地方精英及省級政府都有關。忠義局的出版品常常複製朝廷諭令，將之放在正文前出版，而這些諭令將忠義局的工作與禮部及昭忠祠之類的國家機構掛鉤。因此，這些出版品解釋並傳播了各種國家政策，例如有關紀念的政策，同時還幫助那些有興趣為其家人爭取國家旌表的人瞭解國家的補償政策；同時，這些出版品也分享了表面上源自中央機構的榮耀。[110]這樣，出版品的編輯們讓自己成為中央與地方之間的中介者，因此也就成為戰後重新整合的代理。他們希望這些出版品可以送到每個村落，以進一步把申請程序的資訊傳播出去，讓戰爭死難者的後人得以知曉，並最終能呈報申請資料，同時也使更多人知曉近來事件的「真相」。[111]像《兩江采訪忠義傳錄》之類的書，就在空間與時間上都讓紀念工作在地方上進一步推廣，並影響未來。透過這些出版品，編者與工作人員一方面加強自己對國家紀念工程的參與，一方面似乎也藉著他們與該工程的關係，提升了他們在地方上的地位。儘管朝廷既無法平亂，也未處理好大量出現的社會問題，但國家權力的機制及其表現仍維持著足夠的威信，因此，某些地方耆老、士紳在紀念死去的親鄰時，仍採用部分國家象徵。這些紀念性書籍的編輯們，不論是否直接受僱於半官方的採訪忠義局，都堅稱自己參與了一個大型的、高度官僚化的國家旌表體系。[112]

曾在太倉採訪忠義局任職的顧師軾，私人編輯出版了《太鎮忠義姓氏錄》。顧師軾按照為死者呈報旌表申請資料的日期編排這部姓氏錄。此書以國家旌表為架構：在全家人同時死亡的案例中，如果申請的是集體旌表，那麼男性與女性就會同時出現。如果是個人的旌表申請，那麼男性和女性就會被分列於男女各自專屬的部份。[113]由此我們可以看出，地方採訪忠義局及其仿效者在對紀念材料的組織和呈現上，還是以中央機制為先，至少在原則上如此——儘管這些名冊的出版在很多情況下依賴的是私人捐贈，而非官方資金。[114]然而，儘管在辭令上以中央為先，顧師軾的書似乎是一部面向普通士紳和平民的紀念性出版品，而這些人所感興趣的，是在他們自己的家鄉紀念本地的死難者。[115]

不論是依靠採訪忠義局還是借助私人資助而出版，這些作品的地方導向意味著，此類文本可以將一個地方重新書寫成充滿忠誠和自我犧牲的核心地帶——這個地帶的男男女女在王朝面臨威脅時選擇自殺或戰死。不少作品讓人想起肆虐其地的太平軍的惡毒本性，並透過將本地烈士放到慘烈的悲劇背景上，從而加強渲染他們的壯烈事蹟。[116]這些出版品也透過國家旌表及優良事蹟的視角來敘述地方事件，聚焦於受害者赴死時刻的心理，以顯示本鄉的忠誠深度，並採用國家授予的位階、榮譽等辭令來描繪受害者，使其事蹟容易理解。以揚州為例，包括《揚城殉難錄》、《揚城殉難續錄》、《兩江采訪忠義傳錄》和一八七四年版《揚州府志》的相關篇章在內的作品，都蒐集、列舉了太平天國時期死難者的姓名與事蹟，絕大多數都是揚州地方上功名不高的人士。[117] 以下是兩個典型條目：

從九品高繼遠，咸豐三年（一八五三）奉官諭團練。賊入城，帶勇巷戰，受傷殞命。母汪氏，守節二十年，以蒙旌表，絕食死。

候補周同知汪承霖，咸豐三年，賊脅之不從，與妻巴氏同死。[118]

在每一條中，作者都列出姓名、功名（不論是經由科舉考試還是捐納來的），以及受害者自殺或在盡忠守城時戰死的證據。按位階精心排列名單的做法，與國家的補償和旌表政策直接相關：雖然描述自殺、加入團練、拒絕妥協、正義愛國的文字，把所有地方上的死難者都塑造成了烈士、忠臣和精英的本地典範，但補償和旌表最終是按位階來決定的。[119] 冷血的暴力於是被轉化成了道德行為，並受到回報，個人則轉化成了為社群及帝國犧牲的義士。以此類推，社群也從一個搖擺不定的被佔領區，轉化成了一個充滿誓死效忠臣民的地方。

儘管忠義局及其他服務於國家紀念工程的地方組織，都將國家制度與辭令放在他們的組織原則的中心位置，但他們還是出版了一些未達國家旌表資格人士的相關資料。國家雖然命令要開展紀念，並提供了象徵體系，但那些被官方系統忽略的地方死難者，依然需要從編者那兒得到他們應得的注意。《兩江采訪忠義傳錄》的編者提到：「是書斷以兩江必合兵事終始之人，成一家之說，迺克當其名實，而將吏死疆土者尤多，父老子弟所不能忘，故刈原書之漏，薈三省之書，別擇箸為傳軼，擇採私家撰述補其闕。」[120]《兩江忠義傳》的編者明確地想要在《兩江采訪忠義傳錄》的模式基礎上改進自身。他們評論道：

> 今夫委蒼鄉曲匹夫匹婦與士大夫，一死以成其名，要自有辨。士大夫見尊禮於朝廷，死則澤其躬以及其嗣，而匹夫匹婦無與焉。此其行至難，而其蹟為易沫，寬其　以為之勸，則尊君親上之誼，油然動於愚賤而不自知。[121]

矛盾的是，超越官方紀念的框架，竟可以滿足一個更高的政治目的。透過紀念那些被官方旌表排除在外的人，地方上的紀念者表面上似乎是在加強對皇帝的忠誠，但依照相互作用的邏輯，他們或許實際是想強調，皇帝也有仁愛恩澤地方的義務。

類似的，作為太倉、鎮陽兩縣（都在蘇州府境內）死難者紀念書籍的編者，顧師軾所做的選擇是，列出那些因為年紀太小而沒有資格受國家旌表的死亡孩童，並在每個條目中都註明他們的身分為「幼」。[122]在作者跋中，顧告訴他的讀者，他參與了地方忠義局的編輯活動，這些活動除了申請朝廷旌表及卹賞外，還包括僱用地方人士編纂《昭忠錄》，使「信今傳後忠魂義魄，靡不銜恩地下」。[123]在參與採訪忠義局項目後，他決定根據地方《昭忠錄》來選擇傳記，私人編輯了一本《太鎮忠義姓氏錄》。他的目的是記住地方《昭忠錄》的內容，因為他不能將《昭忠錄》留在家中（此書似乎具有祭祀用品的功用，必須置於縣學及府學）。[124]他由此暴露出了官方紀念活動的侷限：有些人可能希望在一個明顯非官方的空間裡，用完全非官方的方式追念家鄉死去的親友、鄰居，即使所用的追憶形式與辭令依舊遵循著常見的官樣慣例。[125]

顧師軾妻子的外甥王祖畬為《太鎮忠義姓氏錄》作了序。他對此書的撰寫目的提供了另一種詮釋。他從發生在家鄉的一系列事件開始敘述：一八六〇年蘇州的陷落，清軍與地方團練的慘敗，太平軍在一次決定性戰役中的勝利，以及其後地方居民遭到的屠殺。這些讓我們知道官府在地方災難中是如何的難辭其咎；王祖畬接著迅速轉而描述清軍的勝利以及省級官員如何建立採訪忠義局。他認為顧師軾編撰的書代表了一種紀念的分工（以及道德責任）。他總結道：

> 夫褒忠獎義，以光泉壤，朝廷之事也。風世厲俗，以起人心，師儒之責也。粵匪揭竿，

倡亂蔓延十數年，荼毒半天下。有識者推原自始，咸歸咎於學術之不正，教化之不明，浸為人心風俗之害，以至寇盜蜂起，遂成大劫。向得一二大賢君子，躬帥天下，則經正而庶民興，何遽禍亂若此哉！畬故特著吾妻被禍之始末，俾後之人論其世，知其事，而有以動其戒慎恐懼之心。126

雖然王祖畬認為組織紀念是朝廷的責任，但他也認為拯救天下的，是那些「大賢君子」——他沒有指名道姓，但很明顯是指曾國藩及其麾下的湘軍將領。他認為是這些人讓百姓重獲一定程度的小康。他似乎認為，透過紀念活動，我們可以進行批評，並重新確定一切，並由此堅持一個古老的秩序（儘管這種堅持是有條件的），並且越來越依賴於手握權力的中介力量。

年代略晚的《忠義紀聞錄》的序也把曾國藩塑造成王朝的救星。該序的作者是南京人宗元瀚，他回溯了清朝的歷史，在廣闊的時代背景下解釋此書所做的紀念。而此書的編者告訴我們，他因為受到英雄事蹟及壯烈的自我犧牲行為的激勵，所以即便健康日益惡化，也要奮發完成他這項紀念性工作。他評論說，在康熙（一六一一－一七二二）、雍正（一七二二－一七三五）、乾隆（一七三六－一七九六）整整三朝，大清都代表著皇家文德武功的高峰，功業超越以往歷代王朝，而帝國的臣民中，也出現了好幾輩奇才。127

相比之下，作者認為大清在道光朝（一八二〇－一八五〇）遭遇了海上爭端（鴉片戰爭的委婉說法），並在應對中經歷了挫敗以及不算嚴重的衰落。而言及咸豐朝（一八五〇－一八六一）時，作者採用了華麗辭藻，但這些辭藻的字裡行間都在訴說戰爭打得毫無章法。他指出「有志者盱衡歎恨，疑夫祖宗之留貽，天地之鍾毓，不崇朝而頓盡也」。[128]突然，好像回應這個困局一般，一個偉大的英雄在湖南出現了（這顯然是指曾國藩）。作者稱讚這支英勇的部隊，他們來自華中地區，手執干戈，赴湯蹈火，在每個關鍵時刻都甘冒生命危險。他有些過分熱切地指出，即使沒有《忠義紀聞錄》之類的紀念性作品，這些英雄的偉大事蹟也會吸引時人的注意。在對這段歷史概述的總結中，他再一次將盛清與現今相聯繫，並堅持認為時人現在擔負的責任根源於過去，指出由於曾國藩的介入，才會「祖宗之留貽，天地之鍾毓，其摧傷而無盡，層出而不窮」。[129]

曾國藩再次被拉了進來——在這裡，他扮演的角色是盛清統治者的後繼者，因此也是他們的化身和繼承人，甚至是往後紀念活動模式的執行者。曾國藩同時也位處朝廷與地方紀念活動執行者之間，既是真正的（新）效忠對象，同時也是紀念活動的仲裁者。王祖畬文中將紀念死者的責任追溯回盛清，並認為應由曾國藩繼續履行這個責任。王祖畬將紀念忠烈殉難者的活動放在一個更廣擴的歷史畫布上，以求勾勒出王朝與臣民之間的新關係。

甚至在盛讚對王朝的忠心時，有些編者也偏愛創造自己的名目，直接把他們的工作與那些官方或半官方的工程區別開來。這樣的工作可能在後來會得到朝廷的認可，並且取代由官方背書或委任的工程。一部為了紀念一八五三年太平軍攻陷南京時犧牲的烈士而精心製作的作品，主張應以官方之外的紀念活動為先。《忠烈備考》於一八七七年出版，是一部有八冊的集子，每一冊都以一副愛國對句中的一個字來「命名」。編者高德泰是一位候選中書科的中書蔭生，且是一位烈士的後代。此書所收的烈士範圍極廣，有一萬多位有名有姓者，除了「流寓」、「僧道」等特殊類別，甚至還包括「孑身」、「奴僕」、「娼妓」等更為罕見的類別。[130]因為未在採訪忠義局的制度結構內工作，所以高德泰沒有收到任何官方資金，而是仰賴私人捐款來運作。[131]為這本書作序的多位作者認為，制度外運作是有益的，因為這能讓本書的作者及工作人員創造出真實而不妥協的作品。

我們可以認為《忠烈備考》呈現了對朝廷旌表的一種自覺自知的非官方觀點——當然，這再次證明了地方精英力量的崛起。《忠烈備考》號稱要給希望獲取死亡親屬訊息的人提供另一種資源。作者精心引用官方文件與檔案，而且除了名單及個人傳記外，還長篇大段列出官方授予的榮譽。根據一位作序者，編者著手這項工作是為了解決其他倖存者及其後代在尋找他們親人的有關紀錄時所碰到的官僚問題。這位作序者指出，採訪忠義局的出版品僅包含一八五三年南京喪生總人數的三分之一或二分之一，而死於南京的外籍者以及在外地遇難的南京人方面，情況類似。完整的檔案全都被收在總督衙門的櫃子裡。因為那裡收藏了太多文件，那些想要獲取資訊的人往往大失所望，因為就算漫長等待之後，還是常常徒勞無功。有關婦女的資料更是難找，尤其是因為她們的身分只用姓氏來標明。[132]高德泰向總督衙門借來所有的文件，並和一群調查人員一起工作，試圖整理這些數量驚人的資料；他另外還聘了幾位校對，請他們用原始資料來比對，以查出錯誤。採訪人員也從他們的親戚和熟人中找到事件目擊者，對他們進行口述訪問，獲取更多資訊。據作序者說，最後的成果可謂「豈非誠足以動鬼神」。[133]

贊助和編輯這個集子的地方人士對他們的成就甚感驕傲，評論說這部作品超越、甚至取代了之前的官方或半官方的紀念工作，例如方志中有關忠義烈士的部分或是採訪忠義局的出版品。他們認為他們的作品應該得到官方的認可。一八七八年，上元、江寧兩縣（兩縣縣府皆設於南京城）的知縣代表他們遞上申請。兩位知縣細數《忠烈備考》的優點，並上呈禮部審查，希望可以允准他們將此書送到各縣學，使之成為永久紀錄，以「扶植綱常，闡發幽潛」。[134]禮部不但批准了他們的請求，允准他們將書分發給府學及其治下的所有縣學，還要求他們送六套給省級官員。[135]地方精英接管了紀念工作，而中央則肯定了他們的成就。

清代文學家端木埰也為《忠烈備考》寫了一篇序。他回憶起一八七五年他在家鄉江寧造訪昭忠祠的情景。他拿南京昭忠祠所瀰漫的令人羞愧的失序與混亂來和《忠烈備考》展現的卓然秩序和組織作對比。他寫道：「嗚呼！豈真有鬼神屆戹乎人間哉！精誠之極，神明通之，理固不誣也也，可為治事者法矣。」[136]他要傳達的意思是，朝廷並沒有妥善打理自己的紀念工作。從端木埰的觀點來看，或更確切的說，從眾多江南人士的觀點來看，就像其他事務一樣，旌表王朝死難者的工作最好還是放手給地方來做比較好。

向誰致獻？

旌表太平天國戰爭死難者的工作一直持續到清朝幾乎走到盡頭之時。浙江歷任巡撫不斷地為那些抗擊太平軍而死的人請求入祀和旌表。到一八九五年為止，他們上呈的奏摺已多達五十六份。此外，如丁丙及其同僚這樣的編者在一八九〇年代記錄了地方戰爭記憶的多重面向。隨著各個社群不斷糾結於他們在戰爭中的見聞與經歷，一八八〇－一八九〇年代湧現了許多紀念資料的合集。

出版於一八九三年的《兩江忠義傳》是一部四十卷巨著，以旗營成員、軍官及江蘇、江西、安徽地區平民的傳記為內容。[137]《兩江忠義傳》起先由身為戰爭目擊者、生還者的安徽桐城人方宗誠編纂，後來由他一位年紀較輕的學生在十九世紀末完成全書。這部作品既有標準歷史體例的大人物傳記，也有對平民（包括婦女）簡短但扣人心弦的描寫，這些人面對死亡時都表達了對王朝以及王朝所代表的道德價值的忠心不二。例如，桐城方氏在太平軍想把她送去姐妹館*時，嘲笑道：「吾士人妻，知有死而已，不知所謂姐妹館也！」太平軍因此怒而殺之。[138]兩江總督劉坤一為《兩江忠義傳》撰寫的序中提供了一個樣板化的太平天國歷史，敘述了一個三段軌跡：以兩江地區為十年災難的中心，以紀念活動為這一地區秩序恢復的核心工作，以這部大功告成的作品為無數忠魂的安息之所。[139]

相較之下，《兩江忠義傳》刪節版完全刪除了有關旗營的章節，也壓縮了描寫平民的部分，用《江表忠略》為標題出版。此版採用了一篇作於一九〇二年的序，該序將戰爭及烈士放置在一個更大的歷史脈絡之中。這篇序的作者是陳澹然（一八五九－一九三〇），他也是《兩江忠義傳》的原編者之一（但顯然，到一九〇二年時，陳的政治意識已處於不同的階段）。實際上，這篇序所展現的歷史架構太大，以致於在它對中國政治史的史詩般的敘述中，烈士們已不見蹤影。在序的開頭，陳澹然描寫了人類為了生存與鳥獸對抗。英雄保衛人民而被奉為領袖，治理並捍衛領土。然後這演變為黃帝、商、周的帝國系統，由下至上將諸國聯合了起來。國民對君主的愛戴將政體凝聚在一起。當時沒有外來侵略，也沒有戰爭的威脅或朝代的覆滅——根據陳的說法，這些問題要到戰國，隨著封建制度的建立，才首次出現。[140]

＊編註：太平天國政權為了禁絕娼妓，明訂未婚婦女必須入住所謂的「姐妹館」。

封建諸國逐漸變得殘暴，人民被迫棄耕從戎，諸國雖然擴展了領土，但卻也扭曲了人與人之間的關係。這讓中國踏上了不可逆轉的混亂之路，也就是內戰，這讓中國在面對外國侵略時十分脆弱，至今依舊如此。他大聲疾呼：「嗚呼！吾黃族之相嫉相殘，衰微欲絕者，二千年於此矣。」[141] 在這樣的語境下，他提到了（也是唯一一次提到）太平天國戰爭，評論說，只有人民愛戴統治者的時候，國家才會擁有有效對抗覆滅的護身符：

往者髮捻之亂，棘於江淮，一時仁賢，輒不憚慷慨死亡，以謀群族，於是豪傑者出，毅然倡義旅以蕩定東南，由足見古者爭禽獸衛人群以成國家之義。[142]

陳澹然因此提出，打敗太平天國的基礎，是一種更原始的、真正草根的政治形式，是以「族」而非「國」之模式為基礎的。他總結道，民族滅亡的危機實際上有利於恢復前封建的偉大傳統，從而造福國家。顯然，陳澹然的序作於甲午戰爭和義和團運動之後，他在序中以模稜兩可的方式，運用了二十世紀初期的種族、政治語言：可以視滿人為黃種人嗎？有關旗營的部分已經從《江表忠略》中消失，這暗示著某種矛盾情緒，甚至是種族敵意。他嘗試去想像一個不必推翻現有系統的穩定政體，同時，他顯然受到了自治、草根組織和社會進化等當時在知識份子中廣為流傳的概念的影響。

奇怪的是，一部貌似紀念太平天國戰爭烈士的書，竟成了承載陳澹然政治改革願景的媒介（或者也不奇怪，因為國家與紀念活動之間畢竟緊密相關）。地方層級對災難的紀念，不論是藉由祠祀還是書本，似乎無可避免地把我們引向國家命運的話語。一度身為軍事首領的省級官員給無數死難者的死賦予了符合王朝需要的新意義，從而（暫時）換來了某些人對中央的信心，或更準確地說，恢復了某些人對中央的需要。一直到二十世紀，紀念戰爭死難者的儀式與機構依然被中央政權用來維護它們的正當性。

諸多事件反映出，朝廷已變得不再重要——後來更變得過時；但人們仍採用舊有形式來紀念新的死者。辛亥革命後不久，革命領導人宣布太平天國是他們的反滿先驅，而過去用來紀念舊王朝死難者的昭忠祠，被用來紀念為建立新的共和國而死的大漢族烈士。一年應該舉行兩次祭典，一次在武昌起義（十月十日）週年紀念日，一次在清帝遜位（十二月十二日）週年紀念日。[143] 於是，帝國的祭祀場所與儀式被回收再利用，遵循新的儀式日程，為新的政權服務。這個新政權是由一場充滿反滿情緒的革命所催生，而指揮這場革命的，是一位出生於廣東，且強烈認同天王洪秀全的革命家。在孫逸仙的反清活動語境中，太平天國成員被視為一群民族主義革命家，並成為中國政治現代化歷史敘事的一部分。而那些曾被地方精英如此小心對待的前朝忠義殉難者，則被漸漸遺忘。

Chapter VI

失去

正式的紀念，不論採用的形式是石刻、木造，還是墨印，目的都是要在戰爭造成的慘烈失序之上重建秩序，同時也是給模稜兩可的決定和立場，增加道德清晰度。儘管它們幾乎全由地方精英推動，且在內容上也微妙地質疑、甚至有意顛覆官方的標準，這些紀念形式至少得到了官方認可。冗長的殉難者名單和以殉死為中心的樣板化傳記，信誓旦旦地要安撫人心，並予人以榮譽和撫慰，同時也劃出一條界線，把恐怖的過去與光復理想的現在區隔開來。然而，過去與現在之間的界線，不論再怎麼小心地劃分和維繫，仍然充滿漏洞。失序依然在真實生活與記憶中都縈繞不去。城市裡處處可見斷垣殘壁，田地有的改由新來的流民照料，有的則只能任其荒蕪。儘管可以透過祭祖儀式和進獻祭品來與死去的親人維繫關係，但死者仍帶給人們深深的失落與喪失感。

很多倖存者用回憶錄、日記、詩歌以及其他體裁記錄下他們的戰爭經驗；其中某些作品在十九世紀末得以出版（顯然是由於人們對這場災難造成的情感後果一直抱持興趣），另一些作品則是作為手稿塵封幾十年。這些作品有的可為道德啟發之用，有的甚至可為文學娛樂之用，還有一些，則是作者用以防止自己淡忘過去的信物。本章聚焦於一位在太平天國戰後傾盡全力紀念母親的男子。在他充滿記憶碎片的作品《辛酉記》中，除了清朝政府予以其母的官方榮譽外，他還鉅細靡遺地記錄、公開他個人的喪母之痛。這位作者以書寫（以及印刷）的形式，把自己的悲痛放到了比忠烈典範更顯要的位置之上。

失恃之痛

一八八〇年冬，張光烈為《辛酉記》作了序。大約二十年前，只有八歲的他目睹了母親張姚氏死於太平軍之手；長大後，他刻意改名為張光烈，以取「光顯烈母」之意，並將一系列稱頌其母的文章，整理編成《辛酉記》一書。[1]《辛酉記》的序作於護萱廬——護萱廬這個名字凸顯了張光烈為母服喪的孝子身分，而他服喪的時間顯然過長，因為他早已盡了所有正式的喪儀之責。護萱廬位於烈園之中，而烈園則位於張光烈母親遇害處附近，這個地點在名字、位置和情感上都彰顯了張光烈的悲痛。張光烈本人的名字與烈園的名字指向了他自我身分認同的兩大決定因素：即他童年時代的失恃，以及他死於戰時的母親受國家旌表的忠烈地位。這兩個名字展現了《辛酉記》的重要特色：張光烈把他個人的悲痛與朝廷對死烈者的旌表相提並論。

除了《辛酉記》提供的資訊，我們對張光烈幾乎一無所知。他的名字沒有出現在任何常見傳記索引中，圖書目錄裡也找不到他的其他作品。然而，他的名字倒是在《申報》一些名單中出現過幾次，從中我們可以獲知，張光烈科舉失敗過一次，並曾候補過官職。[2]這些支離破碎的資料顯示，《辛酉記》從第一版起到第三版問世的十年之間，年屆三十的張光烈一邊紀念亡母，一邊捐官並求人保舉。例如：在一八八一年末或一八八二年初，他可能透過捐官，被派往湖南候補，因為他的名字出現在一長串派往各省的候補人員名單中。[3]一八八三年夏，曾任浙江布政使、翰林院學士，時任陝甘總督的湖南人譚鍾麟，以其堪當道德表率為由，向朝廷舉薦張光烈出任官職。譚的舉薦後來獲准。[4]

一八八七年春末，尚在候補知縣時，張光烈出任蘇州電報局電務督辦。[5]這顯示張光烈在官場上獲得認可，與戰爭催生的舉薦及升遷機制息息相關；由於買官行為與激烈的考試競爭，侵蝕了由科舉正途任官的機會，透過與省級權力中心建立關係，便能獲得科舉制度之外的另一種機會。另外，他顯然也接觸到了新技術；蘇州電報局處理官方通訊，也為《申報》提供地方新聞素材，而宣布張光烈出任新職的消息的，正是《申報》。但是，《辛酉記》沒有提到這些經歷；張光烈的兩個形象——用新聞報紙拼湊出來的單薄形象，以及他自己的回憶性集子和官方材料塑造出的悲痛形象——幾乎毫不相干。

張光烈的其他生平事蹟散在《辛酉記》中，與各種觸目驚心的細節混在一起。我們得知，張光烈生在杭州一個對學問官場皆有抱負的家庭。[6]他的父親有過武功名，應是捐得的，起碼到一八五七年都還在廣州任（捐來之）職，而母親則被父親留在家鄉照顧家庭。父母的分居在張光烈看來非同小可，他認為這是造成母親死亡的主要原因，可謂「禍乃從此起矣」。[7]張家的收入來自於地租與各種沒有明說的生意；這些收入在一八六〇年杭州城第一次遭到太平軍襲擊之前，就已不足以維繫家庭開支；而到了一八六一年杭州遭到長期圍城時，就完全無法支撐全家了。然而，張家在省城缸兒巷顯然還有不小的房子，此房舍大到讓人擔心先後來到杭州的駐防官兵和太平軍都會以為他們是有錢人，從而洗劫他們。有一次，張家為了使四處搶劫的清軍隊伍以為他們的房子已經無人居住，僱了一位鄰人將他們反鎖在屋內，並在外張貼了一張告示，上書「某某人已搬到某某地」。[8]最後，他們出於自家房屋「牆垣高厚，賊睹景逼財」而做了一個致命的決定：搬到一戶不那麼有錢的鄰居家避難。[9]

在張光烈的描繪中，他在家裡的院牆內度過童年，周圍有手足和傭人環繞，學業有母親督導。[10]張光烈在缸兒巷故宅度過童年大部分時光。他的童年經驗包括喪母之前的歲月，也包括母親被殺的當下。在他的描繪中，這些童年經驗都與缸兒巷故宅有關（這些描寫主要出現在一篇論及故宅的文章裡，也出現在他對烈園的論述中）。[11]張光烈幼時曾患皮膚病，可能是濕疹。皮膚先是流膿繼而脫皮，旁人因此笑他是「蛇皮人」。他憶起母親安慰他說，正是這些瘡疤讓他與眾不同，「不啻粒粒金粟」。[12]日後回想起來，他更珍視自己身體上這些唯獨母親欣賞的獨有印記。張光烈有五位兄姐，他似乎與姊姊們特別親近。張光烈曾栩栩如生地描述，杭州被圍之時，姊姊們從廚房偷了火腿，「以上香為名」，帶他上樓；在樓上，他「在佛前掩口而食之」。[13]

儘管張光烈用對母親無止境的孝心來為自我形象定調，但定調他人生經驗的，卻主要是種種駭人事件。張光烈筆下的回憶充滿強烈情感。他憶起太平軍的杭州圍城造成饑饉。他與兄姐只能吃樹皮、草、麴麥、米糠和馬料豆——有天早晨，他們在一個灰撲撲的房間裡找到一瓿鹽漬橄欖，高聲爭吵之後，他們把整瓿都吃掉了。他憶起當時聽家中的一位僕婦說，他們吃的馬料豆比太平時期的白米還貴十倍。[14]還有一次，孩子們在房中爭吵不休時，廚役進來說：「『昨晚有餓人，倚門而斃矣，隔鄰斫賣餓屍肉，或即囑彼移去可也。』太恭人〔即張光烈母〕駭曰：『賣人肉乎？』對曰：『三日前，已見其操刀矣。』」[15]一個忍飢挨餓家庭的門檻上倒斃的屍首成了這個場景的中心，既真實、私密，同時又有道德教化的作用。小孩的吵鬧聲、持刀的鄰人，以及母親憎惡的神情——這些細節讓這一幕變得栩栩如生。

當然，張光烈反覆提到的是母親被一名太平軍士殺死的那一刻——那改變他一生的可怕時刻。他每次講述，都會提供新的細節。在重複母親故事的過程中，他透露了兄姐們的命運：兩位長兄被太平軍抓走，再也沒有回來；一位姐姐自盡，另一位不知下落；此外，還有一位兄長被太平軍抓走後歸附了他們。這位兄長後來回到杭州，成了家，但顯然是帶著恥辱生活的；而身為幼子的張光烈則過繼給無嗣的亡叔作繼子。家破母亡、兄姐下落不明之際，張光烈自己被家中僕嫗救出，在浙東沿路流浪，向太平天國官員乞食，一個多月後，才得以與父親團聚，並被帶到廣東撫養。悲傷是張光烈作品的主旋律：戰亂中失去童年、失去親人的那種悲痛。一八六八年，張光烈從廣東回到杭州；顯然，接下來的幾十年中，他都在打理死去親人的後事，並用筆將自己塑造成一位沉浸在失恃之痛中的兒子。

片斷之書

在《辛酉記》的序中，張光烈告訴讀者，他長期受痛苦思緒困擾，含淚撰寫了一系列滿含「酸衷苦語」的文章回憶母親；同時，他還收集了母親如何被害、如何安葬，以及最後如何受到國家旌表的有關資料；張把這些文章和資料匯編成書。在書中，張將自己塑造成一位癡心孝子，長期忍受母親慘死帶給他的影響。他在文章中刻劃了私密的家庭生活細節，一次次描繪巨變發生的暴力瞬間，並詳述了持久悲痛帶來的身心創傷。張光烈將自己撰寫的文章與旌表死難親人的文書放在一起，由此將這些親人轉譯成為具有不朽價值的英烈象徵，看似是給他們難以言喻的慘死賦予了合乎秩序的政治意義。

《辛酉記》至少曾在三個不同時間、地點出版過，一是杭州（一八八〇），二是北京以東的一個軍營（一八八四），三是蘇州（一八九〇），每一次再版都增補了新的資料。和這一時期中國書籍的常見情況一樣，我們不知道這本書印刷量有多少、針對哪一類讀者群，但從《辛酉記》有多個本子留存至今的情況可推知，其流通量應該頗為可觀。[16]當時至少有一人將張光烈選為可代表地方經驗的作家之一。這個人就是杭州城的善事領袖丁丙。丁丙致力於整理地方回憶性資料；他編纂的《庚辛泣杭錄》匯集了十九世紀晚期官方與民間對於杭州失陷於太平軍一事的記載，而《辛酉記》亦被部分收錄。[17]另外，《清史稿》亦簡略提及張光烈母親的死難，但其事蹟遭到大幅刪減，以致於除了相關人名外，很難讓人辨識出這和張光烈所講述的是同一個故事。[18]

《辛酉記》難以劃分到任何文類之下。它既非回憶錄、亦非傳記，卻又兼具二者的元素。它描述了一種悲愴之情：一個成年男人始終逃不出兒時事件的陰影，成人後用文字一再回顧這個事件。[19]同時，《辛酉記》反覆描繪作者的母親及其慘死，既強調母親的個人特質，又強調她作為典範人物的特質。這本書由條理清晰的兩個層面構成：其一為紀念（正式有序且由國家認可的紀念）；其二為記憶（雜亂的個人記憶）。《辛酉記》引人入勝之處在於，它可作為一起個案研究，也可作為一個範例，從中可以看出在太平天國戰後人們如何從戰時的喪失與破壞中恢復。而在這個過程中，人們一方面接受，另一方面卻又削弱了前一章論及的官方紀念形式的結構。張光烈這本書的動人力量在於，它運用了頗具特異性且不連續的生活片段，輔以聽覺、視覺、觸覺上的多層次感官描寫，使讀者能夠感同身受。[20]這類「古怪的」文本不曾躋身於歷史傳記的殿堂，因為一般的歷史傳記通常強調意識型態和革命過程，而抹去了主觀經驗與苦痛。[21]也正因如此，《辛酉記》這樣的文本有助於我們修正看待過去的視角，逼迫我們正視過去因政治需要而掩蓋的個人苦難。透過這樣的文本，我們會直覺地認同張光烈的喪親之痛，並會很容易地聯想到，若是我們自己或是我們的孩子身處在他的位置，會有怎樣的感受。

在這本書的開頭，張光烈把母親的死亡放到各種不同的語境中呈現：頒布官方旌表的皇家敕令；和淚寫下的文章，描述了導致母親死亡的一連串無法避免的事件；母親的氏系；對故居、母親屍骨以及死亡時間（雖然張提到時間可能記錯了）的描述。[22] 這一時期的仵作和其他人根據《刑幕讀本》之類指南中的標準來描述兇殺案，而張用以描述母親之死採用的方式與仵作採用的專業語言很相似。有效的證詞應該描述事件、案發的時間地點、屍體的狀態（受傷部位和死因），以及對事件的陳述方式（包括事件各主角說話方式的不同之處）。[23] 如果張光烈確實被當時的法律手冊所影響，那就似乎意味著，他將收集證據視為自己的任務，目的是為了控訴害死母親的不知名兇手，或是要證明母親的死完全符合官方有關義烈死節的標準。

《辛酉記》的每一篇短文都以母親被害的關鍵時刻為中心——張光烈在不同的語境中採用不同的文體，不斷重複書寫她死亡的情形。而在讓死亡時刻及情形成為這些短文中心的同時，張光烈也呼應了杭州忠烈祠採訪局所編撰的傳記內容。就像我們所看到的，死者死前的言語與行為，是評斷其人是否具備旌表資格的重要依據；為了在死後獲得旌表，一個人必須被詮釋成是為忠義大節而死的。採訪忠義局編撰的、方志收錄的，或是由不那麼正式的地方精英團體收集的傳記，通常記錄死者的姓名、籍貫，並附上一篇簡短的、樣板化的忠節事蹟記載。這些傳記重複一套數量有限的動詞，描述各種死法——刺死、自焚、自縊，或是因罵敵、違抗或拒降而被殺；這些死法描述是去個人化的，此外，這些傳記絕口不提死者的過往經歷和性格。[24]形成反差的是，即便張光烈也認為死亡時刻至關重要，但他的文章中所呈現的私密細節，還是讓描述的重點落到自己對母親的死去和缺席的傷悲上。

翻開一八九〇年版的《辛酉記》就會發現，放在張光烈自撰短文後的，是一系列「遺訓」和「遺事」，這些文字擴充了此書的篇幅。這些「遺訓」和「遺事」在內容上充斥著道德言論，但也處處可見一個小男孩眼中大災難來臨前的日常生活剪影，令人看了十分揪心。[25]在這些「遺訓」、「遺事」之後，是有關張光烈母親入祀杭州忠烈祠的文書、友人描寫張家悲劇的文章、張光烈為亡母所做詩集的目錄，以及他建來紀念母親的烈園的相關紀錄（這份紀錄後來也遺失了）。這些文字記載給大圖景增加了細節，以創傷回憶那種強迫症似的混亂手法，重新塑造出一系列意象——驚恐的孩子、無法走出過去的男人、今生不復相見的母親。[26]

除了這些文字作品外，書中還有描寫張光烈其他家庭成員如何慘死於戰爭的傳記，以及張光烈寫的數量不多的各式材料，描述他家人的戰爭經驗，以及他自己如何走出失去親人的傷痛。從某個層面來說，這些有關他親戚的額外素材，彰顯了親戚們作為一個集體展現的英勇行徑，也放大了張光烈及其母所遭遇的悲劇。就像他在序中指出的：「母死不孤，母之死則尤慘且酷也。」[27]

除了這些與忠烈採訪局官員出版的烈士傳記內容十分相像的親戚傳記外，《辛酉記》還有一些出人意料的材料：一篇記錄了伯母屍體與棺材遺失始末的文章、詠頌亡母的詩集（已經遺失）中的序與跋，以及一篇原本刊載於《申報》的文章，描寫自己戰後的行乞經歷如何激勵他在一八七七年華北丁戊奇荒以及一八八七年黃河水災時，義不容辭地投身慈善。[28]再者，在書的最後一頁，他印了六個私人印章，每一個都很明顯地將印主（即張光烈）與辛酉年（一八六一）發生的事件，以及這些事件造成的家破人亡的喪失感連繫在一起。例如其中一個印章刻著張光烈父親的遺誡「無忘爾母」；另一個則刻著「娘叫我鈍兒」；第三個則是提醒讀者印章的主人仍然是「辛酉乞兒」。[29]從根本上而言，書中這些附加材料重申了張光烈受苦的程度，重申了他乃是家庭中死者的儀式主事人，重申了戰時經驗在何種程度上對他戰後的身分認同造成了不可逆轉的影響。

張光烈的書記錄了母親的烈行以及自己的絕望。他把英勇行徑、苦痛和日常生活放到空間、情感與政治層面上呈現，並將其與杭州的居住地、家庭關係以及國家榮譽相聯繫。書中對於失序的呈現，挑戰了家庭秩序與政治秩序兩者無縫接軌的那種想像，同時似乎也表明，儘管張光烈極度渴望秩序的恢復，但動蕩與個人際遇所造成的情感波濤，仍舊久久不願退去。《辛酉記》的編輯建立在一連串的並置與對比之上，這些成雙成對的組合與作者的傷悲相輔相成，闡明彼此。正如我們將要看到的，他對比了官方的紀念與個人的回憶，儀式與情感，祭祠與園林，貞節與母愛，父／國與母／家，英勇行徑與喪親之痛——每一組對比都說明官方機制在彌補損失、恢復秩序、安撫情感以及紀念死者等方面的失敗。[30]

地方精英們以國家之名建造祭祠，並透過出版烈士名錄來推動自己的地方利益；深入檢視《辛酉記》一書，還可以讓我們看到這些做法背後更為複雜的一面。在一場深度挑戰了既有秩序的戰爭之後，在當時那種失序往往等於叛亂的情形下，省府官員與地方精英結成聯盟（儘管他們之間的關係有時頗為緊張），透過堅持不懈、大張旗鼓地建立祭祠、舉行祭祀、確認烈士、安葬無主屍骨、安撫亡魂，以及出版地方烈士傳記，來在象徵的層面上重建秩序。[31]就像我們已經看到的，在這一過程中他們既相互合作，又相互競爭，彼此都認為自己有權力去定義並組織對戰爭的回憶，並由此定義何謂理想社會、政治組織與家庭。相比之下，張光烈在《辛酉記》中堅持他自己那種高度個人化的紀念形式，並且在混亂、破碎的殘片中，找到了不同於官方與地方精英定義的意義。

悲傷塑就自我

在《辛酉記》中，張光烈讓自己成為喪親之痛的具體代表。他告訴讀者，這幾十年來，對戰爭時期的回憶一直折磨著他的身心，特別是（但又不僅限於）他八歲那年母親在自己及全家人面前，因抵抗太平軍而被砍身亡的那一幕，總是在他眼前重複上演。透過描寫淚水、身體疼痛、號啕以及其他無法控制的身體與情緒反應，張光烈為他的悲傷建立了真實性，這種真實性和官方紀念儀式那些井然有序的安排有著清楚的區別。張光烈表示，即使他已長大成人，每當回憶起兒時那些改變一切的事情時，他還是忍不住要哽咽啜泣。在具體做法上，他使用詩歌及園林這些常見媒介，來塑造出一個自我形象——具體來說，一個沉浸在悲傷中的自我形象。

張光烈告訴我們，他曾嘗試出版他年輕時的作品，一本題名為《蓼莪吟》（意為孝子的低吟）的詩集。這部集子共收八十一首詩，皆與其母有關，乃為充滿「苦語」、「哀吟」的「志痛之作」。[32]雖然日後張光烈為這些詩的品質不佳感到難為情，但這些詩的真摯情感讓它們有了價值。[33]張光烈解釋說，自己從十四歲開始寫關於母親的詩，直到二十三歲才停止；他請求友人為詩集作序，然後把集子拿去刻印，但手稿卻在付梓前遺失了。[34]一八八四年，張光烈在書房的「亂書堆」中找到了這本詩集的序與跋後，始能將它們收錄進《辛酉記》的最終版。

這部詩集的原序作於一八七六年，後被收於一八九〇年版的《辛酉記》中；張光烈在該序裡問道：「像如今這種放屁詩，難道好把人家看不成。」[35]他認為人人皆有母親，而很多人在自己母親年老、去世後，便「把那個親熱娘老子的心腸撇向雲端去了」，轉而沉溺於賭博嫖妓的放蕩生活。他問自己為什麼總走不出母親慘烈早逝的陰影，並疑惑這些詩是否只是「偶然間裝出思親的樣子，拿起筆來做幾句詩」、「抄書裡的腐話」、「說口頭的假話」，或「如做時文一般七言八語都是為應酬題目」。[36]儘管孝順之心通常被視為是純淨且真摯的，超越了廟堂與市井上那些被污染的話語，但表達對慈母情感的詩歌，或許還是不能完全代表作者的真實感受。張光烈解釋道：「我刻這一本詩也並不要人家看，我只想那個才子文人，有空功夫做什麼閒書小說，便央求他將我媽媽殉烈的事體，編一則附在後面，傳把人看。」[37]

同時代的人與張光烈一樣，認為殉節者的事蹟適合付諸文字，由此可以在更廣範圍內的不同讀者群中傳播。著名的杭州作家俞樾做過類似的評論。俞樾曾為他兒子死去的未婚妻寫下一些紀錄，此女的父親是在戰爭中盡忠而死的當地縣令，而她在死後曾出現在她姐姐的夢中。[38]俞樾表示，對這些事情感興趣的時人，可以根據他的紀錄加以發想創作。方濬頤的《轉徙餘生記》即是重新包裝許奉恩的戰爭經驗而出版的。這個根據真實故事改編的回憶錄有著奇特的娛樂效果，通篇充滿了虛構的花俏情節：各種巧遇、妙語如珠的對答，以及一位勇敢智慧的主人翁。[39]

將真摯情感與官宦生涯所需的陳腐筆法並用、對比，是當時流行的小說書寫模式，而張光烈在書中即採用了這種模式，同時他也使用了十九世紀文人在呈現自我時常用的主題。他描述說，他一方面具有傳達真實情感的欲望，但另一方面又受制於自我表達方式的侷限。真實的情感不但能定義差異，還擁有高於文字的地位，尤其那些用於滿足私利的文字。因此，深深的悲傷使張光烈的《辛酉記》以及他以文字銘刻記憶的努力，與那些虛情假意的一般作品有所分別，同時也讓他這本回憶之書與那些應付科舉的實用書籍涇渭分明。透過擁抱悲傷，他表達了自己對社會成規定義下的男兒志向的疏離，並藉由淚水與反覆描述痛苦，顯示出他情感的真實性。然而，悲傷中產生的作品儘管真實，卻有其侷限。他提醒我們，情感與文字之間存在著不可避免的鴻溝，而由情感與文字交織而成的詩作，也有可能佚失。這種對文本消失（這體現了文學的物質消亡性）的焦慮，是太平天國戰亂後作品中盛行的主題。的確，這些詩作後來都佚失了，證明張光烈用來記憶母親的媒介，是如此脆弱、易逝。

張光烈還試圖建造一座名為「烈園」的園林來紀念他的母親。一八七九年，因為要參加曾做過俘虜的那位兄長的婚禮，張光烈回到缸兒巷舊居，其後一年，他開始收回故地建造烈園。這座由張光烈打造的園林很小，且入口狹窄。入園之後，會看到一面小匾額。沿著蜿蜒的牆前行，穿過一扇門，會突然看見一座廳堂，其匾額上書有「烈」字。往左會看到「蓼莪閣」，其名取自一種象徵孝心的植物。在門洞上方張光烈安排題了「望九京」三字。過了門廊即為「淒涼徑」，暗喻張光烈與母親的生死永隔。[40]園中的建築物另有「酸淚廊」和「護萱廬」——「萱」是另一種喚起孝子愛母之心的植物。

就像詩一樣，園林可以代表非正式的、真實的主觀自我。很多有財力的成年男子以他們園林的名字為號，特別是在較為私人的場合上。當然，園林也是一種資產形式，是社會地位的象徵。張光烈向他的讀者保證，他的園子不僅僅是地位的象徵，還具有使園林與眾不同的真實情感。他保證自己的園子有別於其他用來宴飲作樂的園林。就像他這個人一樣，他的園子存在的唯一意義是紀念他死去的家人，特別是他的母親。烈園是一個代表他自己的地方，一個能公開宣告他是一位傷心欲絕的孝子的地方，也是一個負載著無法言喻的喪親之痛的紀念場所。

張光烈似乎也將烈園想像成一個可以與死去的親人再次取得聯繫的地方。他宣稱在烈園的蓼莪閣裡，母親真的顯靈了，他感受到了她的出現。就在這兒，因為想到母親的死，他跪地懊悔痛哭，感到陣陣入骨的酸楚。[41] 他在這座園林中吃飯睡覺，並與母親的靈魂神交。他寫下幾副對聯刻於園中亭臺的牆上。對聯上的文字確認了他與母親以及與那場徹底改變他的悲劇之間的緊密關係。在這些對聯中，他強調了自己與正常社會生活的疏離，宣稱自己永遠懷念母親，並宣告自己的人生目的就是守護有關母親的回憶。他用乳名自稱，喚母親為「阿母」。最後一副對聯再次有力地強調了一位悲傷的男子與兒時的自己之間的紐帶：「七尺身常呼負負，八歲兒猶是依依。」[42]

張光烈重返釭兒巷，詳細描述了記憶中以及殘留的舊居之空間格局；這與我們今天把地方和記憶相結合的理論不謀而合。[43]他在這個承載情感的地方得到了一些撫慰，但這種撫慰最終也是倏忽即逝的。因為與母親娘家親戚的衝突以及本身的財務狀況，張光烈最終不得不放棄烈園。[44]烈園的失去與早期詩作的散佚，似乎放大了最初失去母親的痛苦：失去她不是一次，而是三次——就像是他為了紀念母親所做的努力一般，這一切都如此的不經久、不穩定。就像他在丟失《蓼莪吟》後寫下的：「嗚呼！幼齡失恃，痛不可言，而並此悲憤之意，不得稍白於人世，誠何哉！」[45]在《辛酉記》中，張光烈將自己（或是文中的自己）放在與那些定義了自身經歷的地點及感情的關係之中。詩歌和園林常常象徵著內在的自我——透過詩歌和園林，張光烈用未能撫平的悲傷及充滿挫折感的孝心，寫出了一個公共身分，並透過出版，公之於眾。

失序與秩序

在《辛酉記》裡，太平天國戰爭是造成動亂的力量：它侵入人們的生活，殘害人命，毀壞財產，同時也揭露了潛藏於地方與帝國的意識型態信條，並要求戰後的秩序恢復。太平天國戰爭還帶來了其他失序之舉——人們說謊、背叛、吃人、偷盜。官員的作為無法達到人民的期望。他們暴露了自己貪腐又膽怯的一面，就連清軍營隊也對那些本應受他們保護的社群燒殺擄掠。[46]就像我們已經看到的，為了糾正戰爭帶來的失序混亂，一方面透過正式的國家旌表，表彰死去的官員、士兵和平民做出的英勇犧牲，從而重建戰後秩序，另一方面在意識型態上下決心進行道德轉化、恢復道德秩序。[47]國家旌表藉由將無意義的死亡轉譯成具有政治意義的英雄主義話語，顯示出國家渴望以這種簡單的方式，恢復它想像中的戰前秩序。背負著悲傷的各個社群需要透過各種方式重新團結在一起。這些方式包括：建立（新的）制度化程序，調查、確認有資格受旌表的烈士；出版烈士的事蹟材料；修建祠廟來祭祀戰爭死難者；以及透過（地方或地區想像中的）帝國重整，回歸傳統的秩序規範。但是，即便張光烈一定程度上採用了這種將戰爭與紀念並置的標準（甚或是陳腐）做法，透過將親人們的受旌文抄錄進《辛酉記》，他還是在行動上挑戰了那些所謂恢復秩序之舉的有效性，強調它們並沒有真正顧及自己的悲痛以及無可挽回的損失。

在序中，張光烈這樣解釋《辛酉記》的編寫動機：「痛心之事，至死不忘，而況其靦然猶在也。」[48]借用國家紀念太平天國戰爭死難烈士的慣用修辭，他說這是一本記錄「赴義全節者」之書，但又說自己對此書「不能卒讀矣」。[49]他似乎在暗示，儘管《辛酉記》在結構或內容上都很不尋常，但或許可以在官方委約的紀錄之外，提供另一種有意義的書寫方式。他提醒讀者，在辛酉年（一八六一）太平軍攻陷杭州那天，他失去了包括母親在內的十八位親人。他接著表示，自己一方面非常感激朝廷加旌於他的親人，尤其是他的母親，並評論說：「迭荷聖恩，厚加旌卹，貞心勁氣，愈覺光明。」但另一方面，他卻又分辯道：「然在君上以為可嘉，而其子孫則又具無窮之戚而抱難言之痛也。」[50]張光烈不斷地提到他那無法洗去的悲傷和他（難以自拔地）回顧往事時流下的眼淚，儘管事情已經過去將近二十年。於是，張光烈建立起了一個強烈的對比，一端是格式化的紀念言語，而另一端則是難以表達的洶湧悲傷。[51]

就這樣，張光烈的作品揭示了面對失去的兩種應對方式：一種很正式，具有同質性，井然有序，並且由官方認可；另一種則很主觀，缺乏章法，並且很私人。從一開頭起，張光烈即便承認朝廷旌表的程序與媒介，但也指出了它們最終不足以弭平他的傷痛。他承認國家建立的忠烈祠及其相關文書，但他仍選擇退避至烈園，一個在空間上及情感上與他的喪親之痛相關的地方。

如同我們所看到的，帝國的旌表給失去親人的家庭提供了地位與聲望，並讓死者成為國家認可的價值觀（例如忠、貞）的楷模。它同時提供了微薄的經費，用於補貼喪葬花銷、修建牌坊、修建祭祠，紀念地方政府認定的為國犧牲者，而這樣被認定的死者數目日漸增多。帝國的旌表被想像成一種建立秩序的機制，藉由這種機制，地方與中央之間的關係透過各級地方官員得到重建，將遭戰爭摧殘的地方重新整合進孱弱的帝國之中。但事實上，就像與十九世紀官僚體系相關的所有事情一樣，紀念的種種過程可能遭受腐敗侵蝕，並受到譏諷。描寫戰前世態的小說《風月夢》評論說，當國家因一位曾為名妓的侍妾之貞節而表彰她時，每個層級的官員都抽走了旌表專款的一部分，最後到達該侍妾家人手上的錢所剩無幾。[52]但張光烈在書中也清楚指出，不論旌表是否帶來榮光，或這個過程中是否出現腐敗，旌表本身無法消解痛失親人所引起的情感打擊。

在應對並重構主流紀念方式的過程中，張光烈把國家與父系家族作為最重要的（也是無可迴避的）架構來展開書寫。《辛酉記》目錄後的第一頁複製了禮部頒發的旌表文書，這份文書表彰了張光烈的母親以及其他死於辛酉年杭州城陷的親人。其後印刻了張光烈父親手書的訓誡「毋忘爾母」，落款為「四男光烈跪識」。張光烈以此文字表達了對父親訓誡的遵從，表示自己是張家孝子。張光烈解釋說，是父親將母親的事蹟上報到他所服務的南方行政區長官兩廣總督那裡，而總督按照應有的程序，把材料轉給張家原籍浙江的巡撫。浙江巡撫隨後派人到縣裡調查情況，在一份奏摺中報告說：「續經本省採訪局彙案詳報，先後奉旨賜旌，如例并入祀浙江忠義祠。」[53]

張光烈的書寫，遊走於主流紀念方式的傳統周圍，卻不出格。同時，他用情感與悲傷來對抗國家與父系家族施加的絕對責任。在《辛酉記》一書中，有序的結構與無序的情緒共同並存、相互糾纏；鬼魂與夢魘一起困擾著活人的世界。所以，即使父系家族的責任與國家榮耀是《辛酉記》一書的中心，這本書真正關切的卻不是這些正式的紀念方式。的確，在有意義地紀念戰爭死難者一事上，國家與家庭作為制度，最終被證明是力量薄弱且不足以應付需求的——而且它們從一開始就沒能阻止災難的發生。比如說，在張光烈筆下，父親不僅遠在別處，而且他為讓家人避免受難所做的努力，都是徒勞。[54] 此外，在一個更為籠統的層面上，張光烈描繪的父系傳承因衝突而分裂，因個人弱點而遭到削弱，因對金錢、食物與財產的爭奪，或是因壓力下所做出的絕望選擇引發的負罪感而被擾亂。和很多同時代的人一樣，張光烈暗暗指出，造成戰爭破壞的責任方是多重的，而現有的道德範疇則不足以描述複雜、沉重的政治現狀。張光烈描繪了一個與滿嘴仁義的常規表述不相稱的不道德政體：戰爭雙方都對平民犯下暴行，劫掠了他們的財產；被太平軍徵召的人回鄉後遭到排斥（或受到更糟的待遇）；飢餓的居民吃掉橫陳鄉里的餓殍。[55] 在描述父系家族與國家時，人們常論及責任與英勇行為；但弔詭的是，它們的明晰形象會被削弱，會被日常經驗中無序的情感細節貶抑。當其他人對秩序的象徵性恢復引頸期盼時，張光烈似乎只希望母親能夠回到身邊。

亡母肖像

《辛酉記》中描繪的首要家庭情感依賴對象是他的母親——他愛她，渴望重新見到她，但最終無法如願。張光烈充滿愛意地描繪母親的外貌細節和與她之間的情感紐帶，並由此來回憶她——他與母親之間的紐帶被瞬間發生的暴行斬斷了。明清不少體裁的文學、歷史作品都描寫過受苦卻有德的母親。香港中文大學教授熊秉真認為：「不論他們的母親已去世或仍活著，中國男人總覺得有必要大量作文描寫自己的母親。」她提醒我們，這些作品常常出於作者的私人目的，而且常常依賴於各種原型的母親形象。但即便如此，她還是表示：「很多男孩似乎永遠無法走出喪母之痛。」[56]顯然，張光烈的自我描述符合這種模式：他沉浸在悲傷中，十分感性，情緒外溢，而且深深地情繫母親。

在《辛酉記》中，母親的形象顯然佔據了核心位置。張光烈以三個截然不同的角度來描繪他的母親，每一個角度都讓他得以凸顯一套不同的要點。首先，她是知書達禮的典範，言行符合禮教常規、符合採訪忠義局對知禮的定義。在張光烈的描述中，他的母親從生到死都是符合大眾價值觀的典範。張光烈向我們保證，她的母親是一位理想女性：貞節、溫柔、節儉、嚴格、刻苦、和善、治家謹慎、衣著樸素，並且嚴格要求兒子勤奮讀書，要求女兒專於女紅。[57]第二，她是他兒時摯愛的慈母，只有用對日常生活細節幾乎是觸感式的點滴回憶來喚醒對她的記憶。從這個角度，張光烈提供了一連串的快照來捕捉這位女性的影像，這個影像由無數的親密瞬間組成，流露出她對孩子的愛、她的個人習慣，以及種種構成她人性特質的與眾不同之處——她的死給張光烈個人帶來了深深的悲痛。母親的這一形象以非正式的方式，與正式的禮儀和位階形成對立，同時也符合一種說法，即對母親的孝心足以挑戰父權秩序。[58]第三，張光烈將母親描繪為可怖暴行的受害者，她的死法不僅說明她值得被國家旌表為烈婦，也說明她值得兒子對她懷有深深的傷悲。

張光烈把母親描繪成一位值得紀念的有德婦女，強調她對子女教育的關心，她為維持家庭衣食無憂所做的努力，她勤勞節儉的習慣，她謙虛嫻靜的行為舉止，她對長者和親戚的關心，以及她以死保衛自己貞節的決心。張光烈告訴讀者，母親此等行事作風是正確的：由於她的先見之明和細心，有兩次她的孩子都躲過了傷害，而這兩個場合都有人喪命。一八六〇年太平軍攻打杭州之際，她讓家人搬到杭州城較偏僻的親戚家，因而救了全家人的性命。同樣，翌年太平軍佔領杭州前夕，她讓家人搬到鄉下，再次救了他們的命。[59]但因為在避難之所遇到了未具體言明的問題，她想要回杭州，並且誤信他人，以為這會是一個安全的選擇。在歸途中，她目睹了四處的不安定情況，意識到自己被騙了。[60]

面對太平軍，她的第一個念頭是自殺，而當她試圖上吊（此舉符合當時的道德要求）時，兒女的哭嚎聲阻止了她。她表明自己寧死不降的心志，以及自己大門不出、二門不邁的守節決心。張光烈回憶起，當他們一家人搬到鄰居家時，她慷慨激昂地宣示：

止吾一婦人，其能於賊騎中挈汝輩逃命耶！且此時遍地皆賊，吾苟出里門一步，他日有何面目見人？[61]

接著，她再一次表明自己願意一死，而她的小孩與兄弟都親眼目睹了她的正義陳詞。[62]於是，死亡成為她德行的無可避免的結果，而公開的旌表把意義放到了她的節義之死上。只是，張光烈提醒讀者，這些形象並不足以完全代表他回憶中的母親。

散布在書中各處的私密細節與官方對恢復官僚程序和儀禮的強調，形成了強烈對比。這些具體細節包括母親的外表和舉止，以及有關對話和事件的記憶碎片。書中不時出現方言字詞（並做了註解）以及對感官經驗的描寫，這也提高了《辛酉記》內容的特異性。母親的眉角有麻痕數點；[63]她平日用一支象牙嘴的烏木煙桿吸煙；她吃酒，且溺愛兒女；擔心恐懼之時，她會拜佛，並會在夜深時分抱起幼子說：「阿炳阿炳，愛汝惜汝，千般嬌養，只恐汝娘管不了。」而孩子則會「攬頸而啼」。[64]根據張光烈的說法，母親與丈夫的兄弟姊妹以及自己的兄弟姊妹關係複雜，有時還鬧不愉快。張光烈回憶，她喜歡自己掌管廚房，每天晚上會在所有兒女的陪同下，親自檢查家中的所有門窗是否上了鎖。她虔心禮佛，時時禱告，且常常茹素齋戒。更為特別的是，母親因為屬羊而忌吃羊肉。為了表達尊重，她死後全家人都不用羊肉做祭品。[65]

張光烈所懷念嚮往的這些特點，在後來的時日，被想像性地轉移到了他的新娘與傭僕身上。成年的張光烈看到家中婢女們上樓梯，在她們身上彷彿看到了亡母的儀容。[66]他在自己新娘的臉上也找到了母親的影子，而與這個天大的巧合形成反差的，是他父親請人繪製出的母親遺像與母親本人不大像；而張光烈在見到他的妻子之前，對母親的相貌只有模糊的印象。[67]這樣的並列對比彰顯了官方紀念形式的侷限，也凸顯了私密、巧合以及女性特質的力量。這些碎片充滿細節，足以喚起回憶；從這些碎片中，我們瞭解到無從解決的家庭緊張關係，以及痛苦慘劇難以消散的影響力。在中國傳統中，成功的兒子往往透過數不盡的墓誌銘及祝壽文來表達對母親的孝心，而張光烈卻用多愁善感的作品來表達對母親的摯愛。

在對亡母的描繪中，張光烈憶起很多親密時光。他回憶起，當母親獲知孩子們面臨危險時十分痛苦，並為自己竟在太平軍陷城前夕，將家人帶回城裡而自責不已。[68]他回憶起，母親有抽煙的習慣，而在最後的抗暴中，她把烏木煙管砸向襲擊她的太平軍士兵，激起後者施暴，導致她的被害。[69]張光烈告訴我們，母親喜歡喝酒，每天晚飯前都會拿出一把酒壺、兩個酒盞來飲酒，而她的兒女就圍繞在她四周，自在地聊天。他還回憶起，他會躺在母親懷中撒嬌，而母親會抱著他，滴幾滴酒在他的口中，再給他吃點剩粥。因這一回憶惆悵不已的張光烈嘆道：「此事今豈可再耶！」[70]當然，他要說的是，這些往事不會再現，而母親的死傷透了他的心，讓他永遠無法復原。[71]張光烈並沒有籠統地塑造一位為兒子的教育而自我犧牲的母親形象，也沒有塑造一位為國盡忠捐軀的烈婦典範；相反，我們看到了兒子眼中的亡母，而且他告訴我們，這個兒子在母親死後的幾十年，仍舊傷心欲絕。因此，這些回憶的作用是強調張光烈與母親之間的情感紐帶，同時強調了喪母給他帶來的打擊有多大。[72]

透過細細描述這些記憶中的時刻，張光烈寫出了母親的人性與善良。這些情感自然流露的吉光片羽不只是與作為女性貞節典範的母親形象相差甚遠，也和省上的採訪忠義局編寫乃至出版的傳記有著極大的不同。一般的官方傳記為了強調當事人盡忠竭義的意圖，往往將焦點放在死者臨死前的言行上。對於地方忠義祠之類的國家機構而言，拒絕投降的姿態、對皇帝盡忠的豪言，以及對太平軍的抵抗，都是將戰爭死難者詮釋為烈士的重要證明。這些效忠至死之人的傳記固著在幾種典型上：全力以赴的抵抗、絕不妥協的忠誠，以及至死不屈的態度。這些敘述抹滅了個人的情感，只強調正確地、模範地扮演符合位階尊卑的角色。盡忠殉難者代表了國家認可的價值，因而受到旌表；儘管人人都可以爭取，但不是所有人都做得到代表這些價值的義舉。獲得旌表之人成為樣板化的典型，而傳記所描述的模式化衝突，常常以他們的死亡為結局。與此形成反差的是，張光烈將焦點放到那些讓母親形象顯得獨特、慈愛和無可取代的事情上，儘管她也必須符合忠義的角色。雖然母親名列忠義殉難者的名單，但對張光烈來說，他懷念的是母親活著的光景。

張光烈不斷地重述母親臨死前的那一刻。她的死在《辛酉記》裡被張光烈描述了不下七、八次，每次的細緻程度不同，語境也不同。從裡面最正式的文章〈先母姚太恭人殉烈緣起〉中我們得知，在生命最後幾個小時裡，張光烈的母親領著她的四個兒子、兩個女兒避到鄰居簡陋的住處。後來，有個太平軍士兵爬上樓梯，抓住了大兒子，並把他拽走。張光烈的母親於是把最小的兒子抱在懷中，宣稱說，失去大兒子，她已心碎，並因此堅定了她求死的意志。之後，又有一位配帶短刀、懷有明顯惡意的太平軍士兵進入家中。他數了數孩子的數目，打了他們的叔伯，命令他帶著孩子隨太平軍而去。就在這個時候，張光烈的母親大聲喊道：「殺便殺爾！我豈怕死耶？」那人於是拔出刀來。孩子們個個嚇得臉色發白。母親將小兒子遞給僕人，轉身罵賊，要他殺了她，並將手中物品（這裡未說明是何物）擲到他臉上。此人於是刀刺她的頸部；她已餓得無力的身軀倒在地上。她的眼睛保持明亮良久，而她出的血並沒有想像中的多。可能是因為震攝於這些超自然現象（它們可解讀為證明了她的內在道德），士兵將兩個較大的兒子以及叔伯匆匆帶走，離開這座房子。我們在書中其他地方獲知，這兩個孩子及叔伯被抓走後遭到殺害，[73] 僕人和小兒子不知如何躲過了敵人的注意，在母親屍體邊上伴了兩天兩夜。

張光烈多次描寫這一場景，每次描述都有些微的不同。例如：對張母死前言語的複述的正式程度，或是根據具體文章主題的不同，而凸顯與該主題相應的敘述元素（例如，空間、對屍體的具體描述，以及時辰）。在描述母親屍體的文章〈屍骨〉中，張光烈添加了若干的細節，如太平軍士兵將母親的頭顱拋下樓梯，舅舅將頭顱找回，放到母親頸項旁邊。母親的眼睛似乎因察覺到小兒子與僕人跪在旁邊哭泣而跟著流下眼淚。[74] 添加這些細節，是為了強調可怖的氛圍，並彰顯生還者與受害者之間的情感紐帶。張光烈告訴讀者，他當時害怕得尖叫，並由此告訴讀者，年幼的自己對這一愴痛場景的反應。[75]

在關於張家故居的文章〈里居〉中，張光烈也描述了母親在鄰居家遇害身亡的最後情形。他們自己的家整齊乾淨，給孩子讀書、母親禮佛，以及維繫男女有別的空間分配，都提供了適當的環境；相較之下，他們的余姓鄰居和她女兒的房屋僅有「數椽蓋分餘地」，門窗不是破損就是不見蹤影，而屋內也堆積著破舊的家具與器具。幾近二十年後，當回憶起母親殉死的這個地方，想起鄰居後屋正中處正是母親的死難地，張光烈仍會哭泣。[76]

張光烈對母親臨死前情形的描寫，在某種程度上符合大量太平天國戰爭死難者的紀念傳記的寫法。他把母親的死描寫為英勇之舉，並由此確認了忠義死難者與國家之間的關係，同時也確認了母親有資格獲得官方的烈婦旌表。對母親死亡的描寫，也和前文提到對其生前作為道德模範的那些描寫一樣，有著同樣的作用。同時，張光烈對母親之死充滿情感的重複敘述，也定義了自己的痛苦（以及他悲痛情緒的真實性）、定義了母親的價值，並在長大的張光烈與幼時的張光烈之間，既劃出了界線，也留下了連結。

遺骸

正如我們已看到的，妥善處理親人的後事，尤其妥善處理他們的屍體，能保證他們在死後會成為庇佑家族的祖先，而不致淪為孤魂野鬼。[77]太平天國之後，就像中國歷史上其他很多時期一樣，無人認領的屍體是失序的象徵，而屍首（或是代替屍首的衣冠或其他物件）的下葬，則象徵著終極秩序的建立。太平天國之後一段時期，地方社群組織善會、修建義塚，努力掩埋數量龐大、無人認領的屍體。必要的時候，人們會用衣冠之類的物件代替失蹤親人的屍體。為了履行作為母親的兒子、作為伯父、伯母嗣子的責任，張光烈把尋找並紀念死去親人的努力與家庭祭祀和國家旌表相聯繫，因為它們都是恢復秩序的重要象徵。埋葬並紀念家人，是張光烈戰後最重要的任務，儘管在他對戰時事件和經歷的回憶中，無人處理的屍體佔了很重要的地位。

在長達近十七年的時間裡，張光烈與其他倖存的親戚尋找親人的屍骸，呈交官府所需的文件，並編寫紀念傳記。屍體與棺材曾丟失，又奇蹟般地找回；如果找不到，就只能用一些具有特殊意義的物品來代替，多數時候是在簡單的木頭靈牌上刻上死者的名字。張光烈母親的斷頭屍被仔細地處理，頭與身軀被合在一起，裹在蘆葦席中，在她暴烈死去後出現的詭異寂靜中隱藏起來；多年以後，屍身以託夢和看似神助的方式被尋獲。張光烈的舅舅夢到妹妹的骨骸站在自己面前，對她死亡的負罪感讓他十分抑鬱。張光烈的伯父也做了類似的夢，遂派人到當年事發屋子的斷壁頹垣中搜尋。直到日落，都沒有找到屍骸。他們倍感沮喪，於是開始默禱。一塊磚頭落了下來，露出了蓆子的一角。人們被這顯靈的徵兆激勵，開挖之下，發現了張光烈母親的整副骨骸，只少了中指的一節指骨。[78]屍骸找到後，依禮俗送回夫家的家族墓地，於一八七八年在遠眺西湖的龍井山上葬於其夫之側。

官方的石碑與旌表文都肯定了張光烈母親之死的政治意義，浙江採訪局的相關文書證明說：

……本省採訪局彙案詳報，先後奉旨賜旌如例，并入祀浙江忠義祠。骸骨於克城後歸，今與府君合葬於西湖之龍井山。[79]

張光烈的嬸嬸和堂姊在太平軍佔領杭州城那天自縊。她們的屍體被放進一口牛皮衣箧中，然後衣箧被藏到屋子的牆後。找到衣箧後，人們發現她們的遺骸絲毫未損，於是將她們葬在龍井山，而她們的靈位被安放到省上忠義祠內。這樣，透過將逝者依禮重新安葬到家墓，或是系統地對其加以皇家旌表，秩序最終（或者只是表面上如此）被強加在死者、死者的身體，以及他們的生前事蹟上。

其他親戚的屍體更難找到。張光烈眾多的叔伯、姑嬸、他們的孩子，以及自己兄長們雖然最終透過葬禮回歸了家族，但實際並未找到他們的屍首。《辛酉記》中有一篇文章講述了太平軍陷城後伯母的屍體與殯柩遺失的始末。當時，守墓人被太平軍抓走，等他回來時，無法清楚解釋伯母屍體究竟發生了什麼事。他解釋說，可能是太平軍為了棺材中的珠寶和衣服而劫走了棺材——要不就是他們將棺木拆掉，把木頭拿來修建營地。[80]這些解釋有力地暗示了當時已被擊潰的太平軍不人道的異端本性。對於屍體與棺材都無法找到的親人，只有用銘刻了名字與生辰的木匣代替死者的遺體。因此，木頭與文字成了儀式上的替代品，也代表了在混亂中再也尋找不著的叔伯們。

不散的陰魂

遊蕩的鬼魂提供了另一種有獲得心理解脫的方式。有別於葬禮和紀念，這種方式可能是無序的，但也符合情感需求。就像許多異聞軼事一樣，在太平天國戰爭之後，不令人意外地，人們十分希望能透過宗教人士、扶乩或通靈，來與死去的親人溝通。[81]當時的隨筆或文集中頻繁提到與死者溝通（不論是真的，還是人們嚮往的溝通），而且也會提到與惡鬼接觸這種更加駭人的事情。[82]

類似的，張光烈也提及了他與摯愛的姊姊杏珠通靈。他描述說，杏珠長得很可愛，而且像母親一樣聰明，擅於刺繡和管帳。她為弟弟們製作玩具，玩具的擬真度讓「見者嘆服」。辛酉年杭州城陷時，她十七歲。當一家人躲到鄰居那兒避難時，母親告訴杏珠：「可死則死，勿受賊污。」杏珠哭了，記住了母親的話。母親被殺之後，杏珠本來想要自盡，但卻被賊兵阻止並強迫帶走。這之後，家人就不知杏珠下落如何了。

後來，當張光烈與父親及其侍妾住在廣州時，姊姊杏珠的魂魄附在了父親侍妾身上。侍妾以杏珠的聲音講話，向父親講述了自己的死況：那天她抵達巷尾時，看到有一條河，她遂擺脫抓她的人，跳河身亡。[83]張光烈於是斟了一碗茶給父親的侍妾，結果侍妾握著他生濕疹的手，剝落上面的疤，就像小時候一樣，所以張光烈確信這真的是他姊姊杏珠的鬼魂。父親驅趕鬼魂，以父之名要求女兒保持沉默，好好安息；侍妾馬上就停止以杏珠之聲講話。[84]杏珠的鬼魂說的話安慰了她的家人，尤其是她的幼弟。這件事也算解釋了杏珠如何死去，而且還讓她的家人可以為她與其他在辛酉年殉難的親人一起，申請國家的旌表。

出於經驗

一八七六年至一八七九年的丁戊華北奇荒造成了大量死亡，其規模之大，堪比一八五〇年至一八六四年的太平天國戰爭。上海的各家報紙廣泛報導了華北這場災難。這顯然激起不少人對戰時江南死亡與苦痛的記憶，而後更激發了許多生還者與見證人在新媒體，特別是在報紙上，表達投身救濟的決心，同時還將太平天國戰爭時形成的社交網絡與方法，運用於此次救濟活動。[85] 例如，余治的追隨者出版了《奇荒鐵淚圖》。這本繡像小冊子顯然是以《江南鐵淚圖》為範本的，不論是風格還是修辭手法，都與其頗為相似。而且它也是從同樣孕育了江南慈善活動家的社會與宗教環境中誕生的。很多江南逃難出來的藝術家，此時也在《申報》上發起了慈善募款拍賣活動。[86]

在《辛酉記》中，張光烈將自己塑造成一位被戰爭摧殘得孱弱不堪的人。童年痛失親人的悲傷持續影響著成年的他；他為親人們尋求旌表的方式一方面撫慰了他的痛苦，另一方面也符合社會期待。《申報》是十九世紀末指標性的報紙，張光烈在《申報》上發表的兩篇文章顯示，他也嘗試拿他自己的戰時經驗服務於人道主義事業。其中一篇文章描述童年的苦難驅使他在長大成人後投入慈善活動；面對饑荒或洪災，生還者應該同情並慷慨幫助受難同胞。像其他刊登在《申報》的文章一樣，這篇文章也描寫戰爭經驗如何直到十九世紀末期都還在影響戰爭生還者，激勵甚至要求他們集體參與人道慈善工作。另一篇文章對一項針對個人損失的政策提出支持，顯示清朝末年日漸顯著的政治參與文化。這篇文章可能也暗示了情感因素在晚清的政治和文化領域中扮演的角色，也顯示出這種情感可能與戰時的痛苦經驗產生的情緒之間，有所連結。[87]

張光烈題為〈乞兒語〉的文章最初於一八八七年刊登在《申報》上；後來一八九〇年版的《辛酉記》亦收錄了此篇文章。在這篇文章中，張光烈解釋了為何戰爭生還者有責任參與慈善活動。他回想起自己與傭嫗朱氏在浙東逃難的經驗，那一個月的飢餓與恐懼「猶歷歷憶之」。他用很長的篇幅描述他遭受的苦難，寫道：與父親團聚時，他已「不成人形，幾乎餓鬼道中物矣」。[88]他解釋說，他辛酉年的挨餓經歷，驅使他認為自己有義務對一八七〇年代至一八八〇年代的饑荒救濟工作做出貢獻，例如參與由地方慈善單位組織、並在報紙上宣傳的活動。[89]

張光烈利用與傭嫗朱氏的對話，呈現了他對饑荒的應對態度。在這場對話中，他不斷以第三人稱「乞兒」稱呼自己。他寫道：「值晉豫之災，善堂送相冊至，嫗見之言曰：『逃荒與逃難，正是一式。小主人眼前飽煖，亦思及昔年行乞事乎！』」這位曾經的乞兒回答道：「唯不敢忘，因即持冊向戚友徧為勸募，口所能言盡言之，力所能為必為之。」[90]張光烈對飢餓和喪親的個人經驗，激發了他的想像，認為自己對更大的社群負有人道義務。個人與社會的這種連結，藉由報紙這個媒介達成——報紙宣稱自身致力於與不久前的過去展開對話，也致力於慈善。於是，《申報》成為一種將意義放大的工具，並將痛苦轉譯為人道主義行動。[91]

從一八八〇到一八九〇年的十年，剛好是《辛酉記》第一版和第三版之間的空檔時期；在這期間，張光烈失去了兩個年幼的女兒，一個尚在襁褓，一個剛學會走路，而張光烈將她們的死歸咎於醫者的失誤。《申報》的一篇文章記載了這些事情。正是在這篇文章中，張光烈表達了對提刑按察使*制定兒科醫生控管標準的支持。再一次地，他將個人悲劇與國家和家族的需求並列。他指出，如果省政府起碼能譴責兒科庸醫，國家就會有更多的（男性）繳稅人，而每個家族就可以擁有更多（男性）子嗣來祭祀祖先、延續香火。但即便他在言辭上將國家與父系家族置於優先地位，他還是強調了個人的重要性，並以動人的筆觸描寫他失去兩個孩子的悲痛，而這兩個孩子都是女兒，她們既不是未來的繳稅人，也不能參加祭禮。

張光烈長年在外，為忽略了家事而寫下自己的歉疚。他枯坐斗室，遠離家人，思索著庸醫、村醫是如何謀畫、斷送了他兩個女兒的性命。[92]從前他責怪父親的遠遊讓悲劇降臨到年幼的自己身上，而如今他的情況與自己當年批評的情形很相似。在前後兩種情形中，他都將

* 編註：清代時在省級設立「提刑按察司」這一司法單位，其主管即為按察使。

主體性、私密性與情感放在第一位。他在上海的主要報紙《申報》中發表的這些想法，說明當時已經出現了某種新場域，可以讓人們反思不遠的過去，並在當下表達看法。實際上，一八七〇年代和一八八〇年代《申報》發表的材料中，不論是有關前太平天國成員暴露身分、家庭破鏡重圓之類的轟動性故事，抑或是尋找在戰爭中失散親人的啟事，又或是《申報》或其相關出版社出版的應景作品或戰爭回憶錄，都可以看到對戰爭的持續關注。[93]這場戰爭在十九世紀末公共讀者群的形成過程中，扮演了重要角色。同時，《申報》之類的新媒體也提供了一個載體，讓人們得以抒發戰爭引發的各種情緒，也讓人們在面對新的災難時，可以將類似情緒轉化為集體行動。

思索痛苦

張光烈這樣的戰爭生還者數以百萬計；他們得要埋葬親人的屍體，重建自己的人生，哀悼自己摯愛的母親。在十九世紀的最後三十年，人數眾多的作家拿起紙筆，記錄這場戰爭中的事件，並且記下他們自身的恐怖經驗。[94]正如我們看到的，戰爭結束後好幾十年，張光烈仍用他後來佚失的詩歌、賣掉的烈園、一寫再寫的《辛酉記》來紀念他的母親，他做的這一切都與表達悲傷的自我有緊密聯繫。而在這幾十年中，張光烈還花了很多精力與時間來尋找、埋葬死去的親人，並為他們尋求旌表，用代理的方式參與對家庭成員的官方紀念。還有許多人在戰後花上幾十年來尋找死去的親人；由於很多無名屍是被集體掩埋的，所以不論是在個人情感上或是在傳統祭祀禮儀上，尋找死去親人的努力必定會遭受許多令人心碎的挫折。

張光烈的《辛酉記》提醒我們，戰後並不是一個樂觀恢復、整齊重建、有序記錄忠義死者的時期。生活與政治從不如此簡單，而復興與紀念的過程也從不如此簡單有序。此外，由於這些被地方精英和官員以國家之名主導的紀念方式，並無法補償損失、撫慰喪親之痛，個人才會用自己的紀念方式來尋求慰藉，或透過書寫來求得解脫。在《辛酉記》中，張光烈凸顯了看似混亂無序的主觀記憶的重要性；這本書提供了一個場所，讓這位悲傷的兒子能夠更好地回憶他親愛的母親。官方紀念所呈現的母親形象似乎把她抬升到一個過於崇高的位置；她變得陌生，而不再是那個活在張光烈溫暖回憶中，會在晚餐時餵他喝粥、夜裡與他相依相偎的母親。張光烈用文字記錄下這些回憶片段，並藉此塑造出一個沉浸在悲傷中的自我形象。藉由這樣的方式，他挑戰了官方敘事裡那種黑白分明的道德觀，把「德」的辭令吸收到自己以喪親之痛和真實情感為核心的敘述中去。

Chapter VII

尾聲

張光烈並不是唯一記下戰時經歷的人。在張光烈那本特立獨行之作初版的誕生之際，其他倖存者和目擊者也在將自身經歷訴諸筆墨。跟張光烈一樣，李圭也在戰爭中失去了許多親人，包括母親、妻子，以及襁褓中的女兒。他在〈思痛記〉中栩栩如生地記錄了他被太平軍俘虜時恐怖駭人的經歷。高鼎在李圭這本回憶錄的序中寫道：

粵匪自道光庚戌發難，迄同治乙丑，乃奏蕩平。歲越十六，省延十六，府州縣之不守者六百有奇，而吾人之陷賊中者，當以億兆計。其幽燐閃爍，朽〔骨度〕縱橫，與夫化為灰燼，融為脂水者，尤弗能以億兆計。若夫幸而不死者，亦莫可紀極。顧今日痛定思痛，能歷歷言之者，蓋少寡焉。[1]

這些經歷並未遠去，依舊歷歷在目，所以許多人仍覺得難以言說、難以描繪。然而，像李圭這樣的倖存者們覺得自己似乎被某種力量驅使，非得把這些經歷記錄下來不可。他們之所以認為自己的所見所聞難以言說，一方面是因為它們慘烈到言語無法表述，另一方面則是因為它們很難用現有的道德範疇來解釋。該怎麼看待朝廷官兵犯下的暴行呢？又要怎麼看待那些無視忠義、捨棄對清廷的效忠，轉而投向叛軍並行兇作惡的那些人呢？那些因為侍奉錯了主子（即便是被迫的）才碰巧僥倖活下來的人呢？李圭這樣的作者揭示了現實生活可能比小說更為離奇殘酷。就像高鼎在序中所暗示的，李圭在字裡行間也強調，他之所以能活下來，靠的是他的個人特質。他能倖存下來，是因為他有耐心、有決心，並對周圍的詭詐環境具有洞察力。

對這些作者來說，那些徹底改變他們生命軌跡的經歷似乎快被遺忘，淹沒在接踵而來的災難中。這些經歷無法以國家之名所鼓吹的犧牲來解釋，也無法用對美德的頌揚之辭來闡明。[2]戰爭距今已有足夠的距離，使他們可以把痛苦的經驗轉化成流暢的文字。那些經歷本來痛苦得無法表達，但目擊者們已迫切感到有需要清晰地記下自己的所見所聞。就像張光烈一般，李圭和其他作者在自我表達的同時，還敏銳地意識到清廷及其官僚鼓吹種種道德模範背後另有目的。與歌頌為清廷死節之人的忠義節烈傳不同，他們不去宣揚死亡是臣民之道的最佳體現；相反，他們的回憶錄雖然看似受限於陳舊的比喻和俗套，但卻能凸顯生命中熾烈的情感與徘徊不去的情緒。無論這些戰時經驗真實與否，它們在一八八〇年代曾短暫地成為個人與集體的一種宣洩渠道——同時也成為可供買賣的商品。[3]這樣的書寫為我們提供了嶄新的視角來理解國家與臣民之間的關係，個人與社群之間的關係，以及私人的情感苦痛與公共生活中的情感苦痛之間的關係。

很多描繪這場戰爭的作品是在十九世紀最後三十年間寫下或出版的，其中一些作品（無論是回憶錄、隨筆還是對事件所嘗試做出的解釋）最重視的是目擊者和倖存者的個人觀點，儘管同一時期道德考量催生了與上述作品互相競爭的官方、半官方的方志及忠烈傳記。像張光烈《辛酉記》這樣的作品儘管也吸收、利用了官方正式的紀念形式，但它們也指出了這些形式根本上的不足。由國家主導的頌揚與儀式無法抒發主觀經驗，無法回應傷痛，也不能令死者復生、讓家庭破鏡重圓。更有甚者，有些作者似乎發現清廷及其代理者與叛亂的緣起脫不了關係。對戰亂後恢復秩序的渴望有時無關忠義。其他書寫或紀念形式展現不了的潛在緊張關係，卻浮現在回憶錄中，或是體現在城鎮中比鄰並存、競爭的祠宇中——贊助修建這些祠宇的，是戰後統治江南地區的湘軍、淮軍長官，或是在家鄉地盤上堅持自己特權的地方精英。

由國家建立或促成的紀念體系無法充分表達人們的喪失之痛與憤怒，而且它們似乎也無法安撫躁動不安的亡魂。一八七二年，《申報》報導說，杭州滿城有鬼魂出沒——該地正是一八六一年一場大屠殺的發生地。儘管曾努力清除充塞該駐地河道與水井的屍骸，但「究竟受傷過重，餘毒尚存」。戰後由福建移駐此地的數百士兵中，有一半以上喪了命。其中一個因見到「無頭、無衣、四肢不全者填街塞道而來」而暴斃，似乎是因為驚嚇過度。[4]

其他人也感受到了鬼魂的不安躁動。由於杭州曾在一八六一年被太平軍攻佔，是以在杭州失陷二十週年紀念日時，佛教僧侶在昭忠祠舉辦了水陸道場，以安撫、超度那些死於戰爭、不得安息的鬼魂。儘管那些為那場法事所作的文章裡採用了歌頌「殉難」、「忠」、「義」的辭令，但這場儀式的日期應和的卻是杭州城陷之日，而非朝廷所定下的春秋兩祭的日期。

這場活動的策劃者是想要在官方的祭儀之外，尋求其他方式來撫慰死者嗎？[5]

這次水陸道場所用的儀式，通常被認為能超度所有死於暴力之水陸眾生的靈魂。它們也常被認為能使世界重獲和平與穩定。那些為這個場合寫下文章的作者卻僅僅利用這次道場來追憶忠義。然而，儘管他們這種做法頗為狹隘，但儀式本身卻更有深度、更有包容性。此外，慰靈的儀式至少持續到十九世紀末，這說明這些地方的社群在內戰發生之後的半個世紀，仍不斷被夢魘般的記憶和不得安息的鬼魂所困擾。

穿過忠義和革命的崇高框架，我們會看到底下隱藏著模稜兩可、倒旗易幟、微妙差異、偶然性，和被人輕賤的行為——構成戰時經驗的正是這些被崇高表象所隱藏的東西。官府文件和忠義烈士名單中看不到的痛苦選擇、喪失之痛和主觀經驗，在回憶錄和日記等作品中找到了抒發之地。這樣的作品不會強行使用道德框架來過濾矛盾且微妙的事件、來增加其明晰度。此前，人們不把這些作品當作研究這一時期的重要材料。事實上，被二十世紀那些同情太平天國的編者認定為代表了「清方」視角的作品，都因為其階級立場，或是因為被認為傳播了關於太平天國的錯誤訊息，而遭到痛批。在中國之外，這樣的史料也基本上被學界忽略了。就這點來說，忠烈傳記、有關忠義死節者的方志記載以及紀念忠烈的祭祠也被學界忽略了——儘管它們具有道德清晰度，但它們所宣揚的道德理想卻早已坍塌。在革命改寫了「忠誠」的邏輯後，忠義祠和宣揚王朝死節者的書籍都不再具有意義。那些自認與清廷之間有著神聖關係的宗教文本和慈善文本也遭到遺忘，這些文本曾賦予政治場域超自然色彩，但這種政治場域現在卻常常被人用純理性角度來對待。這些種類不一的史料在十九世紀後半大量湧現，但隨後因為它們的政治立場被視為退步保守或情緒表達失控，以及因為之後時代對民族國家及革命的關注超乎一切，所以被懷疑、被冷落。

如果我們貼近這些材料，會看到什麼？余治因城市居民的不義及天譴迫近而發出的大聲疾呼。在這種疾呼中，我們可以看到他對「確定性」的訴求。他那斬釘截鐵的果報論，不僅說明他想從戰時事件中找出可供依循的道德與政治確定性，也讓我們看到戰後的重建，其實有著宗教的維度。與之相似的，我們也能在採訪忠義局所作的紀念文本中發現，被頌揚的盡忠至死的烈士和作惡的叛賊被突兀地擺在一起。人們事後在守義的社群與起兵對抗國家的人之間，劃出了清楚且絕對的界線。然而，這種絕對的二分法遮蓋了戰爭所產生的巨大模糊與矛盾，這一點，透過細讀張光烈的獨特著作和其他人的作品，我們可以清楚看到。就像我們所見的，在小心翼翼畫出的區隔與界線之下，潛伏著種種未經昇華萃取的緊張關係、模稜兩可的狀況，以及自我中心的盤算。

戰爭結束後，留下了什麼？

當然，留下了情緒，包括對清廷及其地方代理人失信的憤怒，特別是對它們沒能實現保護承諾而產生的憤怒，以及中央未能協助物資而延緩重建所產生的挫折。

留下了紀念景物，包括集體墳塚和紀念湘軍死者、地方死者和盡忠殉節者的祠廟；這些景物帶著利益衝突的烙印，以不同方式建成，由相互競爭的不同群體打理著。

留下了哀痛，對所愛之人死於戰時饑饉、暴力和疾病的哀痛。

留下了家的畫面，那是許多人再也無法返回的安全港灣。即使有人得以返回，也只會突然意識到，屬於那兒的一切都已不復存在。

留下了夢魘般的記憶，關於道路和運河滿是難民和俘虜、水道為屍體擁塞的記憶；市場上售賣人肉的記憶。

留下了擾人的回憶，關於流浪、乞討和被俘者頭髮如何被綁在一起的回憶。

留下了刺青的臉、長出頭髮的前顱、砲火的聲響、鄉音的熟悉腔調、飄蕩不去的腐敗氣味。

留下了受挫感，那種尋覓不到生還者的受挫感，以及既找不到人，又找不到遺骸的打擊。

留下了失去感，過往一度真實且確知的事物都失去了，一切都變得不再真確、不再穩定、不再完整。

留下了尋覓，對答案的尋覓，對蘊含在果報或後來的革命中、新的可靠性的尋覓。

留下了一股揮之不去的不安，對那些被刻意遺忘之事的不安。

誌謝

寫一本關於死亡與暴力的書，是件很痛苦的事。出於對我筆下那些受苦之人的尊重，我努力讓這本書不以我們自己、我們的時代，以及我們的理論為中心，儘管本書所寫的彼時與我們所處的此時之間，也有呼應之處。歸根結底，這本書寫的是過去的人，寫他們失去了什麼，寫他們如何生、如何死、如何被記得。我感謝他們留下了蹤跡，讓我們得以對他們的世界做驚鴻一瞥。

我感謝美國學術團體協會（American Council of Learned Societies）、國會圖書館克魯格中心（Kluge Center at the Library of Congress）以及約翰·霍普金斯大學（Johns Hopkins University）的慷慨協助。特別感謝克魯格中心的 Carolyn Brown 和 Mary Lou Reker，以及國會圖書館亞洲部的工作人員。沒有國會圖書館和它的亞洲部，就不會有這本書——或者說，這將會是一本很不一樣的書。能與國會圖書館比鄰而居，我非常幸運。

在進行本書相關研究期間，我在不少圖書館以及一所博物館查閱了資料，包括南京大學圖書館、南京圖書館、上海圖書館、復旦大學圖書館、華東師範大學圖書館、揚州圖書館、中國國家圖書館北海分館、中國科學院圖書館、太平天國歷史博物館、東京大學東洋文化研究所圖書館、哈佛燕京圖書館（Harvard-Yenching Library）、史丹佛大學東亞圖書館（the East Asia Library at Stanford University）、哥倫比亞大學 C. V. Starr 東亞圖書館（C. V. Starr East Asian Library at Columbia University），以及霍普金斯大學的 Milton S. Eisenhower 圖書館。我很感謝這些傑出機構的職員給予的幫助與建議。特別感謝南京大學圖書館的史梅和霍普金斯大學圖書館的曾媛媛、葉雲山及 Chella Vaidyanathan。

能夠成為約翰・霍普金斯大學歷史系的一員是我的榮幸，這讓我能有機會在系上的專題研究會報告本書的部分篇章，使我得以從同事們的精采問題與見解中獲益。特別感謝羅威廉（William T. Rowe）、Dorothy Ross、John Marshall、Kenneth Moss、Judith Walkowitz、Ruth Leys、Ron Walters、Nathan Connolly、Gabrielle Spiegel、Pier Larson、Sara Berry、Kellee Tsai（蔡欣怡）、Joel Andreas、韓嵩（Marta Hanson）以及 Erin Chung 的意見、問題以及關於從比較視角解讀材料的建議。霍普金斯歷屆中國史研究生們一直以來都是我的驕傲，他們為我提供協助、提供源源不絕的靈感。謝謝趙剛、馬釗、彭涓涓、郭劼、Pierce Salguero、Amy Feng、Saeyoung Park、

Motoe Sasaki-Gayle、張婷、任可、張穎、Emily Mokros、李懿嫻以及 Jack Bandy。

在霍普金斯大學以外，還有很多人就本書的章節給我提出過意見、建議，或送來材料、解答疑問、給予支持，並分享想法。Chuck Wooldridge 和一位匿名讀者就我提交給史丹佛大學出版社（Stanford University Press）的書稿提供過意見，我很感謝他們精闢的建議。我還想感謝那些無論是在史料推薦還是在意見交換上對本書做出貢獻的人（不按特定順序）：高化嵐（Philip Kafalas）、伍美華（Roberta Wue）、魏愛蓮（Ellen Widmer）、巫仁恕、David Bell、韓承賢（Seunghyun Han）、錢南秀、韓明士（Robert Hymes）、施珊珊（Sarah Schneewind）、田安（Anna Shields）、姜進、李嘉倫（Caroline Reeves）、趙剛、David Reiss 和 JoAnn Reiss、麥柯麗（Melissa Macauley）、艾梅蘭（Maram Epstein）、Vincent Goossaert、吳一立、秦玲子、麥哲維（Steven Miles）、曼素恩（Susan Mann）、胡曉真、高彥頤（Dorothy Ko）、韓書瑞（Susan Naquin）、冉玫鑠（Mary Rankin）、張勉治（Michael Chang）、馮素珊（Susan Fernsebner）、陳利、康無為（Harold L. Kahn）、范力佩（Lyman P. Van Slyke）、康若柏（Robert Campany）、楊凱里（Jan Kiely）、費絲言、李惠儀、周同科、米華健（Jim Millward）、班凱樂（Carol Benedict）、王國斌（R. Bin Wong）、郭安瑞（Andrea Goldman）、卜正民（Tim Brook）、Rosanne Adderley、王笛、盧葦菁、傅佛國（Joshua Fogel）、季家珍（Joan Judge）、康笑菲、安東籬（Antonia Finnane）、易德波（Vibeke

Børdahl）、包捷（Lucie Olivova）、大木康、魏定熙（Timothy Weston）、周錫瑞（Joseph Esherick）、劉文鵬、劉宗靈、付海晏、康豹、李慧澍、董玥（Madeleine Yue Dong）、劉平、孫江、朱慶葆，以及 Robert Decaroli。還有提供翻譯協助和隨時回答我漢學方面問題的黃克武、張婷和郭劼，非常謝謝你們。十多年來，華府地區近代中國讀書小組（DC Area Modern China Reading Group）的夥伴們和我一起，佐著啤酒、玉米片和酪梨醬，分享了精神糧食。班凱樂、穆盛博（Micah Muscolino）、高崢（James Gao）和高化嵐還為本書倒數第二稿特別召集了讀書小組進行討論。他們的意見、建議在書稿的最後階段給了我極大的幫助。

本書若干章節源為一個有關中國城市的系列研討會所寫的論文；該系列會議由李孝悌主辦，歷時五年分別於紐約、臺北、波士頓及巴黎舉行。能有這些機會將我的作品先與朋友們分享，我很感激。部分書稿也在以下地方宣讀過：喬治梅森大學（George Mason University）、華盛頓大學（University of Washington）、國會圖書館克魯格中心、加州大學洛杉磯分校（University of California at Los Angeles）、復旦大學、華東師範大學、人民大學清史研究所、聖路易斯華盛頓大學（Washington University in St. Louis）、加州大學聖地亞哥分校（University of California at San Diego）、普林斯頓大學的戴維斯歷史研究中心（Davis Center for Historical Studies at Princeton University）、哥倫比亞大學（Columbia University）、哈佛大學（Harvard University）、瑪麗・華盛頓大學（University of Mary Washington）以及多倫多大學（University of Toronto）。這些地方的每一場學術對話不僅加深了我對材料的理解，還幫助我開啟研究上的新思路。

Bruce Tindall 以始終如一的冷靜態度確保書稿的編輯品質。史丹佛大學出版社的 Muriel Bell 從很早就對這部作品寄予厚望，Stacy Wagner 耐心久等，直至全書最終成形，她和 Judith Hibbard、Tom Finnegan 一起，一路照料著書稿，直到完成。還要特別感謝霍普金斯的 I T 專家 Lisa Nawrot：在我以為書稿丟了時，是她把它救了回來。

Jordan Sand、羅威廉、普拉特（Stephen Platt）和戴真蘭（Janet Theiss）對書稿全文提出了精闢、有用的意見。他們的無私批評讓本書變得更好。對他們的慷慨幫助和友誼，我深深感激。

我父親 Roger Meyer 熱情地充當了我的專業外讀者，他在無數方面都是我的良師和榜樣。我母親 Sheila Meyer 是我最好的朋友，她對我有求必應，必要時還為我照料孩子。多虧了她，許多事情才得以順利完成。我十分希望能有所回報，但我對她所欠甚多，實在無以為報。我另一位母親方唐月琴給我帶來了愛、帶來了美食、帶來了忠告和故事，讓我福上加福。最重要的，我要感謝方明遠，感謝讓我成為他的小家庭以及大家族的一份子，感謝他是個好丈夫，感謝他用自己獨特的幽默與洞見，讓我在古人的世界中徜徉之時還能和當下世界保有聯繫。還有對本書也貢獻良多的方立文：是你可愛的小干擾，才讓媽媽在書寫戰爭的傷痛與絕望之時，還是能心懷希望。

17–36.

Zhu Hongzhang 朱洪章. *Congrong jilue* 從戎紀略 (A brief account of my life with the army). Vols. 107–108. Jindai Zhongguo shiliao congkan 近代中國史料叢刊. Taipei (Yonghe): Wenhai chubanshe, 1967.

Zhu Hu 朱滸. "Difang shehui yu guojia de kua difang hubu—Guangxu shisan nian Huanghe Zhengzhou juekou yu wan Qing yizhang de xin fazhan 地方社會與國家的跨地方互補—光緒十三年黃河鄭州決口與晚清義賑的新發展" (Local society and transregional mutual aid sponsored by the national government: The Yellow River flood of 1887 at Zhengzhou and new developments in late Qing philanthropy. In *Wan Qing guojia yu shehui* 晚清國家與社會, ed. Zhongguo shehui kexueyuan and Suzhou daxue shehuixue yuan, 103–121. Beijing: Shehui kexue wenxian chubanshe, 2007.

Zhu Kongzhang 朱孔彰. *Xianfeng yilai gongchen biezhuan* 咸豐以來功臣別傳 (Biographies of dedicated officials since the Xianfeng reign). Taipei (Yonghe) Wenhai chubanshe, 1986.

Zhu Qingbao 朱慶葆. *Chuantong chengshi de jindai mingyun: Qingmo minchu Anqing chengshi jindaihua yanjiu* 傳統城市的近代命運：清末民初安慶城市近代化研究 (The modern fate of a traditional city: Research on the modernization of Anqing in the late Qing and early Republic). Hefei: Anhui jiaoyu chubanshe, 2001.

Zhu Wei 朱蔚. "Qian xi Taiping tianguo zhi jin guanzang 淺析太平天國之禁棺葬 (A superficial analysis of the Taiping regime' s policy of coffinless burial)." *Guangxi shifan daxue xuebao (zhexue shehui kexue ban*) 39.3 (July 2003): 118–120. Zito, Angela R. "City Gods, Filiality, and Hegemony in Late Imperial China." *Modern China* 13.3 (July 1987): 333–371.

Zou Rong. *The Revolutionary Army, A Chinese Nationalist Tract of 1903*, trans. John Lust. The Hague: Mouton, 1968. Excerpted in *The Search for Modern China: A Documentary Collection*, ed. Pei-kai Cheng and Michael Lestz. New York: Norton, 1999.

Zuo Xijia 左錫嘉. *Lengyin xianguan fulu* 冷吟仙館附錄 (Appendix to the Poetry Studio of the Immortal). Dingxiang guan shu, 1891.

Zuo Zongtang 左宗棠. *Zuo Zongtang quanji* 左宗棠全集 (The complete works of Zuo Zongtang). ed. Liang Xiaojin 梁小進. Vol. 3 (memorials). Changsha: Yuelu shushe, 1989.

Zhao Weiguo 趙維國. "Honglou meng jinhui shimo kaoshu 紅樓夢禁毀始末考述" (A complete account of the banning of the *Dream of the Red Chamber*). *Honglou meng xuekan* 紅樓夢學刊 3 (2001): 205–221.

Zhao Wenlie 趙文烈. "Neng jing ju riji 能靜居日記 (Zhao Wenlie' s diary)." In *Taiping tianguo* 太平天國, ed. Luo Ergang 羅爾綱 and Wang Qingcheng 王慶成. Vol. 7: 43–366. Zhongguo jindai shi ziliao congkan xubian 中國近代史資料叢刊續編. Guilin: Guangxi shifan daxue chubanshe, 2004.

Zhao Yucun 趙雨村. "Bei lu jilue 被擄紀略" (A brief account of my captivity). In *Taiping tianguo* 太平天國, ed. Luo Ergang 羅爾綱 and Wang Qingcheng 王慶成, 4: 403–416. Zhongguo jindai shi ziliao congkan xubian 中國近代史資料叢刊續編. Guilin: Guangxi shifan daxue chubanshe, 2004.

Zhejiang caifang zhongyi zongju 浙江采訪忠義總局, ed. *Zhejiang zhongyi lu* 浙江忠義錄 (A record of the loyal and righteous in Zhejiang), 1867.

Zheng, Xiaowei. "Loyalty, Anxiety, and Opportunism: Local Elite Activism During the Taiping Rebellion in Eastern Zhejiang, 1851–1864." *Late Imperial China* 30.2 (December 2009): 39–83.

Zheng, Yi. *Scarlet Memorial: Tales of Cannibalism in Modern China*. Boulder, Colo.: Westview Press, 1996.

Zhongguo diyi lishi dang' an' guan 中國第一歷史檔案館, ed. *Qing zhengfu zhenya Taiping tianguo dang'an shi liao* 清政府鎮壓太平天國檔案史料 (Archival materials on the Qing government' s suppression of the Taiping Heavenly Kingdom). Beijing: Shehui kexue wenxian chubanshe, 1994.

Zhou Bangfu 周邦福. "Mengnan shuchao 蒙難述鈔 (A chronicle of suffering)." In *Taiping tianguo* 太平天國, ed. Zhongguo shixue hui 中國史學會, 5: 45–79. Zhongguo jindai shi ziliao congkan 中國近代史資料叢刊. Shanghai: Shanghai renmin chubanshe, 1957.

Zhou Cun 周邨. *Taiping jun san xia Yangzhou* 太平軍三下揚州 (The Taiping army thrice went down to Yangzhou). Nanjing: Nanjing renmin chubanshe, 1956.

———. *Taiping jun zai Yangzhou* 太平軍在揚州 (The Taiping army in Yangzhou). Shanghai: Shanghai renmin chubanshe, 1957.

Zhou Wu 周武. "Taiping jun zhanshi yu Jiangnan shehui bianqian 太平軍戰事與江南社會變遷 (The Taiping war and social change in Jiangnan)." *Shehui kexue* 社會科學 1 (2003): 93–102.

Zhu Dong' an 朱東安. "Guanyu Zeng Guofan de mufu he muliao 關於曾國藩的幕府和幕僚" (On Zeng Guofan' s private secretaries and staff). *Jindai shi yanjiu* 近代史研究 5 (1991):

Zhang Lei 張蕾. "Qing Tong-Guang nianjian Jiangning fu Chenghuang miao gaoshi bei kaoshi 清同光年間江寧府城隍廟告示碑考釋" (An investigation and explanation of proclamations posted as stele inscriptions at the City God Temple in Nanjing [Jiangning Prefecture] in the Tongzhi and Guangxu reigns of the Qing) In *Wan Qing guojia yu shehui* 晚清國家與社會, ed. Zhongguo shehui kexueyuan and Suzhou daxue shehuixue yuan, 168–185. Beijing: Shehui kexue wenxian chubanshe, 2007.

Zhang Ruichi 張瑞墀. *Lianghuai kan luan ji* 兩淮戡亂記 (A record of suppressing the insurrection in the Lianghuai region). Beijing: Mengyu lou cangban, 1909.

Zhang Ruiquan 張瑞泉. "Luelun Qingdai de xiangcun jiaohua 略論清代的鄉村教化" (A brief discussion of moral transformation in villages during the Qing dynasty). *Shixue jikan* 史學集刊 3 (1994): 22–28.

Zhang Xiulian 張秀蓮. "Yu Zhi de shengping, zuopin chutan 余治的生平作品初談" (A preliminary discussion of Yu Zhi's life and writings). *Xiqu yishu* 戲曲藝術 3 (1984): 73–77.

Zhang Xiumin 張秀民. *Taiping tianguo ziliao mulu: Zhongguo jindai shi ziliao congkan "Taiping tianguo" fulu* 太平天國資料目錄：中國近代史資料叢刊「太平天國」附錄 (A catalogue of materials on the Taiping Heavenly Kingdom: The addendum on the Taiping Heavenly Kingdom attached to the Collectanea of Materials on Modern Chinese History. Shanghai: Shanghai renmin chubanshe, 1957. Zhang Yiguo 張翊國. "Zi xu Yangzhou shi 自敘揚州事(My account of events at Yangzhou)." In *Taiping tianguo* 太平天國, ed. Luo Ergang 羅爾綱 and Wang Qingcheng 王慶成, 4: 322–324. Zhongguo jindai shi ziliao congkan xubian 中國近代史資料叢刊續編. Guilin: Guangxi shifan daxue chubanshe, 2004.

Zhang Yongwei 張詠維. "Taiping tianguo hou de Suzhou, 1863–1896 太平天國後的蘇州" (Suzhou after the Taiping Heavenly Kingdom). Master's thesis, National Chung-cheng University (Taiwan), 2007.

Zhang, Hongxing. "Studies in Late Qing Dynasty Battle Paintings." *Artibus Asiae* 60.2 (2000): 265–296.

Zhang, Zhongli (Chang Chung-li). *The Chinese Gentry: Studies on Their Role in Nineteenth-century Chinese Society*. University of Washington Publications on Asia. Seattle: University of Washington Press, 1955.

______. *The Income of the Chinese Gentry*. University of Washington Publications on Asia. Seattle: University of Washington Press, 1962.

Zhao Erxun 趙爾巽, et al. *Qing shi gao* 清史稿. Beijing: Zhonghua shuju, 1986.

juan 尊小學齋文集*6*卷，詩集*1*卷，詩餘*1*卷，家訓*1*卷，年譜*1*卷 (Respect for the Lesser Learning Studio's Literary Collection, Poetry Collection, Lyric Poetry, and Family Instructions). Suzhou: Gu Wu Dejian zhai 古吳得見齋, 1883.

———. See also Anonymous and Jiyun Shanren. Yue, Gang. *The Mouth That Begs: Hunger, Cannibalism, and the Politics of Eating in Modern China*. Durham, N.C.: Duke University Press, 1999.

Yue, Meng. *Shanghai and the Edges of Empires*. Minneapolis: University of Minnesota Press, 2006.

Zarrow, Peter. "Historical Trauma: Anti-Manchuism and Memories of Atrocity in Late Qing China." *History and Memory* 16.2 (2004): 67–107.

Zeitlin, Judith T. *The Phantom Heroine: Ghosts and Gender in Seventeenth-Century Chinese Literature*. Honolulu: University of Hawai' i Press, 2007.

Zeng Guofan 曾國藩. *Zuben Zeng Wenzheng gong quanji* 足本曾文正公全集 (The unexpurgated complete works of Zeng Guofan), ed. Li Hanzhang 李翰章 et al. Changchun: Jilin renmin chubanshe, 1995.

———. *Zeng Guofan quan ji* 曾國藩全集 (The complete works of Zeng Guofan). Beijing: Zhongguo zhigong chubanshe, 2001.

Zeng Guoquan 曾國荃, and Wang Ding' an 王定安, eds. *Lianghuai yanfa zhi* 兩淮鹽法志 (Gazetteer of the Lianghuai salt administration). Jinling (Nanjing), 1905.

Zhang Dejian 張德堅. *Zeiqing huizuan* 賊情彙纂 (An intelligence report on the rebels). In *Taiping tianguo* 太平天國, ed. Zhongguo shixue hui 中國史學會, 3: 25–348. Zhongguo jindai shi ziliao congkan 中國近代史資料叢刊. Shanghai: Shanghai renmin chubanshe, 1957.

Zhang Guanglie 張光烈. *Xinyou ji* 辛酉記 (A record of 1861). Wuzhong (Suzhou), 1890.

———. *Xunlie ji* 殉烈記 (A record of martyrdom). Zhongguo yeshi jicheng 中國野史集成; 46. 1993.

———. *Xinyou ji* 辛酉記 (A record of 1861). 1880. In *Guojia tushuguan cang Zhonghua lishi renwu biezhuan ji* 國家圖書館藏中華歷史人物別傳集 (Biographies of historical figures from Chinese history held in the National Library), ed. Zhongguo guojia tushuguan, 54: 705–723. Beijing: Xianzhuang shuzhu, 2003.

Zhang Jigeng 張繼庚. "Zhang Jigeng yigao 張繼庚遺稿 (Zhang Jigeng's surviving manuscript)." In *Taiping tianguo* 太平天國, ed. Zhongguo shixue hui 中國史學會, 4: 755–776. Zhongguo jindai shi ziliao congkan 中國近代史資料叢刊. Shanghai: Shanghai renmin chubanshe, 1957.

19 August, 2011.

Yao Ji 姚濟. "Xiao cangsang ji 小滄桑記 (A record of life' s vicissitudes)." In *Taiping tianguo* 太平天國, ed. Zhongguo shixue hui 中國史學會, 6: 441–534. Zhongguo jindai shi ziliao congkan 中國近代史資料叢刊. Shanghai: Shenzhou guoguang she, 1953.

Yao Tinglin 姚廷遴. "Linian riji 歷年記 (A diary of consecutive years)." In *Qingdai riji huichao* 清代日記匯抄, 39–172. Shanghai shi ziliao congkan 上海史資料叢刊. Shanghai: Shanghai renmin chubanshe, 1982.

Yeh, Catherine Vance. "Creating a Shanghai Identity—Late Qing Courtesan Handbooks and the Formation of the New Citizen." In *Unity and Diversity: Local Cultures and Identities in China*, ed. Tao Tao Liu and David Faure. Hong Kong: Hong Kong University Press, 1996.

———. "The Life-Style of Four Wenren in Late Qing Shanghai." *Harvard Journal of Asiatic Studies* 57, no. 2 (December 1997): 419–470.

Yingjie 英傑, Yan Duanshu 晏端書, and Fang Junyi 方濬頤, eds. *Xuzuan Yangzhou fuzhi* 續纂揚州府志 (Supplemental gazetteer for Yangzhou prefecture), 1874.

You Zian 游子安. *Quan hua jinzhen: Qingdai shanshu yanjiu* 勸化金箴：清代善書研究 (Admonishing the age for the maxim: A study of morality books in Qing China). Tianjin: Tianjin renmin chubanshe, 1999.

———. *Shan yu ren tong: Ming Qing yi lai de cishan yu jiaohua* 善與人同：明清以來的慈善與教化 (In company with goodness: Charity and morality in China). Beijing: Zhonghua shuju, 2005.

Young, James Edward. *At Memory's Edge: After-images of the Holocaust in Contemporary Art and Architecture*. New Haven: Yale University Press, 2000.

Yu Xinzhong 余新忠. "Daoguang sannian Suzhou da shuizai 道光三年蘇州大水災" (On the great flood in Suzhou in 1823). *Zhongguo shehui kexue lishi pinglun* 1 (1997): 198–208.

———. "Qing zhonghou qi xiangshen de shehui jiuji—Suzhou Fengyu yizhuang yanjiu 清中後期鄉紳的社會救濟—蘇州豐豫義莊研究." *Nankai xuebao zheshe ban* 南開學報哲社版, no. 3 (1997): 62–70.

Yu Yue 俞樾. *Chun zai tang suibi* 春在堂隨筆 (Random jottings from Spring-ishere studio). Nanjing: Jiangsu renmin chubanshe, 1984.

Yu Zhi 余治. *Deyi lu* 得一錄 (A record of goodness grasped). Guangzhou: Yangcheng Aiyu shantang cangban, 1871.

———. *Zun Xiaoxue zhai wenji 6 juan, shiji 1 juan, shiyu 1 juan, jiaxun 1 juan, nianpu 1*

kexueyuan and Suzhou daxue shehuixue yuan, 154–167. Beijing: Shehui kexue wenxian chubanshe, 2007.

Xu Rixiang 徐日襄. "Gengshen Jiangyin nan Changshu xibei xiang riji 庚申江陰南常熟西北鄉日記" (A daily record of 1860 in the villages of northern Jiangyin and southwestern Changshu). In *Taiping tianguo* 太平天國, ed. Zhongguo shixue hui 中國史學會, 5: 421–439. Zhongguo jindai shi ziliao congkan 中國近代史資料叢刊. Shanghai: Shanghai renmin chubanshe, 1957.

Xu Yaoguang 許瑤光. "Hao mu ji 蒿目集 (Disturbing sights collection)." In *DB*, Vol. 14, 1896.

Xu Yi 徐毅. "Cong 'zhuanji xiangxu' dao 'tuoban shanhou' —Tongzhi shiqi Jiangsu sheng lijin zhengce shulun 從「專濟餉糈」到「妥辦善後」—同治時期江蘇省釐金政策述論" (From dedicated funds for military supplies to ready money for restoration—An account of lijin policy in Jiangsu Province during the Tongzhi period). *Zhongguo jingji shi yanjiu* 中國經濟史研究 4 (2006): 77–84, 109.

Xu Yingpu 徐映璞. *Liangzhe shishi conggao* 兩浙史事叢稿 (Collected drafts on historical events in Zhejiang). Hangzhou: Zhejiang guji chubanshe, 1988.

Yamamoto Susumu 山本進. "Shindai kōki Kōsetsu no zaisei kaikaku to zendō 清代後期江浙の財政改革と善堂" (Fiscal reform and benevolence halls in Jiangsu and Zhejiang during the late Qing period). *Shigaku zasshi* 史學雜誌 104.12 (1995): 38–60.

Yan Chen 嚴辰. *Mohua yinguan ganjiu huairen ji* 墨花吟館感舊懷人集 (Reflections on departed friends from ink blossoms rhyming-hall). 1889.

Yan Zhengji 嚴正基. *Minzhong cao* 憫忠草 *(Grieving for the loyal)*. 1865.

Yangcheng xunnan xulu 揚城殉難續錄 (Record of the Martyrs of Yangzhou Continued). In Chen Henghe 陳恆和. *Yangzhou congke* 揚州叢刻 (The Yangzhou Compendium). 1930–1934 (reprint: Yangzhou: Guangling guji keyinshe, 1995). 楊聯陞 Yang Liansheng. "Zhongguo wenhua zhong "bao," "bao," "bao," zhi yiyi 中國文化中報、保、包之意義 (The meanings of bao, bao, and bao in Chinese culture)." In *Qian Binsi xiansheng xueshu wenhua jiangzuo*; Hong Kong: Zhongwen daxue chubanshe, 1987.

Yang, Lien-sheng (Yang Liansheng). "The Concept of Pao as a Basis for Social Relations in China." In *Chinese Thought and Institutions*, ed. John King Fairbank, 438. Chicago: University of Chicago Press, 1957.

Yang, Lien-sheng. "Numbers and Units in Chinese Economic History." *Harvard Journal of Asiatic Studies*, Vol. 12, No. 1/2 (Jun., 1949), pp. 216–225.

Yang Shiqun. Xinlangboke (New wave blog). http://blog.sina.com.cn/u/1777984845. Accessed annalistic biography of Mr. Yu Xiaohui [Yu Zhi]). 1875.

Wu, Pei-yi. *The Confucian's Progress: Autobiographical Writings in Traditional China.* Princeton: Princeton University Press, 1990.

Wu, Yi-Li. *Reproducing Women: Medicine, Metaphor, and Childbirth in Late Imperial China.* 1st ed. Berkeley: University of California Press, 2010.

Wue, Roberta. "The Profits of Philanthropy: Relief Aid, Shenbao, and the Art World in Later Nineteenth-Century Shanghai." *Late Imperial China* 25.1 (2004): 187–211.

Xia Chuntao 夏春濤. "Ershi shiji de Taiping Tianguo shi yanjiu 二十世紀的太平天國史研究" (Twentieth-century research on the Taiping Heavenly Kingdom). *Lishi yanjiu* 2 (2000): 162–180.

Xiao Yishan 蕭一山, 1902–1978. *Taiping tianguo congshu.* 太平天國叢書 (Taiping heavenly kingdom collectanea). Taipei: Zhonghua congshu weiyuanhui, 1956. Xie Jiehe 謝介鶴. "Jinling guijia jishi lue 金陵癸甲紀事略 (A summary of events in Nanjing, 1853–54)." In *Taiping tianguo* 太平天國, ed. Zhongguo shixue hui 中國史學會, 4: 647–682. Zhongguo jindai shi ziliao congkan 中國近代史資料叢刊. Shanghai: Shanghai renmin chubanshe, 1957.

Xu Dishan 許地山. *Fuji mixin de yanjiu* 扶箕迷信的研究 (Research on the superstition of spirit-writing with the planchette). Renren wenku, 018. Taipei: Taiwan shangwu yinshuguan, 1966.

Xu Feng' en 許奉恩（述）and Feng Junyi 方濬頤（記）. "Zhuanxi yusheng ji 轉徙餘生記 (A record of the vicissitudes of a leftover life)." In *Taiping tianguo* 太平天國, ed. Zhongguo shixue hui 中國史學會, 4: 499–526. Zhongguo jindai shi ziliao congkan 中國近代史資料叢刊. Shanghai: Shanghai renmin chubanshe, 1957.

———. "Zhuanxi yusheng ji" (A record of the vicissitudes of a leftover life). In *Congshu jicheng xubian* 叢書集成續編, Shibu, Zashi lei, shishi zhi shu. Vol. 25. Shanghai: Shanghai shudian, 1994.

Xu Haiyan xian guanshen funü qingce 卹海鹽縣官紳婦女清冊 (An account book recording honors bestowed upon the officials, gentry, wives, and daughters of Haiyan county). 1866.

Xu Jia 徐嘉. *Jie hai hui lan lu* 劫海迴瀾錄 (A record of turbulent waves in the sea of catastrophe). Baoqing, 1869.

Xu Maoming 徐茂明. "Guojia yu difang guanxi zhong de shishen jiazu: yi wan Qing Jiangnan jianfu wei zhongxin 國家與地方關係中的士紳家族：以晚清江南減賦為中心 (Gentry lineages in the relationship between nation and locale: the case of tax reduction in late Qing Jiangnan)." In *Wan Qing guojia yu shehui* 晚清國家與社會, ed. Zhongguo shehui

Ithaca: Cornell University Press, 2004.

Welch, Holmes. *The Buddhist Revival in China*. Cambridge, Mass.: Harvard University Press, 1968.

Weller, Robert P. *Resistance, Chaos, and Control in China: Taiping Rebels, Taiwanese Ghosts, and Tiananmen*. Seattle: University of Washington Press, 1994.

Will, Pierre-Etienne. "Developing Forensic Knowledge Through Cases in the Qing Dynasty." In *Thinking with Cases: Specialist Knowledge in Chinese Cultural History*, ed. Charlotte Furth, Judith T Zeitlin, and Ping-chen Hsiung, 62–100. Honolulu: University of Hawai' i Press, 2007.

Withers, John. "The Heavenly Capital: Nanjing Under the Taiping." Ph.D. diss., Yale University, 1983.

Wolf, Arthur P. "Gods, Ghosts, and Ancestors." In *Religion and Ritual in Chinese Society*, ed. Arthur P. Wolf, 131–182. Stanford: Stanford University Press, 1974.

Wolf, Margery. *Women and the Family in Rural Taiwan*. Stanford: Stanford University Press, 1972.

Wolseley, Garnet, Viscount Wolseley. *Narrative of the War with China in 1860: To Which Is Added the Account of a Short Residence with the Tai-Ping Rebels at Nankin and a Voyage from Thence to Hankow*. London: Longman, Green, Longman, and Roberts, 1862.

Woodside, Alexander. "Some Mid-Qing Theorists of Popular Schools: Their Innovations, Inhibitions, and Attitudes toward the Poor." *Modern China* 9.1 (January 1983): 3–35.

———. "The Ch' ien-lung Reign." In *The Cambridge History of China*, Vol. 9 Part 1: *The Ch'ing Empire to 1800*, ed. Willard J. Peterson, 230–309. Cambridge: Cambridge University Press, 2002.

Wooldridge, W. Charles. "Transformations of Ritual and the State in Nineteenth century Nanjing." Ph.D. diss., Princeton University, 2007.

———. "Building and State Building in Nanjing after the Taiping Rebellion." *Late Imperial China* 30.2 (December 2009): 84–126.

Wright, Mary. *The Last Stand of Chinese Conservatism: The T'ung-chih restoration, 1862–1874*. Stanford: Stanford University Press, 1957.

Wu Shengli 伍勝利. "'Taiping tianguo' xiangyan guanggao '太平天國香煙廣告" (Cigarette advertisements featuring the Taiping Heavenly Kingdom). *Zhongguo shangbao* 中國商報 (7 August, 2003).

Wu Shicheng 吳師澄, ed. *Yu Xiaohui [Yu Zhi] xiansheng nianpu* 余孝惠先生年譜 (An

Walraven, Boudewijn. "Confucians and Shamans." *Cahiers d'Extrême-Asie* 6.1 (1991): 21–44.

Wang, David Der-wei. *Fin-de-siècle Splendor: Repressed Modernities of Late Qing Fiction, 1849–1911*. Stanford: Stanford University Press, 1997.

Wang Guofeng 汪國鳳. *Jintan xianzhi* (Jintan county gazetteer). 1885.

Wang Haiping 汪海平. *Jinkui xian Anzhen yu kou jilue* 金匱縣安鎮禦寇紀略 (A brief account of suppressing the rebels in Anzhen, Jinkui County). Unpaginated manuscript, Shanghai Library, n.d.

Wang Jun. "Yangzhou huayuan lu 揚州畫苑錄 (A record of the artists of Yangzhou)." In *Yangzhou congke* 揚州叢刻, ed. Chen Henghe. Yangzhou: Guangling guji keyin she, 1980.

Wang Kangnian 汪康年. *Wang Rangqing biji* 汪穰卿筆記 (Wang Kangnian' s random jottings). Shanghai: Shanghai shudian, 1997.

Wang Kunhou 汪坤厚, and Zhang Yunwang 張雲望, eds. *Louxian xu zhi* 婁縣續志 (Supplemental gazetteer for Lou county). 1880.

Wang, Liping. "Paradise for Sale: Urban Space and Tourism in the Social Transformation of Hangzhou, 1589–1937." Ph.D. diss., University of California, San Diego, 1997.

Wang Qingcheng 王慶成. *Taiping tianguo de wenxian he lishi: haiwai xin wenxian kanbu he wenxian shishi yanjiu* 太平天國的文獻和歷史：海外新文獻刊布和文獻史事研究 (Sources and history of the Taiping Heavenly Kingdom: The distribution of new sources from overseas and their histories). Beijing: Shehui kexue wenxian chubanshe, 1993.

Wang Shiduo 汪士鐸, 1802–1889. *Wang Huiweng (Shiduo) yibing riji: [3 juan]* 汪悔翁（士鐸）乙丙日記 (Wang Shiduo' s Diary, 1855–1856), Vol. 126. Jindai Zhongguo shiliao congkan. Taipei (Yonghe): Wenhai chubanshe, 1967.

Wang, Yeh-chien. "The Impact of the Taiping Rebellion on the Population in Southern Kiangsu." *Papers on China, Harvard University, East Asia Research Center* 19 (December 1965): 120–158.

Wang Yong 王庸. *Liumin ji* 流民記 (A record of the refugees). 1886.

Watson, James L., and Evelyn S. Rawski. *Death Ritual in Late Imperial and Modern China*. Berkeley: University of California Press, 1990.

Weidner, Marsha. *Latter Days of the Law: Images of Chinese Buddhism 850–1850*. Lawrence: Spencer Museum of Art, University of Kansas; Honolulu: University of Hawai' i Press, 1994.

Weissman, Gary. *Fantasies of Witnessing: Postwar Efforts to Experience the Holocaust*.

2000.

Theiss, Janet M. "Managing Martyrdom: Female Suicide and Statecraft in China." *Nan Nü* 3 (June 1, 2001): 47–76.

———. *Disgraceful Matters: The Politics of Chastity in Eighteenth-Century China*. Berkeley: University of California Press, 2004.

Tiedemann, R. Gary. "Daily Life in China during the Taiping and Nian Rebellions, 1850s–1860s." In *Daily Lives of Civilians in Wartime Asia: from the Taiping Rebellion to the Vietnam War*, ed. Stewart Lone, 1–28. Westport, Conn.: Greenwood, 2007.

Tsuji Takahiro 辻高弘. "Shinmatsu chihō toshi no kōkyō jigyō jisshi yori mita chiken to shinshi to no kankei (The relationship between magistrate and gentry in the implementation of public works during the late Qing 清末地方都市の公共事業実施よりみた知県と紳士の関係)." *Chūgoku shakai to bunka* 中国社会と文化 26 (July 2011): 140–157.

Tu, Weiming. "Destructive Will and Ideological Holocaust: Maoism as a Source of Social Suffering in China." *Daedalus* 125.1 (Winter 1996): 149–179.

Verdery, Katherine. *The Political Lives of Dead Bodies: Reburial and Postsocialist Change*. New York: Columbia University Press, 1999.

Wagner, Rudolf G. *Reenacting the Heavenly Vision: The Role of Religion in the Taiping Rebellion*. Berkeley: Institute of East Asian Studies, University of California, 1982.

———. "Operating in the Chinese Public Sphere: Theology and Technique of Taiping Propaganda." In *Norms and the State in China*, 1st ed., ed. Chun-Chieh Huang and Erik Zurcher, 104–138. Leiden: Brill, 1993.

Wakeman, Frederic. "Rebellion and Revolution: The Study of Popular Movements in Chinese History." *The Journal of Asian Studies* 36.2 (February 1977): 201–237.

———. *The Great Enterprise: The Manchu Reconstruction of Imperial Order in Seventeenth-Century China*. Berkeley: University of California Press, 1985.

———. "The Civil Society and Public Sphere Debate: Western Reflections on Chinese Political Culture." *Modern China* 19.2 (April 1993): 108–138.

———, and Carolyn Grant, eds. *Conflict and Control in Late Imperial China*. Berkeley: University of California Press, 1975.

Waley-Cohen, Joanna. *Exile in Mid-Qing China: Banishment to Xinjiang, 1758–1820*. New Haven: Yale University Press, 1991.

———. "Commemorating War in Eighteenth-Century China." *Modern Asian Studies* 30.44 (October 1996): 869–899.

History 37.1 (January 1995): 136–172.

———. "From Credulity to Scorn: Confucians Confront the Spirit Mediums in Late Imperial China." *Late Imperial China* 21.2 (December 2000): 1–39.

Suzhou cidian 蘇州詞典 (Suzhou dictionary). Suzhou: Suzhou daxue chubanshe, 1999.

Suzuki Chūsei 鈴木中正. *Chūgoku shi ni okeru kakumei to shūkyō* 中国史における革命と宗教 (Revolution and religion in China). Tokyo: Tokyo University Press, 1974.

Taiping tianguo lishi bowuguan. 太平天國歷史博物館. *Taiping tianguo wenshu huibian* 太平天國文書彙編 (A compilation of documents from the Taiping Heavenly Kingdom). Beijing: Zhonghua shuju, 1979.

Taiping tianguo shiliao diyijii 太平天國史料第一集 (Historical documents from the Taiping Heavenly Kingdom, first collection). Beijing: Beijing daxue chuban bu, 1926.

Takahashi Kōsuke 高橋孝助. "Kyokyō no zenshi to zaichi jinushisō: Kōso Mushaku Kinki ni arite 居鄉の'善士'と在地地主層—江蘇無錫金匱に在りて" (The Activities of 'Shanshi' in the Villages and Landlordism in the Late Qing Era: The Case of Wuxi and Jinkui in Jiangsu). Chikaki Ni Arite 近きに在りて2 (December 1982): 3–14.

Tan Sitong. *An Exposition of Benevolence: The "Jen-Hsüeh" of T'an Ssu-T'ung*. Trans. Sin-Wai Chan. Hong Kong: Chinese University Press, 1984.

Tang Chenglie 湯成烈, and Dong Sigu 董似穀. *Wujin Yanghu xian zhi* 武進陽湖縣志 (Gazetteer of Wujin and Yanghu counties). 1879.

Taylor, Charles. *Five Years in China. With Some Account of the Great Rebellion, and a Description of St. Helena*. Nashville, Tenn.: J. B. McFerrin; New York: Derby Jackson, 1860.

Taylor, Romeyn. "Official Altars, Temples and Shrines Mandated for All Counties in Ming and Qing." *T'oung Pao* 83.1–3. Second Series (1997): 93–125.

Tcheng, Ki-tong (Chen Jitong), and John Henry Gray. *The Chinese Empire, Past and Present*. (Chicago: Rand-McNally, 1900.

Teiser, Stephen F. *The Scripture on the Ten Kings and the Making of Purgatory in Medieval Chinese Buddhism*. Honolulu: University of Hawai' i Press, 1994.

———. *The Ghost Festival in Medieval China*, new ed. Princeton: Princeton University Press, 1996.

Têng, Ssū-yü. *The Taiping Rebellion and the Western Powers: A Comprehensive Survey*. Oxford: Clarendon Press, 1971.

Ter Haar, Barend. "Rethinking 'Violence' in Chinese Culture." In *Meanings of Violence: A Cross Cultural Perspective*, ed. J. Abbink and Göran Aijmer, 123–140. Oxford: Berg,

Shi Jun 史君 (pseud.). "Shei ying dui Taiping tianguo neizhan zaocheng de da zainan fuze—yu Fang Zhiguang xiansheng shangquan 誰應對太平天國內戰造成的大災難負責—與方之光先生商權" (Who should be held responsible for the suffering of the Taiping Civil War—A discussion with Mr. Fang Zhiguang). *Tansuo yu zhengming* 探索與爭鳴 5 (2011): 27–29.

Shih, Vincent Y. C. *The Taiping Ideology: Its Sources, Interpretations, and Influences*. 1st ed. Seattle: University of Washington Press, 1972.

Sivin, Nathan, ed. *Traditional Medicine in Contemporary China: A Partial Translation of Revised Outline of Chinese Medicine (1972): With an Introductory Study on Change in Present Day and Early Medicine*. Science, Medicine, and Technology in East Asia. Ann Arbor: Center for Chinese Studies, University of Michigan, 1987.

Smedley, Agnes. *The Great Road: the Life and Times of Chu Teh*. New York: Monthly Review Press, 1956.

Smith, Joanna Handlin. *Action in Late Ming Thought: The Reorientation of* Lü *K'un and Other Scholar-officials*. Berkeley: University of California Press, 1983.

Smith, Leonard V. *The Embattled Self: French Soldiers' Testimony of the Great War*. Ithaca, N.Y.: Cornell University Press, 2007.

Smith, Richard J. *Fortune-Tellers and Philosophers: Divination in Traditional Chinese Society*. Boulder: Westview Press, 1991.

Spence, Jonathan D. *God's Chinese Son: The Taiping Heavenly Kingdom of Hong Xiuquan*. 1st ed. New York: Norton, 1996.

———. *The Search for Modern China*. 2nd ed. New York: Norton, 1999.

Spiegel, Gabrielle M. "Memory and History: Liturgical Time and Historical Time." *History and Theory* 41.2 (May 2002): 149–162.

Struve, Lynn A. "A Brief Historical Introduction." *History & Memory* 16.2 (2004): 5–13.

———. "Chimerical Early Modernity: The Case of 'Conquest-Generation' Memoirs." In *The Qing Formation in World-Historical Time*, ed. Lynn A. Struve, 335–380. Cambridge, Mass.: Harvard University Asia Center, 2004.

———. "Confucian PTSD: Reading Trauma in a Chinese Youngster's Memoir of 1653." *History and Memory* 16.2 (2004): 14–31.

Sun Shuli 孫樹禮. "Yilie mu lu 義烈墓錄" (A record of the martyrs' cemeteries)." In *DB*, Vol. 5.

Sutton, Donald S. "Consuming Counterrevolution: The Ritual and Culture of Cannibalism in Wuxuan, Guangxi, China, May to July 1968." *Comparative Studies in Society and*

Death. Ithaca: Cornell University Press, 2008.

Schoppa, R. Keith. *Xiang Lake: Nine Centuries of Chinese Life*. New Haven: Yale University Press, 1989.

Schwarcz, Vera. "The Pane of Sorrow: Public Uses of Personal Grief in Modern China." *Daedalus* 125.1 (Winter 1996): 119–148.

———. "Circling the Void: Memory in the Life and Poetry of the Manchu Prince Yihuan (1840–1891)." *History & Memory* 16.2 (2004): 32–66.

Schwartz, Barry. "The Social Context of Commemoration: A Study in Collective Memory." *Social Forces* 61.2 (December 1982): 374–402.

Sebold, W. G. "Reflections: A Natural History of Destruction," trans. Anthea Bell. *New Yorker*, 4 November, 2002, p. 66.

Seckel, Dietrich. *Buddhist Art of East Asia*. Bellingham: Western Washington University, 1989.

Shao Yong 邵雍. "Taiping tianguo shiqi guojia, difang yu huidang guanxi—yi Tiandi hui qiyi wei li 太平天國時期國家、地方與會黨的關係 (On the relationship among nation, locale, and secret societies during the Taiping heavenly kingdom period)." In *Wan Qing guojia yu shehui* 晚清國家與社會, ed. Zhongguo shehui kexueyuan and Suzhou daxue shehuixue yuan, 3–13. Beijing: Shehui kexue wenxian chubanshe, 2007.

Shen Jiaben 沈家本. *Cizi ji* 刺字集 (A compendium on tattooing). 1886. Reprint: Jingdu ronglutang, 1894.

Shen Maoliang 沈懋良. "Jiangnan chunmeng an biji 江南春夢庵筆記 (Random jottings from the Spring Dreams of Jiangnan Studio)." In *Taiping tianguo* 太平天國, ed. Zhongguo shixue hui 中國史學會, 4: 431–448. Zhongguo jindai shi ziliao congkan 中國近代史資料叢刊. Shanghai: Shenzhou guoguang she, 1953. Shen Zi 沈梓. "Bi kou riji 避寇日記 (Record of fleeing the brigands)." In *Taiping tianguo* 太平天國, ed. Luo Ergang 羅爾綱 and Wang Qingcheng 王慶成, 8: 1–250. Zhongguo jindai shi ziliao congkan xubian 中國近代史資料叢刊續編. Guilin: Guangxi shifan daxue chubanshe, 2004.

Sheng Long 盛龍. *Chongyin Renfan xu zhi* 人範須知重印本 (Rules for living that everyone should know, A Reprint). Shanghai: Daode shuju, 1942.

Shi Jianlie 施建烈. "Ji [Wuxi] xiancheng shishou kefu benmo 紀[無錫]縣城失守克復本末" (An account of the fall and recapture of the Wuxi County seat from start to finish). In *Taiping tianguo* 太平天國, ed. Zhongguo shixue hui 中國史學會, 5: 139–268. Zhongguo jindai shi ziliao congkan 中國近代史資料叢刊. Shanghai: Shenzhou guoguang she, 1953.

Caroline. "Grave Concerns: Bodies, Burial, and Identity in Early Republican China." In *Cities in Motion: Interior, Coast, and Diaspora in Transnational China*, ed. Sherman Cochran and David Strand, 27–52. Berkeley: Institute of East Asian Studies, University of California, 2007.

Reilly, Thomas H. *The Taiping Heavenly Kingdom: Rebellion and the Blasphemy of Empire*. Seattle: University of Washington Press, 2004. "Report of the Council of the North China Branch of the Royal Asiatic Society for the Year 1868." *Journal of the North China Branch of the Royal Asiatic Society* 5: iii. Richthofen, Ferdinand. *Baron Richtofen's Letters, 1870–1872*. 2nd ed. Shanghai: Printed at the "North-China Herald" Office, 1903.

Rowe, William. *Hankow: Commerce and Society in a Chinese city, 1796–1889*. Stanford: Stanford University Press, 1984.

———. *Hankow: Conflict and Community in a Chinese City, 1796–1895*. Stanford: Stanford University Press, 1989.

———. *Crimson Rain: Seven Centuries of Violence in a Chinese County*. 1st ed. Stanford: Stanford University Press, 2006.

———. *China's Last Empire: The Great Qing*. Cambridge, Mass.: Belknap Press of Harvard University Press, 2009.

Ryū Kaori 劉香織. *Danpatsu: Kindai Higashi Ajia no bunka shōtotsu* 断髪：近代東アジアの文化衝突 (Short hair: cultural conflict in modern East Asia). Tokyo: Asahi shinbunsha, 1990.

Sakai Tadao 酒井忠夫. *Zōho Chūgoku zensho no kenkyū* 増補中国善書の研究 (Supplement to *Research on Chinese morality books*). Tokyo: Kokusho kankōkai, 1999. Sawada Mizuho 澤田瑞穂. *Chūgoku no shomin bungei: Uta, katarimono, shibai* 中国の庶民文芸：歌謠・說唱・演劇 (Chinese popular literature and arts: folksongs, talk-story, opera). Tokyo: Tōhō shoten, 1986.

———. "Shinmatsu no shiten mondai 清末の祀典問題 (The problem of the ritual roster in the late Qing)." In *Chūgoku no minkan shinkō* 中国の民間信仰, 534–549. Tokyo: Kōsakusha, 1982.

Scarth, John. *Twelve Years in China: The People, the Rebels, and the Mandarins*. Wilmington, Del.: Scholarly Resources, 1972. (Originally published 1860.)

Schafer, Edward H. "T' ang." In *Food in Chinese Culture: Anthropological and Historical Perspectives*, ed. Kwang-chih Chang, 88–126. New Haven: Yale University Press, 1977.

Schantz, Mark S. *Awaiting the Heavenly Country: The Civil War and America's Culture of*

Pei Dazhong 裴大中, Ni Xiansheng 倪咸生, and Qin Xiangye 秦緗業, eds. *Wuxi Jinkui xianzhi* 無錫金匱縣志 (Gazetteer of Wuxi and Jinkui counties), 1881.

Peng Zeyi 彭澤益, *Shijiu shiji houban qi de Zhongguo caizheng yu jingji* 十九世紀後半期的中國財政與經濟 (Finance and economy in late 19th century China). Beijing: Renmin chubanshe, 1983.

Perdue, Peter C. *China Marches West: The Qing Conquest of Central Eurasia*. Cambridge, Mass.: Belknap Press of Harvard University Press, 2005.

Perry, Elizabeth, ed. "When Peasants Speak: Sources for the Study of Chinese Rebellions." *Modern China* 6.1 (January 1980): 72–85.

———. *Chinese Perspectives on the Nien Rebellion*. Armonk, N.Y: Sharpe, 1981.

Pillemer, David. *Momentous Events, Vivid Memories*. Cambridge, Mass.: Harvard University Press, 1998.

Plaks, Andrew H. "Towards a Critical Theory of Chinese Narrative." In *Chinese Narrative: Critical and Theoretical Essays*, ed. Andrew H. Plaks, 309–352. Princeton: Princeton University Press, 1977.

Platt, Stephen R. *Provincial Patriots: The Hunanese and Modern China*. Cambridge, Mass.: Harvard University Press, 2007.

———. "Introduction: War and Reconstruction in 1860s Jiangnan." *Late Imperial China* 30.2 (2009): 1–8.

———. *Autumn in the Heavenly Kingdom: China, the West, and the Epic Story of the Taiping Civil War*. New York: Knopf, 2012.

Pokora, Timoteus. "'Living Corpses' in Early Medieval China—Sources and Opinions." In *Religion und Philosophie in Ostasien: Festschrift für Hans Steininger zum 65. Geburtstag*, 343–358. Würzburg: Köningshausen and Neumann, 1985.

Polachek, James M. "Gentry Hegemony: Soochow in the T' ung-chih Restoration." In *Conflict and Control in Late Imperial China*, 211–256. Berkeley: University of California Press, 1975.

———. *The Inner Opium War*. Cambridge, Mass.: Council on East Asian Studies, Harvard University, 1992.

Porter, Jonathan. *Tsêng Kuo-Fan's Private Bureaucracy*. China Research Monographs. Berkeley: Center for Chinese Studies, University of California, 1972.

Rankin, Mary Backus. *Elite Activism and Political Transformation in China: Zhejiang Province, 1865–1911*. Stanford: Stanford University Press, 1986.

Reed, Carrie E. "Early Chinese Tattoo." *Sino-Platonic Papers* 103 (June 2000): 1–52. Reeves,

1978." *History & Memory* 16.2 (2004): 108–139.

Muramatsu, Yuji. "A Documentary Study of Chinese Landlordism in Late Ch' ing and Early Republican Kiangnan." *Bulletin of the School of Oriental and African Studies, University of London* 29.3 (1966): 566–599.

Nanjing daxue lishi xi 南京大學歷史系. *Jiang Zhe Yu Wan Taiping tianguo shiliao xuanbian* 江浙豫皖太平天國史料選編 (A selection of materials related to the Taiping Heavenly Kingdom from Jiangsu, Zhejiang, Henan, and Anhui). Nanjing: Jiangsu renmin chubanshe, 1983.

Nedostup, Rebecca. *Superstitious Regimes: Religion and the Politics of Chinese Modernity*. Cambridge, Mass.: Harvard University Asia Center, 2010.

Neff, John R. *Honoring the Civil War Dead: Commemoration and the Problem of Reconciliation*. Lawrence: University Press of Kansas, 2005.

Nie Chongzheng 聶崇正 et al. *Qingdai gongting huihua* 清代宮廷繪畫 (Court painting of the Qing dynasty). Hong Kong: Shangwu yinshu guan, 1996.

Nivison, David S. *Confucianism in Action*. Stanford Studies in the Civilizations of Eastern Asia. Stanford: Stanford University Press, 1959.

Ocko, Jonathan K. *Bureaucratic Reform in Provincial China: Ting Jih-Ch'ang in Restoration Kiangsu, 1867–1870*, Cambridge, Mass.: Harvard East Asian Monographs, 1982.

Ono, Kazuko. *Chinese Women in a Century of Revolution, 1850–1950*, trans. Joshua Fogel. Stanford: Stanford University Press, 1988.

Overmyer, Daniel L. *Folk Buddhist Religion: Dissenting Sects in Late Traditional China*. Cambridge, Mass.: Harvard University Press, 1976.

———. "Values in Chinese Sectarian Literature: Ming and Ch' ing Pao-chüan." In *Popular Culture in Late Imperial China*, ed. David Johnson, Evelyn Sakakida Rawski, and Andrew J. Nathan. Berkeley: University of California Press, 1985.

———. *Precious Volumes: An Introduction to Chinese Sectarian Scriptures from the Sixteenth and Seventeenth Centuries*. Cambridge, Mass.: Harvard University Asia Center, 1999.

Owen, Stephen. *Remembrances: The Experience of the Past in Classical Chinese Literature*. Cambridge, Mass.: Harvard University Press, 1986.

Parkes, H. S. Letter to Frederick Bruce. In *Papers Related to the Rebellion in China and Trade in the Yang-tze-kiang*, in *Accounts and Papers of the House of Commons* [Great Britain]. Vol. 63, Session 6 February–7 August 1862. London: Harrison and Sons, 1862.

ed. Zhou Junfu. Taipei: Mingwen shuju, 1985.

Min, Tu-gi. *National Polity and Local Power: The Transformation of Late Imperial China*. Harvard-Yenching Institute monograph series. Cambridge, Mass.: Harvard East Asia Center, 1989.

Mittler, Barbara. *A Newspaper for China?: Power, Identity, and Change in Shanghai's News Media, 1872–1912*. Cambridge, Mass.: Harvard University Asia Center, 2004. Miu Quansun 繆荃孫 ed. "Xu beizhuanji 續碑傳記" (More stele inscription biographies). In *Qingdai zhuanji congkan* 清代傳記叢刊, ed. Zhou Junfu 周駿富. Taipei: Mingwen shuju, 1985.

Modern Chinese History Project (University of Washington). *Guide to the Memorials of Seven Leading Officials of Nineteenth-century China*. University of Washington Publications on Asia. Seattle: University of Washington Press, 1955.

Morimura Toshimi 森村敏己 and Aramata Miyō 荒又美陽. *Shikaku hyōshō to shūgōteki kioku: rekishi, genzai, sensō* 視覚表象と集合的記憶：歴史・現在・戦争 (Visual symbols and collective memory: history, present-day, and war). Tokyo: Junpōsha, 2006.

Morita Kenji 森田憲司. "Bunshō teikun no seiritsu—Chihōshin kara kakyo no kami e 文昌帝君の成立一地方神から科挙の神へ" (The making of Wenchang dijun—from local deity to the god of the civil service examinations). In *Chūgoku kinsei no toshi to bunka* 中国近世の都市と文化, ed. Umehara Kaoru 梅原郁, 389–418. Kyoto: Kyoto University Institute for Humanistic Studies, 1984.

Morris, David B. "About Suffering: Voice, Genre, and Moral Community." *Daedalus* 125.1 (Winter 1996): 25–45.

Morse, Hosea Ballou. *The International Relations of the Chinese Empire*. London: Longmans, Green, 1910.

———. *In the Days of the Taipings, Being the Recollections of Ting Kienchang*. Salem, Mass.: Essex Institute, 1927.

Mote, Frederic. "Yuan and Ming." In *Food in Chinese Culture: Anthropological and Historical Perspectives*, ed. Kwang-chih Chang, 193–257. New Haven: Yale University Press, 1977.

Moule, Arthur Evans. *Personal Recollections of the T'ai-P'ing Rebellion, 1861–63*. Shanghai: Printed at the "Shanghai Mercury" Office, 1898.

Mu-ke-deng-bu, 穆克登布, et al. eds. *Liangjiang zhongyi zhuan* 兩江忠義傳 (Biographies of the loyal and righteous of Liangjiang) 40 *juan*, 1893.

Muhlhahn, Klaus. "'Remembering a Bitter Past' : The Trauma of China's Labor Camps, 1949–

Iwanami shoten, 1951.

———. *Chūgoku no futatsu no higeki* 中国の二つの悲劇 (Two tragedies in Chinese history). Tokyo: Kenbun shuppan, 1978.

McDermott, Joseph Peter. "Emperor, Elites, and Commoners: The Community Pact Ritual of the Late Ming." In *State and Court Ritual in China*, ed. Joseph Peter McDermott, 299–351. Cambridge: Cambridge University Press, 1999.

McMahon, Daniel. "Southern Shaanxi Officials in Early Nineteenth-Century China." *T'oung Pao* 95.4–5 (2009): 120–166.

Meadows, Thomas Taylor. *The Chinese and Their Rebellions, Viewed in Connection with Their National Philosophy, Ethics, Legislation, and Administration: To Which Is Added, an Essay on Civilization and Its Present State in the East and West*. Stanford: Academic Reprints, 1953.

Mei Erqing 梅爾清 (Tobie Meyer-Fong). "Baoyang wangchao zhi sinanzhe: shijiu shiji Zhongguo de daonian huodong 褒揚王朝之死難者：十九世紀中國的悼念活動 (Honoring the Dynasty' s Dead: Commemorative Practice in 19th Century China)," Zhang Ting, trans. In Liu Fengyun 劉鳳雲, Liu Wenpeng劉文鵬, Dong Jianzhong 董建中, eds., *Qingdai zhengzhi yu guojia rentong* 清代政治與國家認同 (Qing Politics and National Identity), 755–760. Beijing: Shehui kexue wenxian chubanshe, 2012.

———. "Zhengzhi yu shijian: Taiping tianguo zhanzheng yihou Jiangnan chengshi de sangzang huodong 政治與實踐：太平天國戰爭以後江南城市的喪葬活動 (Politics and Practice: Burying the Dead in Jiangnan Cities after the Taiping War)," trans. Liu Zongling 劉宗靈, in *Ming-Qing yilai Jiangnan chengshi fazhan yu wenhua jiaoliu* 明清以來江南城市發展與文化交流," ed. Zhou Zhenhuan周振環 and Huang Jingbin 黃敬斌, 161–176. Shanghai: Fudan daxue chubanshe, 2012.

Meyer-Fong, Tobie. *Building Culture in Early Qing Yangzhou*. Stanford: Stanford University Press, 2003.

———. "Gathering in a Ruined City: Metaphor, Practice, and Recovery in PostTaiping Yangzhou." In *Lifestyle and Entertainment in Yangzhou*, ed. Lucie B. Olivova and Vibeke Børdahl, 37–61. Copenhagen: Nordic Institute of Asian Studies, 2009.

Michael, Franz H. *The Taiping Rebellion; History and Documents*. 3 vols. Seattle: University of Washington Press, 1966–1971.

Miles, Steven B. "Rebuilding the Gujing jingshe: Yu Yue and Evidential Research in the Post-Taiping Era, 1864–1881." *Virginia Review of Asian Studies* 3 (Fall 2001): 95–116.

Min Erchang 閔爾昌. Beizhuan ji bu 碑傳集補. In *Qingdai zhuanji congkan* 清代傳記叢刊,

In *DB*, Vol. 4.

Luo Ergang 羅爾綱. *Taiping tianguo shiliao bianwei ji* 太平天國史料辨偽集 (Discerning fakes among historical materials pertaining to the Taiping Heavenly Kingdom). Beijing: Sanlian shudian, 1955.

Ma Yazhen 馬雅貞. "Zhanzheng tuxiang yu Qianlong qi (1736–1795) dui diguo wugong zhi jiangou—yi 'Pingding Zhunbu-Huibu de sheng tu' wei zhongxin 戰爭圖像與乾隆朝(1736–1795) 對帝國武功之建構—以〈平定准部回部得勝圖〉為中心" (Images of war and constructions of military might in the Qianlong period—Taking 'achieving victory in pacifying the Zunghars and the Muslims' as a focus). Master' s thesis, National Taiwan University, 2000.

Ma Zhenwen 馬振文. "Yue fei jiang Linqing jilue 粵匪降臨清紀略" (An account of the southern rebels' capture of Linqing). In *Taiping tianguo* 太平天國, ed. Zhongguo shixue hui, 5: 177–188. Zhongguo jindai shi ziliao congkan 中國近代史資料叢刊. Shanghai: Shenzhou guoguang she, 1953.

Macauley, Melissa Ann. *Social Power and Legal Culture: Litigation Masters in Late Imperial China*. Stanford: Stanford University Press, 1998.

Mackerras, Colin Patrick. "Theatre and the Taipings." *Modern China* 2.4 (October 1976): 473–501.

Mair, Victor H. "Language and Ideology in the Written Popularizations of the Sacred Edict." In *Popular Culture in Late Imperial China*, ed. David G. Johnson, Evelyn Sakakida Rawski, and Andrew J. Nathan, 325–359. Berkeley: University of California Press, 1985.

———. *Painting and Performance: Chinese Picture Recitation and Its Indian Genesis*. Honolulu: University of Hawai' i Press, 1988.

Mann, Susan. "Widows in the Kinship, Class, and Community Structures of Qing Dynasty China." *Journal of Asian Studies* 46.1 (February 1987): 37–56.

———. *Precious Records: Women in China's Long Eighteenth Century*. Stanford: Stanford University Press, 1997.

———. *The Talented Women of the Zhang Family*. Berkeley: University of California Press, 2007.

———. "Dowry Wealth and Wifely Virtue in Mid-Qing Gentry Households." *Late Imperial China* 29.1 (Special Issue, June 2008): 64–76.

Marme, Michael. *Suzhou: Where the Goods of All the Provinces Converge*. Stanford: Stanford University Press, 2005.

Masui Tsuneo 増井経夫. *Taihei tengoku* 太平天国 (Taiping Heavenly Kingdom). Tokyo:

Li Xiucheng 李秀成. *Taiping Rebel: The Deposition of Li Hsiu-Ch'eng*. Ed. Charles Anthony Curwen. Cambridge: Cambridge University Press, 1977.

Li Yingjue 李應珏. *Zhezhong fa fei jilue* 浙中髮匪紀略 (An account of the hair rebels in central Zhejiang). Taipei: Wenhai chubanshe, 1976.

Liang Qizi 梁其姿 (Angela Leung). "Qingdai de xizi hui 清代的惜字會 (Societies to treasure the written word during the Qing)." *Xin shixue* 新史學 5.2 (June 1994): 83–113.

———. *Shishan yu jiaohua: Ming Qing de cishan zuzhi* 施善與教化：明清的慈善組織 (Philanthropy and moral transformation: Ming-Qing philanthropic organizations). Taipei: Lianjing chuban shiye gongsi, 1997.

Liangjiang caifang zhongyi ju 兩江採訪忠義局. *Liangjiang caifang zhong yi zhuanlu* 兩江采訪忠義傳錄. 1887.

Lindley, Augustus F. *A Cruise in Chinese Waters: Being the Log of "The Fortuna," Containing Tales of Adventure in Foreign Climes by Land and Sea*. 4th ed. London: Cassell, Petter, Galpin, 1882.

———. *Ti-Ping Tien-Kwoh: the History of the Ti-Ping Revolution, Including a Narrative of the Author's Personal Adventures*. London: Day & Son, 1866.

Link, E. Perry. *Mandarin Ducks and Butterflies: Popular Fiction in Early Twentiethcentury Chinese Cities*. Berkeley: University of California Press, 1981.

Lipman, Jonathan N. *Violence in China: Essays in Culture and Counterculture*. Albany: State University of New York Press, 1990.

Liu Baonan 劉寶楠. *Shengchao xun Yang lu* 勝朝殉揚錄 (A record of Yangzhou martyrs for the triumphant dynasty). Yangzhou: Huainan shuju, 1871.

Liu, Kwang-ching, *Orthodoxy in Late Imperial China*. Berkeley: University of California Press, 1990.

Liu Shengmu 劉聲木, ed. *Tongcheng wenxue yuanyuan kao* 桐城文學淵源考 (A study of the origins of the Tongcheng school). In *Qingdai zhuanji congkan* 清代傳記叢刊, ed. Zhou Junfu. Taipei: Mingwen shuju, 1985.

Liu, Xun. *Daoist Modern: Innovation, Lay Practice, and the Community of Inner Alchemy in Republican Shanghai*. Cambridge, Mass.: Harvard University Asia Center, 2009

Lu Sicheng 盧思誠, and Feng Shoujing 馮壽鏡, eds. *Guangxu Jiangyin xianzhi* 光緒江陰縣志 (Jiangyin county gazetteer from the Guangxu period), 1878.

Lu Xun. *A Brief History of Chinese Fiction*, trans. Hsien-yi Yang and Gladys Yang. Peking: Foreign Languages Press, 1976.

Lu Zhen 陸楨. "Chongyi ci zhi 崇義祠志 (Gazetteer of the Venerate the Righteous Shrine)."

Li Changli 李長莉. "Wan Qing Shanghai de xin zhishi kongjian 晚清上海的新知識空間" (A new knowledge space in late Qing Shanghai)." *Xueshu yuekan* 學術月刊 38.10 (October 2006): 144–151.

Li Gui 李圭. "Jinling bingshi huilue 金陵兵事彙略 (Military affairs at Nanjing)."

In *Taiping tianguo* 太平天國, ed. Luo Ergang 羅爾綱 and Wang Qingcheng 王慶成, 4: 238–321. Zhongguo jindai shi ziliao congkan xubian 中國近代史資料叢刊續編. Guilin: Guangxi shifan daxue chubanshe, 2004.

Li Gui 李圭. "Si tong ji 思痛記" (A record of pondering pain). In *Taiping tianguo* 太平天國, ed. Zhongguo shixue hui 中國史學會, 4: 463–498. Zhongguo jindai shi ziliao congkan 中國近代史資料叢刊. Shanghai: Shanghai renmin chubanshe, 1957.

Li Hsiao-t' i 李孝悌. "Making a Name and a Culture for the Masses in Modern China." *positions: east asia cultures critique* 9.1 (Spring 2001): 29–68.

———. "Shiba shiji Zhongguo shehui zhong de qingyu yu shenti—lijiao shijie wai de jianian huahui 十八世紀中國社會中的情欲與身體—禮教世界外的嘉年華會" (Desire and body in Eighteenth-century China—A carnival beyond the realm of Confucianism). *Zhongyang yanjiuyuan lishi yuyan yanjiu suo jikan* 中央研究院歷史研究所集刊 72.3 (September 2001): 543–599. Li Hsiu-ch' eng. See Li Xiucheng.

Li, Lillian M. "Introduction: Food, Famine, and the Chinese State." *Journal of Asian Studies* 41.4 (August 1982): 687–707.

———. "Integration and Disintegration in North China' s Grain Markets, 1738–1911." *Journal of Economic History* 60.3 (September 2000): 665–699.

———. *Fighting Famine in North China: State, Market, and Environmental Decline, 1690s–1990s*. Stanford: Stanford University Press, 2010.

Li Rong 李榕, and Gong Jiajun 龔嘉儁. *Hangzhou fuzhi* 杭州府志. Vol. 199. Zhongguo fangzhi congshu Huazhong difang 中國方志叢書華中地方. 1922 edition of 1898 gazetteer. Reprint Taipei: Chengwen chubanshe, 1974.

Li Wenhai 李文海. "Wan Qing yizhen de xingqi yu fazhan 晚清義賑的興起與發展" (The rise and development of philanthropy in the late Qing)." *Qing shi yanjiu* 清史研究, no. 3 (1993): 27–35.

———. "Taiping tianguo shidai de funü 太平天國時代的婦女." *Zhongguo lishi bowuguan guankan* 中國歷史博物館館刊, no. 1 (1997): 87–94.

———. and Liu Yangdong 劉仰東. *Taiping tianguo shehui fengqing* 太平天國社會風情 (Social customs of the Taiping heavenly kingdom). Beijing: Zhongguo renmin daxue chubanshe, 1989.

In *Contagion: Perspectives from Pre-Modern Societies*, ed. Lawrence Conrad and Dominik Wujastyk, 1–22. Burlington, Vt.: Ashgate, 2000.

———. *The Expressiveness of the Body and the Divergence of Greek and Chinese Medicine*. New York: Zone Books, 2002.

Kutcher, Norman. *Mourning in Late Imperial China: Filial Piety and the State*. Cambridge: Cambridge University Press, 1999.

Kwon, Heonik. *After the Massacre: Commemoration and Consolation in Ha My and My Lai*. Berkeley: University of California Press, 2006.

———. *Ghosts of War in Vietnam*. Cambridge: Cambridge University Press, 2008.

Kwong, Luke S. K. "The Rise of the Linear Perspective on History and Time in Late Qing China c. 1860–1911." *Past and Present* 173.1 (November 2001): 157–190. Lai Jinxing 賴進興. "Wan Qing Jiangnan shishen de cishan shiye ji qi jiaohua linian—yi Yu Zhi (1809–1874) wei zhongxin 晚清江南士紳的慈善事業及其教化理念一以余治(1809–1874)為中心" (The philanthropic activities of late Qing Jiangnan gentry and their ideals for moral transformation—Taking Yu Zhi (1809–1874) as focus." Master' s thesis, National Chenggong University (Taiwan), 2005.

Laitinen, Kauko. *Chinese Nationalism in the Late Qing Dynasty: Zhang Binglin as an Anti-Manchu Propagandist*. London: Curzon Press, 1990.

Le Goff, Jacques, and Pierre Nora. *Constructing the Past: Essays in Historical Methodology*. Cambridge: Cambridge University Press, 1985.

Lei, Daphne P. "The Blood-Stained Text in Translation: Tattooing, Bodily Writing, and Performance of Chinese Virtue." *Anthropological Quarterly* 82.1 (2009): 99–127. Lee, Haiyan. *Revolution of the Heart: A Genealogy of Love in China, 1900–1950*. Stanford: Stanford University Press, 2007.

Lee Jihhuah (Li Jihua) 李季樺. "Jūkyū seiki Taiwan ni okeru sekiji kanshū no keisei 十九世紀台湾における惜字慣習の形成" (The formation of the custom of Treasuring the Written Word in Nineteenth-century Taiwan) *Chūgoku shakai to bunka* 中国社会と文化 25 (July 2010): 144–159.

Lee, Lily Xiao Hong, et al., eds. *Biographical Dictionary of Chinese Women*. Armonk, N.Y.: Sharpe, 1998.

Leung, Angela. See Liang Qizi.

Levenson, Joseph Richmond. *Confucian China and Its Modern Fate: A Trilogy*. 1st ed. Berkeley: University of California Press, 1968.

Leys, Ruth. *Trauma: A Genealogy*. Chicago: University of Chicago Press, 2000.

Lord of Zi tong. Albany: State University of New York Press, 1994.

Klein, Kerwin Lee. "On the Emergence of Memory in Historical Discourse." *Representations* 69 (Winter 2000): 127–150.

Kleinman, Arthur. *Social Suffering*. Berkeley: University of California Press, 1997.

———, and Joan Kleinman. "The Appeal of Experience: The Dismay of Images: Cultural Appropriations of Suffering in Our Times." *Daedalus* 125.1 (Winter 1996): 1–23.

Kleinman, Arthur, Veena Das, and Margaret Lock. "Introduction." *Daedalus* 125.1 (Winter 1996): xi–xx.

Ko, Dorothy. "The Subject of Pain." In *Dynastic Crisis and Cultural Innovation: From the Late Ming to the Late Qing and Beyond*, ed. David Der-wei Wang and Shang Wei. Cambridge, Mass.: Harvard University Asia Center, 2005.

Kojima Shinji 小島晋治. *Taihei Tengoku kakumei no rekishi to shisō* 太平天国革命の歴史と思想 (The history and thought of the Taiping Heavenly Kingdom Revolution). Tokyo: Kenbun shuppan, 1978.

Kong Yi 孔毅. "Qingdai guanshuju ke shu shu lue 清代官書局刻書述略 (A brief account of the books published by official publishing bureaus during the Qing)." *Wenxian* 文獻, no. 1 (1992): 231–245.

Kowallis, Jon Eugene von. *The Subtle Revolution: Poets of the "Old Schools" During Late Qing and Early Republican China*. Berkeley: Institute of East Asian Studies, University of California, 2006.

Kuhn, Philip A. *Rebellion and Its Enemies in Late Imperial China: Militarization and Social Structure, 1796–1864*. Harvard East Asian series 49. Cambridge, Mass: Harvard University Press, 1970.

———. "Local Self Government Under the Republic: Problems of Control, Autonomy, and Mobilization." In *Conflict and Control in Late Imperial China*, ed. Frederic E. Wakeman and Carolyn Grant, 257–298. Berkeley: University of California Press, 1975.

———. "The Taiping Rebellion." In *Cambridge History of China*, Vol. 10, Part 1: *Late Ch'ing, 1890–1911*, ed. Denis Twitchett and John King Fairbank, 264–316. Cambridge: Cambridge University Press, 1978.

———. *Soulstealers: The Chinese Sorcery Scare of 1768*. Cambridge, Mass.: Harvard University Press, 2006.

Kun Gang 崑岡, and Xu Tong 徐桐, eds. *Qing huidian shili* 清會典事例 (Collected Statutes of the Great Qing, with Precedents). Beijing: Zhonghua shuju, 1991.

Kuriyama, Shigehisa. "Epidemics, Weather, and Contagion in Traditional Chinese Medicine."

Norwalk, Conn.: EastBridge, 2007.

Kaplan, E. Ann. *Trauma Culture: The Politics of Terror and Loss in Media and Literature*. New Brunswick, N.J.: Rutgers University Press, 2005.

Karasawa, Yasuhiko. "From Oral Testimony to Written Records in Qing Legal Cases." In *Thinking with Cases: Specialist Knowledge in Chinese Cultural History*, ed. Charlotte Furth, Judith T. Zeitlin, and Ping-chen Hsiung, 101–124. Honolulu: University of Hawai' i Press, 2007.

Katz, Paul R. 康豹. "It Is Difficult to Be Indifferent to One' s Roots: Taizhou Sojourners and Flood Relief During the 1920s." *Zhongyang yanjiuyuan jindai shi yanjiusuo jikan* 中央研究院近代史研究所集刊 54 (December 2006): 1–58.

———. "Yige zhuming Shanghai shangren yu cishanjia de zongjiao shenghuo— Wang Yiting" 一個著名上海商人與慈善家的宗教生活—王一亭 (The religious life of a famous Shanghai businessman and philanthropist—Wang Yiting). In Wu Jenshu 巫仁恕, Lin Meili 林美莉, and Paul Katz 康豹, eds., *Cong chengshi kan Zhongguo de xiandaixing* 從城市看中國的現代性 (China' s modernity seen through cities), 275–296. Nangang: Zhongyang yanjiuyuan jindaishi yanjiusuo, 2010.

Kawabata Genji. "Enforcement of Hsiang-kuan chih-tu 鄉官制度 System of Rural Officials in the T' ai-p' ing T' ien-kuo 太平天國 and Its Background." *Acta Asiatica: Bulletin of the Institute of Eastern Culture* 12 (1967): 42–69.

Kawakatsu Mamoru 川勝守. *Min Shin kōnan shichin shakaishi kenkyū: kūkan to shakai keisei no rekishigaku* 明清江南市鎮社会史研究：空間と社会形成の歴史学 (Research on the cities and towns of Ming-Qing Jiangnan: The historiography of space and social formation). Tokyo: Kyūko shoin, 1999.

Ke Wuchi 柯悟遲. *Lou wang yong yu ji* 漏網喁魚集. Qingdai shiliao biji congkan 清代史料筆記叢刊. Beijing: Zhonghua shuju, 1959.

Keenan, Barry C. *Imperial China's Last Classical Academies: Social Change in the Lower Yangzi, 1864–1911*. Berkeley: Center for Chinese Studies, Institute of East Asian Studies, University of California, Berkeley, 1994.

Kim Haboush, JaHyun. "Dead Bodies in the Postwar Discourse of Identity in Seventeenth-Century Korea: Subversion and Literary Production in the Private Sector." *Journal of Asian Studies* 62.2 (May 2003): 415–442.

King, Michelle Tien. "Drowning Daughters: A Cultural History of Female Infanticide in Late Nineteenth-Century China." Ph.D. diss., University of California, Berkeley, 2007.

Kleeman, Terry F. *A God's Own Tale: The Book of Transformations of Wenchang, The Divine*

———. "Ghosts Seeking Substitutes: Female Suicide and Repetition." *Late Imperial China* 26.1 (June 2005): 1–40.

Huters, Theodore. "From Writing to Literature: The Development of Late Qing Theories of Prose." *Harvard Journal of Asiatic Studies* 47.1 (June 1987): 51–96. Jen Yu-wen. See Jian Youwen.

Ji Shan 佶山, ed. *Lianghuai yanfa zhi* 兩淮鹽法志 (Gazetteer of the Lianghuai salt administration). Yangzhou: Yangzhou shuju, 1870.

Jian Youwen 簡又文. "Wushi nian lai Taiping tianguo shi zhi yanjiu 五十年來太平天國史之研究" (Research on the history of the Taiping Heavenly Kingdom over the last fifty years). In *Xianggang daxue wushi zhounian lunwen ji* 香港大學五十週年論文集, ed. University of Hong Kong, 237–314. Hong Kong: Xianggang daxue Zhongwen xi, 1964.

Jian Youwen (Jen Yu-wen). *The Taiping Revolutionary Movement*. New Haven: Yale University Press, 1973.

Jiang Tao 姜濤. "Taiping tianguo zhanzheng yu wan Qing renkou 太平天國戰爭與晚清人口" (The Taiping War and late Qing population). In *Wan Qing guojia yu shehui* 晚清國家與社會, ed. Zhongguo shehui kexueyuan and Suzhou daxue shehuixue yuan, 3–13. Beijing: Shehui kexue wenxian chubanshe, 2007.

Jin Changfu 金長福. *Guihai riji* 癸亥日記 (A diary of 1863). 1863. Unpaginated manuscript in Chinese Academy of Sciences Library (Zhongguo kexue yuan 女二十四孝圖說).

———. *Hong xue yinguan shiji yi juan gao ben er ce* 紅雪吟館詩集一卷。稿本二冊 (Red snow rhyme–pavilion poetry collection in one chapter, a manuscript in two volumes), n.d. Unpaginated manuscript in Nanjing Library.

Jiyun shanren 寄雲山人（余治）(Yu Zhi). Nü *ershisi xiao tushuo* (Pictures and explanations of the twenty-four exemplars of filial piety for girls). Wujin: Shuang baiyan tang chongkan, 1872.

———. *Jiangnan tielei tu* 江南鐵淚圖 (An Man of Iron' s Tears for Jiangnan). Suzhou: Yuanmiao guan ma' nao jingfang, n.d.

Johnson, David G., Andrew J. Nathan, and Evelyn Sakakida Rawski, eds. *Popular Culture in Late Imperial China*. Studies on China. Berkeley: University of California Press, 1985.

Jones, William C., trans., with the assistance of Tianquan Cheng and Yongling Jian. *The Great Qing Code*. New York: Oxford University Press, 1994.

Jordan, David K. *The Flying Phoenix: Aspects of Chinese Sectarianism in Taiwan*. Princeton: Princeton University Press, 1986.

Kafalas, Philip. *In Limpid Dream: Nostalgia and Zhang Dai's Reminiscences of the Ming*.

ziliao congkan 中國近代史資料叢刊. Shanghai: Shanghai renmin chubanshe, 1957.

Hu Siaochen 胡曉真. "Luanli Hangzhou: Zhanzheng jiyi yu Hangzhou jishi wenxue 離亂杭州—戰爭記憶與杭州記事文學" (Fleeing Hangzhou: War memory and documentary literature about Hangzhou). *Zhongguo wenzhe yanjiu jikan* 36 (March 2010): 45–78.

Hu Youcheng 胡有誠, Ding Baoshu 丁寶書, eds. *Guangde zhouzhi* 廣德州志 (Guangde department gazetteer). 1881.

Hua Qiang 華強, and Cai Hongjun 蔡宏俊. "Taiping tianguo shiqi Zhongguo renkou sunshi wenti 太平天國時期中國人口損失問題 (The question of population loss in China during the period of the Taiping Heavenly Kingdom)." In *Wan Qing guojia yu shehui* 晚清國家與社會, ed. Zhongguo shehui kexueyuan and Suzhou daxue shehuixue yuan, 3–13. Beijing: Shehui kexue wenxian chubanshe, 2007.

Hua Xuelie 華學烈. "Hangcheng zai jiang ji shi 杭城再陷紀實" (A true record of the second fall of Hangzhou). In *Taiping tianguo* 太平天國, ed. Zhongguo shixue hui, 6: 625–630. Zhongguo jindai shi ziliao congkan 中國近代史資料叢刊. Shanghai: Shenzhou guoguang she, 1953. 編註：原文作〈杭城再降紀實〉，應為〈杭州再陷紀實〉之誤。

Hua Yilun 華翼綸. *Xi Jin tuanlian shimo ji* 錫金團練始末記 (A complete account of the militias in Wuxi and Jinkui). Unpaginated manuscript in Shanghai Library, 1864. *Huaizhong lu* 懷忠錄, n.d.

Huang Kaisheng 黃楷盛. *Xiangxiang xian zhi* 湘鄉縣志 (Xiangxiang county gazetteer), 1874.

Huang K' o-wu (Max) 黃克武. "Minguo chunian Shanghai de lingxue yanjiu: yi 'Shanghai lingxue hui' wei li 民國初年上海的靈學研究：以「上海靈學會」為例 "Research on spiritualism in Shanghai during the early Republic: The case of the 'Shanghai Spiritualism Society' ." *Jindai shi yanjiusuo jikan* 近代史研究所集刊 55 (March 2007): 99–136.

Huang, Liu-hung. *A Complete Book Concerning Happiness and Benevolence: A Manual for Local Magistrates in Seventeenth-Century China*, trans. Chu Djang. Tucson: University of Arizona Press, 1984.

Hull, Isabel V. *Absolute Destruction: Military Culture and the Practices of War in Imperial Germany*. Ithaca: Cornell University Press, 2005.

Hummel, Arthur W. *Eminent Chinese of the Ch'ing Period.* Washington: U.S. Government Printing Office, 1943.

Huntington, Rania. "Chaos, Memory, and Genre: Anecdotal Recollections of the Taiping Rebellion." *Chinese Literature: Essays, Articles, Reviews (CLEAR)* 27 (December 2005): 59–91.

Harrison, Henrietta. *The Making of the Republican Citizen: Political Ceremonies and Symbols in China, 1911–1929*. Oxford: Oxford University Press, 2000.

———. *The Man Awakened from Dreams: One Man's Life in a North China Village, 1857–1942*. Stanford: Stanford University Press, 2005.

Harvey, Frederick W. [Report of March 20, 1862.] *Further Papers Related to the Rebellion in China*, in *Accounts and Papers of the House of Commons* [Great Britain], vol. 63, session 6 February–7 August 1862 (London: Harrison and Sons, 1862), 14–15.

Hiltebeitel, Alf, and Barbara D. Miller. *Hair: Its Power and Meaning in Asian Cultures*. Albany: State University of New York Press, 1998.

Ho, Ping-ti. *Studies on the Population of China, 1368–1953*. Cambridge, Mass.: Harvard University Press, 1959.

Ho, Virgil Kit-yiu. "Butchering Fish and Executing Criminals: Public Executions and the Meanings of Violence in Late Imperial and Modern China." In *Meanings of Violence: A Cross Cultural Perspective*, ed. J. Abbink and Göran Aijmer, 141–160. Oxford: Berg, 2000.

Hong Enbo 洪恩波. *Biao zhong chu yi* 表忠芻議 (A desultory discussion of loyalty exemplified). Nanjing, 1904.

Hong Ren' gan. "A Hero' s Return to Truth (Qinding yingjie gui zhen)." In *The Taiping Rebellion: History and Documents*, ed. Franz Michael, vol. 3, pp. 814–815. Seattle: University of Washington Press, 1966–1971.

Hou Zhuqing 侯竹青. "Taiping tianguo zundu zhi chu de funü wenti 太平天國尊都之初的婦女問題 (The woman question in the early period after the Taiping heavenly kingdom established its capital)." In *Wan Qing guojia yu shehui* 晚清國家與社會, ed. Zhongguo shehui kexueyuan and Suzhou daxue shehui xue yuan, 76–92. Beijing: Shehui kexue wenxian chubanshe, 2007.

Hsiao, Kung-Chuan. *Rural China: Imperial Control in the Nineteenth Century*. Seattle: University of Washington Press, 1960.

Hsiung Ping-chen. "Constructed Emotions: The Bond Between Mothers and Sons in Late Imperial China." *Late Imperial China* 15.1 (June 1994): 87–118.

Hu Changling 胡長齡. "Jiande zhai suibi 儉德齋隨筆 (Random jottings from Jiande Studio)." In *Taiping tianguo* 太平天國, ed. Zhongguo shixue hui, 6: 755–764. Zhongguo jindai shi ziliao congkan 中國近代史資料叢刊. Shanghai: Shenzhou guoguang she, 1953.

Hu Qianfu 胡潛甫. "Feng he shilu 鳳鶴實錄" (A true record of phoenix and crane). In *Taiping tianguo* 太平天國, ed. Zhongguo shixue hui, 5: 1–22. Zhongguo jindai shi

Goossaert, Vincent. "Bureaucratic Charisma: The Zhang Heavenly Master Institution and Court Taoists in Late-Qing China." *Asia Major* 17, Part 2 (2004): 121–159.

———. "Managing Chinese Religious Pluralism in the Nineteenth-century City Gods Temples." Unpublished paper, n.d.

———. "The Shifting Balance of Power in the City God Temples, 1800–1937." Unpublished paper, n.d.

Gordon, Charles George. *General Gordon's Private Diary of His Exploits in China; Amplified by Samuel Mossman . . .With Portraits and Map*. London: S. Low, Marston, Searle, & Rivington, 1885.

Gu Shishi 顧師軾. *Tai Zhen zhongyi xingshi lu* 太鎮忠義姓氏錄 (A Record of the Names of the Loyal and Righteous of Taicang and Zhenyang). 1870. Gunongtuishi 谷農退士, fl. 1861. *Kou nan suoji* 寇難瑣記 (An informal record of the rebel troubles), n.d.

Guo Songtao 郭嵩燾. *Hunan baozhong lu chu gao* 湖南褒忠錄初稿 (Records honoring the loyal of Hunan, first collection). Siku weishou shuji kan; 6 ji; 7. Beijing: Beijing chubanshe, 1997.

Guo Zhenyong 郭振墉. *Xiangjun zhi pingyi* 湘軍志平議 (Hunan Army gazetteer with commentary). N.d.

Guo, Qitao. *Ritual Opera and Mercantile Lineage: The Confucian Transformation of Popular Culture in Late Imperial Huizhou*. Stanford: Stanford University Press, 2005.

Guo, Yingjie, and Baogang He. "Re-imagining the Chinese Nation: 'The Zeng Guofan Phenomenon' ." *Modern China* 25.2 (April 1999): 142–170.

Hackforth-Jones, Jocelyn, and Mary Roberts, eds. *Edges of Empire: Orientalism and Visual Culture*. Malden, Mass.: Blackwell, 2005.

Hagopian, Patrick. *The Vietnam War in American Memory: Veterans, Memorials, and the Politics of Healing*. Amherst, Mass.: University of Massachusetts Press, 2009.

Hail, William. *Tsêng Kuo-fan and the Taiping Rebellion, with a Short Sketch of his Later Career*. 2nd ed. 1927. Reprint, New York: Paragon Book Reprint Corp., 1964.

Halbwachs, Maurice. *On Collective Memory*. Chicago: University of Chicago Press, 1992.

Han, Seunghyun. "Shrine, Images, and Power: The Worship of Former Worthies in Early Nineteenth Century Suzhou." *T'oung Pao* 95.1–3 (January 2009): 167–195.

Hankou shimin 漢口士民, ed. *Hankou jielie lu* 漢口節烈錄 (A record of the virtuous martyrs of Hankou). Hanyang, 1887.

Harrell, Stevan. "When a Ghost Becomes a God." In *Religion and Ritual in Chinese Society*, ed. Arthur P. Wolf, 193–206. Stanford: Stanford University Press, 1974.

平天國運動" (The over-praised Taiping Heavenly Kingdom Social Movement). http://news.ifeng.com/history/special/taipingtianguo/. Accessed 19 August, 2011.

Fitzgerald, John. *Awakening China: Politics, Culture, and Class in the Nationalist Revolution*. Stanford: Stanford University Press, 1996.

Forrest, Robert J. "A Report by Mr. Forrest of Journey from Shanghae to Nanking." Inclosure 7 in Number 6, *Correspondence Respecting the Opening of the Yang-tze-kiang River to Foreign Trade*. London; Harrison and Sons, 1861.

Franke, Herbert. "Siege and Defense of Towns in Medieval China." In *Chinese Ways in Warfare*, ed. Edward L Dreyer, Frank Algerton Kierman, and John King Fairbank, 151–201. Cambridge, Mass.: Harvard University Press, 1974.

Free-Spirited Immortal. "The Filial Woman Slaughtered in Jiangdu," trans. Wai-yee Li. *Renditions* 70 (2008): 89–100.

Fu Deyuan 傅德元. "Li Hongzhang yu Huaijun Zhaozhong ci 李鴻章與淮軍昭忠祠" (Li Hongzhang and the Manifest Loyalty Shrines for the Anhui Army). *Anhui shixue* 安徽史學 3 (2006): 71–82.

Fu Nanqiao 符南樵. "Xianfeng sannian bi kou riji 咸豐三年避寇日記" (A diary of fleeing the brigands in 1853), n.d.

Fuma Susumu 夫馬進. *Chūgoku zenkai zendō shi kenkyū* 中国善会善堂史研究 (Research on the history of Chinese benevolence associations and benevolence halls). Kyoto: Dōhōsha shuppan, 1997.

Fussell, Paul. *The Great War and Modern Memory*. New York: Oxford University Press, 1975.

Gan Xi 甘熙. *Jinling zhongyi xiaoti ci zhuanzan erjuan* 金陵忠義孝悌祠傳贊二卷 (Encomiums for the shrines honoring the loyal and righteous, filial and fraternal at Nanjing). Ganshi Jindailou keben 甘氏津逮樓刻本, 1840.

Gao Detai 高德泰. *Zhonglie beikao* 忠烈備考 (A Reference Guide to the Loyal Martyrs). 1877.

Gao Guanlan 高觀瀾. *Jiangyin Zhongyi enjing lu* 江陰忠義恩旌錄 (A record of the honors bestowed upon the loyal and righteous of Jiangyin). 1874.

Ge Yuanxu 葛元煦, and 黃式權. *Hu you zaji* 滬游雜記*/Songnan mengying lu* 松南夢影錄 (Miscellaneous writings on touring Shanghai/Shadows of dreams south of Songjiang). Shanghai: Shanghai guji chubanshe, 1989.

Gengshen zhongyi lu 庚申忠義錄 (A record of the loyal and righteous of 1860). N.d.

Goodman, Bryna. *Native Place, City, and Nation: Regional Networks and Identities in Shanghai, 1853–1937*. Berkeley: University of California Press, 1995.

vernacular paintings of the Taiping Heavenly Kingdom). Shanghai: Renshijian chubanshe, 1951.

Fang Yurun 方玉潤. "Xinglie riji 星烈日記." In *Taiping tianguo* 太平天國, ed. Luo Ergang 羅爾綱 and Wang Qingcheng 王慶成, 7: 1–41. Zhongguo jindai shi ziliao congkan xubian 中國近代史資料叢刊續編. Guilin: Guangxi shifan daxue chubanshe, 2004.

Fang Zhiguang 方之光. "Taiping tianguo yao dui neizhan zaocheng de da zainan fu zhuyao zeren ma?—yu Fenghuang wang 'Taiping tianguo' biandao shangquan 太平天國要對內戰造成的大災難負主要責任嗎？ 與鳳凰網《太平天國》編導商榷" (Should the Taiping Heavenly Kingdom be held responsible for the damage caused by the civil war? A discussion with the editors of the Phoenix Network Website "Taiping Heavenly Kingdom"). *Tansuo yu zhengming* 探索與爭鳴 3 (2011): 31–33.

Fang Zhiguang 方之光 and Mao Xiaoling 毛曉玲. "Taiping tianguo yinfa le Zhonghua minzu shi wuqianli de da zainan ma? Yu Pan Xulan jiaoshou shangquan 太平天國引發了中華民族史無前例的大災難嗎？與潘旭瀾教授商榷" (Did the Taiping Heavenly Kingdom cause the greatest catastrophe in the history of the Chinese people? A debate with Pan Xulan). *Tansuo yu zhengming* 探索與爭鳴 (September 2005): 11–14.

Faure, David. "The Emperor in the Village: Representing the State in South China." In *State and Court Ritual in China*, ed. Joseph Peter McDermott, 267–298. Cambridge: Cambridge University Press, 1999.

———, and Tao Tao Liu, eds. *Town and Country in China: Identity and Perception*. Houndmills, Basingstoke, Hampshire: Palgrave, in association with St Antony' s College, Oxford, 2002.

Faust, Drew Gilpin. *This Republic of Suffering: Death and the American Civil War*. New York: Knopf, 2008.

Feldman, Allen. *Formations of Violence: The Narrative of the Body and Political Terror in Northern Ireland*. Chicago: University of Chicago Press, 1991.

Feng Guifen 馮桂芬. *Xianzhi tang gao* 顯志堂稿. Jindai Zhongguo shiliao cong-n kan xubian di 79 ji; 783–784. Taipei (Yonghe): Wenhai chubanshe, 1981.

Feng Xianliang 馮賢亮. "Fenying yizhong: Ming Qing Jiangnan de minzhong shenghuo yu huanjing baohu 墳塋義冢：明清江南的民衆生活與環境保護" (Graveyards and charitable cemeteries: Everyday life and environmental protection in Ming-Qing Jiangnan). *Zhongguo shehui lishi pinglun* 中國社會歷史評論 7 (October 2006): 161–184.

Fenghuangwang 鳳凰網 (Phoenix Net). "Bei bagao de Taiping tianguo yundong 被拔高的太

Edgerton-Tarpley, Kathryn. "Family and Gender in Famine: Cultural Responses to Disaster in North China, 1876–1879." *Journal of Women's History* 16.4 (Winter 2004): 119–147.

———. *Tears from Iron: Cultural Responses to Famine in Nineteenth-Century China.* 1st ed. Berkeley: University of California Press, 2008.

Edkins, Jane Rowbotham (Stobbs). *Chinese Scenes and People*. London: J. Nisbet, 1863.

Elman, Benjamin A. *A Cultural History of Civil Examinations in Late Imperial China.* Berkeley: University of California Press, 2000.

Elvin, Mark. "Female Virtue and the State in China." *Past and Present* 104 (August 1984): 111–152.

Epstein, Maram. *Competing Discourses: Orthodoxy, Authenticity, and Engendered Meanings in Late Imperial Chinese Fiction.* Cambridge, Mass.: Harvard University Asia Center, 2001.

———. "Sons and Mothers: The Social Construction of Filial Piety in Late Imperial China." In *Love, Hatred, and Other Passions: Questions and Themes on Emotions in Chinese Civilization*, ed. Paolo Santangelo, 285–300. Leiden: Brill, 2006. Esherick, Joseph. *The Origins of the Boxer Uprising*. Berkeley: University of California Press, 1987.

———. *Ancestral Leaves: A Family Journey through Chinese History*. 1st ed. Berkeley: University of California Press, 2011.

———, and Mary Backus Rankin. *Chinese Local Elites and Patterns of Dominance*. Studies on China. Berkeley: University of California Press, 1990.

Fahs, Alice. *The Imagined Civil War: Popular Literature of the North & South, 1861–1865*. Civil War America. Chapel Hill: University of North Carolina Press, 2001. Fan Chengkun 范承堃. "Zhaozhong ci zhi 昭忠祠志 (Gazetteer of the Manifest Loyalty Shrine)." In *DB*, Vol. 3.

Fan Chunwu 范純武. "Feiluan, xiu zhen, yu ban shan: Zheng Guanying yu Shanghai de zongjiao shijie 飛鸞、修真與辦善——鄭觀應與上海的宗教世界" (Planchette, self-cultivation, and philanthropy: Zheng Guanying and the world of religion in Shanghai). In *Cong chengshi kan Zhongguo de xiandaixing* 從城市看中國的現代性 (Seeing China' s modernity through cities), ed. Wu Jenshu 巫仁恕, Lin Meili 林美莉, and Paul R. Katz 康豹, 247–274. Nangang: Zhongyang yanjiuyuan jindaishi yanjiusuo, 2010.

Fan Jinmin 范金民. "Qingdai Suzhou zongzu yitian de fazhan 清代蘇州宗族義田的發展" (The development of lineage charitable estates in Suzhou during the Qing dynasty). *Zhongguo shi yanjiu* 中國史研究 3 (1995): 56–68.

Fang Shiming 方詩銘. *Taiping tianguo tongsu hua shi* 太平天國通俗畫史 (A history of the

de Groot, J. J. M. *The Religious System of China: Its Ancient Forms, Evolution, History and Present Aspect, Manners, Customs and Social Institutions Connected Therewith*. 6 vols. 1892. Reprint. Taipei: Chengwen, 1969.

Des Forges, Roger. *Cultural Centrality and Political Change in Chinese History: Northeast Henan in the Fall of the Ming*. Stanford: Stanford University Press, 2003.

Desnoyers, Charles A. *A Journey to the East: Li Gui's "A New Account of a Trip Around the Globe*." University of Michigan Press, 2004.

Di Cosmo, Nicola, ed. *Military Culture in Imperial China*. Cambridge, Mass.: Harvard University Press, 2009.

Difu daoren 滌浮道人. "Jinling zaji 金陵雜記 (Various accounts from Nanjing)." In *Taiping tianguo* 太平天國, ed. Zhongguo shixue hui 中國史學會, 4: 607–646. Zhongguo jindai shi ziliao congkan 中國近代史資料叢刊. Shanghai: Shenzhou guoguang she, 1953.

Ding Bing 丁丙, ed. *Gengxin qi Hang lu* 庚辛泣杭錄 (Weeping for Hangzhou in 1860–1). In *Wulin zhanggu congbian* 武林掌故叢編. Vol. Box 18 (folios 139–144), Qiantang: Ding shi keben, 1883–1900.

Ding Chao 丁超. "Qingdai huang magua yuanliu kao 清代黃馬褂源流考" (An inquiry into the origins of the yellow riding jacket of the Qing dynasty). *Qing shi yanjiu* 清史研究 2 (May 2011): 127–133.

Dongguozi 東郭子 (pseud.). *Hangcheng xinyou jishi shi yuangao* 杭城辛酉紀事詩原稿 (Original manuscript of poems recording the events of the fall of Hangzhou in 1861). Hangzhou: Hangzhou gujiu shudian, 1980.

Dreyer, Edward L., Frank Algerton Kierman, and John King Fairbank, eds. *Chinese Ways in Warfare*. Cambridge, Mass: Harvard University Press, 1974.

Du Wenlan 杜文瀾. *Pingding Yue kou jilue* 平定粵寇記略 (An account of the suppression of the Southern Rebels), 1875.

Duara, Prasenjit. *Culture, Power, and the State: Rural North China, 1900–1942*. Stanford: Stanford University Press, 1988.

———. *Rescuing History from the Nation: Questioning Narratives of Modern China*. Chicago: University of Chicago Press, 1995.

———. "Superscribing Symbols: The Myth of Guandi, Chinese God of War." *Journal of Asian Studies* 47.4 (November 1988): 778–795.

Eastman, Lloyd E. *Family, Fields, and Ancestors: Constancy and Change in China's Social and Economic History, 1550–1949*. New York: Oxford University Press, 1988.

Eberhard, Wolfram. *The Local Cultures of South and East China*. Leiden: Brill, 1968.

89.1–3, Second Series (January 1, 2003): 1–38.

Cloud, Frederick D. *Hangchow, the "City of Heaven" with a Brief Historical Sketch of Soochow*. Shanghai: Presbyterian Mission Press, 1906.

Cohen, Paul A. *Discovering History in China: American Historical Writing on the Recent Chinese Past*. New York: Columbia University Press, 1984.

———. *History in Three Keys: The Boxers as Event, Experience, and Myth*. New York: Columbia University Press, 1997.

Cole, Alan. *Mothers and Sons in Chinese Buddhism*. Stanford: Stanford University Press, 1998.

Cole, James H. *The People Versus the Taipings: Bao Lisheng's "Righteous Army of Dongan"*. China research monographs, 21. Berkeley: Institute of East Asian Studies, University of California, Berkeley, Center for Chinese Studies, 1981.

Confino, Alon. "Collective Memory and Cultural History: Problems of Method." *American Historical Review* 102.5 (December 1997): 1386–1403.

Conly, J. M., and B. L. Johnston. "Natural Disasters, Corpses and the Risk of Infectious Diseases." *Canadian Journal of Infectious Diseases & Medical Microbiology* 16, no. 5 (2005): 269–270.

Crane, Susan A. "Writing the Individual Back into Collective Memory." *American Historical Review* 102.5 (December 1997): 1372–1385.

Crossley, Pamela. *Orphan Warriors: Three Manchu Generations and the End of the Qing World*. Princeton: Princeton University Press, 1990.

———. *A Translucent Mirror: History and Identity in Qing Imperial Ideology*. Berkeley: University of California Press, 1999.

Dai Xi 戴熙. "Wumen bei nan jilue 吳門被難紀略 (A record of suffering in Suzhou)." In *Taiping tianguo* 太平天國, ed. Luo Ergang 羅爾綱 and Wang Qingcheng 王慶成, 4: 396–402. Zhongguo jindai shi ziliao congkan xubian 中國近代史資料叢刊續編. Guilin: Guangxi shifan daxue chubanshe, 2004.

Das, Veena. "Language and Body: Transactions in the Construction of Pain." *Daedalus* 125.1 (Winter 1996): 67–91.

Davis, Edward L. *Society and the Supernatural in Song China*. Honolulu: University of Hawai' i Press, 2001.

de Bary, William Theodore, and Richard Lufrano, eds. *Sources of Chinese Tradition: From 1600 Through the Twentieth Century*, 2nd ed., vol. 2. New York: Columbia University Press, 2000.

Brown, Jeremy. "Rebels, Rent, and Tao Xu: Local Elite Identity and Conflict During and After the Taiping Occupation of Jiangnan, 1860–84." *Late Imperial China* 30.2 (December 2009): 9–38.

Caplan, Jane. Introduction to *Written on the Body: The Tattoo in European and American History*, ed. Jane Caplan. London: Reaktion, 2000.

Chan, Wing-ming. "The Early Qing Discourse on Loyalty." *East Asian History* 19(June 2000): 27–52.

Chao Wei-pang. "The Origin and Growth of the Fu Chi." *Folklore Studies* 1 (1942): 9–27.

Chen Danran 陳澹然. *Jiang biao zhong lue* 江表忠略. Changsha, 1900. In *Qingdai zhuanji congkan* 清代傳記叢刊, ed. Zhou Junfu. Taipei: Mingwen shuju, 1985.

Chen, Fu-mei Chang. "Local Control of Thieves in Eighteenth-Century China." In *Conflict and Control in Late Imperial China*, ed. Frederic Wakeman and Carolyn Grant. Berkeley: University of California Press, 1975.

Chen Gonglu 陳恭祿. *Taiping tianguo lishi luncong* 太平天國歷史論叢 (Collected essays on the history of the Taiping Heavenly Kingdom). Guangzhou: Guangdong renmin chubanshe, 1995.

Ch' en, Kenneth. "Filial Piety in Chinese Buddhism." *Harvard Journal of Asiatic Studies* 28 (1968): 81–97.

Chen Jicong 陳繼聰. *Zhongyi jiwen lu* 忠義紀聞錄 (A record of things heard about the loyal and righteous). Zhenhai kanben, 1882.

Chen, Hsi-yuan. "Confucianism Encounters Religion: The Formation of Religious Discourse and the Confucian Movement in Modern China." Ph.D. diss., Harvard University, 1999.

Cheng Wan 程畹. *Bi kou jilue* 避寇記略 (An account of fleeing the brigands), n.d.

Cheng, Weikun. "Politics of the Queue: Agitation and Resistance in the Beginning and End of Qing China." In *Hair: Its Power and Meaning in Asian Cultures*, ed. Alf Hiltebeitel and Barbara D. Miller, 123–142. Albany: State University of New York Press, 1998.

Chong, Key Ray. *Cannibalism in China*. Wakefield, N.H.: Longwood Academic, 1990.

Ch' ü, T' ung-Tsu. *Local Government in China Under the Ch'ing*. Cambridge, Mass.: Harvard University Press, 1962.

Church Missionary Intelligencer. Vol. XIII (1 August, 1862). London: Seeley, Jackson, and Halliday, 1862.

Clarke, Prescott, and J. S. Gregory, eds. *Western Reports on the Taiping: A Selection of Documents*. Honolulu: University Press of Hawai' i, 1982.

Clart, Philip. "Confucius and the Mediums: Is There a 'Popular Confucianism' ?" *T'oung Pao* chubanshe, 1957.

Anonymous (Yu Zhi). "Pan gong mian zai baojuan 潘公免災寶卷 (The precious volume in which Mr. Pan [explains] how to avoid catastrophe)." In *Baojuan chuji* 寶卷初集, ed. Zhang Xishun 張希舜, 23: 164–308. Taiyuan: Shanxi renmin chubanshe, 1994.

Bao Lian 鮑漣. "Gaochun chenghuang miao zhi 高淳城隍廟志 (A gazetteer of the City God Temple in Gaochun)." In *Zhongguo daoguan zhi congkan xubian* 中國道觀志叢刊續編, ed. Zhang Zhi 張智 and Zhang Jian 張健. Vol. 14. Yangzhou: Guangling shushe, 2004.

Bastid, Marianne. "Official Conceptions of Imperial Authority at the End of the Qing Dynasty." In *Foundations and Limits of State Power in China*, ed. Stuart R. Schram, 147–185. London: School of Oriental and African Studies, 1987.

Bell, Catherine. "Printing and Religion in China: Some Evidence from the *Taishang Ganying Pian*." (Fall 1992): 173–186.

Benedict, Carol. *Bubonic Plague in Nineteenth-Century China*. Stanford: Stanford University Press, 1996.

Benn, James A. *Burning for the Buddha: Self-Immolation in Chinese Buddhism*. Honolulu: University of Hawai' i Press, 2007.

Berkowitz, Alan J. *Patterns of Disengagement: The Practice and Portrayal of Reclusion in Early Medieval China*. Stanford: Stanford University Press, 2000.

Bernhardt, Kathryn. *Rents, Taxes, and Peasant Resistance: The Lower Yangzi Region, 1840–1950*. Stanford: Stanford University Press, 1992.

Blakiston, Thomas Wright. *Five Months on the Yang-Tsze, and Notices of the Present Rebellions in China*. London: J. Murray, 1862.

Bodde, Derk, and Clarence Morris, eds. *Law in Imperial China: Exemplified by 190 Ch'ing Dynasty Cases*. Cambridge, Mass.: Harvard University Press, 1967.

Bol, Peter K. "The Rise of Local History: History, Geography, and Culture in Southern Song and Yuan Wuzhou." *Harvard Journal of Asiatic Studies* 61.1 (June 2001): 37–76.

Bowring, L. *Eastern Experiences*. 2nd ed., n.p., 1872.

Brine, Lindesay. *The Taeping Rebellion in China: A Narrative of Its Rise and Progress, Based upon Original Documents and Information Obtained in China*. London: J. Murray, 1862.

Brook, Timothy. "Pictures for an Emperor: Yang Dongming' s Memorial on the 1594 Henan Famine." Unpublished paper, n.d.

Brook, Timothy, Jérôme Bourgon, and Gregory Blue. *Death by a Thousand Cuts*. Cambridge, Mass.: Harvard University Press, 2008.

參考書目

編註：若作者參考資料來源為原文，此處會以原文顯示；若來源為中文，則此處會在原文之後，加上中文對應。

縮寫

DB : Ding Bing 丁丙, ed. *Gengxin qi Hang lu* 庚辛泣杭錄 (Weeping for Hangzhou, 1860 and 1861). 1896. In *Wulin zhanggu congbian* 武林掌故叢編. Vol. Box 18 (folios 139–144), Qiantang: Ding shi keben. 1883–1900.

LJZYL: Liangjiang caifang zhongyi ju 兩江採訪忠義局. *Liangjiang caifang zhongyi zhuanlu* 兩江采訪忠義傳錄 (Record of the Loyal and Righteous Gathered and Investigated in Liangjiang [Jiangsu, Jiangxi, Anhui]). 1887.

QHDSL: Kun Gang 崑岡, and Xu Tong 徐桐, eds. *Qing huidian shili* 清會典事例 (Collected Statutes of the Great Qing, With Precedents). Beijing: Zhonghua shuju, 1991.

其他參考來源

Abbink, J., and Goran Ajmer, eds. *Meanings of Violence: A Cross Cultural Perspective*. Oxford: Berg, 2000.

Anderson, Clare. "Godna: Inscribing Indian Convicts in the Nineteenth Century." In *Written on the Body: The Tattoo in European and American History*, ed. Jane Caplan, 102–117. London: Reaktion, 2000.

Andrews, Bridie. "Tuberculosis and the Assimilation of Germ-Theory in China, 1895–1937." *Journal of the History of Medicine and Allied Sciences* 52, no. 1 (January 1997): 114–157.

Anonymous. *Courtesans and Opium: Romantic Illusions of the Fool of Yangzhou*, trans. Patrick Hanan. New York: Columbia University Press, 2009.

Anonymous. "Dongnan jilue 東南紀略" (An account of the southeast). In *Taiping tianguo* 太平天國, ed. Zhongguo shixue hui 中國史學會, 5: 227–238.

Zhongguo jindai shi ziliao congkan 中國近代史資料叢刊. Shanghai: Shanghai renmin

第七章 尾聲

1 李圭，〈思痛記〉，《太平天國》，中國史學會編，頁465。

2 關於內戰和通俗文學之間的一個有趣比較，見Alice Fahs, *The Imagined Civil War: Popular Literature of the North and South, 1861-1865* (Chapel Hill: University of North Carolina Press, 2001)。她寫道：「戰爭成了無窮無盡的故事來源，戰爭有無數的『故事軼聞』可供蒐集、講述——這種觀念讓通俗文學在戰時和戰後都活力十足。這種把戰爭當作故事寶藏的理解是內戰通俗文學的主要遺產之一。」（頁311）

3 沈懋良刊載在1875年《申報》文學副刊上的〈江南春夢庵筆記〉，應該是份偽造的回憶錄。沈宣稱自己曾經被俘而成為一位太平天國官員的隨從長達十三年之久。該作品的現代版本可見中國史學會編，《中國近代史資料叢刊．太平天國》，第四冊，頁431-448。羅爾綱把這個作品和其他作品作了系統的比較，斷定它只是混集各種材料而成的偽作，並未對太平天國做出原創（或說準確）的描繪。他批評該作者沒有釐清事實——而且還蓄意誤導讀者。羅爾綱稱該書作為偽作已經為欺騙了幾代人。見羅爾綱，《太平天國史料辨偽集》（北京：三聯書店，1955），頁5-37。那本書的確可能是偽作，其作者也可能從未被俘，但這偽造之舉仍然引起了我的興趣。為什麼直到1875年還會有人不嫌麻煩地創作出一段被太平軍俘虜的經驗來出版呢？那個年代會有人相信它嗎？若有，那又是什麼讓它得以取信於人？

4 〈杭州滿城多鬼〉，《申報》，1872年7月20日，電子版。關於杭州滿城陷落的簡述，見Crossley, *Orphan Warriors*, pp. 132-133。另一個關於鬼的故事，見汪康年（1860-1911），《汪穰卿筆記》（上海：上海書店，1997），頁43。

5 曹籀，〈為庚辛殉難士民募建水陸道場啟〉，丁丙，《庚辛泣杭錄》，卷3，頁67b-69a；釋宏濹，〈追薦殉難忠義建水陸道場疏〉，丁丙，《庚辛泣杭錄》，卷3，頁69b-70b。第二篇文章的作者是一位佛教僧侶。第一篇文章的作者是一位頗受尊敬的地方詩人和居士，該文文末懇求大家捐獻——並以此為機會，累積功德。

84 張光烈，《辛酉記》，頁33b。

85 Wue, "The Profits of Philanthropy."

86 Wue, "The Profits of Philanthropy," 尤其是頁192。

87 Haiyan Lee, *Revolution of the Heart: A Genealogy of Love in China, 1900-1950* (Stanford, Calif.: Stanford University Press, 2007). 另一個例子中，事主謝家福也因在太平天國戰爭經歷過苦難，而在丁戊華北奇荒時在上海積極發起賑災活動——見Edgerton-Tarpley, *Tears from Iron,* pp.137-140有關謝家福的描述。謝在戰爭中失去了二十多位親人，並做過太平軍的俘虜，後來以難民的身分在上海生活。

88 張光烈，《辛酉記》，頁38a-38b。

89 關於《申報》在丁戊華北奇荒賑災活動中扮演的角色，見Edgerton-Tarpley, *Tears from Iron*, p. 142ff.；亦見Wue, "The Profits of Philanthropy."

90 張光烈，《辛酉記》，頁40a-41b。發表於《申報》的原版，見《申報》，〈乞兒語〉，1887年8月15日。

91 也是在華北大饑荒時期出版，也同樣有著將過去經驗轉化成善舉的主題，其寫作也展現了一種必須向讀者分享痛苦經驗的義務感。見王庸，《流民記》，1886。

92 張光烈，〈兒科醫生更官細考論〉，《申報》，1887年8月20日。

93 感謝伍美華（Roberta Wue）分享的尋人啟事。類似的尋人啟事，例見登載1875年5月7日《申報》的廣告欄中一則尋找父親的啟事：啟事發布者的父親在1860年蘇州城陷時失蹤。關於身分被發覺的太平軍的故事，見〈論蘇城潛逆發覺甚巧事〉，《申報》，1873年1月3日。關於一對母子奇蹟般重逢的故事，見〈母子重逢〉，《申報》，1887年3月24日。《申報》也出版了一系列文學副刊和文集，包括〈四溟瑣紀〉。〈四溟瑣紀〉在出版前後，常常在報紙中打廣告。這些文學副刊一開始是戰爭相關材料的出版載體，後來漸漸擴展，開始出版新文類、新主題的作品，在這個過程中逐漸成為典型的「文學副刊」。魏愛蓮（Ellen Widmer），私人談話，2011年6月。

94 這些作者中沒有誰認同太平天國；太平軍成員所做的陳述，只有幾份供狀留存了下來。雖然有些學者，包括司徒琳（Lynn Struve），認為留存下來的回憶錄代表了「清方」(「清方」為中國學者的用語之一）的觀點，但這些記載中有不少也頗為直接地描寫了清朝軍隊及其擁清團練的惡行。關於「清方」的用法，見Lynn Struve, "Chimerical Early Modernity: The Case of 'Conquest-Generation' Memoirs," in *The Qing Formation in World-Historical Time,* ed. Lynn Struve (Cambridge, Mass.: Harvard University Asia Center, 2004), p.365。在我看來，司徒琳用來證明十九世紀回憶錄的數量比清初少的統計數據，是有問題的；她的「長期性典型分析」，我認為也有問題。

2001).

59　張光烈，《辛酉記》，頁1b-2a。

60　張光烈，《辛酉記》，頁2b。

61　關於貞節與面子，見Janet Theiss, *Disgraceful Matters: The Politics of Chastity in Eighteenth-century China* (Berkeley: University of California Press, 2004), p.198 .

62　張光烈，《辛酉記》，頁4b-5a。

63　張光烈，《辛酉記》，頁9a。

64　張光烈，《辛酉記》，頁4a。

65　張光烈，《辛酉記》，頁16a。

66　張光烈，《辛酉記》，頁25a。

67　張光烈，《辛酉記》，頁16b。

68　張光烈，《辛酉記》，頁4a。

69　張光烈，《辛酉記》，頁13b、頁15b。有趣的是，在對母親之死較正式的描寫中，張沒有具體說明母親擲出之物為煙管，只說到她「以手中物擲擊之」(頁5b)。

70　張光烈，《辛酉記》，頁15b-16a。

71　張光烈，《辛酉記》，頁24b。

72　就連張光烈友人岳峙所撰的〈布衣岳峙志痛碣〉一文也說到，張光烈兒時「為太恭人所愛，咳兒名之曰『鈍兒』」。張光烈，《辛酉記》，頁20a。

73　張光烈，《辛酉記》，頁5b。

74　張光烈，《辛酉記》，頁9a。

75　張光烈，《辛酉記》，頁8b。

76　張光烈，《辛酉記》，頁8b。

77　Arthur P. Wolf, "Gods, Ghosts, and Ancestors," in *Religion and Ritual in Chinese Society,* ed. Arthur P. Wolf (Stanford: Stanford University Press, 1974), pp.131-182; Lloyd Eastman, *Family, Fields, and Ancestors* (Oxford: Oxford University Press, 1988), p.45.

78　張光烈，《辛酉記》，頁9b。

79　張光烈，《辛酉記》，頁6a-6b。

80　張光烈，《辛酉記》，頁34a。

81　Drew Gilpin Faust的研究指出，在內戰後的美國也出現過類似現象。很多家庭透過與死去的親人溝通，以尋求安慰。見*This Republic of Suffering*, pp. 180-185.

82　Rania Huntington, "Chaos, Memory, and Genre: Anecdotal Recollections of the Taiping Rebellion," *Chinese Literature: Essays, Articles, Reviews* 27 (2005): pp. 59-91.

83　張光烈，《辛酉記》，頁33a-33b。

國小說史略》(北京：人民文學，1976)，頁270-271。

40 張光烈，《辛酉記》，頁24a。張光烈寫道，對於母子而言，與其生離，不如死別之後再重聚。

41 張光烈，《辛酉記》，頁24b。

42 張光烈，《辛酉記》，頁26a-26b。

43 David Pillemer, *Momentous Events, Vivid Memories*, pp.26-27.

44 張光烈，《辛酉記》，頁26b-27a。

45 張光烈，《辛酉記》，頁21a。

46 張光烈，《辛酉記》，頁3a。

47 例見《江南鐵淚圖》，頁33b-34a——這部作品先是描繪了太平天國治下地方社會的徹底崩壞，接著通過描繪勸善戲劇的展演、鄉約的宣講，以及循吏的出現，來展現「秩序重建」。

48 張光烈，《辛酉記》，〈前言〉，頁1a。

49 這裡所提到的書應是《浙江忠義錄》，由浙江採訪忠義局於1867年發行。影印本見周駿富編，《清代傳記叢刊》(臺北：明文書局，1986)，61冊。

50 張光烈，《辛酉記》，〈前言〉，頁1a。

51 關於悲傷那種難以訴諸言語的情緒是如何體現在美國內戰的類似例子中，見Drew Gilpin Faust, *This Republic of Suffering: Death and the American Civil war* (New York: Knopf, 2008), p.209。不論是中國還是美國的例子，都用模式化語言描述悲傷的難以言喻性(unspeakability)。

52 當然，小說中這個情節同時也是一則幽默的社會評論。Anonymous, *Courtesans and Opium: Romantic Illusions of the Fool of Yangzhou*, trans. Patrick Hanan (New York: Columbia University Press, 2009), p.307.

53 張光烈，《辛酉記》，頁6b。

54 張光烈，《辛酉記》，頁3a。

55 張光烈，《辛酉記》，頁3a-3b。

56 Hsiung Ping-chen, "Constructed Emotions: The Bond between Mothers and Sons in Late Imperial China," *Late Imperial China* 15.1 (1994): pp.87-118. For these points, see pp. 88, 89, and 109 respectively.

57 張光烈，《辛酉記》，頁7a、頁8a-8b、頁9a、頁14a。

58 例見Allen Cole, *Mothers and Sons in Chinese Buddhism;* Margery Wolf, *Women and the Family in Rural Taiwan* (Stanford: Stanford University Press, 1972), pp. 32-41; Maram Epstein, *Competing Discourses: Orthodoxy, Authenticity, and Engendered Meanings in Late-Imperial Chinese Fiction* (Harvard University East Asian Series,

28 這篇文章可以視為江南慈善家為丁戊華北奇荒賑災所做努力的一部分。這些慈善家為了使人們同情華北奇荒受災者的痛苦，並籌措善款，有意強調了太平天國戰爭災難與華北奇荒之間的相似性。見 Kathryn Edgerton-Tarpley, *Tears from Iron: Cultural Responses to Famine in 19th-Century China* (Berkeley: University of California Press, 2008); Roberta Wue, "The Profits of Philanthropy: Relief Aid, Shenbao, and the Art World in Later Nineteenth Century Shanghai," *Late Imperial China* 25.1 (June 2004): pp.187-211.

29 張光烈的小名「鈍兒」意為「笨兒」，指笨拙、不機伶。見張光烈，《辛酉記》，頁42a-42b。

30 Alan Cole 指出，佛教的孝道以母子關係為優先，認為母親是兒子的成人和性格形成源頭，是兒子的情感中心。Alan Cole, *Mothers and Sons in Chinese Buddhism* (Stanford: Stanford University Press, 1998), p2.

31 關於丁丙如何以文字重建（表述）杭州，見胡曉真，〈離亂杭州——戰爭記憶與杭州記事文學〉，《中國文哲研究集刊》，36期（2010年3月），頁45-78。關於官員、士紳在祠廟建設中的角色，亦見李榕、龔嘉儁編纂，《杭州府志》（臺北：成文出版社，1974）頁19a-21a。關於儀式在重建過程中扮演角色的觀點，見 Wooldridge, "Transformations of Ritual and State in Nineteenth-century Nanjing," chap. 7.

32 張光烈，《辛酉記》，頁21a。

33 張光烈，《辛酉記》，頁37a。《蓼莪吟》的目錄被收入《辛酉記》。《蓼莪吟》中的詩本身已散佚。在1884年張光烈找到了詩集的序與跋，後將它們收進1890年版的《辛酉記》。「蓼莪吟」是歌詠孝道的詩歌常用的標題。

34 遺失的過程敘述得有些模糊。張光烈告訴我們，他將稿子交付印刷，但稿子卻一直被轉手，最後遺失了。張光烈，《辛酉記》，頁21a。

35 張光烈，《辛酉記》，頁36b。

36 張光烈，《辛酉記》，頁37a。

37 張光烈，《辛酉記》，頁37a。

38 俞樾，《春在堂隨筆》（南京：江蘇古籍出版社，1999），頁38。

39 許奉恩，《轉徙餘生記》，收於《叢書集成續編》（上海：上海書店，1994）史部25冊，頁925-945。根據註解，方濬頤先取得許奉恩的證詞並加以美化，再將之寫進書裡。由於許奉恩之後以作家的身分聞名，故這段過程看起來有點奇怪。見張秀民等編，《太平天國資料目錄：中國近代史資料叢刊「太平天國」附錄》（上海：上海人民出版社，1957），頁80。附帶一提，許奉恩在戰爭時期擔任過政府機關的秘書，也是一個家喻戶曉的警世故事、奇聞軼事作家。他此類作品的代表作為《里乘》，在魯迅的中國小說史略中，曾被舉為此類文學作品的一例。參見魯迅，《中

University Press, 1998). Pillemer 描述一種他稱為「個人事件記憶」(personal event memory)的現象，即記憶敘事——記憶敘事描述獨特的事件，並聚焦於記憶者在事件發生當下的個人景況，包括所見、所聞、所想，以及所感；「這些敘事包含了許多特定的細節，例如直接引語，以及對周遭事物的描述；同時，即便多年之後，這些敘事仍然保有其鮮明生動的特點」(頁3)。Pillemer還提到，創傷記憶通常伴隨著強烈的感官聯想和空間聯想(頁22, 26-27)。關於生活片段及日常生活細節喚起過往記憶的力量，見Philip A. Kafalas, *In Limpid Dream: Nostalgia and Zhang Dai's Reminiscences of the Ming* (Norwalk, Conn.: EastBridge, 2007), pp.181-183.

21 關於1870年至1910年期間，苦痛在自我、民族、國家之間的動態關係的語境中是如何被表述的，見Dorothy Ko, "The Subject of Pain," in *Dynastic Crisis and Cultural Innovation*, ed. David Der-Wei Wang and Shang Wei (Cambridge, Mass.: Harvard University Press, 2006), pp.484-485.

22 張光烈在有關母親死亡時間的文章〈日時〉中，聲稱母親死於咸豐十一年十一月二十八日中午(1861年12月29日)。這篇文章後附的註評論道：「此係幼子光烈追憶如此，聞之舅舅，太恭人殉烈後，日益旋沒，蓋在酉時，或兒幼神昏，當時記不清楚也」(頁11a)。此註承認記憶可能出錯，並在面對一位長輩的權威性介入時，拒絕更改文章中的記載。(文中曾暗示這位長輩曾與母親的死有某種不愉快的關聯)。關於晚清小說中「痛哭流涕」這個主題，見David Der-wei Wang, Fin-de-Siecle *Splendor: Repressed Modernities of Late Qing Fiction, 1849-1911* (Stanford: Stanford University Press, 1997), pp. 36-37.

23 Yasuhiko Karasawa, in *Thinking with Cases: Specialist Knowledge in Chinese Cultural History*, ed. Charlotte Furth, Judith T. Zeitlin, and Ping-chen Hsiung (Honolulu: University of Hawaii Press, 2007), p. 105.

24 William Charles Wooldridge 以《兩江忠義傳錄》為基礎用表列舉了各種死法。Wooldridge, "Transformations of Ritual and the State in Nineteenth-century Nanjing" (Ph.D. thesis, Princeton, 2007), pp. 274-275.

25 在1880年版的《辛酉記》中，「遺訓」、「遺事」以條目的形式呈現，而1890年版的《辛酉記》則以軼事的方式呈現。

26 關於心理學家及理論家對創傷性記憶特徵的描述，參見Ann E. Kaplan, *Trauma Culture: The Politics of Terror and Loss in Media and Literature* (New Brunswick, N.J.: Rutgers University Press, 2005), p.34和 Gary Weissman, *Fantasies of Witnessing: Postwar Efforts to Experience the Holocaust* (Ithaca: Cornell University Press, 2005), p.133之綜述。

27 張光烈，《辛酉記》，〈卷首贅言〉，頁1b—2a。

5 〈蘇省撫轅抄〉，《申報》(電子版)，4版5052期，1887年5月12日。

6 張光烈的外公是位邑庠生(秀才)，性格嚴厲正直。張家世代書香，即便未曾大富，仍「詩書相繼，不改其舊」。見張光烈，《辛酉記》，(吳中〔蘇州〕，1890)，頁7a。

7 張光烈，《辛酉記》，頁1a。根據曼素恩(Susan Mann)的研究，這種妻子掌管家務、丈夫寓外的婚姻安排，在清代十分常見。曼素恩討論了丈夫寓外、女性掌管家務以及與嫁妝之間的影響及關係——見Susan Mann, "Dowry Wealth and Wifely Virtue in Mid-Qing Gentry Households," *Late Imperial China* 29.1 Supplement (June 2008): pp. 64-76；更廣泛性的討論，見曼素恩的著作*Precious Records: Women in China's Long Eighteenth Century* (Stanford: Stanford University Press, 1997)。

8 張光烈，《辛酉記》，頁3a。

9 張光烈，《辛酉記》，頁4b-5a。

10 張光烈強調的是超越父系體系的核心家庭(更確切的說是「子宮家庭」)；張把焦點放在一個由母親和自己的兄姐組成的小團體上。

11 張光烈對母親的回憶與缸兒巷故居的空間結構之間，具有「位置」上的對應關係。張光烈，《辛酉記》，頁8a-8b。

12 此外，張光烈提到「將入客云：不幾使窮措大」。張評論道，他每思及此，「號啕欲死哉嗚呼。」張光烈，《辛酉記》，頁16a-16b。

13 張光烈，《辛酉記》，頁15a。

14 張光烈，《辛酉記》，頁3b。

15 張光烈，《辛酉記》，頁3b。

16 上海圖書館的電子目錄顯示《辛酉記》有三種版本，WorldCat上的搜尋結果也是如此。本書引用的是史丹佛大學東亞圖書館的藏本。1880年版《辛酉記》的影印本可見《國家圖書館藏中華歷史人物別集》，第五十四集(北京：線裝書局，2003)，頁705-723。

17 關於丁丙《庚辛泣杭錄》一書的討論，見胡曉真，〈離亂杭州——戰爭記憶與杭州記事文學〉，《中國文哲研究集刊》，期36(2010年3月)，頁45-78。

18 《清史稿》有關張母的條目寫道：「張福海妻，姚，錢塘人。福海官廣東曲江知縣。姚家居，寇至，城圍合，米盡食麥，麥盡食糠稨，糠稨盡食馬料豆。城破，賊脅姚行，姚奮起擊賊，被殺。同死者娣、姒孫、王，女杏珠，姪女滿、文、月。」見趙爾巽，《清史稿》(北京：中華書局，1986)，46冊，卷510，〈列傳二九七〉，張福海妻姚條，頁14-29。

19 《辛酉記》收錄了描寫張母被害一幕的各種記載；所有這些記載都十分生動，但略有不同。

20 David Pillemer, *Momentous Events, Vivid Memories* (Cambridge, Mass.: Harvard

130 高德泰，《忠烈備考》，端木序，頁1a。

131 高德泰，《忠烈備考》，秦序，頁1b。應該注意，衙門辦事人員是不可能阻礙高的計畫的。關於口述史的層面，見秦序，頁1a。

132 高德泰，《忠烈備考》，凌序，頁1a。

133 高德泰，《忠烈備考》，秦序，頁1b。

134 高德泰，《忠烈備考》，公稟，頁1a-1b。

135 這份申請於光緒四年正月二十三日（1878年2月24日）送出，經由兵部、禮部、吏部以及翰林院、內閣審核，於同年陰曆二月二十四日（3月26日）獲准。見高德泰，《忠烈備考》，〈詳文〉，頁1a-1b。

136 高德泰，《忠烈備考》，端木序，頁1a。端木埰，南京人，活躍於同治時代，乃著名散文家。他未經科舉便在官僚體系內獲得升遷。他還曾做過縣令。

137 編者們特別強調了遭太平軍屠殺而犧牲的旗營人員。例如，他們指出，1853年南京城陷時，旗營死了超過了四萬多人。

138 穆克登布等編，《兩江忠義傳》，卷23，頁26b。

139 穆克登布等編，《兩江忠義傳》，劉坤一前言，頁1a-1b。請注意，在《江表忠略》的序中，陳澹然大量採用了劉坤一序中的大段內容，60冊：頁321-323。

140 陳澹然，《江表忠略》，陳序，60冊：頁317-318。（〈忠烈後敘〉，頁1a-1b）。

141 陳澹然，《江表忠略》，陳序，60冊：頁319。（〈忠烈後敘〉，頁2a）。

142 陳澹然，《江表忠略》，陳序，60冊：頁319。（〈忠烈後敘〉，頁2a）。

143 關於大漢忠烈祠的討論，見Henrietta Harrison, *The Making of the Republican Citizen: Political Ceremonies and Symbols in China* (Oxford: Oxford University Press, 2000), p. 106. 沈艾娣（Harrison）引用了第二檔案：南方革命政府檔案，(26): 26 (2). 33, 20.〈電請前清忠義各祠改建民國大漢忠烈祠〉，1912年3月23日，〈陸軍部稿〉。

第六章　失去

1 張光烈的母親娘家姓姚，長大後嫁至張家。張光烈在《辛酉記》中用對官員妻子的尊稱「太恭人」稱呼她。

2 《申報》電子版可搜到六條提到張光烈的結果，還可以搜到張光烈撰寫的兩篇文章。其中一篇文章後來收錄進1890年版的《辛酉記》。

3 〈十一月份分發人員驗看名單〉，《申報》（電子版），3版3151期，1882年2月5日。

4 舉薦張光烈（及他人）的奏摺原本是出現在光緒九年六月初三日的《京報》，而後再次出現在《申報》中。《申報》按慣例會在原刊出版幾週後把《京報》內容作為插頁刊登。見《申報》第12版3684期，1883年7月16日。朝廷對譚的舉薦的批准，於一週後登載於《京報》。見《申報》（電子版）12版3689期，1883年7月21日。

114 顧師軾在《太鎮忠義姓氏錄》最後幾頁羅列了二十二位贊助人，他們捐了三十一兩銀子來刊印此書；另有十七位人捐了十八兩銀子、八百文銅錢來資助此書的出版。

115 顧師軾，《太鎮忠義姓氏錄》，作者跋，頁1b。

116 地區性出版物的凡例中，不斷提到兩江是受創最深的地區。例見《兩江采訪忠義傳錄》。亦可見穆克登布編，《兩江忠義傳》及其刪節本，陳澹然的《江表忠略》；這兩本書都是江蘇、安徽和江西烈士傳記的合輯本。就像我們已經看到的，《江南鐵淚圖》在闡明承平時期與太平軍佔據時期之間的差異時，也強調江南地區人民受到的莫大痛苦。

117 江蘇、浙江、江西和安徽其他各地都有類似例子。被太平軍佔領為首都有十年之久的南京，似乎格外迫切地需要洗涮本地的名聲。

118 兩個例子都取自《揚城殉難續錄》，收於陳恆和，《揚州叢刻》，1930-1934（重印本：揚州：廣陵古籍刻印社，1995），上卷，頁2b。

119 例見收於《兩江采訪忠義傳錄》一道1858年的諭令；這道諭令列舉了按位階授予的旌表及補償。對這份材料的討論，見Meyer- Fong, "Gathering in a Ruined City," pp. 46-48。

120《兩江采訪忠義傳錄》，凡例，頁1b。

121 穆克登布編，《兩江忠義傳》，頁3b-4a。關於此書如何超越《兩江采訪忠義傳錄》，見〈劉坤一序〉，頁3a，以及陳澹然，頁1a-1b。

122 顧師軾，《太鎮忠義姓氏錄》，〈凡例〉，頁1b。

123 顧師軾，《太鎮忠義姓氏錄》，〈作者跋〉（日期為1869年），頁1b。選擇「昭忠」來命名頗具意義。

124 顧師軾，《太鎮忠義姓氏錄》，〈作者後跋〉，頁1b。

125 陳澹然《江表忠略》的凡例裡指出了其他私人紀念性作品的存在。見陳澹然，《江表忠略》（臺北：明文書局，1985），59、60冊，頁325。

126〈王祖畬序〉（1870），收於顧師軾，《太鎮忠義姓氏錄》，頁1b-2a。

127 舉例來說，認為盛清超越了過去各個偉大王朝的詮釋始於盛清，例見康熙皇帝與噶爾丹的交戰紀錄。關於這方面的討論，見Peter Perdue, *China Marches West* (Cambridge, Mass.: Belknap Press of Harvard University Press, 2005), pp. 190-191. 亦見Hummel, *Eminent Chinese of the Ch'ing Period,* vol. 2, p. 851. 關於朝廷旌表忠烈儀式的出色，見《兩江采訪忠義傳錄》——此書的編者引述了乾隆朝宣布旌表明朝烈士的諭令。見《兩江采訪忠義傳錄》，頁1a。

128 陳繼聰，《忠義紀聞錄》，宗元瀚序，頁1b。

129 陳繼聰，《忠義紀聞錄》，宗元瀚序，頁2b。

105 這本書初版於道光年間，再版於同治年間，是晚清重新發現明朝烈士的作品之一。高觀瀾，《江陰忠義恩旌錄》(1874)。另一例子見方濬頤序，劉寶楠，《勝朝殉揚錄》(揚州：華南書局，1871)。1830年代末到1840年代，人們似乎普遍著迷於十七世紀中的忠義烈士：清朝開國之初為數眾多的烈婦也在此時被重新發現，並受到國家旌表。她們的傳記也在方志中出現，見英傑等編，《續纂揚州府志》，1874，卷17，頁26a-26b。

106 在內容、方法甚至編纂人員上，方志中的忠義傳記與忠義局編纂的書有不少重疊，所以可以作為同類出版品加以考慮。實際上，是有證據顯示，方志中的這些章節有時會作為獨立的本子重印。

107 曾國藩出現在幾乎所有的紀念性書籍中，要麼是直接點明是他，要麼則隱晦地指出。由於他在恢復秩序過程中發揮了巨大影響，他在這些作品中都是以大英雄和智者的形象出現的。例見王祖畬序，顧師軾，《太鎮忠義姓氏錄》(1870)，卷1，頁2a。亦見於嚴正基，《憫忠草》(1865)——《憫忠草》是一本詩集，每首詩附有一篇傳記。該詩集似乎是「私人」集子，是由一位作者在湖南出版的。集子中有一篇年代較晚、同治初年的序，其標題頁是曾國藩題字的刻印版。這本詩集顯然是在太平天國期間逐漸完成，而在戰後出版的(見〈憫忠草後序〉，頁1a)。作者自己的序以精彩而又常規的手法來說明這項紀念項目的正當性，暗示說，值得紀念旌表的烈士事蹟範圍很廣。他在1854年的第一篇序裡主張，朝廷「養士兩百餘年，敦崇忠節」，所以「義士林立，足以光昭日月，輝映寰區(〈憫忠草序〉，頁1b)。相較之下，太平軍是不重要的，且站到了錯的那一邊，所以一定會被迅速鎮壓。較晚的那篇序寫於1863年，認為他的詩可以「發潛德之幽光，勵忠貞於奕禩，或於世道人心不無少補焉」。

108 這些作品可以簡單到只是一個由某局處編輯的手寫名單，例如，《卹海鹽縣官紳婦女清冊一卷》(1866)。這份手稿是一份浙江海鹽縣八百多位太平天國戰爭期間的殉難烈士名單。

109 Joseph W. Esherick, *Ancestral Leaves: A Family Journey Through Chinese History* (Berkeley: University of California Press, 2001), pp. 82-83.

110 《兩江采訪忠義傳錄》，〈凡例〉，頁2a。

111 《兩江采訪忠義傳錄》，〈凡例〉，頁2b。

112 例見《兩江采訪忠義傳錄》，〈凡例〉，頁1b。

113 顧師軾，《太鎮忠義姓氏錄》(1870)，〈凡例〉，頁1a。顧師軾，太倉，致力於保存地方作品及文件。今天他以身為吳偉業文集及其年譜編者的身分聞名。吳偉業(1609-1671)是明清之際的著名詩人。《太鎮忠義姓氏錄》由官方旌表的列表組成，也輯選部分描寫生動、直接的傳記(請特別參見造紙工的傳記——卷6，頁1b)。

持有人想要從商，所以想要賣產業，而另一處產業的持有人本來就已將這個產業典當了，故也同意這樁買賣。

88 王震元，〈昭忠祠春秋祭文〉，范承堃，《昭忠祠志》，收於丁丙，《庚辛泣杭錄》，卷3，頁65b。

89 王鼎棋，〈昭忠祠重整祀位記〉，范承堃，《昭忠祠志》，收於丁丙，《庚辛泣杭錄》，卷3，頁74b-75a。

90 丁申，〈東皋別墅八詠〉，范承堃，《昭忠祠志》，收於丁丙，《庚辛泣杭錄》，卷3，頁89a。

91 范承堃，《昭忠祠志》，收於丁丙，《庚辛泣杭錄》，卷3，頁23b；24b；25b-26a。

92 范承堃，《昭忠祠志》，收於丁丙，《庚辛泣杭錄》，卷3，頁28a-28b。

93 范承堃，《昭忠祠志》，收於丁丙，《庚辛泣杭錄》，卷3，頁31a。

94 范承堃，《昭忠祠志》，收於丁丙，《庚辛泣杭錄》，卷3，頁35a-37a。

95 范承堃，《昭忠祠志》，收於丁丙，《庚辛泣杭錄》，卷3，頁43b-46a。

96 柯悟遲尖銳地批評了他家鄉地區的重建局，認為他們自以為是、報復心強，又只為自己謀利。見柯悟遲，《漏網喁魚集》，收於《清代史料筆記叢刊》(北京：中華書局，1959)，頁93-94。

97 〈陳婦苦即如末〉，《申報》(線上版) 第251期，1873年2月24日，頁2。

98 范承堃，《昭忠祠志》，收於丁丙，《庚辛泣杭錄》，卷3，頁43a-b。

99 范承堃，《昭忠祠志》，收於丁丙，《庚辛泣杭錄》，卷3，頁50a-52a。

100 章炳麟，〈浙江昭忠祠志〉，《昭忠祠志》，收於丁丙，《庚辛泣杭錄》，卷3，頁62a。章用「臬」(意為測量日影之標杆) 來表示「真正的意思」。臬及其陰影是這篇文章中最生動的隱喻。感謝黃克武和他的研究生討論課幫助我翻譯這篇頗具挑戰性的文章。黃克武指出，這篇文章並沒有出現在章炳麟全集中，可能是因為此文與編者對章炳麟作為反滿愛國者的印象不符。黃克武，2011年4月電子郵件。

101 章炳麟，〈浙江昭忠祠志〉，《昭忠祠志》，收於丁丙，《庚辛泣杭錄》，卷3，頁62a-62b。

102 關於這一時期省籍如何成為強烈政治認同的基礎，見Stephen R. Platt, *Provincial Patriots: The Hunanese and Modern China* (Cambridge, Mass.: Harvard University Press, 2007).

103 章炳麟，〈浙江昭忠祠志〉，《昭忠祠志》，收於丁丙，《庚辛泣杭錄》，卷3，頁63a。

104 例見甘熙編，《金陵忠義孝悌祠傳贊二卷》(甘氏津逮樓刻本，1840)。這部作品指出法令要求每個行政區單位都必須有忠義孝悌祠，祠中要有刻有名單的石碑，並由此說明昭忠祠的必要性。見作者序，頁1a。

7，頁2384）。

76 〈公牘〉，范承堃，《昭忠祠志》，收於丁丙，《庚辛泣杭錄》，卷3，頁19a。

77 〈公牘〉，范承堃，《昭忠祠志》，收於丁丙，《庚辛泣杭錄》，卷3，頁19a。有關之後幾任巡撫對旌卹的申請，見卷3，頁12b-18b。這一連串申請中的第一次是1863年左宗棠提出的，最後一次——即第五十八次——是由廖壽豐提出的。（卷3，頁18b）。

78 胡曉真認為，我們應該把丁丙（1832-1899）的《庚辛泣杭錄》當成是杭州這場大災難的紀念物，並具有多重意思。胡曉真，〈離亂杭州〉，《中國文哲研究集刊》，期36（2010年3月），頁45-78。

79 〈公牘〉，范承堃，《昭忠祠志》，收於丁丙，《庚辛泣杭錄》，卷3，頁19a。關於戰後修建學校（尤其是義學）如何成了地方精英及官員優先考慮之事，見Barry Keenan, *Imperial China's Last Classical Academies* (Berkeley: China Research Monographs, 1994).

80 呈請人包括前內閣學士李品芳、前光祿寺卿許乃釗、前安徽學政朱蘭、前廣西學政周學濬、前國子監祭酒章鋆、內閣中書章應昌、翰林院庶吉士劉崧駿、前署江蘇布政使吳煦、前署江蘇布政使杜文瀾、前署江寧布政使孫衣言、山東鹽運使鄭蘭等人。名單中最後一個人名是丁丙，丁丙是編纂並出版《庚辛泣杭錄》的人。（范承堃，《昭忠祠志》，收於丁丙，《庚辛泣杭錄》，卷3，頁21a-21b）。根據他們的說法，當時唯一建成的祭祠是紀念王有齡的專祠。

81 忠義局和軍需局似乎在這些事情上有合作。忠義局負責調查，軍需局則負責管理資金、選擇地點。范承堃，《昭忠祠志》，收於丁丙，《庚辛泣杭錄》，卷3，頁19b-20b。

82 范承堃，《昭忠祠志》，收於丁丙，《庚辛泣杭錄》，卷3，頁20b。

83 在許奉恩的回憶錄中，這裡是他造訪杭州的住處，隔壁住著一位女詩人。見第四章討論。

84 前屋主的至孝剛好與此地用來昭顯的至忠相呼應——在傳統中，忠、孝被視為是可類比的美德。丁午，〈古皋園改建忠義祠記〉，范承堃，《昭忠祠志》，收於丁丙，《庚辛泣杭錄》，卷3，頁60a-61b。

85 丁致元，〈昭忠祠小記〉，范承堃，《昭忠祠志》，收於丁丙，《庚辛泣杭錄》，卷3，頁57a-60a。

86 該局坐落於皋園內的滄浪書屋。書屋有明清之際名人吳偉業的題字，還有其他名人的作品。丁致元，〈昭忠祠小記〉，范承堃，《昭忠祠志》，收於丁丙，《庚辛泣杭錄》，卷3，頁59b。該忠義局應該是在昭忠祠蓋好後搬入皋園的。

87 范承堃，《昭忠祠志》，收於丁丙，《庚辛泣杭錄》，卷3，頁22b。其中一處產業的文學〉，《中國文哲研究集刊》，第36期（2010年3月），頁67。許瑤光的《蒿目集》收於丁丙《庚辛泣杭錄》卷14的下半卷。

69 王有齡解釋說，這座祠祀不僅會延展朝廷旌表忠烈的盛意，也能在進入祠祀的人心中激起敬意，讓他們希望自己同樣也能入祀其中（也就是說，他們會願意為朝廷獻身）。王有齡，〈昭忠彙祀祠祀〉，收於范承堃，《昭忠祠志》，收於丁丙，《庚辛泣杭錄》，卷3，頁8a-9a。

70 王有齡，〈昭忠彙祀祠祀〉，收於范承堃，《昭忠祠志》，收於丁丙，《庚辛泣杭錄》，卷3，頁9a-9b。後來，舊碑被重新找到，還立了集體牌位，紀念王有齡曾為之爭取認可的那些死者。更多資訊見李榕、龔嘉儁，《杭州府志》（1898年府志之1922年版本的影印本），中國方志叢書，華中地方；第199號（臺北：成文出版社，1974），卷11，頁19（第一冊頁388）。

71 見孫衣言，〈崇義祠碑記〉，李榕、龔嘉儁，《杭州府志》，卷11，頁19a-19b。在這篇寫於1877年的文章中，孫衣言雖然對崇義祠紀念杭州殉難官紳表示欣賞，但他也似乎認為太平天國之所以肆虐，膽小怕事的地方官員要負起責任。這篇文章還出現於陸楨輯，《崇義祠志》，（陸楨的兄弟捐出了祠地）。見陸楨輯，《崇義祠志》，收於丁丙，《庚辛泣杭錄》，卷4，頁6b-9b。

72 范承堃，《昭忠祠志》，收於丁丙，《庚辛泣杭錄》，卷3，頁102a。

73 崇義祠的匾額於1866年獲賜。陸楨輯，《崇義祠志》，收於丁丙，《庚辛泣杭錄》，卷4，頁1b。馬新貽為之寫了碑銘，親自潑墨書寫，立了碑，還解釋了崇義祠的歷史，以及這場得到朝廷認可的事件之始末。碑文文本可見於陸楨輯，《崇義祠志》，收於丁丙，《庚辛泣杭錄》，卷4，頁5a-6b。

74 徐毅，〈從「專濟餉糈」到「妥辦善後」——同治時期江蘇省釐金政策述論〉，《中國經濟史研究》，期4（2006），頁77-84, 109。作者認為，釐金被用來資助湘淮軍對抗捻亂，直至1868年，當釐金開始越來越多地用於重建工作（並與地方及省級掌權者之間的衝突糾結在一起）。徐文所給出的時間線也印證了1870年代初期紀念項目（例如方志和祠祀）在象徵層面上中央化、在實際權力上地方化的加劇。

75 1862年，當左宗棠被委任為浙江巡撫時，浙江省已經幾乎完全被太平軍佔據。因此左宗棠得為他的職位而戰——投身戰鬥，以奪回他被委任治理的領域。在1863年秋展開持續圍城後，他於1864年4月收復了省城。見Arthur W. Hummel, *Eminent Chinese of the Ch'ing Period,* vol. 2, p. 764. 關於王有齡之死，以及李秀成是如何處理王的屍體與棺木的（李將之送出太平軍掌控的區域，由護衛護送至上海），見Li Xiucheng（李秀成），*Taiping Rebel: The* Deposition *of Li Hsiu-Ch'eng,* ed. Charles Anthony Curwen (Cambridge: Cambridge University Press, 1977), p. 129。李的說法得到了《杭州府志》的證實。李榕、龔嘉儁，《杭州府志》，卷121，頁14b（卷取得一席之地。

53 關於金長福及其日記，見Tobie Meyer-Fong, "Gathering in a Ruined City: Metaphor, Practice, and Recovery in Post-Taiping Yangzhou" , p.43-48。在這裡討論的部分史料在這篇文章也討論過。

54 金長福，《癸亥日記》，無頁碼手稿，中國科學院藏。這封信是寫給晏端書的。

55 裴大中等編，《無錫金匱縣志》(1881)，凡例，頁5b-6a。

56 如同祠祀的地點以及面對死亡時的最後遺言一樣，死亡的地點是很重要的。忠，就像女性的貞，隱喻著社群的榮耀。因此，臣民的忠或貞，以及他們的地方認同，必須穩固確立。關於將貞節是如何在文本中被建構成集體榮耀的象徵的，見Susan Mann(曼素恩), "Widows in the Kinship, Class, and Community Structures of Qing Dynasty China," *Journal of Asian Studies* 46:1 (February 1987), p. 43.

57 這一類象徵以死抵抗的姿態，經常穿越時空；我們在方志記載及揚州、蘇州、無錫、杭州等地的節義烈士紀念傳記中可以看到類似的行為——見裴大中等編，《無錫金匱縣志》(1881)，〈殉難紳民表上〉。頁4b-50a列出了1860年四個月的被殺者名單。

58 裴大中等編，《無錫金匱縣志》(1881)，〈殉難紳民表上〉，頁4b、5a、22b。

59 裴大中等編，《無錫金匱縣志》(1881)，〈殉難紳民表上〉，頁5b-22b。

60 轉引自許地山，《扶箕迷信的研究》，收於《人人文庫》冊18(臺北：臺灣商務，1966)，頁30。

61 黃楷盛編，《湘鄉縣志》，1874，〈卷末〉，「叢紀」，頁25b-26b。亦可參見Stephen R. Platt, *Autumn in the Heavenly Kingdom,* pp. 351-352.

62 馬新貽，〈浙江忠義錄序〉，浙江採訪忠義總局編，《浙江忠義錄》，序頁1a-1b。這篇序言也收於范承堃，《昭忠祠志》，收於丁丙，《庚辛泣杭錄》，卷3，頁70b-72b。收入這篇序言(以及王景澄所作的跋)說明採訪忠義局半官方的項目與昭忠祠之間有緊密關係。

63 馬新貽，〈浙江忠義錄序〉，浙江採訪忠義局編，《浙江忠義錄》，序頁1a。

64 劉坤一，〈序〉，浙江採訪忠義總局編，《兩江忠義傳》，頁1a。

65 馮桂芬，〈移建昭忠祠碑記〉，《顯志堂稿》，收於《近代中國叢刊續編》79輯，783-784卷(臺北：成文出版社，1984)，頁342。然而，馮桂芬指出，籍貫非本府的重要人士，作為個人別祀於南京，而沒有入祀於蘇州昭忠祠(頁343)。此文雕版原版的影印頁為卷3，頁20a-22a。

66 馮桂芬，〈移建昭忠祠碑記〉，《顯志堂稿》，頁342-344。

67 馮桂芬，〈移建昭忠祠碑記〉，《顯志堂稿》，頁343-345。

68 有關許瑤光與他所關心之事的討論，見胡曉真，〈離亂揚州：戰爭記憶與杭州記事

37-61.

44 例如，1865年浙江巡撫在奏摺中希望有一間由士紳建造、有御賜匾額的祭祠，好讓地方死難者入祀並享有官方的祭禮。陸楨，《崇義祠志》，收於丁丙，《庚辛泣杭錄》，卷4，頁1a-1b。

45 Wooldridge解釋說，1856年，胡麟翼為了調查並紀念那些因對抗太平軍而死的人，設立了調查局。1858年和1860年，曾國藩都曾建議將地方祠祀納入祀典。1860年，汪士鐸向曾國藩提議，為安徽、江蘇和江西（即兩江）建立忠義局。忠義局的職責包括編輯傳記、處理檔案，確認沒有人被重複旌表，並建立機制，以便井井有條地將烈士名錄上呈給曾國藩，然後由曾上呈給北京。曾國藩聽從了汪士鐸和其他官員的建議，不久之後建立了忠義局，將之當作隨他四處搬遷的幕府的一部分。Wooldridge, "Transformations of Ritual and the State in Nineteenth-Century Nanjing," pp. 190-191.

46 關於該忠義局的建立，見曾國藩，《足本曾文正公全集》，冊二（吉林：人民出版社，1995），頁734。最後，這個忠義局承擔了將入祀死者名單輯錄成書並出版的職責。見兩江採訪忠義局，《兩江采訪忠義全錄》（1887），凡例，頁1a。《兩江采訪忠義全錄》是該局出版的作品之一，它輯錄了三十個案例，詳細記載了揚州府殉難者的事蹟。（儘管書名含「兩江」二字，但書中只包括揚州府案例。）類似的機構在其他省也陸續設立，它們之中有許多都出版過類似的記載。一個驚人的巧合是，盧安達種族屠殺中的生還者，也曾建立了一個名為IBUKA（意為「記得」）的機構。1999年，這個機構出版了一本名為 "Dictionnaire nominatif des victimes du genocide en prefecture de Kibuye" 的受害者名單集冊，與忠義局出版的名錄頗為相似。其長達1086頁的名單記載了死者名字、年齡、性別、職業、死亡地點及時間，以及死亡原因。關於IBUKA的資訊是Lars Waldorf在一次私人交流中提供的。

47 本節處理的部分史料也出現在我的文章 "Gathering in a Ruined City" 中。

48 傅德元，〈李鴻章與淮軍昭忠祠〉，《安徽史學》，期3（2006），頁71-82。

49 這在劉坤一為《兩江忠義傳》所作的序中也有描述——見穆克登布編，《兩江忠義傳》（1893），頁2a-b。劉還認為，紀念活動具有安撫力量：盛清紀念前明的烈士起到了安撫江西和江南的作用，讓這一地區的人打心底效忠清朝——太平天國期間，文武官員的義行正是這種忠誠度的表達。

50 范承堃，《昭忠祠志》，收於丁丙，《庚辛泣杭錄》，卷3，頁12b-18b。

51 兩江採訪局，《兩江采訪忠義傳錄》，凡例，頁1b。

52 兩江採訪局，《兩江采訪忠義傳錄》，凡例，頁1b。作者評論說，有些人的義行得以記載到《兩江采訪忠義傳錄》中，但卻沒有得到正式的認可。在這樣的案例中，儘管沒有受到官方旌表，他們死時的慘烈，仍讓他們在《兩江采訪忠義傳錄》中

32 《清會典事例》，卷499，冊6，頁799。朝廷應對之策的另一方面是風教。《清會典事例》，卷400，冊5，頁473。

33 《清會典事例》，卷499，冊6，頁799。

34 《清會典事例》，卷499，冊6，頁799。

35 地方精英遞出的旌表申請也並不一定能獲准，地方官員或中央都可能駁回請求。例見方玉潤，〈星烈日記〉，收於羅爾綱、王慶成編，《太平天國》，《中國近代史資料叢刊續編》（桂林：廣西師範大學，2004），頁21。

36 《清會典事例》，卷452，冊6，頁103。

37 曾國藩的回應見《清會典事例》，卷452，冊6，頁104。有關書吏差役腐敗的一份1859年資料，見《清會典事例》，卷499，冊6，頁779。這份資料號召「公正紳耆」在六個月內向省級官員推薦符合資格的烈士。這似乎是通過將地方書吏差役的權力轉移至地方精英，從而安定地方社會的舉措的一部分。見 Kuhn, *Rebellion and Its Enemies*, p. 214.

38 關於十九世紀初地方精英利用並轉化中央授權所建之祠祀和儀式的例子，見Han Seunghyun（韓承賢）, "Shrine, Images, and Power: The Worship of Former Worthies in Early Nineteenth Century Suzhou," *T'oung Pao* 95.1-3(January 2009): pp. 167-195.

39 《清會典事例》，卷452，冊6，頁104。一般來說，權力轉移至地方精英為晚清的時代特色，這些地方精英獲得了正式渠道，並通過它們來施展之前的非官方權力。Kuhn, *Rebellion and Its Enemies*, p. 215.

40 裴大中等著，《無錫金匱縣志》，1881，卷12，頁8a。1860年太平軍來到浮橋村時，余治的兄弟溺水自盡，因此後來有資格獲得官方旌表並入祀於此——見吳師澄，《余孝惠先生年譜》，1875。關於淮軍的專用昭忠祠，見傅德元，〈李鴻章與淮軍昭忠祠〉，《安徽史學》，期3（2006），頁71-82。李鴻章與曾國藩都努力不懈地為湘淮軍尋求特別旌表，包括為湘淮軍人員建立專祠，這些努力在奏摺中隨處可見。惠山忠節祠是第一個專祀淮軍的祠祀。該祠於1911年被改成了祭祀革命烈士的祠祀（見頁73-74）。

41 〈會館祀孤〉，《申報》（電子版），1881年9月3日。亦請參見《左宗棠全集》（長沙：岳麓書社，1989），頁81-84。在南京，湘軍，楚軍、當地的死難者（包括官員、士兵、士紳和平民）和死去的旗營士兵，入祀於不同的祭祠中。Wooldridge, "Building and State Building," p. 113.

42 《清會典事例》，卷452，冊6，頁116-117。

43 Tobie Meyer-Fong, "Gathering in a Ruined City: Metaphor, Practice, and Recovery in Post-Taiping Yangzhou," in *Lifestyle and Entertainment in Yangzhou*, ed. Lucie B. Olivova and Vibeke Børdahl (Copenhagen: Nordic Institute of Asian Studies, 2009), pp.

18 濮德培（Peter Perdue）討論了乾隆戰爭政策的另一方面：以徹底殲滅為策略來消滅準噶爾蒙古人在中亞的勢力。這個政策似乎與慷慨恩封接受清朝統治之人的做法截然相反。見Peter Perdue, *China Marches West* (Cambridge, Mass.: Harvard University Press, 2005), p. 285ff.

19 Arthur W. Hummel, *Eminent Chinese of the Ch'ing Period* (Washington: Government Printing Office, 1943), vol. 1, p. 223. 與擴大入祀資格的大潮流形成強烈反差的是，我們偶爾也會發現取消入祀資格的例子。經過稽查，一位逝世多年的貴州總督被發現在康熙朝時同情叛亂的三藩，因而被判定叛清。他的牌位遂被撤出昭忠祠，以求「黜姦逆而昭秩祀」。《清會典事例》，卷449，冊6，頁78。類似的「稽查」也可用來幫助某些人獲得入祀資格：尤其是在道光朝，京師昭忠祠新加入了許多明清之交犧牲的烈士。例見《清會典事例》，卷449，冊6，頁79。同樣的形式也出現在十九世紀末的方志中，這些方志常常有列舉「最近發現」的十七世紀中改朝換代之際出現的英烈，而在這些英烈的名單之後，就是太平天國戰爭的死難者名單。

20 《清會典事例》，卷451，冊6，頁95。有一些地方祠祀存在至今，在臺灣、遼寧和安徽都有此類知名祭祠。

21 《清會典事例》，卷451，冊6，頁95。

22 《清會典事例》，卷451，冊6，頁95-96。

23 《清會典事例》，卷451，冊6，頁96。

24 戴真蘭（Janet Theiss）指出，朝廷有關貞節的辭令中，也有類似趨勢。Theiss, *Disgraceful Matters*, pp. 214-215.

25 《清會典事例》，卷451，冊6，頁99。

26 《清會典事例》，卷451，冊6，頁99。

27 更多的死後追封，參見《清會典事例》，卷499，冊6，頁777。孔復禮（Philip Kuhn）指出，清廷日益頻繁地利用榮銜及加官晉銜，來把地方精英團結在統治秩序之下。Philip Kuhn, *Rebellion and Its Enemies in Late Imperial China: Militarization and Social Structure*, 1796-1864 (Cambndge, Mass.: Harvard East Asia Series, 1980), p. 121.

28 《清會典事例》，卷499，冊6，頁777-778。

29 《清會典事例》，卷499，冊6，頁777-778。

30 《清會典事例》，卷404，冊5，頁522。祺祥元年（1861），一位給事奏報說，某些書吏、差役和地方教官如果收不到好處，就不向禮部上報貞婦旌表材料。這揭示了國家旌表體系中有出現腐敗的可能。《清會典事例》，卷404，冊5，頁522-523。

31 《清會典事例》，卷499，冊6，頁799；卷444，冊6，頁25-26。

6 Janet Theiss, *Disgraceful Matters: The Politics of Chastity in Eighteenth-Century China* (Berkeley: University of California Press), pp. 7-9. 亦見她的文章" Managing Martyrdom: Female Suicide and Statecraft in Mid-Qing China" *Nannü* 3 (June 1, 2001): pp. 47-76. 這篇文章描述的貞節旌表變化，與此處描述的忠節旌表相似。

7 1775年，乾隆皇帝授命允許效忠大明之人入祀忠義孝悌祠及節孝祠。此後的諭令甄別出明初可能為建文殉難的烈士，以及南明烈士的懿行。崑岡、徐桐編，《清會典事例》(北京：中華書局，1991)，卷444，第六冊，頁24-25。

8 將該祠命名為「昭忠祠」說明其有特定的功能：宣揚忠義，並為那些被認定為「以死勤事」的臣民，提供一個模式，並建造一個紀念場所。建造昭忠祠的諭令於1724年發布，該祠於1729年建成。崑岡、徐桐編，《清會典事例》，卷449，冊6，頁69。

9 W. Charles Wooldridge, "Transformations of Ritual and the State in Nineteenth-Century Nanjing," pp. 63-65.

10 《清會典事例》，卷449，冊6，頁69。

11 《清會典事例》，卷449，冊6，頁69。入祀者名單見頁71-73。

12 《清會典事例》，卷449，冊6，頁69。這段措辭再一次說明，忠與節在功能或道德上具有相等的地位，兩者都被用來抒發朝廷認可的價值觀。

13 乾隆朝對軍事紀念活動的熱衷，表現在碑文、軍事題材的畫作，以及文學及歷史著作中；關於之一點，見Joanna Waley-Cohen, "Commemorating War in 18th century China," *Modern Asian Studies* 30.4 (October, 1996): pp. 869-899. Waley-Cohen認為軍事紀念活動是乾隆朝宣揚滿人統治（同時也宣揚乾隆自己）系列做法的一部分。這些通過軍事紀念活動幫助塑造了國家具有多民族或普世特質的形象。弔詭的是，擴大、稀釋「忠義死難者」類別的做法，似乎十分符合這些目的。

14 《清會典事例》，卷449，冊6，頁75。例如，皇帝在1753年的諭令中提出，在按等排列受旌者中，滿人貴族應該享有優先及中心的地位。而入祀者的子孫也應該在八旗中獲得職位。參見《清會典事例》，卷449，冊6，頁73。關於交叉確認辨識以重組位階的情況，見《清會典事例》，卷449，冊6，頁75。如欲瞭解更多乾隆朝的族群政治，見Pamela Crossley, *Orphan* Warriors: *Three Manchu Generations and the End of the Qing World* (Princeton: Princeton University Press, 1990), p. 5.

15 《清會典事例》，卷449，冊6，頁73。關於對苗疆與準噶爾的征戰，見Alexander Woodside, "The Ch' ien-lung Reign," in *Cambridge History of China,* vol. 9, ed. Willard Peterson, pp. 230-309.

16 《清會典事例》，卷449，冊6，頁76。

17 《清會典事例》，卷449，冊6，頁76ff。

136 柯悟遲，《漏網喁魚集》，頁99。
137 這場戰爭讓科舉場上的失意考生和欠缺功名者迅速抬升到頗具影響力的地位——不論是在曾國藩幕僚的大圈子中（這些幕僚中不少人後來都設法把暫時的職位變成了正式的官方職位），還是在地方慈善機構中，甚或在太平天國治下，皆是如此。
138 地方官員同樣關切著墓地的濫用問題。舉例來說，1872年，杭州地方官頒布了一道禁令，禁止在附近地區幾個烈士墓園進行不合適的活動。他對乞丐、團練和僧侶可能會佔據墓地謀生或行不合適之舉，表達了擔心。他還指出，近來平民也開始把這些墓園當做「聚寶盆」，在這樣神聖的地方拾柴、種莊稼、放牧牛羊。見孫樹禮，《義烈墓錄》，收於丁丙，卷5，頁24b-25b。
139 金長福，《癸亥日記》，（11月23日條目），〈過揚州西北鄉追弔陣亡將士殉難紳民四首〉。這首詩乃律詩，但不斷用「屍」字來與「（皇帝之）識」字押韻。感謝田安（Anna Shields）指出這一點。
140 陳作霖，《炳燭里談》，卷2，頁17b-18a。轉引自Withers, "The Heavenly Capital," p. 230.
141 《粵賊記略八種》，手稿，藏於南京大學歷史系資料室，轉引自Withers, "The Heavenly Capital," p. 230。此處的引文轉譯自Withers的英文翻譯。
142 〈盛設道場〉，《申報》，1887年12月27日（電子版）。感謝高萬桑（Vincent Goossaert）分享這條史料。

第五章　木與墨

1 W. Charles Wooldridge, "Building and State Building in Nanjing," *Late Imperial China* 30.2 (December 2009): p. 111.
2 這一節的中文翻譯已出版——見梅爾清著，張婷譯，〈褒揚王朝之死難者：十九世紀中國的悼念活動〉，收於劉鳳雲、董建中、劉文鵬編，《清代政治與國家認同》（北京：社會科學文獻，2012），頁755-760。
3 Mark Elvin, "Female Virtue and the State in China, *Past and Present* 104 (August 1984): pp. 111-152.
4 關於儀式，W. Charles Wooldridge在他的博士論文中也提出過類似觀點，見" Transformations of Ritual and the State in Nineteenth-Century Nanjing" (Princeton University, PhD Thesis, 2007; see chap. 7, especially pp. 63-65.
5 柯啟玄（Norman Kutcher）曾說過，到十八世紀末，忠與貞節作為官方認可的美德，已超越孝道，這反映出意識型態產生了變化，強調對皇帝的忠心，在性別上則體現在妻子對丈夫的忠貞上。Norman Kutcher, *Mourning in Late Imperial China: Filial Piety and the State* (Cambridge: Cambridge University Press, 1999), p. 5.

埋機構以及錢塘江救生局。戰爭期間兩處建築都殘破失修。透過管理天池寺的義烈祠，省城善堂將此處當做他們的新辦事處使用。此後他們為了讓這個祠祀更適合用作善堂基地，而對它做了一些變化。杭州知府在1869年批准了做這些改變的安排。見孫樹禮，《義烈墓錄》，收於丁丙，卷5，頁18a-20b。

125 慈善組織參與埋葬無主屍體早有先例。如欲瞭解明末清初的幾個類似例子，見夫馬進，《中国善会善堂史研究》，（京都：同朋舍，1997），頁164-165。

126 余治，《得一錄》，羊城愛玉善堂藏板，1871。這當中包括善堂發給仵作的排除非自然死因用的報驗樣表。見卷8段4，頁1a-5b。這本輯錄的序言指出，原稿在戰爭中遺失了，余治想要重新寫出稿子出版，於是憑記憶將遺失的內容寫下，而且還有所增添。文稿的遺失、重寫或失而復得，是戰後作品中的一個重要主題。

127 〈保墓良規〉，收於余治，《得一錄》，卷8段4，頁1a-5b。關於利用無名屍來訴訟的更多相關材料，見Melissa Macauley（麥柯麗）, *Social Power and Legal Culture: Litigation Masters in Late Imperial China* (Stanford: Stanford University Press, 1998), pp. 196-210。關於晚清小說如何呈現訟師對屍體的濫用，請特別參見麥柯麗一書之頁210-211。文學作品似乎一直鍾愛描寫屍體與鬼魂，蘇州地區作品尤其如此；這樣的主題看對十九世紀末二十世紀初的作家們似乎尤其具有吸引力。麥柯麗，電子郵件，2007年7月。

128 〈保墓良規〉，收於余治，《得一錄》，卷8段3，頁4a。

129 余治，〈謝蕙庭傳〉，《尊小學齋文集》（蘇州：得見齋，1883），卷5，頁5b。根據余治的敘述，蘇州陷落後，太平軍官員曾試圖讓謝蕙庭參與收殮事務，但謝氏出於原則拒絕了，並且搬離了太平軍佔領區。不久之後，謝獲知自己的親戚通通慘遭殺害，他最終因悲傷過度而亡。

130 戴熙，〈吳門被難記略〉，收於羅爾綱編，《太平天國》，《中國近代史資料叢刊續編》，第四冊，頁398。

131 關於婦女把屍體從女館搬到城外埋葬的描述，見滌浮道人，《金陵雜記》，收於羅爾綱編，《太平天國》，《中國近代史資料叢刊續編》，第四冊，頁623。更多的描述，參見李文海、劉仰東，〈太平天國時代的婦女〉，《中國歷史博物館館刊》，1997年第一期，頁93。

132 例見Rankin, *Elite Activism*, pp. 107-119.

133 夫馬進，《中国善会善堂史研究》，頁549。關於這個新設的收殮組織，夫馬進引述了藏於京都大學人文科學研究所的〈掩埋局公牘〉。

134 夫馬進，《中国善会善堂史研究》，頁550。

135 柯悟遲，《漏網喁魚集》，頁98。關於太平軍官府花哨俗豔、有失品味的特點，見Withers," The Heavenly Capital," chap. 2。

樹禮，《義烈墓錄》，卷5，36a-37b。另一首詩及其旁批對比了泉山洞墓地與作者家鄉金華的一處類似的墓地。杭州的泉山洞墓地得到了朝廷的認可，而金華的墓地卻無人聞問。作者認為，他的同鄉們的英雄氣概並沒有因為沒有得到旌表而減少，並期望他的文章能幫助他的同鄉掃除如此寒酸對待給他們帶來的羞辱感。見劉焜，〈泉山洞義冢〉，收於孫樹禮，《義烈墓錄》，收於丁丙，卷5，頁43b-44a。

115 見江洪，《蘇州詞典》(蘇州：蘇州大學，1999)，頁329。暴露、羞辱戰敗敵人的屍骨有其悠久傳統，至少可追溯至《左傳》。見Halperin, *Out of the Cloister*, p. 115.

116 華翼綸，《錫金團練始末記》(無頁碼稿，上海圖書館)。

117 熊爾穀，〈書銅佛出井事記異〉，收於汪國鳳，《金壇縣志》(1885)，卷13，頁68a-69b。

118 見孫樹禮，《義烈墓錄》，丁丙，卷5，頁50a-52a。「五人墓」之名是刻意援引蘇州虎丘「五人墓」之典故。虎丘「五人墓」是紀念晚明五位抵抗惡名昭彰的權宦魏忠賢而死的平民，直至今天，中國高中語文課本古文部分仍收有描寫五人事蹟的一篇非常有名的文章。

119 譚獻，〈義烈遺阡碑〉，收於孫樹禮，《義烈墓錄》，丁丙，卷5，頁34a-35b。這篇文采燦然、文意微妙的文章似乎暗示著一個結論，即那些在生前曾為盜賊(或反賊)者，死後會成為鄰居。

120 孫樹禮，《義烈墓錄》，丁丙，卷5，頁11a-b。皇帝特許在楚湘昭忠祠紀念湘軍死者，同時也特許在西湖附近的兩處義塚紀念當地平民死難者。其他城市也建有紀念湘軍與淮軍的祭祠。關於杭州義冢，見李榕、龔嘉儁，《杭州府志》，卷39，頁44b-16a(第三冊，頁893-894)以及《左宗棠全集》，頁81-84。

121 芮瑪麗(Mary Rankin)解釋說，餘姚的一處佔地一千畝的免稅義塚，可能就是一個逃稅的工具。Mary Backus Rankin, *Elite Activism and Political Transformation in China: Zhejiang Province, 1865-1911*(Stanford: Stanford University Press, 1986), pp. 101-102。

122 馮賢亮，〈墳塋義冢：明清江南的民眾生活與環境保護〉，頁167。關於火葬和延葬在十九世紀江南持續存在的討論，見De Groot, vol.3, pp. 1414-1417. Jeremy Brown與芮瑪麗觀點類似，也認為慈善組織的功用在於它是士紳地主用來表明他們對地方社會控制權的工具。Jeremy Brown的研究對象陶煦批評善堂是掠食者。Jeremy Brown, "Rebels, Rent, and Tao Xu," *Late Imperial China* 30.2(December 2009): p. 27.

123 余新忠，〈道光三年蘇州大水災〉，《中國社會科學歷史評論一》(1997)，頁198-208。見山本進，〈清代後期江浙の財政改革と善堂〉，《史学雜誌》，104：12(1995)，頁38-60。

124 錢塘縣丞的一份文件解釋說，省城善堂的前身座落於這一地區，它經營著一個掩地存放、掩埋棺木的主要墓地。為了修築防禦陣地，清軍將屍骨從棺材裡拿出、丟棄。軍隊撤退後，這些屍骨的子孫們來搜尋先人的遺骸，發現一切都狼藉不堪、難以分辨。只有上書姓名的棺材蓋子可以辨認出來，而屍骨則是四散、破損。他總結道，其狀況之慘烈以致於「有不忍正眼相識者矣」。見胡長齡，《儉德齋隨筆》，頁762。

105 譚獻，〈義烈遺阡碑〉，收於孫樹禮，《義烈墓錄》，丁丙，卷5，頁34a-34b。

106 例如，左宗棠上書請求朝廷認可五十七個義塚，而朝廷頒令作為回覆——見《左宗棠全集》，頁82-84。

107 譚獻，〈義烈遺阡碑〉，收於孫樹禮，《義烈墓錄》，丁丙，卷5，頁35a。根據簡又文的說法，左宗棠及其軍隊發現杭州城幾乎成了空城，僅八萬人，或是說戰前人口的十分之一，倖存了下來。簡也提到左宗棠和他的將領們沒有曾國藩、李鴻章那樣的施暴傾向。見Jen Yu-wen, *The Taiping Revolutionary Army*, p. 489.

108 關於「纍纍白骨，遍地如林」，參見張爾嘉，〈庚申殉難義冢記〉，收於孫樹禮，《義烈墓錄》，丁丙，卷5，頁38a-b。如林白骨是個傳統意象。關於「白骨尚累累然填塞衢巷」，見孫樹禮，《義烈墓錄》，丁丙，卷5，頁4a。擁塞衢巷的白骨也是種傳統意象。

109 蔣益澧是一位嚴肅正直的官員，致力於恢復戰後秩序：他努力埋葬死者，救濟饑民，幫助安頓流民，並且重建了戰後杭州的學術文化。見李榕、龔嘉儁，《杭州府志》，卷121，頁14b-15a（第七冊，頁2348-2349）。

110 孫樹禮，《義烈墓錄》，丁丙，卷5，頁8b-9a。另一項主要用來記錄善會掩埋局所做貢獻的資料稱胡光鏞的手下找到了三萬具屍體，這些屍體狀況尚可，可以分開安葬。其餘的則被埋入萬人冢中（丁丙，卷5，38a）。亦可參見《左宗棠全集》，頁82-84。

111 6426斤的屍骨被埋入天池寺的萬人冢。孫樹禮引用了《杭州府志》資料——見丁丙，卷5，頁4b-5a。

112 關於這些墓地的精確面積與位置，見孫樹禮，《義烈墓錄》，丁丙，卷5，頁26a-33b。

113 所有這些插圖請見孫樹禮，《義烈墓錄》，丁丙，卷5，2a-3b。在這些圖像之後都有說明文字，內容大多都援引自方志之類的其他資料。見孫樹禮，《義烈墓錄》，丁丙，卷5，頁4a-5b。黃學淵在他1890年代的一首詩作中提出了完全相同的觀點。見孫樹禮，《義烈墓錄》，丁丙，卷5，頁43a。黃也把這些墳墓形容為「土饅頭」。

114 杭州府知府題寫的石碑銘文詳細描述了這些事件，而銘文本身則被收錄在孫樹禮的《義烈墓錄》中。這篇銘文還詳細記錄了為維持祭祠所提供的物品，以及府級官員與善堂組織者的參與情況。見陳魯，〈天池寺泉山洞兩義冢祀碑記〉，收於孫

97 譚獻（1832-1901），〈義烈遺阡碑〉，收於孫樹禮，《義烈墓錄》，頁35b。譚獻，杭州府人，乃著名詩人。關於南京集體墓冢的修建，見Wooldridge, "Transformations of Ritual and the State," p. 246. 在南京，湘軍將領指派一名精於埋葬處理屍體的安徽人以及當地一所寺廟的住持來處理屍骨。根據Wooldridge的說法，在南京和其鄰近的溧水縣，「清軍與太平軍士兵和官員及平民老百姓一樣，都被合葬在集體墓冢中」（頁246）。

98 例如，1854年山東臨清縣據說有二十七萬具屍體要處理，面對如此重擔，臨清知縣仍男女有別的分別埋葬這些屍體。見鈴木中正，《中国史における革命と宗教》，頁272。他引述了馬振文，〈粵匪降臨清記略〉，《太平天國》，中國史學會編，《中國近代史資料彙刊》，卷5，頁187。很多地區的義冢明顯都希望做到男女分葬。見馮賢亮，〈墳塋義冢：明清江南的民眾生活與環境保護〉，頁168。

99 見Pierre-Etienne Will, "Developing Forensic Knowledge Through Cases in the Qing Dynasty," in *Thinking with Cases: Specialist Knowledge in Chinese Cultural History*, ed. Charlotte Furth, Judith Zeitlin, and Ping-Chen Hsiung (Honolulu: University of Hawaii Press, 2007), p. 64, p. 68.

100 孫樹義，《東郊義冢記》，收於孫樹禮，《義烈墓錄》，丁丙，卷5，39a-40b。「義冢」一詞可英譯為「charitable cemeteries」，意指為專為無名死者建造的墳墓與集體墓穴。二十年後，這些屍骨再一次暴露於野，而同善堂卻缺乏資金來解決這個問題。當地的教育者集資修建了永久墓穴，有人還作出安排，每年祭祀一次。但這個祭祀儀式並沒有經過禮部的批准。人們還在這一祭祀場地立碑銘文。這些個看似由地方自主進行的修建、祭祀逐項工作開展於1880年代末至1890年代。這篇文章總結說，這些新墓穴、新祭禮多少撫慰了死者的靈魂，但效果卻不及西湖邊獲得清政府認可的墳墓好。此外，悲慘的是，尚不知還有多少「淪落於荊榛砂礫間者」。（頁40b）

101 見Ping-ti Ho, *Studies on the Population of China* (Cambridge, Mass.: Harvard University Press, 1959), p. 245.

102 Huang Liu-hung（黃六鴻）, *A Complete book Concerning Happiness and Benevolence: A Manual for Local Magistrates in Seventeenth-Century China*（《福惠全書》）, trans. Djang Chu, p. 554。黃六鴻建議，縣官應該用自己的俸祿買地，若買不起，則應該要求富戶捐獻。

103 張爾嘉，〈庚申殉難義冢記〉，收於孫樹禮，《義烈墓錄》，卷5，頁37b。周文王掩埋無名屍並為之提供棺木與壽衣。這些做法被視為體現了他超凡的仁愛及悲憫。見Mark Halperin, *Out of the Cloister*, p. 115.

104 根據當時某人的觀察，清軍士兵用棺木在金蓮山上修築了防禦陣地，而此山有當

76 張光烈，《辛酉記》，頁1b。

77 張光烈，《辛酉記》，頁6a。

78 金長福，《癸亥日記》。

79 曾國藩，〈沿途察看軍情賊片〉，《曾文正公全書》，奏稿，卷18，頁931。

80 曾國藩，〈豁免皖省錢漕摺〉，《曾文正公全書》，奏稿，卷21，頁1042-1044。

81 富禮賜的信，複製本見Commander Lindesay Brine, *The Taeping Rebellion in China: A Narrative of Its Rise and Progress, Based upon Original Documents and Information Obtained in China* (London: John Murray, 1862), p. 276.

82 楊格非牧師（Griffith John）致倫敦傳道會的信，複製本見Brine, *Taeping Rebellion*, pp. 250-251.

83 Arthur Evans Moule, *Personal Recollections of the T'ai-p'ing Rebellion, 1861-63* (Shanghai: Shanghai Mercury Offices, 1898), p. 24.

84 '' A Letter from Rev. J. L. Holmes," in *Western Reports on the Taiping: A Selection of Documents*, ed. Clarke and Gregory, p. 230.

85 Frederick D. Cloud, *Hangchow*, the "*City of Heaven," with a Brief Historical Sketch of Soochow* (Shanghai: Presbyterian Mission Press, 1906), p. 8.

86 Cloud, *Hangchow*, p. 8. 原文內所引的資料未註明來源。

87 Joseph Edkins, "Narrative of a Visit to Nanking," in Jane Rowbotham Edkins, *Chinese Scenes and People* (London: J. Nisbet, 1863), p. 252.

88 出現這種情況，部分是因為木材短缺，部分則出於宗教考量。見朱蔚，〈淺析太平天國之禁棺葬〉，廣西師範大學學報（哲學社會科學版），39卷3期（2003年7月），頁8-120。

89 胡潛甫，《鳳鶴實錄》，收於《太平天國》，中國史學會編，《中國近代史資料叢刊》，第五冊，頁10, 13。

90 胡潛甫，《鳳鶴實錄》，頁10。

91 李圭，〈思痛記〉，頁483-484。

92 Li Xiucheng（李秀成），*Taiping Rebel: The Deposition of Li Hsiu-Ch'eng*, ed. Charles Anthony Curwen, 63, pp. 115-116. 李秀成似乎也將太平軍攻打蘇州時自殺的江蘇巡撫稱為忠臣，並且為之安排葬禮。（237 n. 4）

93 De Groot, Religious System, vol. 3, p. 1376.

94 胡潛甫，《鳳鶴實錄》，頁13-14。

95 熊爾穀，〈庚申義塚記〉，收於汪國鳳，《金壇縣志》（1885），卷13，頁69b-70a。

96 例見俞樾所作之丁丙傳〈丁君松生家傳〉，繆荃孫編，《續碑傳記》，收於周駿富，《清代傳記叢刊》，卷119，頁636。

63 Halperin, *Out of the Cloister*, p. 119. 根據Halperin的說法，皇室是在刻意積累善行，希望積德能使其權力即便在九泉也綿延不衰。

64 許奉恩，《轉徙餘生記》，節錄於丁丙，《庚辛泣杭錄》，卷8，頁4a。在全本《轉徙餘生記》中，許敘述了他自1852年以來的經歷，並以安徽為起點。此書描繪了他行經十三個省的經歷，並大量描寫了太平天國戰爭狀況。他凸顯了像他自己這樣的官府幕僚的優秀——與之形成反差的是上司們的貪贓枉法、愚蠢和怯懦。丁丙的節錄版本只包含了許奉恩對他親歷的1860年杭州城失陷的描述。全本見許奉恩，《轉徙餘生記》，原刊於《振綺叢書》，再刊於《叢書集成續編》，卷25，史部（上海，上海書店，1994），頁925-945；中國史學會編，《太平天國》，第四冊，頁499-526。《轉徙餘生記》把方濬頤列為紀錄者或作者，而把許奉恩列為敘述者。根據一項資料，方聽了許的講述，修飾一番之後出版成書。由於許奉恩後來頗具文名，所以這種說法很奇怪。見張秀民，《太平天國資料目錄》，（上海：上海人民出版社，1957），頁80。許奉恩除了在戰時做過官府幕僚外，也為以警世故事、奇聞軼事聞名的作家。他的此類作品的代表作為《里乘》，該作品被魯迅再其《中國小說史略》引為例子——見Lu Xun, *Brief History of Chinese Fiction*, trans. Yang Hsien-yi and Gladys Yang (Beijing: Foreign Languages Press, 1976), pp. 270-272。

65 許奉恩，《轉徙餘生記》，節錄於丁丙，《庚辛泣杭錄》，卷8，頁7a。引於胡曉真，〈離亂杭州——戰爭記憶與杭州記事文學〉，《中國文哲研究集刊》，期36（2010年3月），45-78。

66 許奉恩，《轉徙餘生記》，節錄於丁丙，《庚辛泣杭錄》，卷8，頁8a。

67 趙雨村，〈被擄紀略〉，頁412-413。

68 趙雨村，〈被擄紀略〉，頁412。

69 "A Letter from Rev. Griffith John," in *Western Reports on the Taiping*, ed. Prescott Clarke and J. S. Gregory (Honolulu: University of Hawaii Press, 1982), pp. 231-232.

70 李圭，〈思痛記〉，頁477，引於John Withers, "The Heavenly Capital: Nanjing Under the Taiping (Ph.D. diss., Yale University, 1983), p. 227.

71 李圭，〈思痛記〉，頁476，引於Withers, "The Heavenly Capital," p. 226.

72 曾國藩，《曾國藩全集》（北京：中國致公出版社，2001），第七冊，〈家書〉，咸豐十一年六月四日條，頁2528。感謝普拉特分享這條資料。中國致公出版社的版本收錄了在其他版本的《曾國藩全集》中找不到的信件。

73 曾國藩，《曾國藩全集》，第七冊，〈家書〉，咸豐十一年六月十日條。再次感謝普拉特分享這條資料。

74 李圭，〈思痛記〉，頁474。

75 李圭，〈思痛記〉，頁475。

或士紳身分的行為，在這類傳記中很常見。關於《兩江采訪忠義傳錄》中的類似例子，見W. Charles Wooldridge, "Transformations of Ritual and State in Nineteenth-Century Nanjing" (Ph.D. diss., Princeton University, 2007), pp. 264-265.

55 李榕、龔嘉儁，《杭州府志》，收於《中國方志叢書華中地方》，卷11，頁226（第二冊，頁389）。

56 見〈林典史墓〉，收於孫樹禮，《義烈墓錄》，丁丙，《庚辛泣杭錄》，卷5，頁45b-47b。林姓典史的傳記由仁和縣董慎言所寫。著名的文學家、學者與官員俞樾也曾為林典史作過傳。俞在該傳中指出，林典史的妻子周氏是俞家的姻親。見俞樾，《春在堂隨筆》（南京：江蘇古籍出版社，1984），頁80。俞樾回憶道，到林典史家的一位年輕女子也遭到殺害，而且被分屍七塊。據說她的陰魂在衙門徘徊不散，使得怪事頻發。人們為之請旌，故她也附祀孤山林公祠。

57 俞樾，《春在堂隨筆》，頁80。

58 描述清朝官員缺乏勇氣眾多史料之一，見趙雨村，〈被擄紀略〉，羅爾綱、王慶成編，《太平天國》，《中國近代史資料叢刊續編》，第四冊，頁415。趙雨村指出，受旌表之人之所以獲得那麼多的榮耀與讚譽，是因為像他們一樣多人實在太少。

59 有關明末清初出現的此類記載及其對死亡儀式的意義啟示，見Kutcher, *Mourning in Late Imperial China*, p. 80-87之討論。

60 很多資料都提到了避免死者發怒的必要，提到了人們對鬼魂產生的焦慮。例見《癸亥日記》所收之金長福給晏端書的信。此外，杭州五十七個新墓地也需要官方的祭祀儀式來撫慰沒有倖存家人為之供奉的鬼魂——見梁小進編；左宗棠著，《左宗棠全集》（長沙：岳麓書社，1989），第三冊，頁82-83。

61 Stephen Owen（宇文所安），*Remembrances: The Experience of the Past in Classical Chinese Literature* (Cambridge, Mass.: Harvard University Press, 1986), p. 34。這句話也引述於Judith Zeitlin, *The Phantom Heroine: Ghosts and Gender in Seventeenth-Century Chinese Literature* (Honolulu: University of Hawaii Press, 2007), p. 48。在他對宋代類似情況的討論中，Mark Halperin寫道：「照顧好陣亡士兵及平民可以證明王朝的高道德，並可以防止皇室成員因未得照顧、充滿怨懟的鬼魂而染上惡疾。」Mark Halperin（何復平）, *Out of the Cloister: Literati Perspectives on Buddhism in Sung China, 960-1279* (Cambridge, Mass.: Harvard University Asia Center, 2006), p. 114. 亦可見Stevan Harrell, "When a Ghost Becomes a God," in *Religion and Ritual in Chinese Society*, ed. Arthur P. Wolf (Stanford: Stanford University Press, 1974), pp. 193-206.

62 De Groot, *Religious System of China*, vol. 3, pp. 866-867. De Groot闡明了妥當埋葬死者在何種程度上是國家當權者的功能和象徵。

California Press, 2004).

44 例見張光烈，《辛酉記》，頁32b-33a。在明末清初也有類似的故事，例見Norman Kutcher, *Mourning in Late Imperial China: Filial Piety and the State* (Cambridge: Cambridge University Press, 2006), p. 86.

45 關於清軍褻瀆太平軍屍體與犯下的暴行，見John Scarth, *Twelve Years in China: the People, the Rebels, and the Mandarins* (Wilmington, Del.: Scholarly Resources, 1972), p. 216.

46 金長福，《癸亥日記》。請注意，這一材料收於「清明」條目之下。

47 金長福，《癸亥日記》。

48 李榕、龔嘉儁，《杭州府志》，收於《中國方志叢書華中地方》，第199冊，(臺北：成文出版社，據民國十一年鉛印本影印，1974)，卷140，頁38a-39a(第八冊，頁2683-2684)。在另一個例子中，陳剛勇的兒子們發布聲明表示，他們的父親在安徽太平縣去世，二十四年後，在戰爭期間，他們重獲父親的遺體。他們計畫在老家福建廈門城內為父親舉辦一個盛大的葬禮。見De Groot, v. 3, pp. 843- 844。在城內辦喪禮只有在極為特殊的情況下才會被允准，因而被視為是至高的殊榮。De Groot, v. 3, p. 842.

49 在張光烈，《辛酉記》，頁32a-33a提到了滿姊的年紀。照中國計算年齡的方法，她當時是十五歲。

50 左錫嘉，常州人，師承張緡英，是曼素恩(Susan Mann)著作聚焦的才女之一——見Susan Mann, *Talented Women of the Zhang Family*, p. 123.

51 王孝鳳，〈無篇名〉，收於《冷吟仙館附錄》，據清光緒十七年定襄官署刻本影印，頁4a-5b。左錫嘉為她護送丈夫棺木的旅程作了畫，題為「孤舟入蜀圖」。包括王孝鳳在內的時人為這幅圖題詠，講述左錫嘉的旅程，歌頌她的畫作、才能與德行。這些詠畫詩中不少都與左氏自己的行旅詩唱和。這些題詠的合輯作為附錄出版於左氏詩集中。感謝張穎把這項材料與我分享。左氏的英文小傳，見Lily Xiao Hong Lee et al., eds., *Biographical Dictionary of Chinese Women* (Armonk, N.Y.: M. E. Sharpe, 1998), pp. 324-325. 左氏的部分詩作見Grace Fong, "A Widow's Journey During the Taiping Rebellion: Zuo Xijia's Poetic Record," *Renditions 70* (Autumn 2008), pp. 49-58.

52 方玉潤，〈星烈日記〉，收於羅爾綱、王慶成編，《太平天國》，《中國近代史資料叢刊續編》(桂林：廣西師範大學，2004)，第七冊，頁11。

53 李榕、龔嘉儁，《杭州府志》，收於《中國方志叢書華中地方》，第199號，卷140，頁40a(第八冊，頁2684)。

54 穿著官服、座位旁擺有印章、題寫表達對王朝忠心的誓死之詩等代表當事人官員

泣杭錄》(1896),卷9。姚廷遴的〈歷年記〉是一本明末清初的日記,日記中列了一長串1642年人們所吃的食物清單,皆不適合作為食物——姚還提到販售被綁架兒童的肉品之人最終會受到懲罰。姚廷遴來自上海地區,上海跟揚州一樣,通常被認為相對富庶。但即便在這裡,我們還是可以看到人的手指浮於燉鍋內的景象。姚廷遴,〈歷年記〉,收於《清代日記匯抄》,《上海史資料叢刊》(上海:人民出版社,1982),頁51-52。

35 張光烈,《辛酉記》,頁3a。

36 Li Hsiu-cheng, *Taiping Rebel: The Deposition of Li Hsiu-ch'eng*, ed. Charles Anthony Curwen (Cambridge: Cambridge University Press, 1977), pp. 258-259 n. 14. 在同一個註腳中,Curwen同時提到了有關杭州圍城時吃人事件的若干記載,包括*British Parliamentary Papers Relating to the Rebellion in China and Trade in the Yang-tze-kiang River*, Enclosure I in No. 40, p. 114.

37 張光烈,《辛酉記》,頁3b。

38 柯悟遲,《漏網喁魚集》,收於《近代史料筆記叢刊》(北京:中華書局,1959),頁97。

39 依照大清律例,所有這些行為都應該受到懲罰,包括盜走陵墓或墓地的樹木。見de Groot, Religious System of China, vol.3, p. 902.

40 柯悟遲,《漏網喁魚集》,頁97。

41 柯悟遲,《漏網喁魚集》,頁97。另外一則吃人的傳言,參見胡長齡,《儉得齋隨筆》,頁761。在這個故事中,一位父親(作者告訴我們,這位父親的名字已不可知)把自己的小孩煮來吃。他的妻子把這些肉當做動物的肉吃了,想要分給孩子吃時,才知道原來自己吃下的究竟是什麼。這樣的故事間接回應了吃自己的孩子絕對不可接受的觀念,這也反映在起源頗早的成語「易子而食」中;也就是說,饑民和其他家庭交換孩子,並且在知道自己的小孩會被其他家庭吃掉的情況下,吃掉換來的小孩。感謝盧葦菁告訴我「易子而食」這個成語。

42 Timoteus Pokora, "' Living Corpses' in Early Medieval China-Sources and Opinions," in *Religion und Philosophie in Ostasien; Festschrift fur Hans Steininger zum 65* (Wiirzburg: Koningshausen and Neumann, 1985), pp. 343-358. 在一篇有關屍體完整保存的技術與道德假設的文章中,Pokora引述了漢朝至魏晉南北朝的資料來描述這一現象,並用當時的考古新發現來證明此類技術的效能。佛教中這一現象的例子,見James A. Benn, *Burning for the Buddha*, p.187。關於出自白話小說的例子,見Free- Spirited , "The Filial Woman Slaughtered in Jiangdu," p. 98.

43 關於十八至十九世紀貞節旌表的增多,見Janet Theiss (戴真蘭), *Disgraceful Matters: The Politics of Chastity in Eighteenth- Century China* (Berkeley: University of

23 蘇堂棣（Sutton）也提出過類似的觀點。他指出，割股透過強化孝道與情感關係而成了報復性吃人行為的反面——後者在身體上吃掉敵人，是泯滅人類連結的行為；但是，將人的身體當做食物，則從根本上來說是一種儀式行為。而在這兩種情況中，肝臟都是焦點——這一點值得留意。Sutton, "Consuming Counter- revolution," p. 152.

24 關於對1877年至1878年丁戊華北奇荒中類似問題的討論，見Edgerton-Tarpley, *Tears .from Iron: Cultural Responses to Famine in Nineteenth-Century China* (Berkeley: University of California Press, 2008), p. 49, pp. 212-222.

25 在魯迅著名的短篇小說〈狂人日記〉中，主人公意識到，在他生活的社會中，一直以來的道德規範、人倫關係和古文經典都要求人吃人。這個短篇小說於1918年出版，當時距太平天國戰爭只有五十四年。太平天國戰爭一結束，吃人就立即成了不正常人類行為的隱喻。在魯迅這部太平天國五十多年後寫的小說中，吃人卻被說成是正常人類行為的直接後果。魯迅的家鄉紹興在太平天國戰爭時遭受嚴重破壞；在魯迅的其他作品中也可以找到與這場戰爭相關的主題。

26 寄雲山人（余治），《江南鐵淚圖》（蘇州：元妙觀瑪腦經房，無刊刻年），頁30b-31a。

27 Free- Spirited Immortal, "The Filial Woman Slaughtered in Jiangdu," pp. 89-100 中的一幅插圖也展現了一間店面，店中陳列著那種令人厭惡的商品，還有人在進行交易。見頁97。

28 寄雲山人（余治），《江南鐵淚圖》，頁30b-31a

29 施建烈，〈紀〔無錫〕縣城失守克復本末〉，收於中國史學會編，《中國近代史資料叢刊・太平天國》，第五冊，頁266。

30 姚濟，《小滄桑記》，收於中國史學會編，《中國近代史資料叢刊・太平天國》，第六冊，頁532。

31 感謝我的同事Sara Berry指出這一點。

32 《曾國藩家書》，卷18，頁23。轉引自Teng Ssu-yu, *The Taiping Rebellion and the Western Powers: A Comprehensive Survey* (Oxford: Clarendon Press, 1971), pp. 343-344.

33 曾國藩，《曾國藩全集》（北京：中國致公出版社，2001），第十冊，頁3890，1863年6月8日條目。感謝普拉特分享這項資料。

34 以張光烈一家為例，他們淪落到吃動物飼料，而這些飼料相當於承平時期的白米價格十倍。見張光烈，《辛酉記》，頁3b。華學烈也提供了有關杭州如何陷入饑饉、如何出現吃人的類似記載。見華學烈，〈杭城再陷紀實〉，收於中國史學會編，《中國近代史資料叢刊・太平天國》，第六冊，頁628。這份文件也收於丁丙的《庚辛

平天國》(桂林：廣西師範大學，2004)第七冊，頁108。給趙烈文提供資訊的人表示，在過去幾個月的安慶城，人肉每兩賣五十文，而新鮮人肉賣四十文。這線人還稱，在攻進叛賊住所之時，他們發現了燉鍋裡滿是人手、人腳。據史蒂芬·普拉特說，「粗略來說，1861年每兩銀子等於一·四美元，這樣算來，安慶的人肉售價約合每磅四十至五十美分(每兩五十文，十兩等於一斤或一·三磅，儘管有些浮動，但一千文大概等於一兩銀子)。也就是說，每磅人肉價格大概等於今天的十美元。這似乎貴得離奇，比曾國藩1863年引述的價格高好幾倍。(史蒂芬·普拉特，電子郵件，2009年11月10日。)很多史料都提供了人肉的市場價格。例見胡長齡，《儉德齋隨筆》，中國史學會編，《中國近代史資料叢刊·太平天國》(上海：神州國光社，1953)，第六冊，頁761。引於鈴木中正，《中國史における革命と宗教》(東京：東京大學出版會，1974)，頁277。關於類似情況如何普遍以及丁戊華北奇荒(1876-1879)時如何採用熟悉的意象來形容吃人的行為，見Lillian Li, *Fighting Famine*, pp. 273-274.

18 吃敵人的肝、心、生殖器官，可以解讀為一種復仇行為或犧牲儀式(相關的比較見Zheng Yi, *Scarlet Memorial: Tales of Cannibalism in Modern China*, Boulder, Colo.: West-view Press, 1996)。關於文化大革命時廣西發生的吃人行為先例，見Donald S. Sutton(蘇堂棣), "Consuming Counterrevolution: The Ritual and Culture of Cannibalism in Wuxuan, Guangxi, China, May to July 1968," *Comparative Studies in Society and History* 37.1 (January 1995), 特別是pp. 149-155。關於中國早期象徵性的吃人行為，見Mark Edward Lewis, *Sanctioned Violence in Early China* (Albany: State University of New York Press, 1990), p. 28, p. 48, pp. 165-166. 關於唐代酷吏對人肉的儀式性消費，見Edward H. Schafer, "T' ang," in K. C. Chang, *Food in Chinese Culture*, p. 135.

19 李圭描寫了各種暴行，包括剁碎俘虜的心肝。有一次，俘虜李圭的人之一讓手下殺了兩個俘虜，剖出他們的肝，炒熟來分給他的兵士們吃。見李圭，〈思痛記〉，中國史學會編，《太平天國》，第四冊，頁480-481。

20 Sutton, "Consuming Counterrevolution," p. 153.

21 關於明清交替之際含有類似意象的故事，見Free- Spirited Immortal, "The Filial Woman Slaughtered in Jiangdu," trans. Wai-yee Li, *Renditions* 70 (2008): pp. 89-100.

22 對割股這一吃人形式的討論，見Key Ray Chong, *Cannibalism in China* (Wakefield, NH: Longwood Academic, 1990). Chong的這本書有不少錯誤，並且沒有審慎使用史料。關於古代佛教與奉獻自己的肉作為食物或藥的做法之間的可能關係，見James A. Benn, *Burning for the Buddha: Self-Immolation in Chinese Buddhism* (Honolulu: University of Hawaii Press, 2007), p. 30.

其是天氣，常常被視為是比傳染更重要的疾病誘因。關於屍體與疾病之間的關係，很多人相信是屍體上的「蟲」把衰耗性疾病傳到人的身上去的。見 Bridie Andrews, "Tuberculosis and the Assimilation of Germ-Theory in China, 1895-1937," *Journal of the History of Medicine and Allied Sciences 52*, no. I (January 1997): p. 126. 屍體與傳染病之間的關聯似乎很明顯，但實際上屍體本身並非流行病的主要成因。見 J. M. Conly and B. L. Johnston, "Natural Disasters, Corpses and the Risk of Infectious Diseases," *Canadian Journal of Infectious Diseases & Medical Microbiology* 16, no. 5 (2005): pp. 269- 270. 感謝 Marta Hanson（韓嵩）、Yi-Li Wu（吳一立）與 Carol Benedict（班凱樂）推薦以上諸文 。

13 根據黃六鴻那本一印再印、寫給地方官的指南的手冊《福惠全書》，「屍體暴露於外完全有悖於人道傳統，而驚動人的遺骸會惹怒他的魂魄。」── 見 Huang Liu-hung（黃六鴻）, *A Complete Book Concerning Happiness and Benevolence: A Manual for Local Magistrates in Seventeenth-Century China*, trans. Djang Chu (Tucson: University of Arizona Press, 1985), pp. 447-448.

14 Brook et al., *Death by a Thousand Cuts*, p. 93. 大清律例明令禁止發冢開棺行為，犯者「杖一百流三千里」；「開棺槨見屍者絞監候」。J. J. M. de Groot, *The Religious System of China: Its Ancient Forms, Evolution, History and Present Aspect, Manners, Customs and Social Institutions Connected Therewith*, 6 vols. (Reprint. Taipei: Ch' eng Wen, 1892), vol. 3, pp. 868-869. 有關保護屍體、棺材與墳墓的其他法令，見 de Groot, *Religious System*, vol. 3, pp. 868-902 的翻譯。

15 關於太平軍褻瀆棺材的傳聞，見張光烈《辛酉記》（吳中〔蘇州〕，1890）頁 34a-34b。關於一位為了避免棺材遭到褻瀆而大批將其下葬的記載，見俞樾所作之丁丙傳記〈丁君松生家傳〉，繆荃孫編，《續碑傳記》，收於周駿富，《清代傳記叢刊》（臺北：明文書局，1985），119 卷，頁 635-643。這兩個例子都來自杭州。

16 關於因飢餓而吃人或因走投無路而吃人的行為，見 Frederic Mote "Yuan and Ming," in *Food in Chinese Culture: Anthropological and Historical Perspectives*, ed. K. C. Chang (New Haven: Yale University Press), p. 243. Mote 指出，因走投無路而發生的吃人，在之前的朝代也象徵著災難。在 1870 年代末的丁戊華北奇荒以及 1959 至 1961 年大躍進造成的全國性饑荒中，也出現了因走投無路而吃人的事件。關於大躍進，見 Arthur and Joan Kleinman, "The Appeal of Experience; The Dismay of Images: Cultural Appropriations of Suffering in Our Times," *Daedalus* 125.1 (Winter 1996): pp. 16-17. 該文作者引述了中國共產黨中央委員會的「內部報導」，《鳳陽縣年鑒》，1961，頁 188-191。

17 趙烈文，《能靜居日記》，收於羅爾綱、王慶成編，《中國近代史資料叢刊續編．太

5 丁丙是太平天國戰爭之後杭州重要的慈善家。他編輯了一套很重要的叢書，內容描述了1860至1861年杭州城被太平軍佔據之事。丁丙靠經營錫箔賺了些錢——錫箔是用來燒給死者，讓他們在九泉使用的。如我們會看到的，丁丙也積極參與修建紀念死者的義冢和祭祠。

6 馮賢亮，〈墳塋義冢：明清江南的民眾生活與環境保護〉，《中國社會歷史評論》，第七期（2006年10月），頁161-184。

7 Caroline Reeves在其文章 "Grave Concerns: Bodies, Burial, and Identity in Early Republican China," in Cities in Motion: Interior, Coast, and Diaspora in Transnational China, ed. Sherman Cochran and David Strand (Berkeley: Institute of East Asian Studies, 2007), 27-52中，也提出類似觀點。關於國家作為「正確下葬儀式的最終保證者」之角色，她引述了Chu Tsung-tsu, Local Government under the Ch' ing (Cambridge, Mass.: Harvard University Press, 1962), p. 148. Chu Tsung-tsu（瞿同祖）寫道：「潛藏在這種情況之下的是中國哲學中的政府概念——根據這個概念，每一個與大眾福利相關的組織性活動，都與政府有關。」見Reeves, "Grave Concerns," p. 31.

8 金長福，《癸亥日記》，無頁碼原稿，收於中國科學院。關於金長福日記的更多情況，見Tobie Meyer-Fong，"Gathering in a Ruined City" 一文。該也討論了這首詩。

9 金長福的詩集原稿收有好幾首與鬼有關的詩。見金長福，《紅雪吟館詩集》。這個現藏於南京圖書館的無頁碼原稿似乎本來要由金長福的兒子來出版。稿中貼有一些紙片，其中一些紙片上記有給出版人的說明；例如，有幾首寫鬼的詩被標為「此首不刻」。

10 關於力圖保持身體完整的強烈文化心態，見Timothy Brook, Jerome Bourgon, and Gregory Blue, *Death by a Thousand Cuts* (Cambridge, Mass.: Harvard University Press, 2008), p. 11。中譯本見卜正民、鞏濤，《殺千刀：中西視野下的凌遲處死》，張光潤、樂凌、伍潔淨譯（北京：商務，2013），第二章。

11 關於中國人對此所做的記載，見下文。A. E. Hake提到，1861年杭州被圍之際，人肉一磅賣兩分錢。A. E. Hake, *The Events of the Taiping Rebellion* (London: W. H. Allen, 1891), pp. 176-177, 引於Pamela Kyle Crossley, *Orphan Warriors: Three Manchu Generations and the End of the Qing World* (Princeton: Princeton University Press, 1990), p. 133.

12 清代醫者熊立品認為與屍體和棺材接觸很可能是引發流行病的原因。據Shigehisa Kuriyama（栗山茂久）說，幾世紀之前已有人指出了這種關聯。Shigehisa Kuriyama. "Epidemics, Weather, and Contagion in Traditional Chinese Medicine," *Contagion: Perspectives from Pre-Modern Societies*, ed. Lawrence I. Conrad and Dominik Wujastyk (Burlington: Ashgate, 2000), p. 6. 然而，栗山茂久也強調，其他因素，尤

138 Harvey, Report, p. 16.

139 例見Tobie Meyer-Fong, "Gathering in a Ruined City: Metaphor, Practice, and Recovery in Post-Taiping Yangzhou," in *Lifestyle and Entertainment in Yangzhou,* ed. Lucie B. Olivova and Vibeke Børdahl (Copenhagen: Nordic Institute of Asian Studies, 2009), pp. 41-42。

第四章 骨與肉

1 本章部份內容的中譯本已出版——見梅爾清著，劉宗靈譯，〈政治與實踐：太平天國戰爭以後江南城市的喪葬活動〉，收於鄒振環、黃敬斌編，《明清以來江南城市發展與文化交流》(上海：復旦大學，2012)，頁161-176。

2 各國內戰中死亡與死者的相關話語，關於美國內戰的部份，見John R. Neff, *Honoring the Civil War Dead: Commemoration and the Problem of Reconciliation* (Lawrence: University Press of Kansas, 2005); Drew Gilpin Faust, *This Republic of Suffering* (New York: Knopf, 2008); and Mark S. Schantz, Awaiting the Heavenly Country (Ithaca: Cornell University Press, 2008). 關於越南，見Heonik Kwon, *After the Massacre: Commemoration and Consolation in Ha My and My Lai* (Berkeley: University of California Press, 2006) and *Ghosts of War in Vietnam* (Cambridge: Cambridge University Press, 2008). 關於十七世紀韓國，見JaHyun Kim Haboush, "Dead Bodies in the Postwar Discourse of Identity in Seventeenth- Century Korea," *Journal of Asian Studies* 62.2 (2003): 415-442. 關於前南斯拉夫，見Katherine Verdery, *The Political Lives of Dead Bodies: Reburial and Post-socialist Change* (New York: Columbia University Press, 1999).

3 有關東歐人期待死者受到什麼樣的照顧，參見Verdery, Political Lives, 41-47. 東歐在這方面與中國驚人地相似。例如，根據特蘭西瓦尼亞和匈牙利傳統，親屬會供奉餐點與禮物以撫慰死者。他們相信，得到良好照顧的亡魂會保護親人；而相反地，一個有所不滿的亡魂則會回來製造混亂（頁43）。

4 例見1863年的勸善書《人範須知》中包括的諸原則。這些原則提到，葬禮對聖人來說是至關重要，並且在禮儀和名教中居優先地位。《人範須知》，〈凡例〉，頁2。這本書由出自其他勸善書的節錄構成。在第一卷有關雙親的部分有一段較長的摘錄，細緻的說出在晚清江南，何為符合儒家標準的死得其所，何為符合儒家標準的葬儀。見《人範須知》，頁41-43。盛龍，《重印人範須知》(上海：道德書局，1942年重印)。盛龍在太平天國佔據杭州時失去了他其中一位兒子。他從個人經驗懂得，要像那些執著於道德教育之人所追求的，在家屬的陪伴下安寧的死在家中，是一件難事。感謝曼素恩（Susan Mann）分享這份史料。

& Son, 1866), pp. 67-68. 呤唎的紀錄中有很多想像出來的細節以及從當時的報紙中節錄的內容。它以全面的研究為基礎，但同時也刻意譁眾取寵，並帶有濃濃的偏見。

127 Lindley, *Ti-Ping Tien-Kwoh,* pp. 69-70.

128 Lindley, *Ti-Ping Tien-Kwoh,* pp. 68-69.

129 關於歐洲人對太平天國服飾的紀錄，李文海和劉仰東提出了類似的見解。見李文海、劉仰東，《太平天國社會風情》（北京：中國人民大學，1989），頁42-43。

130 "A Report by W H. Medhurst and Lewin Bowring," FO 17/214, no. 85, enc. In Bowring to Clarendon, 14 July 1854, included in Clarke and Gregory, *Western Reports on the Taiping,* pp. 164-165. 這段描述出自該報告專寫服飾與食物的章節。

131 Bowring, *Eastern Experiences,* p. 337 *passim.*

132 Bowring, *Eastern Experiences,* p. 356.

133 Forrest, 引於Blakiston, *Five Months on the Yang-tsze,* p. 13.

134 "A Report by Harry S. Parkes," British Parliamentary Papers, 1862, C. 2976, pp. 25-27, p.35, 再版收於 Clarke and Gregory, *Western Reports on the Taiping,* pp. 318-319. 巴夏禮那時已開始試圖破壞英國對於太平天國的幫助，並想讓英國出兵干涉、攻擊太平軍。巴夏禮也形容太平天國一般人的穿著「俗豔」、「五顏六色」且「邋遢」，但他也發現，除去他們身上那些過度張揚的配飾，其實他們的服裝和其他中國人沒什麼不同（頁318）。"A Letter from Alexander Michie," British Parliamentary Papers, 1862, C.2976, in Clarke and Gregory, pp. 328-330 提供了類似但修飾得較為圓滑的描述。Michie是名英國商人，（後來）也寫了關於中國的若干著作。他的報告反映了通商口岸商人圈子對太平軍會給貿易帶來負面影響的憂慮。在1861年3月，他到南京待了一週，住在一座宮殿裡，並接受太平軍的款待。太平軍內部的生活條件令他印象深刻，他形容那些人吃得好、穿得好，但他也總結說，這些人以劫掠維生。（頁329）

135 Garnet Wolseley, Viscount Wolseley, *Narrative of the War with China in 1860* (London: Longman, Green, Longman, and Roberts, 1862), p. 336.

136 Wolseley, *Narrative of the War with China in 1860,* pp. 338-339. 他補充道，這些東西怪到甚至可以拿去給聖誕啞劇（Christmas pantomime）中的怪獸穿戴！（頁339）

137 關於夏福禮對於太平天國的敵意，見Clarke and Gregory, *Western Reports on the Taiping, pp.* 368-369. 關於夏福禮1862年3月20日的報告，見*Further Papers Related to the Rebellion in China,* in *Accounts and Papers of the House of Commons [Great Britain], vol. LXIII, session 6 February-7 August 1862* (London: Harrison and Sons, 1862), pp. 14-15. 夏福禮是駐寧波的英國領事；他寫這份報告的時候，寧波為太平軍所佔領。

105 戴熙，〈吳門被難記略〉，頁399。
106 趙雨村，〈被擄紀略〉，頁406。
107 李圭，〈思痛記〉，頁495。
108 李圭，〈思痛記〉，頁496。
109 關於李圭如何在1876年藉由費城美國獨立百年博覽會的機會環遊世界，見Charles Desnoyers, *A Journey to the East: Li Gui's "A New Account of a Trip Around the Globe"* (Ann Arbor: University of Michigan Press, 2004). 對於李圭《環遊地球新錄》一書的簡短評論（該短評亦提到〈思痛記〉的出版），見〈書環遊地球新錄後〉，《申報》, vol. 3231, p. 3, 05/02/1882。
110 Perry, "When Rebels Speak," p. 80. Perry這個例子引自宮中檔，日期不詳，004628。引人矚目的是，Perry引用的所有案例中都有這種藉由「變換衣服」來「變換陣營」的主題。
111 張繼庚，〈張繼庚遺稿〉，頁773。
112 舉例來說，柯悟遲便找尋過身穿常熟風格衣著的「長毛」，好和對方套交情。後來他以同鄉為理由，成功說服某人幫助他。柯悟遲，《漏網喁魚集》，頁63。
113 見戴熙，〈吳門被難記略〉，頁397。
114 Withers, "The Heavenly Capital," pp. 73-74.
115 Withers, "The Heavenly Capital," p. 77.
116 謝介鶴，〈金陵癸甲紀事略〉，收於中國史學會編，《中國近代史資料叢刊・太平天國》，第四冊，頁681。英譯見Withers, "The Heavenly Capital," p.77。
117 汪士鐸，引自Withers, "The Heavenly Capital," p. 79。
118 丁超，〈清代黃馬褂源流考〉，《清史研究》2（北京，2011年5月）。關於馬褂與皇權之間的關係，見頁127-129。關於太平天國對黃色的使用，見頁131。
119 見Tcheng Ki-tong（Chen Jitong 陳季同）and John Henry Gray, *The Chinese Empire: Past and Present* (Chicago: Rand McNally, 1900), p. 103.
120 丁超，〈清代黃馬褂源流考〉，頁128-129。
121 Charles Taylor, *Five Years in China* (Nashville, Tenn.: J. B. McFerrin; New York: Derby Jackson, 186o), p. 343.
122 Taylor, *Five Years in China,* p. 343.
123 Taylor, *Five Years in China,* p. 348.
124 Taylor, *Five Years in China,* p. 350.
125 Taylor, *Five Years in China,* pp. 348-349.
126 Augustus F. Lindley（呤唎）, *Ti-Ping Tien-Kwoh: The History of the Ti-Ping Revolution, Including a Narrative of the Author's Personal Adventures* (London: Day

綱等編，《中國近代史資料叢刊續編・太平天國》，第四冊，頁238-321。由於上述原因，我沒有引用這些附加材料。

88 李圭，〈思痛記〉，頁491-492。

89 洪仁玕，《欽定英傑歸真》，收入臺聯國風出版社輯，《清史資料・第五輯，太平軍史料（一）》，第六冊（臺北：臺聯國風，1969），頁193-197。

90 柯悟遲，《漏網喁魚集》，頁50。

91 柯悟遲，《漏網喁魚集》，頁52。

92 這點似乎已被充分證實。例見Arthur Evans Moule, *Personal Recollections of the Tai-p'ing Rebellion, 1861-3* (Shanghai: Shanghai Mercury, 1898), p. 24.

93 張繼庚，〈張繼庚遺稿〉，收於中國史學會編，《中國近代史資料叢刊・太平天國》，第四冊，頁773。張繼庚是江寧人，因其忠義在死後得到追封，其事蹟收於《兩江忠義錄》中，見頁755。

94 柯悟遲，《漏網喁魚集》，頁69。

95 柯悟遲，《漏網喁魚集》，頁74。

96 Li Xiucheng, ed. Curwen, *Taiping Rebel*, p. 300 n. 50.

97 趙烈文，〈趙烈文日記〉，引用自Li Xiucheng, ed. Curwen, *Taiping Rebel*, p. 26-27.

98 柯悟遲，《漏網喁魚集》，頁62、64。

99 趙雨村，〈被擄紀略〉，頁413。

100 例見李圭，〈思痛記〉，頁469。

101 寄雲山人（余治），《江南鐵淚圖》，頁4b-5a。

102 趙雨村，〈被擄紀略〉，頁403。

103 這幅細節精細的大尺寸圖畫呈現了城牆內的南京城、一場戰爭，以及城外生氣勃勃的市集。美國國會圖書館的目錄誤將此圖認作描繪的是清軍1864年收復南京的景象。事實上，這幅圖描繪了向榮（死於1865年）麾下的江南大營。他們給這幅圖添上的標題「清軍光復南京圖」其實弄錯了時代——這個場景展現的並不是那場光復。那些寫在圖中各行業人物旁的字樣（如「剃頭的」、「補衣服」等）是後來才加上去的（比方說，「剃頭的」三字是由左至右的現代寫法，而且這些說明字樣所用的墨水顏色和成分也與圖畫所用的墨水不同；感謝李慧澍的幫我確認這點）。"Qing jun guang fu Nanjing tu（清軍光復南京圖）," Library of Congress, Map Collection, Gy824.N3R3 r865 .Q5. 整幅作品可以在網上瀏覽，見 https://www.loc.gov/resource/g7824n.ct003382/

104 趙雨村從俘虜他的人手中逃脫後，身上的衣服被搶走。當他抵達一個軍事哨站時，一名軍官先是給了他一套衣服，然後讓他帶著一張介紹身分的名片去大街上一個剃頭匠那兒剃頭。見趙雨村，〈被擄紀略〉，頁413。

Order in Seventeenth-Century China (Berkeley: University of California Press, 1985), vol. 1, p. 647.

78 例如，在《孝經》中，孔子告訴曾子：「夫孝，德之本也，教之所由生也」、「身體髮膚，受之父母，不敢毀傷。」《孝經注疏》，收於阮元校勘，《十三經注疏》（北京：中華書局，1979），卷1，頁43。

79 Wakeman, *Great Enterprise,* vol. I, p. 650.

80 Wakeman, *Great Enterprise,* vol. I, p. 651.

81 Philip Kuhn, *Soulstealers: The Chinese Sorcery Scare of 1768* (Cambridge, Mass.: Harvard University Press, 1990), pp. 56-58. 編註：此書已有中譯，見孔復禮，《叫魂—乾隆盛世的妖術大恐慌》（臺北：時英，2000）。

82 Kuhn , *Soulstealers,* p. 58.

83 Kuhn , *Soulstealers,* pp. 58-59.

84 關於頭髮作為抗清場域的討論，見劉香織，《断髪：近代東アジアの文化衝突》（東京：朝日新聞社，1990）；關於太平天國時期的部份，見頁76-81。作者對於太平天國時期的討論相對不夠成熟；她的主要史料來源是Augustus Lindley及魯迅。魯迅在一篇散文中敘述說，在他家一位老婦人的回憶中，「長毛」、「短毛」以及「花綠頭」（分別指太平天國、大清和外國人）都一樣可怕。此處的重點似乎是，即使這幾種人髮型不一，但在百姓眼中，他們都一樣帶來不幸。

85 學者們對這一點的看法有些混亂；太平天國成員常常被想像成批散著滿頭亂髮。例見Spence, *Search for Modern China*, 2nd ed., p. 174.。

86 例如，有位觀察者寫道：「即使他們不剃前顱，但他們也沒有去掉辮子，而是仍然編著它，有時還纏有紅色或黃色的絲帶——辮子綁在頭後並塞進帽子裡。」引自 “Mr. Bridgman' s Correspondence,” *North China Herald,* 3 January 1857; 以及 “Dr. McGowan' s Correspondence,” in *North China Herald,* 25 April and 9 May 1857; 見Curwen的書，頁200。周邦福形容那些「長毛」「頭紮紅巾，身穿綠小襖」。當他們在1853年抵達他家鄉合肥城下時，他們看上去「就如紅蝦子湧上來」。周邦福，〈蒙難述鈔〉，收於中國史學會編，《中國近代史資料叢刊．太平天國》，第五冊，頁46。

87 李圭，〈思痛記〉，頁472。在〈思痛記〉其他地方，李圭引述了一段某太平軍領袖的喃喃抱怨：「一年約二十餘，髮已如辮長。」（頁478）。這個版本的〈思痛記〉和1914年版一樣，內有較小字體的附加史料，這些插註顯然源自於某個清代抄本。從這些附加材料中我們逐步拼湊出的資訊是，太平軍（包含這名湖南人）中最為殘暴的，是曾經身為清朝士兵的那些人。然而後來在收錄了李圭〈金陵兵事彙略〉的一部太平天國史料集中，編者指出這些附加材料出處不明，不該採信。見羅爾

106。

67 *Church Missionary Intelligencer,* vol. XIII (1 August 1862) (London: Seeley, and Halliday, 1862), p. 337. 這個記載也強調了那些被俘之人的痛苦、悲哀與淒慘。這篇專欄接著描述了太平天國的離經叛道，而傳教士們對此感到失望，認為太平天國成員並非純正的基督徒。

68 見H. S. Parkes, letter to Frederick Bruce, in *Papers Related to the Rebellion in China and Trade in the Yang-tze-kiang,* in *Accounts and Papers ofthe House of Commons* [Great Britain], vol. LXIII, Session 6 February-7 August 1862 (London: Harrison and Sons, 1862), p. 26. 巴夏禮從1861年2月開始順著長江探索這條河是否可能開放給英國做貿易。他在信中報告了他在沿江太平軍和大清領地考察時的所見所聞。信中所留日期為1861年5月10日。

69 Forrest, "A Report by Mr. Forrest," p. 27. 這位英國領事官是和艾納瑟一起前往太平天國轄區蒐集情報的。

70 Blakiston引自Forrest, *Five Months on the Yang- Tsze, pp.* 52-53. 相關的摘錄亦可見於Franz Michael, *The Taiping Rebellion: History and Documents*, vol.3, p. 1149. Michael也提到Blakiston認為富禮賜是位太平天國專家，並大量引用了他的話。富禮賜看來對促進英國和太平天國之間的貿易懷有強烈興趣（頁1151-1155）。關於Forrest，亦見Teng Ssu-yü, *The Taiping Rebellion and the Western Powers: A Comprehensive Survey* (Oxford: Clarendon Press, 1971), pp. 187-208, p. 326.

71 Forrest, "A Report by Mr. Forrest," pp. 27-28.

72 Brine, *The Taeping Rebellion in China,* chap. 12; 請特別參見頁274-280。這些資料也出現在富禮賜的領事報告中，但前後順序不同。Blakiston, *Five Months on the Yang- Tsze,* pp. 6-55.

73 Brine, *The Taeping Rebellion in China,* p. 280. 富禮賜對皇家亞洲文會北華支會至少在好幾個不同場合發表過演說；他的文章刊登在該支會的期刊上，並於1868年被選為支會管理層成員。見 "Report of the Council of the North China Branch of the Royal Asiatic Society for the Year 1868," *Journal of the North China Branch of the Royal Asiatic Society* 5: p. iii.

74 盧思誠等修纂，《光緒江陰縣志》（1878），卷8，頁20b。亦見湯成烈、董似穀，《武進陽湖縣志》（1879），卷29，頁13a。

75 Cheng, "Politics of the Queue," pp. 123-142.

76 Spence, *The Search for Modern China*, 2nd ed. (New York: Norton, 1999), p. 38. 編註：此書已有中譯，見史景遷，《追尋現代中國》（臺北：時報，2019）。

77 Frederic E. Wakeman, *The Great Enterprise: The Manchu Reconstruction of Imperial*

Barend J. ter Haar, "Rethinking 'Violence' in Chinese Culture," p. 136.

55 Djang Chu, "Translator's Introduction," in *A Complete Book of Happiness and Benevolence,* by Huang Liu-Hung, p. 39.

56 Djang Chu, "Translator's Introduction," in *A Complete Book of Happiness and Benevolence,* by Huang Liu-Hung, p. 39. 關於各種黥面情況的法律修正，見Fu-mei Chang Chen, "Local Control of Thieves in Eighteenth-Century China," in *Conflict and Control in Late Imperial China,* ed. Frederic Wakeman and Carolyn Grant (Berkeley: University of California Press, 1975), p. 129. 亦見Bodde and Morris, *Law in Imperial China,* p. 96-97.

57 Chen, "Local Control of Thieves," p. 128. Bodde and Morris, *Law in Imperial China,* 295-296, p. 298. Joanna Waley-Cohen, *Exile in Mid-Qing China: Banishment to Xinjiang, 1758-1820* (New Haven: Yale University Press, 1991), p. 117.

58 Chen, "Local Control of Thieves," p. 129.

59 Joanna Waley-Cohen, *Exile in Mid-Qing China*, p. 112. 關於給罪犯的刺青慣常採用的常用字表，見頁116。此表包括了罪名及地點。

60 Waley-Cohen, *Exile in Mid-Qing China*, p. 118. 關於艾灸的用法，見Reed, "Early Chinese Tattoo," p. 25. 此外，大清律例第二八一條禁止人們在未經政府允許的情況下除去刺青。見William C. Jones et al., trans., *The Great Qing Code* (New York: Oxford University Press, 1994), pp. 266-267.

61 Reed, "Early Chinese Tattoo," pp. 21-22. 在此她引用的大多是宋代的史料。在《資治通鑑》中，司馬光（1019-1086）提到，在907年，後梁的第一個皇帝為了預防兵士逃跑，而給他們刺青。士兵們很想家並試圖逃跑，但村民們因為怕遭到官方的報復，而拒絕藏匿這些被作上記號的人。這些刺青者便在山中聚集起來做了盜匪。後來在一場普遍大赦後，他們終於得以返家，這使得強盜問題大為輕減。Reed這個故事譯寫自《資治通鑑》，史部備要輯覽，卷266，頁14b-15a。

62 李圭，〈思痛記〉，頁481。

63 李圭，〈思痛記〉，頁481。太平天國稱滿人為「妖」。

64 李圭，〈思痛記〉，頁481。

65 李圭，〈思痛記〉，頁481-482。

66 Jane Caplan, introduction to *Written on the Body: The Tattoo in European and American History* (London: Reaktion Books), p. xvi. 關於十九世紀歐洲及其殖民地將刺青、「野蠻」及「犯罪」相聯繫的做法，見Clare Anderson, "*Godna:* Inscribing Indian Convicts in the Nineteenth Century," in *Writtten on the Body,* ed. Caplan, 特別是頁106-115。關於近世歐洲將罪行名稱的首字母烙印在罪犯身上的做法，見頁

詳，005561以及日期不詳，005197；關於十字型的烙印，她引用自宮中檔，日期不詳，005540。

43 Perry, "When Peasants Speak," pp. 79-80. Perry（裴宜理）引用自宮中檔，日期不詳，004269、004517。

44 有關刺青在清代中國作為官方准許而由地方上具體運用的處罰手段的十九世紀末資料彙編，見沈家本，《刺字集》，1886初版，1894京都榮錄堂重刻本。感謝陳利分享這項重要的史料。

45 關於枷的描述，見Derk Bodde and Clarence Morris, *Law in Imperial China Exemplified by 190 Ch'ing Dynasty Cases* (Philadelphia: University of Pennsylvania Press, 1967), pp. 95-96.

46 關於江蘇這一地區部分團練的不當行為如何傷害了清朝平定太平天國的大業，見徐日襄，〈庚申江陰東南常熟西北鄉日記〉，收於中國史學會編，《中國近代史資料叢刊・太平天國》，第五冊，頁435。

47 汪海平等編，《金匱縣安鎮禦寇紀略》卷6，〈難民供案〉。

48 我們很難說在多大程度上提及刺青，會讓人聯想到《水滸傳》中結義英雄好漢的形象及其意涵。這些好漢中有些人因獲罪或為了裝飾刺了青。《水滸傳》中的意象常常出現在十九世紀有關武學的記載敘述中，包括對太平天國戰爭的描述。感謝任可指出這一點。

49 Barend J. ter Haar, "Rethinking 'Violence' in Chinese Culture," in *Meanings of Violence: A Cross Cultural Perspective*, ed. J. Abbink and Göran Aijmer (Oxford: Berg, 2000), pp. 136-137.

50 關於「玉石俱焚」的諸多案例之一，見寄雲山人（余治），《江南鐵淚圖》，頁2b-3a。

51 Withers, "The Heavenly Capital," p. 116.

52 關於早期中國文本中的刺青類型，見Carrie E. Reed, "Early Chinese Tattoo," *Sino-Platonic Papers 103* (June 2000), pp. 1-52. Reed說她文中討論的所有刺青類型除了最後一種外，都「在本質上被視為是一種嚴厲貶斥；有刺青的人會被看作是不潔、汙穢、可恥或無禮的」。（頁3）關於古代中國刺青作為一種懲罰的歷史，見頁12-18。

53 Huang Liu-Hung, *A Complete Book Concerning Happiness and Benevolence: A Manual for Local Magistrates in Seventeenth-Century China*, trans. Djang Chu (Tucson: University of Arizona Press, 1984), p. 283.

54 根據Barend ter Haar的說法，「肉刑（例如刺青以及割掉身體器官或肢體，如耳朵、鼻子、手腳及性器官）的使用從西漢起就逐步減少，並在隋律中正式廢除了。」

30 佚名，〈東南紀略〉，收於中國史學會編，《中國近代史資料叢刊・太平天國》，第五冊，頁231-238。引用自Curwen, pp. 230-231 n. 45.

31 周邦福，〈蒙難述鈔〉，收於中國史學會編，《中國近代史資料叢刊・太平天國》，第五冊，頁53。

32 英傑修，晏端書等纂，《續纂揚州府志》，1874，卷24，頁20a。

33 這段故事記述在 "A Report by Mr. Forrest of Journey from Shanghae to Nanking," p. 27。富禮賜在寫他的名字時採用了方言音譯，其實他名字的標準讀音應該是費秀元。亦見賈熟村，〈太平天國時期的周莊鎮〉，廣西師範大學學報：哲學社會科學版，38：1（2002年2月），頁95-99；及Jeremy Brown的傑出研究，"Rebels, Rent, and Tao Xu: Local Elite Identity and Conflict During and After the Taiping Occupation of Jiangnan, 1860-64," *Late Imperial China* 30.2(December 2009): pp.9-38.

34 關於周莊地區同時身為太平軍官或是清朝低階科舉精英或軍官的描述，見戴熙，〈吳門被難記略〉，頁401-402。

35 很多回憶錄都記載了清朝官員的過失。例見柯悟遲，《漏網喁魚集》，收於《清代史料筆記叢刊》（北京：中華書局，1959），頁37-40。

36 對時人來說，「清朝士兵和團練會傷害百姓」是一件常識，即使是在1949年後那些被歸為持親清立場的作品中，這類評論也相當普遍。

37 許多當時的作家——中國、美國、歐洲的——都持有同樣看法。例見Brine, *The Taeping Rebellion in China,* 250-251.

38 在很多史料都提到這個術語。該術語應該與棋或麻將有關。我試著用英文詞彙「heads」和「tails」來表達「牌尾」與博弈的關聯。見趙雨村，〈被擄紀略〉，收於羅爾綱等編，《中國近代史資料叢刊續編・太平天國》，第四冊，頁404-405。

39 相關案例可見當時有前科的流動菜販和雇工供詞——這些供詞收於汪海平等編，《金匱縣安鎮禦寇紀略》卷6，〈難民供案〉。這些材料寫於縣城陷落於太平軍之手不久後的1860年夏季。

40 太平軍似乎對裁縫特別有興趣。李圭回憶稱，太平軍先問他和他的兄弟會不會寫字；他們否認後，太平軍便詢問他們是否會縫紉。當他們再次表明自己不會後，便被認為是無用之人，只能去做零碎活計。見李圭，〈思痛記〉，頁473。在太平天國治下，有一技之長的工人按規定會二十五人一組，在稱之為「館」的地方生活、工作。這些「館」是按成員的職業組成的。女子也會被分配到（不同的）館中。

41 這段所列的所有問題都是來自汪海平書中的供詞或受這些供詞啟發而來。見汪海平等編，《金匱縣安鎮禦寇紀略》卷6，〈難民供案〉。

42 Elizabeth J. Perry, "When Peasants Speak: Sources for the Study of Chinese Rebellions," *Modern China* 6:1 (January 1980), pp. 80-82. Perry（裴宜理）引用了宮中檔，日期不

the Ch'ing Period (Washington: U.S. Government Printing Office, 1943), vol. 2, p. 633. 亦見Li Xiucheng, *Taiping Rebel: The Deposition of Li Hsiu-Ch'eng,* ed. Charles Anthony Curwen (Cambridge, UK: Cambridge University Press, 1977), pp. 263-264 n. 56, n. 57.

17 沈梓，《避寇日記》，收於羅爾綱等編，《中國近代史資料叢刊續編・太平天國》，第八冊，頁13。

18 王道平是杭州城內的一名太平軍細作；據信他假扮成一名行腳方士。見沈梓，《避寇日記》，羅爾綱，王慶成主編，《太平天國》，第八冊，頁5。亦引於Li Xiucheng, ed. Curwen, *Taiping Rebel*, p. 231 n. 46。

19 汪海平等編，《金匱縣安鎮禦寇紀略》（未刊手稿，上海圖書館），卷6，〈難民供案〉。

20 方玉潤，〈星烈日記〉，收於羅爾綱等編，《中國近代史資料叢刊續編・太平天國》，第七冊，頁20。

21 見Li Xiucheng, ed. Curwen, *Taiping Rebel*, p. 230 n. 45.

22 關於1853年安徽桐城附近假扮成太平軍的盜賊們，見胡潛甫，〈鳳鶴實錄〉，收於中國史學會編，《中國近代史資料叢刊・太平天國》，第五冊，頁6。《中國近代史資料叢刊》的編者註記道，這篇和同作者的另一作品〈鳳鶴小草〉原本一起放到「皖北洪楊戰禍記」之內。

23 這是在蘇州附近觀察到的。見戴熙，〈吳門被難記略〉，頁397。

24 再次聲明，這是很普遍的現象。見Herbert Franke, "Siege and Defense of Towns in Medieval China," p. 158. 他引用了十九世紀初（約成書於1830）的軍事教本《武備輯要》，並評論說，細作和叛徒經常扮作僧人、旅人、算卦先生、裁縫、菜販、剃頭匠和修腳匠。

25 見 "A Letter from Reverend Griffith John," Archives of the London Missionary Society, Central China, Letters, Box 2, Folder3, Jacket D，重印於*Western Reports on the Taiping: A Selection of Documents*, ed. Prescott Clarke and J. S. Gregory (Honolulu: University Press of Hawaii, 1982), p. 296.

26 Lindesey Brine, *The Taeping Rebellion in China: A Narrative of Its Rise and Progress, Based upon Original Documents and Information Obtained in China* (London: John Murray, 1862), quoting Elgin, p. 222.

27 Joseph Edkins, "A Narrative of a Visit to Nanking," in Chinese Scenes and People, by Jane Rowbotham Edkins, (London: J. Nesbit, 1863), pp. 248-249.

28 "A Letter from Reverend Griffith John," 重印於*Western Reports on the Taiping: A Selection of Documents*, ed. Prescott Clarke and J. S. Gregory, p. 296.

29 方玉潤，〈星烈日記〉，頁13。

Hiltebeitel and Barbara D. Miller (Albany: SUNY Press, 1998), p. 127.

6 關於清初及清末頭髮政治意義的綜述，見Weikun Cheng（程為坤）, "Politics of the Queue." 然而，程並沒有討論辮子在太平天國時期的意義。

7 James Cole, *The People Versus the Taiping: Bao Lisheng's Righteous Army of Dongan* (Berkeley: China Research Monographs, 1981), p. 26. 就像洪秀全一樣，包立身有著超凡才能與魅力，同時還具有宗教遠見。他是個佃農，卻動員了一支團練。他隊伍裡的有些人是地方士紳。無論如何，至少在名義上他仍效忠於清朝，並以地方利益的捍衛者自居（頁23-29, 31）。他活著的時候朝廷視他為宗派主義者，但在他死後卻予以追封。他因甘願為朝廷死節、因心懷遠勝許多將官的忠心而受到褒揚（頁41-43）。

8 John Withers引用自佚名，〈金陵被難記〉，收於中國史學會編，《中國近代史資料叢刊．太平天國》，第四冊（上海：上海人民出版社，1957），頁749。見Withers, "The Heavenly Capital: Nanjing Under the Taiping" (Ph.D. diss., Yale University, 1983), pp. 75-76.

9 Withers, "The Heavenly Capital," p. 174, 引用了載於Thomas Wright Blakiston (Late Captain Royal Artillery), *Five Months on the Yang-Tsze, and Notices of the Present Rebellion in China* (London: J. Murray, 1862), p. 33 富禮賜的話。亦見Lewin Benthan Bowring, *Eastern Experiences* (London: Henry S. King, 1871), p. 346.

10 戴熙，〈吳門被難記略〉，收於羅爾綱等編，《中國近代史資料叢刊續編．太平天國》，第四冊（桂林：廣西師範大學，2004），頁398。

11 富禮賜所說，載於Blakiston, *Five Months on the Yang- Tsze*, p. 33.

12 戴熙，〈吳門被難記略〉，頁398。

13 李圭，〈思痛記〉，頁487。

14 見余治，〈解散賊黨說〉，《尊小學齋文集》，文集卷1，頁20a-21a。關於這一時期這種觀點的另一個例子，見徐日襄，〈江因東南常熟西北鄉日記〉，收於中國史學會編，《中國近代史資料叢刊．太平天國》，第五冊（上海：上海人民出版社，1957），頁437。這位作者是江蘇的一名生員。

15 文武官員都認為大眾可能會同情敵人，特別是窮人很可能會自願為對方充當奸細。的確，團練手冊中通常都頗為關注如何透過加強監視與控制來預防間諜活動。見Herbert Franke, "Siege and Defense of Towns in Medieval China," in Chinese Ways in Warfare, ed. Edward L. Dreyer, Frank Algerton Kierman, and John King Fairbank (Cambridge, Mass.: Harvard University Press, 1974), p. 157.

16 苗沛霖考取過功名、參加過團練；他也曾為捻軍、太平天國和清廷都效過力——他只是當時反覆變換陣營的案例之一。見Arthur W Hummel, *Eminent Chinese of*

126 寄雲山人（余治），《江南鐵淚圖》，頁16b-17a。

127 寄雲山人（余治），《江南鐵淚圖》，頁33b-34a。

128 Mary Wright, *The Last Stand of Chinese Conservatism: The T'ung-chih Restoration, 1862-1874* (Stanford: Stanford University Press, 1957)。

129 例見Nedostup, *Superstitious Regimes*, p. 12。

130 嚴辰，《墨花吟館感舊懷人集》(1889)，頁56b-57a。有關嚴辰的更多情況，可見Mary Rankin, *Elite Activism and Political Transformation in China: Zhejiang Province*, 1865-1911 (Stanford: Stanford University Press, 1986), p. 119, 122-135。

第三章　被標記的身體

1 關於惡棍加入團練、戰敗的（清）軍隊四處打劫，以及盜匪趁亂打劫不幸者等事，見華翼綸，《錫金團練始末記》，無頁碼手稿，1864，藏於上海圖書館。華翼綸描寫了官方收受賄賂、左搖右擺的立場、殘暴，以及機會主義等等現象。他的作品嚴厲批評清軍摧毀民房；他自己在1863年的大火中失去了六十餘間屋子以及一間寶貴的私人藏書堂。他哀嘆著自己的藏書堂熬過了多年的太平軍佔領，卻還是毀於清軍光復之時。華翼綸的書反映了他對清朝軍事組織和李鴻章的深切不滿。他是金匱（即今天的無錫）人，中過舉人，並在江西擔任縣令。他是位蒐藏家、畫家，同時也是他家鄉的團練領袖。他和余治的家鄉相距不遠。

2 許奉恩述，方濬頤撰，《轉徙餘生記》，收於《叢書集成續編》史部．雜史類．事實之屬，卷25（上海：上海書店，1994），頁928。

3 舉例來說，華翼綸寫道：「居逃出者皆欲回家，而四鄉黠者遂創為進貢之說，以牛羊食米獻賊，冀得免殺掠。」見華翼綸，《錫金團練始末記》。

4 李圭和其他的中國作家（包括曾國藩的幕僚、《賊情彙纂》的作者張德堅）都甚為關注童兵或「小賊」。他們認為這些少年成了軍官的洩慾玩具，而少年們的暴力、殘虐傾向則和他們的美麗肌膚及臉蛋形成強烈對比。例見李圭，〈思痛記〉，收於中國史學會主編，《太平天國》，第四冊（上海：上海人民出版社，1957），頁474。關於外國人對於童兵的記載，見Robert J. Forrest, "A Report by Mr. Forrest of Journey from Shanghae to Nanking," Inclosure 7 in Number 6, *Correspondence Respecting the Opening of the Yang-tze-kiang River to Foreign Trade* (London: Harrison and Sons, 1861), p. 29. 富禮賜形容他們「趾高氣昂、不可一世」。有關童兵的評論似乎很常見，許多西方記載中都提到他們。

5 孔子因為管仲拒絕屈服於「夷」而頌揚他：「微管仲，吾其披髮左衽矣。」詳見Weikun Cheng, "Politics of the Queue: Agitation and Resistance in the Beginning and End of Qing China," in *Hair: Its Power and Meaning in Asian Cultures*, ed. Alf

114 余治，〈石莊粥局同善錄序〉，《尊小學齋文集》，卷2，頁10b。

115 余治，〈石莊粥局同善錄序〉，《尊小學齋文集》，卷2，頁10b。

116 就像這個圖集（見下文的討論）一樣，這篇文章是用來激發更多的人參與有組織的賑災工作。這預示了後來慈善活動，例如1878年丁戊華北奇荒中，便是用這種方法籌款資助災民的。關於光緒年間有組織的慈善工作，以及1860年代的賑災工作，見李文海，〈晚清義賑的興起與發展〉，頁27-35。

117 寄雲山人（余治），〈江北勸捐啟〉，《江南鐵淚圖》，頁45a。這篇文章也收於余治，《尊小學齋文集》，卷4，頁14a-16a。

118 寄雲山人（余治），〈江北勸捐啟〉，《江南鐵淚圖》，頁46a-47a。

119 寄雲山人（余治），〈江北勸捐啟〉，《江南鐵淚圖》，頁45b-46a。同樣的一套果報說詞也出現在1876年至1879年丁戊華北奇荒的勸捐小冊子中。例如鄭觀應1878年出版的〈富貴源頭〉，轉引自游子安，《勸化金箴》，頁103-104。鄭觀應的另一本小冊子〈成仙捷徑〉提出，慷慨捐贈可以保證獲得上天的護祐與榮寵。

120 寄雲山人（余治），《江南鐵淚圖》，頁1a。這段話解釋了該書貌似挑戰權威的標題。

121 見Mair, "Language and Ideology," p. 330對《聖諭廣訓圖解》的討論。可與之比較的是余治的蒙學作品之一，寄雲山人（余治），《女二十四孝圖說》（武進：雙白燕堂重刊，重印本，1872）。余治在該書中採用了《江南鐵淚圖》一樣的筆名，而且兩本書描繪的動態場景中，暴力衝突都意在激發義舉，而且強調好人有好報。該書頁7a的例子尤佳。

122 Roger Des Forges, *Cultural Centrality and Political Change in Chinese History* (Stanford: Stanford University Press, 2003), p. 35-55，及Timothy Brook, "Pictures for an Emperor: Yang Dongming's Memorial on the 1594 Henan Famine"（未刊稿，經作者同意後引用）。Brook(卜正民)認為，皇帝和宮廷女眷為這些充滿張力的圖像所動，並慷慨解囊。此外，五品以上的官員都被要求捐出他們的俸餉。方志稱楊東明及其作品救人於饑饉有功（頁19）。楊東明積極地參與慈善組織，並為一個善會撰寫了章程。見夫馬進，《中国善会善堂史研究》，頁820。楊東明和慈善組織活動之間的這種關係，似乎顯示了某種視覺文化的存在——這種視覺文化與慈善組織的賑災活動有關，是用來激勵人捐款的。關於楊東明的更多情況，見Joanna Handlin Smith, *Action in Late Ming Thought: The Reorientation of Lü K'un and Other Scholar-officials*, chap. 3。

123 Brook, "Pictures for an Emperor," p. 3, 27。

124 例見Edgerton-Tarpley, *Tears from Iron*, p. 133。Brook, "Pictures for an Emperor," p. 14, 17。

125 寄雲山人（余治），《江南鐵淚圖》，頁1a。

方面與污染字紙可以形成類比。就像觀、演淫戲或在骯髒腐敗的環境中寫字一般，會讓上天震怒並降下天譴。

96 佚名（余治），《潘公免災寶卷》，頁301-302。

97 佚名（余治），《潘公免災寶卷》，頁302-303。準時繳稅似乎也被視為是遵從王道的表現（頁251）。

98 佚名（余治），《潘公免災寶卷》，頁306-308。

99 佚名（余治），《潘公免災寶卷》，頁241-243。

100 佚名（余治），《潘公免災寶卷》，頁249-251。

101 佚名（余治），《潘公免災寶卷》，頁252。

102 佚名（余治），《潘公免災寶卷》，頁249。除了那些「早完國課報皇恩」者外，成功逃過一劫的還有那些遵行孝道、潔身自好之人（頁249-251）。

103 在商業用紙上以圖像取代文字是惜字紙做法之一；見余治，《得一錄》，卷12，〈惜字會〉，頁16a-20b。

104 這個置入性行銷極端案例的詳情見佚名（余治），《潘公免災寶卷》，頁254。

105 佚名（余治），《潘公免災寶卷》，頁266。

106 此句引自余治〈題江南鐵淚圖〉，《尊小學齋文集》，卷1，頁1a兩首詩之一。他在這兩首詩中評論了景色的易逝去、以及自己作為難民的經驗。詩中也提到他位籌措經費協助難民所做的努力。

107 吳師澄，《余孝惠先生年譜》，頁12a。

108 該文請見余治，〈解散賊黨說〉，《尊小學齋文集》，卷1，頁20a-21a。關於余治在軍官中和營區分發這篇文章的評論，見吳師澄，《余孝惠先生年譜》，頁12a-12b。

109 余治，〈解散賊黨說〉，《尊小學齋文集》，文集一，頁20a。

110 余治，〈解散賊黨說〉，《尊小學齋文集》，文集一，頁20b-21a。通過「分玉石」來避免「玉石俱焚」的說法，和十九世紀中葉的扶乩團體有關。見Clart, "Confucius and the Mediums," p.11。

111 吳師澄，《余孝惠先生年譜》，頁12b。站在清廷一方的人和他們那些被俘或自願站在太平軍一方的親朋能有多大程度的接觸，還需要更進一步的研究。舉例來說，James Polachek認為馮桂芬媳婦的父親是藉著販賣物資給太平軍而發財的。James Polachek, "Gentry Hegemony: Soochow in the T' ung-chih Restoration," in *Conflict and Control in Late Imperial China*, ed. Frederic Wakeman, Jr., and Carolyn Grant (Berkeley: University of California Press, 1975), p. 246。

112 吳師澄，《余孝惠先生年譜》，頁12b。「俠」字作「盜匪」解，見Bernhardt, *Rents, Taxes, and Peasant Resistance*, p. 88-89。

113 余治，〈石莊粥局同善錄序〉，《尊小學齋文集》，卷2，頁10a。

把寶卷拿來當做護身符用的相關研究，可見Overmyer, "Values in Chinese Sectarian Literature," p. 276 描寫過如何把寶卷當作護身符使用。

84 見佚名（余治），《潘公免災寶卷》，頁187。

85 實例見佚名（余治），《潘公免災寶卷》，頁215-216。寶卷最後一句話邀請聽眾回來「再聽續卷補宣」，好學習那些有關果報的「稀奇古怪之事」（頁308）。

86 佚名（余治），《潘公免災寶卷》，頁185。那些願意立誓遵從潘公好話的人們，名字會被記在「七級浮屠」上。在集體性慈善或宗教活動中，常常記下參與者的姓名（頁185-186）。實例可見余治，《得一錄》，卷2，〈蘇城遵辦保嬰會啟〉，頁44b。這一卷不再分節，且頁碼是連續的，標為某卷：某頁。「好話」一詞通常出現在寶卷中，歐大年認為這個詞跟「布道宣講」的意思差不多。見Daniel L. Overmyer, *Folk Buddhist Religion: Dissenting Sects in Late Imperial China* (Cambridge, Mass.: Harvard East Asia Series, 1976), p. 184.

87 佚名（余治），《潘公免災寶卷》，頁175。

88 佚名（余治），《潘公免災寶卷》，頁174。

89 佚名（余治），《潘公免災寶卷》，頁175-176。頁179-180勾勒了行善的種種具體方法，例如施粥、協葬、施醫藥、濟孤貧、救助饑荒、銷燬淫書、惜字等等。

90 佚名（余治），《潘公免災寶卷》，頁180, 190-200。

91 Yuji Muramatsu（村松祐次）, "A Documentary Study of Chinese Landlordism in Late Ch' ing and Early Republican Kiangnan," Bulletin of Oriental and African Studies, 29:3 (1966), p. 568。村松認為，就像潘公一樣，馮桂芬也擁有並運營著自己的收租處（頁583）。

92 佚名（余治），《潘公免災寶卷》，頁272-273（273-277頁又以韻文重述了一次）。馮桂芬，〈功甫潘先生墓誌銘〉，頁697-698也出現了類似的善舉單。

93 佚名（余治），《潘公免災寶卷》，頁277-279。1810年西北某縣同知馬允剛在文廟、武廟和文昌祠的落成典禮上發表的演說也採用了類似有關德行、責任和臣民身分的說辭。見《定遠廳志》，卷26，頁6a-6b。轉引自Daniel McMahon, "Southern Shaanxi Officials in Early Nineteenth-Century China," *T'oung Pao*, v. 95.4-5 (2009), p. 120-166。就像McMahon指出的那樣，這十九世紀初同知的演說「勾勒出了作為帝國臣民的基本守則」，其中包括服從朝廷政令、遵守朝廷法律，並接受官方所認可的信仰。就像在《潘公免災寶卷》裡那樣，文中父老都很贊同這位同知的說法。McMahon認為這場演說以及他文章中描寫過的其他統治手法，與邊陲地方的精英之間有著密切的關係，他也指出這些手法其實也預示了未來同治朝的典型策略。

94 佚名（余治），《潘公免災寶卷》，頁279-280。

95 佚名（余治），《潘公免災寶卷》，頁281-291。浪費本可用來維生的穀物，在有些

73 余治，〈庶幾堂今樂題詞〉，《尊小學齋詩餘》頁2a、1a。

74 余治，〈庶幾堂今樂題詞〉，《尊小學齋詩餘》頁2a。

75 余治為《潘公免災寶卷》作序並署名。賴進興基於對這部寶卷的語言及內容的細緻分析，極具說服力地指出該寶卷應為余治所著。見賴進興，〈晚清江南士紳的慈善事業及其教化理念——以余治（1809-1874）為中心〉（臺南：國立成功大學歷史研究所碩士論文，2005），頁124。

76 Daniel L. Overmyer, *Precious Volumes: An Introduction to Chinese Sectarian Scriptures from the Sixteenth and Seventeenth Centuries*, Harvard-Yenching Institute monograph series (Cambridge, Mass.: Harvard University Asia Center, 1999), p. 4。「寶卷」一詞可以被用於指代佛教、道教及民間宗教文本及道德訓誡。歐大年（Overmyer）指出，到十九世紀，書寫個人經驗的寶卷變得更為普遍。這個新的寶卷亞類似乎不再那麼關注單一的宗教傳統。它帶有強烈的娛樂和勸戒性質，而它們的商業出版說明了這一點。見Danrel L. Overmyer, Values in Chinese Sectarian Literature," in *Popular Culture in Late Imperial China*, ed. David Johnson, Andrew J. Nathan, and Evelyn S. Rawsky (Berkeley: University of California Press, 19S5), p. 220。

77 潘曾沂的同鄉晚輩記載了他的生死事蹟——見馮桂芬，〈功甫潘先生墓志銘〉，收於閔爾昌，《碑傳集補》，收於周駿富編，《清代傳記叢刊》，120冊（臺北：明文書局，1985），頁695-702。關於潘曾沂1827年建立的慈善組織，見余新忠，〈清中後期鄉紳的社會救濟——蘇州豐豫義莊研究〉，《南開學報社哲版》，3（天津，1997），頁62-70。

78 潘公的頭銜見佚名（余治），《潘公免災寶卷》，頁252。關於十殿閻羅中的泰山王如何決定死者的來生，見Stephen F. Teiser, *The Ghost Festival in Medieval China*, new ed. (Princeton: Princeton University Press, 1996), pp. 169-172。

79 Kleeman, *A God's Own Tale*, p. 44, 56。

80 見佚名（余治），《潘公免災寶卷》，頁168，〈劫海慈航圖〉。在該寶卷的序中，余治寫道：「自公去，而蘇垣士女如失慈母，相與泣下，沾襟者無量數。」他接著指出，所有人都相信潘公是菩薩轉世（頁166）。關於潘公與觀音的其他關係以及他對災難的預感，見頁172-173, 268-269。

81 馮桂芬，〈功甫潘先生墓志銘〉，頁696-697。

82 張詠維，〈太平天國後的蘇州〉（嘉義：中正大學歷史學系碩士論文，2007），頁117-128。

83 佚名（余治），《潘公免災寶卷》，頁167。在該文的末卷之後附有一份真實的贊助者名單。其中山西某善堂認購了165份該寶卷，某位常州男子為了紀念父親認購了三十份，另一位常州男子則因為得脫大難，出於感激而認購了五十份。（頁308）

該地在1726年已脫離了無錫縣。這兩個縣共享同一個縣城，但有各自獨立的行政機構。

62 寄雲山人（余治），〈劫海迴瀾啟〉，頁2a。這段敘述僅見於《江南鐵淚圖》的附文。

63 寄雲山人（余治），〈劫海迴瀾啟〉，頁1a。這來自於文中評點。

64 余治反覆回到「惜穀」和「惜字」的問題上。在一份道光時期蘇州地區的惜字會條程中，余治鼓勵地方組織要惜字，要向官府舉報茶館中那些墮胎、春藥和非法表演的廣告。余治，《得一錄》（廣州：愛育堂，1871），卷12，〈惜字會〉，頁8b-9a。梁其姿，《施善與教化》，頁144。

65 寄雲山人（余治），〈劫海迴瀾啟〉，頁2b。

66 在他1858年的〈劫海迴瀾續啟〉中，余治再次談到這個問題。該文主張眼下的危機是因為上天震怒於人類行為不端。他寫道：「天心好生，一命之微，尚關眷注。乃至於今百萬生靈咸遭塗炭，顧漠然無所動者，知天心之震怒至是為已極也。然愈回劫運，必先回天怒。」接著他描寫了家園被毀、白骨遍野、俘虜和難民妻離子散的慘狀。（頁5a）他告誡人們要惜穀、惜字，因為這是改造陋習、「治癒」當今惡疾以平息上天憤怒的第一步。（頁5b-6a）這系列文章的第三篇寫於1864年，題為〈劫海迴瀾再續啟〉，文中主張每個人都該對自己的命運負責。人不應說「人心不好」，而應說「我心不好」，因為轉化與救贖只有通過個人自省、個人修身才能成功。

67 寄雲山人（余治），〈劫海迴瀾啟〉，頁2a-2b。

68 寄雲山人（余治），〈劫海迴瀾啟〉，頁2a。

69 寄雲山人（余治），〈劫海迴瀾啟〉，頁1b。余治文中引用的《蜀難錄》似乎是描述張獻忠恐怖統治的一份十七世紀作品。該作品沒有出現在司徒琳（Lynn Struve）的權威之作*The Ming-Qing Conflict*中。另一份有關這些事件的記載是彭遵泗的〈蜀碧〉。在這個記載中，張獻忠因為文昌託夢而放過了梓潼。見Kleeman, *A God's Own Tale*, p. 80。後來梓潼一個崇拜文昌的異端教派還把張獻忠被當作該文章的化身或是親屬來膜拜。這就讓當地社群的道德性質顯得很不尋常，特別是在他們和朝廷的關係上。關於梓潼作為文昌信仰發源地的討論，見梁其姿，《施善與教化》，頁133；以及Kleeman, *A God's Own Tale*, p. 1-7。

70 余治在其他地方重印了這些不花錢也能累積功德的方法——見余治，《得一錄》，卷16，〈不費錢功德〉，頁1a-5b。

71 余治，〈劫海迴瀾啟〉，頁3b-4a。亦見〈劫海迴瀾續啟〉，頁5a。這兩篇文章都作為附文收於寄雲山人（余治），《江南鐵淚圖》；亦收於余治，《尊小學齋文集》。

72 余治，〈庶幾堂今樂題詞〉，《尊小學齋詩餘》（蘇州：古吳得見齋，1883），頁1b。這是余治道德修正戲劇集中的題詞——這些戲劇是作來重振正統價值觀的。

48 余治，〈鄉約為救時急務說〉，《尊小學齋文集》，卷1，頁22a。
49 余治，〈鄉約為救時急務說〉，《尊小學齋文集》，卷1，頁23b。
50 余治，〈鄉約為救時急務說〉，《尊小學齋文集》，卷1，頁22a。席文（Nathan Sivin）是這樣定義這些詞彙的：邪氣（heteropathic qi）必須被驅除或排斥在外，它會「侵擾正常秩序，帶來失序與失能」；而正氣（orthopathic qi）「維持並更新那些構成身體正常運作的有規律、有序的變化」。關於十九世紀上半葉「氣」的主要狀態與國家道德狀況之間的各種變化關係，可見Wooldridge, "Transformations of Ritual and the State," pp. 85-95。關於人們對太平天國佔領南京的前夕「氣」與國家道德狀況的看法，可見Wooldridge, "Transformations of Ritual and the State," pp. 131-136。
51 余治，〈鄉約為救時急務說〉，《尊小學齋文集》，卷1，頁22a。
52 余治，〈鄉約為救時急務說〉，《尊小學齋文集》，卷1，頁22b-23a。
53 余治，〈鄉約為救時急務說〉，《尊小學齋文集》，卷1，頁23a-23b。
54 Joseph Edkins, "Narrative of a Visit to Nanking," in *Chinese Scenes and People* by Jane Rowbotham Edkins (London, J. Nisbet, 1863), p. 256。
55 「為王朝而死」的平民形象受到官方大力推崇，特別是關乎忠義榮耀的情況。當然，在大多數案例中，我們無法得知那些人是否真的認為他們是為王朝犧牲的。
56 觀音菩薩的形象常常與船相聯繫：是她派船去末日劫海中去拯救好人。文章標題指涉每個「劫」（佛教表示時間長度的術語）的終結會發生大災，同時暗示好人會得到救贖。這和《潘公免災寶卷》的主題相互呼應。佚名（余治），《潘公免災寶卷》，收於張希舜編，《寶卷初集》，23（太原：山西人民出版社，1994）。
57 寄雲山人（余治），〈劫海迴瀾啟〉，頁1a，收於寄雲山人（余治）著，《江南鐵淚圖》（蘇州：元妙觀瑪瑙經房，出版年份不詳）。這個說法在文章結尾處又被重複了一次（頁4b）。這篇文章的另外一個版本名為〈劫海迴瀾說上〉，收錄在余治，《尊小學齋文集》，文集一，頁7a-10b。這個版本沒有〈劫海迴瀾啟〉中出現的眉批、行間批及句讀。顯然這篇文章在收進這本個人文集之前已經被「清潔」過了，這把余治的形象提升為一位有身分的文士。形成反差的是，附在《江南鐵淚圖》後的〈劫海迴瀾啟〉則代表了余治讓人反思戰爭的作品。見俞樾，《春在堂隨筆》（南京：江蘇人民出版社，1984），頁2b。
58 寄雲山人（余治），〈劫海迴瀾啟〉，頁1a。
59 對「喚醒睡者」作為中國在二十世紀政治困局的隱喻的討論，見John Fitzgerald, *Awakening China: Politics, Culture and Class in the Nationalist Revolution* (Stanford: Stanford University Press, 1996)。
60 寄雲山人（余治），〈劫海迴瀾啟〉，頁1a。
61 寄雲山人（余治），〈劫海迴瀾啟〉，頁1a。確切來說，余治的家鄉是金匱縣的浮舟，

「對抗廣闊帝國各種道德、文化、語言習慣的教化」工具的觀點，見Alexander Woodside, "Some Mid-Qing Theorists of Popular Schools: Their Innovations, Inhibitions, and Atutudes Toward the Poor," *Modern China*, 9:1 (January 1983), p. 18。他對村裡宣講的功能也持同樣看法。

38 吳師澄，《余孝惠先生年譜》，頁7a-7b。關於余治反對溺殺女嬰之觀點的全球語境，見Michell Tien King的"Drowning Daughters"一文，特別是第三章。

39 關於「儒家意識型態的上演」以及儒家是如何與有組織的各種民間宗教傳統融為一體的，見Qitao Guo, *Ritual Opera and Mercantile Lineage: The Confucian Transformation of Popular Culture in Late Imperial Huizhou* (Stanford: Stanford University Press, 2005), p.5。

40 蕭公權強調說，這種把鄉約視作促使人們注重德行並遵紀守法的公開宣講，是清代的創舉。見蕭公權，*Rural China: Imperial Control in the Nineteenth Century* (Seattle: University of Washington Press, 1960), p.255。編註：此書已有中譯，見蕭公權，《中國鄉村：論19世紀的帝國控制》（臺北：聯經，2014）。

41 Mair, "Language and Ideology," p. 330, 351。到1750年代，宣講因採用了口語和方言，變得更生動了。

42 Mair, "Language and Ideology," pp. 325-326。《聖諭廣訓》由十六條對仗工整的七言句子所組成，是用來激勵人們進行道德轉化的。

43 有作者稱同治朝是「《聖諭廣訓》熱達到高點」的朝代。他認為戰爭以及引發太平天國的異端邪說，強化了人們對《聖諭廣訓》和鄉約的興趣，並把它們當作道德轉化以及——在理想情況下——政治控制的工具。見張瑞泉，〈略論清代的鄉村教化〉，《史學集刊》，3（吉林，1994），頁27。

44 余治，〈江陰沙洲靖盜記〉，《尊小學齋文集》（蘇州：古吳得見齋，1883），卷6，頁3a-5a；余治，〈鄉約為救時急務說〉，《尊小學齋文集》，卷1，22a-23b。

45 這兩人彼此熟識。見余治，〈江陰沙洲靖盜記〉，《尊小學齋文集》，卷6，頁3a-5a。鄭經的傳記可見劉聲木編，〈桐城文學淵源考〉，收於周駿富編，《清代傳記叢刊》，17（臺北：明文書局，1985），頁634-635。這篇傳記寫道，鄭經有太常寺博士銜，也是很多書院的講席。他的著作在太平天國戰亂中幾乎全被被燬。

46 鄭經寫道，「善舉」在「庚申之變」後（也就是在太平天國的治下）中止。他評論道，「幸盛天子丕震武功、重開文治，各大吏嚴飭府州縣宣講鄉約，將見士品日端、人心日正。」他還指出，很多鄉約的刊版材料已經在戰爭中毀失，並陳言之前的宣講者們希望能通過刊印鄉約來重啟鄉約制度，以報答王朝恩典。見鄭經，〈現行鄉約錄〉，收於盧思成等編，《光緒江陰縣志》（1878），卷5，頁33b-34a。

47 吳師澄，《余孝惠先生年譜》，頁11a-b。

University of California Press, 2010), p. 81.

27 游子安，《善與人同》，頁71-73。亦見酒井忠夫，《增補中国善書の研究》(東京：国書刊行会，1999)，頁116。

28 關於醫書與製造善功間的關係，見Yi-Li Wu, *Reproducing Women*, pp.78-79.

29 梁其姿，《施善與教化》，頁132-134。Michelle Tien King, "Drowning Daughters," pp. 81-88提供了一個十八世紀的案例來說明文昌、善書、扶鸞與反殺嬰之間的關聯。

30 Terry F. Kleeman, *A God's Own Tale: The Book of Transformations of Wenchang, the Divine Lord of Zitong* (Albany: SUNY Press, 1994), xi。

31 關於利用扶鸞製作宗教文本情況的日益增加，見Daniel L. Overmyer, "Values in Chinese Sectarian Literature: Ming and Ch' ing Paochüan," in *Popular Culture in Late Imperial China*, ed. David Johnson, Andrew J. Nathan, and Evelyn S. Rawski (Berkeley: University of California Press, 1985), p. 221。扶鸞雖然犯法，卻在清朝流傳甚廣。關於這種矛盾，參見Goossaert, "Managing Chinese Religious Pluralism," p. 26，以及Richard J. Smith, *Fortune-Tellers and Philosophers: Divination in Traditional Chinese Society* (Boulder: Westview Press, 1991), pp. 221-222, 225-226。在該書的228頁，關於曾國藩1858年扶鸞問事一事，見Smith，頁227。關於扶鸞與善書，見游子安，《善與人同》，頁3。關於有一名官員參與的一次扶鸞活動，見Yi-Li Wu, *Reproducing Women*, p. 78。

32 梁其姿，〈清代的惜字會〉，《新史學》，5・2(臺北：1994年6月)，頁110-111；Kleeman, *A God's Own Tale*, p. 80。

33 吳師澄，《余孝惠先生年譜》，頁3b；梁其姿，《施善與教化》，頁132。沈艾娣(Henrietta Harrison)簡略提到，二十世紀初一位有過功名的日記作者劉大鵬也做過類似的事。見Harrison, *A Man Awakened from Dreams: One Man's Life in a North China Village, 1857-1942* (Stanford: Stanford University Press, 2005), p. 13。

34 澤田瑞穗提出，在十九世紀，宗教信仰對慈善活動的影響日益增加，而且這一過程在太平天國戰爭剛結束的時候加速了。見澤田瑞穗，《中国の庶民文芸》，頁329。

35 實例可見胡潛甫，〈鳳鶴實錄〉，收於中國史學會編，《中國近代史資料叢刊・太平天國》，第五冊，頁16。這場演說發生在1853年的安徽桐城縣，它要求聽眾捐款資助團練來彌補過失：「某也蓄髮有負國恩，某之族人為著名賊首，某以士林充偽職，某擁資供賊需。欲自彌縫，勿吝捐納！」

36 吳師澄，《余孝惠先生年譜》，頁11a。

37 在這方面余治也代表著當時的一種更廣的傾向。關於這種認為學校可以成為然有受到余治及其惜字會同僚的影響。見丁日昌，《撫吳公牘》(1909)，卷7，南洋官書局石印版。有份碑文記載了1871年某南京慈善團體企圖禁絕淫畫、淫物及淫文——見張蕾，〈清同光年間江寧府城隍廟告示碑考釋〉，收於中國社會科學院與蘇州大學社會學院編，《晚清國家與社會》(北京：社會科學文獻，2007)，頁172-173。關於丁日昌及其政策，見Jonathan K. Ocko, *Bureaucratic Reform in Provincial China: Ting Jih-Ch'ang in Restoration Kiangsu*, 1867-1870 (Cambridge, Mass.: Harvard East Asian Monographs, 1982)

19 梁其姿，《施善與教化》，頁140-141。

20 梁其姿，《施善與教化》，頁135-139。

21 梁其姿，《施善與教化》，頁139。關於這些慈善組織是如何擴散到江南以外，以及對中國與日本史學著作的有用回顧，見李季樺，〈十九世紀台湾における惜字慣習の形成〉，《中国：社會と文化》，25(東京，2010年7月)，頁144-159。李季樺認為，在位處帝國邊緣的臺灣，文昌信仰對惜字活動的推廣不那麼重要，反而是在推動道德制約的新結構上，起了更大的作用。

22 關於太平天國成員文盲情況的中外記載，見Withers, 'The Heavenly Capital," pp. 81-82。

23 游子安，《善與人同：明清以來的慈善與教化》(北京：中華書局，2005)，頁3。扶乩直到二十世紀都還在慈善事業中扮演著很重要的角色。例如，上海的買辦兼慈善家王一亭(王震，1867-1938)便用扶鸞得到的文章來鼓勵人們捐贈，以用於疫病防治以及社會福利。見康豹，"It is Difficult to be Indifferent to One' s Roots: Taizhou Sojourners and Flood Relief during the 1920s," p. 28.

24 Vincent Goossaert, "The Shifting Balance of Power in the City God Temples, 1800-1937"(未刊稿，經作者同意後引用), p. 17; 以及夫馬進，《中国善会善堂史研究》(京都：同朋社，1997)，頁822-825。

25 關於「善後」一詞的意思，特別是戰後南京地區的善後處理，見W. Charles Wooldridge, "Transformations of Ritual and the State in Nineteenth- century Nanjing" (Ph.D. diss., Princeton University, 2007), pp. 200-204。亦見同一位作者的 "Building and State Building in Nanjing After the Taiping Rebellion," *Late Imperial China*, 30.2 (2009), p. 87.

26 在中文(或日文)中，這些詞彙都含有個「善」字。翻譯成其他語言後，這一點就顯現不出了。見澤田瑞穗，《中国の庶民文芸》，頁329。有些人把「善書」譯為「morality books」，但是考量到書籍種類的多樣性，以及它們製造善功的功能，把這類稱為「meritorious books」應該更合適。吳一立在她書中便是如此處理的——見Yi-Li Wu, *Reproducing Women: Medicine, Metaphor, and Childbirth* (Berkeley:

動，亦可見Kathryn Edgerton-Tarpley, *Tears from Iron: Cultural Responses to Famine in Nineteenth-Century China* (Berkeley: University of California Press, 2008), pp. 134-135，以及李文海，〈晚清義賑的興起與發展〉，《清史研究》，3（北京，1993），頁27-35。

10 在十九世紀，聖訓日漸被視為對付異端邪說的靈藥。見Mair, "Language and Ideology in the Written Popularizations of the Sacred Edict," p. 344, 351。

11 葉裕仁，〈余孝惠先生年譜跋〉，收於吳師澄編，《余孝惠先生年譜》（1875），頁1a-1b。編註：余孝惠即余治，余治死後，其門人私奉其謚號為「孝惠」。

12 另一部用因果報應、正統異端、救贖天譴來架構近來、稍早以及更早歷史事件的出版品，見徐嘉，《劫海洄瀾錄》（湖南寶慶縣，1869）。

13 過往對於晚清慈善活動的研究，往往傾向於強調慈善行為理性、現代化的層面。近年來，康豹等學者已經開始強調宗教（特別是佛教）作為慈善動機所扮演的角色。康豹評論說，對西方慈善活動的研究也存在相似的偏見，這些研究常常過分強調「資本主義的興起」以及「用科學的方法研究慈善」。見康豹（Paul R. Katz），"It is Difficult to be Indifferent to One' s Roots: Taizhou Sojourners and Flood Relief during the 1920s，"《中央研究院近代史研究所集刊》，54（臺北，2006年12月），頁37。對於晚清慈善事業較早期的研究，亦見康豹該文頁5-11。張倩雯（Rebecca Nedostup）對民國宗教的研究也指出，當時有組織的慈善活動與救贖團體之間有著非常密切的連結，見Nedostup, Superstitious Regimes: Religion and the Politics of Chinese Modernity (Cambridge, Mass.: Harvard University Asia Center, 2010)；例子見頁31, 57-63。

14 這幾方面中的每一個都被認定為十九世紀中葉精英與國家間角力的典型標誌。關於促進士紳利益與官僚系統間的關係，可見Wakeman and Grant, *Conflict and Control*。關於地方社會的軍事化，可見Philip A. Kuhn, *Rebellion and Its Enemies in Late Imperial China: Militarization and Social Structure, 1796-1864*, Harvard East Asian series 49 (Cambridge, Mass.: Harvard University Press, 1970)。關於民間社會對於租稅的反應，可見Bernhardt的文章。

15 腳底被認為天生污穢。

16 梁其姿，《施善與教化》（臺北：聯經，1997），頁139。

17 梁其姿，《施善與教化》，頁143-144。亦見余治，《得一錄》（廣州：愛育堂，1871），卷12，〈惜字會〉，頁8b-9a。該書的頁數標記方式很複雜，先是分成數卷，每卷中又分成好幾部分，每部份都有自己的頁碼順序。這裡參考的是第十二卷的第一部分，頁8b-9a。

18 有時候這些努力會引來官方的協助，像是戰後巡撫丁日昌頒布的某項禁令，便顯可以作為國家代理人——或是造反者的代理人（p. xiii）。張仲禮在他開創性的研究中也有近似的論點，見Chang Chung-li, *The Chinese Gentry: Studies on Their Role in Nineteenth-century Chinese Society* (Seattle: University of Washington Press, 1955), p. 70。這種矛盾或許能解釋戰後社群何以堅持（甚至是狂熱地）重申自身對大清的忠誠。張仲禮還提到，清政府財政的窘迫部分是太平天國造成的，這導致「非正途」士紳大量出現。由於清廷日益把售賣功名和官位作為籌款之途，這些人為自己買到了功名（頁140）。關於無錫金匱地區慈善家（他們大多數是低階或有志於功名的精英）的政治和社會傾向，參見高橋孝助，〈居鄉の'善士'と在地地主層—江蘇無錫金匱に在りて〉，《近きに在りて》，2，1982，頁3-14。余治是高橋的主要案例之一，高橋文中的其餘分析主要依靠十九世紀末方志中慈善家列傳。

7　在他為余治所作的墓誌銘中，俞樾引用李鴻章說李早就知道余治是江蘇有名的慈善家。關於這個例子以及其他知名時人及同僚對余治的評價，見賴進興，〈晚清江南士紳的慈善事業及其教化理念——以余治（1809-1876）為中心〉（臺南：國立成功大學歷史學系碩士論文，2005），頁18-25。Michelle Tien King, "Drowning Daughters: A Cultural History of Female Infanticide in Late Nineteenth-Century China," Ph.D. diss., University of California, Berkeley, 2007, 尤其是頁130-134, 143-147，討論了余治著作裡有關溺嬰的文字與圖像是如何在國際間（未具名地）流傳的；第四章討論了余治對抗江南的溺嬰風氣採取的直接行動。游子安認為余治是十九世紀中葉地方善人的典型——見游子安，《勸化金箴》，頁99。游介紹了余治及其作品時，特別聚焦與余治的《得一錄》，將其視為一本善書——見頁99-112。

8　嚴辰，轉引自游子安，《勸化金箴》，頁101。在他有關聖訓的文章中，梅維恆（Victor Mair）討論了試圖「有意努力影響大眾文化」的文人。見Mair, "Language and Ideology in the Written Popularizations of the Sacred Edict," in *Popular Culture in Late Imperial China*, ed. David G. Johnson Evelyn Sakakida Rawski, and Andrew J. Nathan (Berkeley: University of California Press, 1985), p. 356。而我認為這些文人自己都已經與他們想要改變的大眾文化密不可分了。

9　對中國精英宗教生活的研究成果正在湧現。部分例子包括：康豹（Paul Katz）對於王一亭的研究——見康豹，〈一個著名上海商人與慈善家的宗教生活：王一亭〉，收於巫仁恕、康豹、林美莉主編，《從城市看中國的現代性》（臺北：中央研究院近代史研究所，2010），頁275-296。范純武對晚清著名的現代化倡導者、自強論者及慈善家鄭觀應有著精彩的研究，為我們提供了出色典範。鄭觀應是與余治關係緊密的合作者，他為余治的教化劇集子做序，同時也是余治文集的編者之一。見范純武，〈飛鸞、修真與辦善：鄭觀應與上海的宗教世界〉，收於巫仁恕、康豹、林美莉主編，《從城市看中國的現代性》，頁247-274。關於鄭觀應的慈善活

2 在戰爭時期，人們通過乩版向城隍尋求避災指引。Vincent Goossaert, "Managing Chinese Religious Pluralism in the Nineteenth-Century City God Temples"（未刊稿，經作者同意後引用），頁26。實例可見鮑漣等纂，《高淳城隍廟志》，收於張智、張健編，《中國道觀志叢刊續編》14（揚州：廣陵書社，2004，影印清光緒戊子年聚珍板本），頁227。這種用扶乩來與神祇溝通的做法至少可以上溯到南宋，絕非是此時才開始的。然而，在十九世紀中葉，人們對善書與慈善社團日益熱衷；在這種背景下，扶乩的做法更別具意義。這些做法一直持續到戰後。十九世紀末，廣州某慈善組織宣稱他們通過扶乩獲知疫病將要發生，並與賞罰報應有關，且乩靈本身還獲得了官職。見Carol Benedict, *Bubonic Plague in Nineteenth-Century China*, Stanford University Press, 1996, p. 113。

3 Goossaert, "Managing Chinese Religious Pluralism," 頁6，引自崑岡、徐桐編，《清會典事例》（北京：中華書局，1991），頁269-29, 444。

4 Philip Clart, "Confucius and the Mediums: Is There a 'Popular Confucianism' ?" *T'oung Pao* 89.1-3 Second Series (2003): 36。Clart（柯若樸）認為這種結合了道教教派結構和慈善組織社會改造實踐而成的新宗教道德主義（religiously inspired moralism），起源於十九世紀中葉。這些慈善團體融合了扶乩的做法、社會行動主義，以及受到這時期政治文化危機刺激而生的千禧信仰。見Clart, "Confucius and the Mediums," pp.10-11。柯若樸描述道，這些團體舉行扶鸞、散布善書、並宣講《聖諭廣訓》。和他們一樣，太平天國也嚴厲批評相類似的不道德之舉，並禁掉了酒精飲料、賣淫、煙草、淫書等。見王慶成，《太平天國的文獻和歷史：海外新文獻刊布和文獻史事研究》（北京：社會科學文獻，1993），頁15。

5 其他一些學者已提出過這種說法。游子安認為1850至1870年代間推廣正統價值觀的出版品，正是對於太平天國異端的直接回應。游子安，《勸化金箴：清代善書研究》（天津：天津人民出版社，1999），頁119-120。澤田瑞穗在一篇研究余治教化戲的書章裡，也提出類似看法：在十九世紀中到晚期，大眾宗教興起；在這一時期的道德與慈善活動中，宗教的成分變得非常顯著。見澤田瑞穗，《中国の庶民文芸—歌謠・說唱・演劇》（東京：東方書店，1986），頁329。Holmes Welch（尉遲酣）認為佛教在太平天國戰爭後的復興，是對戰時江南發生的暴行與破壞的直接反應，同時也代表了彌補戰爭中毀去、佚失的書籍文字並積累陰德的欲望。見Welch, *The Buddhist Revival in China* (Cambridge, Mass.: Harvard University Press, 1968), p. 20, 250, 259。

6 在*Conflict and Control in Late Imperial China* (Berkeley: University of California Press, 1975) 一書的前言中，魏斐德（Frederic Wakeman, Jr.）和Carolyn Grant提到了低階士紳的難以駕馭：他們認為生員（或者還包括有志於做官或沒能成功的有功名者）

of Washington Press, 1994), 尤其是頁70-75；Paul Cohen, *Discovering History in China: American Historical Writing on the Recent Chinese Past* (New York: Columbia University Press, 1984).

48 Spence, *God's Chinese Son.*

49 這和James Cole對紹興團練的研究所得出的結論相符；見James Cole, *The People Versus the Taiping: Bao Lisheng's Righteous Army of Dong'an* (Berkeley: China Research Monographs, 1981), p. xii. 亦見Withers, "Heavenly Capital"; 以及Brown, "Rebels, Rent, and Tao Xu," Zheng, "Loyalty, Anxiety, and Opportunism"; 和W. Charles Wooldridge, "Building and State Building in Nanjing After the Taiping Rebellion," *Late Imperial China* 30.2 (December 2009): pp. 84-126.

50 Stephen R. Platt, *Autumn in the Heavenly Kingdom: China, the West, and the Epic Story of the Taiping Civil War* (New York: Knopf, 2012), p. 235. 中譯本見史蒂芬・普拉特著，黃中憲譯，《太平天國之秋》(新北市：衛城，2013)。

51 例如Charles Taylor, "An Account by the American Methodist Episcopalian Missionary Dr. Charles Taylor," *Five Years in China* (Nashville, Tenn.: J. B. McFerrin; New York: Derby Jackson, 1860), p. 262, p. 285. 這些情況發生於太平軍佔領南京及鎮江之前。

52 富禮賜, 引於Thomas Wright Blakiston, *Five Months on the Yang-Tsze, and Notices of the Present Rebellion in China* (London: J. Murray, 1862), 7-8. Blakiston在這裡引用的應該是富禮賜發表在《華北先驅報》中的一篇文章，而非領事報告。其他來自歐洲的旅人也趁機在荒煙蔓草的城鄉間獵捕雉雞。額爾金伯爵於1858年在一度繁華的武漢三鎮核心地帶追逐雉雞的事蹟，也為Lindley Brine所引用，見Lindley Brine, *The Taeping Rebellion in China* (London, J. Murray, 1862), 222. 亦見Augustus F. Lindley, *Ti-Ping Tien-Kwoh: The History of the Ti-Ping Revolution, Including a Narrative of the Author's Personal Adventures* (London: Day & Son, 1866). Lindley廣泛介紹了英國獵手得到的這些上好狩獵機會——請見該書頁78, 112, 122。

53 Vincent Y. C. Shih注意到這些具體利益，但也認為這些外國人相對比中國人要客觀。對此我持比較懷疑的態度。見Vincent Y. C. Shih, *The Taiping Ideology*, p. 401.

第二章　文字

1 太平天國方也採取了「名為『傳真理』的公共布道」形式。見John L. Withers, "The Heavenly Capital: Nanjing Under the Taiping, 1853-1864" (Ph.D. diss., Yale University, 1983), p.97。《聖諭廣訓》的英文版，見William Theodore de Bary and Richard Lufrano, eds., *Sources of Chinese Tradition: From 1600 Through the Twentieth Century*, 2nd ed., vol. 2 (New York: Columbia University Press, 2000), pp.71-72。

39 See Tan Sitong, *An Exposition of Benevolence: The "Jen-Hsüeh" of T'an Ssu T'ung* (Hong Kong: The Chinese University Press, 1984), pp. 167-168. 書中作者讚許太平天國領袖的勇敢，並對湘軍的濫殺與掠奪加以抨擊。他並沒有提到曾國藩的名字；但很明顯，曾國藩就是他所指控的對象。感謝史蒂芬・普拉特（Stephen R. Platt）對這一作品的提醒；亦請參見一本二十世紀早期的著作：Zou Rong, *The Revolutionary Army: A Chinese Nationalist Tract of 1903*, trans. John Lust (The Hague: Mouton, 1968), pp. 18-23，摘刊於 *The Search for Modern China: A Documentary Collection*, ed. Pei-kai Cheng and Michael Lestz (New York: Norton, 1999), p. 200.

40 Yingjie Guo and Baogang He, "Reimagining the Chinese Nation: The 'Zeng Guofan Phenomenon'," *Modern China* 25.2 (April 1999): pp. 142-170.

41 例如史君與方之光2011年在《探索與爭鳴》上的爭論。方之光代表了1949以後的主流觀點，即太平天國成員是進步的、反封建的革命者。史君的論點則相反：太平天國不進步、不反封建、也不反帝國主義。這場論爭顯然始於兩位作者對於一篇文章有不同意見，該文攻擊了當下的正統觀點：鳳凰網，〈被拔高的太平天國運動〉，http://news.ifeng.com/history/special/taipingtianguo/（見於2011年8月19日）。史君似乎是華東政法大學人文學院楊師群教授的筆名：楊師群，新浪博客：http://blog.sina.com.cn/u/1777984845（見於2011年8月19日）。方之光，〈太平天國要對內戰造成的大災難負主要責任嗎？與鳳凰網《太平天國》編導商榷〉，《探索與爭鳴》，3（2011），頁31-33；以及史君，〈誰應對太平天國內戰造成的大災難負責——與方之光先生商榷〉，《探索與爭鳴》，5（2011），頁27-29。

42 例如Liping Wang的 "Paradise for Sale," Mary Rankin的*Elite Activism and Political Transformation in China*；以及R. Keith Schoppa的*Xiang Lake*。

43 在實際效果上，太平天國成了「中國共產黨的代名詞，它也成為檢驗一個學者對中華人民共和國態度的判斷標準」。這樣的情況從1950年代一直持續到1970年代。見Rowe, *China's Last Empire*, p. 185.

44 Michael, *The Taiping Rebellion*, vol. 1, p. 5.

45 Ono Kazuko的*Chinese Women in a Century of Revolution, 1850-1950* (trans. Joshua Fogel, Stanford: Stanford University Press, 1988）一書便是這一現象的典型例子。

46 最近有一本專書在細讀太平天國文本後，提出應將太平天國視為一場貨真價實的基督教運動。見Thomas H. Reilly, *The Taiping Heavenly Kingdom: Rebellion and the Blasphemy of Empire* (Seattle: University of Washington Press, 2004).

47 特別是Joseph Esherick, *The Origins of the Boxer Uprising* (Berkeley: University of California Press, 1987), pp. 323-327; Robert P. Weller, *Resistance, Chaos, and Control in China: Taiping Rebels, Taiwanese Ghosts, and Tiananmen* (Seattle: University

下來，並採錄忠義事蹟。幾個世紀以來，長江三角洲部分府州的稅率是全國最高的，地主們一直試圖獲得稅賦減免。戰時的破壞讓他們得以以處境艱困為由而獲得稅賦減免。見Bernhardt, *Rents, Taxes, and Peasant Resistance*, p. 138. 亦見Wang, "The Impact of the Taiping Rebellion on the Population in Southern Kiangsu," p. 134; 以及Jeremy Brown, "Rebels, Rent, and Tao Xu: Local Elite Identity and Conflict During and After the Taiping Occupation of Jiangnan, 1860-1864," *Late Imperial China* 30.2 (December 2009): p. 26.

29 關於這地區遭到的破壞，以及葉家所受到的影響，見Joseph W Esherick, *Ancestral Leaves: A Family Journey Through Chinese History* (Berkeley: University of California Press, 2011), chap. I.

30 胡有誠修，丁寶書等纂，《廣德州志》，1881，卷60，頁25a-25b。引自周武，〈太平軍戰事與江南社會變遷〉，《社會科學》，1（上海，2003年1月），頁94。

31 Franz Michael, *The Taiping Rebellion: History and Documents* (Seattle: University of Washington Press, 1966), vol. 1, p. 3.

32 關於這個問題，見Stephen R. Platt, "Introduction: War and Reconstruction in 1860s Jiangnan," *Late Imperial China* 30.2 (December 2009): p. 7.

33 Platt, "Introduction," p. 7.

34 在曼素恩（Susan Mann）對蘇南常州三代才女的研究中，她刻意用了「內戰」的說法，以凸顯這些事件對她的主人公們造成的慘烈影響。見Susan Mann, *The Talented Women of the Zhang Family* (Berkeley: University of California Press, 2007).

35 Rowe, *China's Last Empire*, p. 200.

36 關於這方面的研究，有兩篇論文作出了綜述。見夏春濤，〈二十世紀的太平天國史研究〉，《歷史研究》，2（北京，2002），頁162-180；簡又文，〈五十年來太平天國史之研究〉，收於《香港大學五十週年紀念論文集》（香港：香港大學中文系，1964），頁237-314。

37 Vincent Shih, *The Taiping Ideology: Its Sources, Interpretations, and Influence* (Seattle: University of Washington Press, 1967), p. 436ff., p. 493.

38 Stephen R. Platt, *Provincial Patriots: The Hunanese and Modern China* (Cambridge, Mass.: Harvard University Press, 2007), pp. 184-185. 編註：此書已有中譯，見史蒂芬・普拉特，《湖南人與現代中國》（新北市：衛城，2015）。四川人朱德將軍曾告訴記者史沫特萊（Agnes Smedley）說，他從小就景仰石達開。石達開是太平天國的翼王，在四川被清廷處決。見Agnes Smedley, The *Great Road: the Life and Times of Chu Te* (New York: Monthly Review Press, 1956). 關於共產黨對太平天國的認同，見Smedley, pp. 29-34.

17 關於一個家庭中兄弟倆一人為清廷做事、一人在太平軍當軍官的例子，見華翼綸，《錫金團練始末記》（手稿，上海圖書館藏，1864）。把太平天國視為兩種不同類型精英間的內戰（而非清朝與地方精英聯手對抗太平軍）的論點，見Xiaowei Zheng, "Loyalty, Anxiety, and Opportunism: Local Elite Activism During the Taiping Rebellion in Eastern Jiangnan," *Late Imperial China* 30.2 (December 2009): pp. 39-83.

18 裴大中、倪咸生等修，秦湘業等纂，《無錫金匱縣志》，1881，卷7，頁9a。實際上，這本方志是由無錫和金匱兩縣聯合出版的，他們共用一個縣城。為了簡潔起見，我只稱「無錫」；在大部分的情況下，金匱是包含在內的。

19 《無錫金匱縣志》的總編秦湘業（1822-1883）經歷過這場戰爭。方志中記載著他們家族財產的巨大損失，以及同宗男女的大量死亡。根據Kathryn Bernhardt的說法，幾乎沒有幾家富有的無錫人家得以倖存。見Kathryn Bernhardt, *Rents, Taxes, and Peasant Resistance: The Lower Yangzi Region, 1840-1950*, (Stanford: Stanford University Press), p. 133. 秦湘業似乎是其中一個家族的後裔。

20 裴大中、倪咸生等修，秦湘業等纂，《無錫金匱縣志》，1881，卷7，頁16a。該地方志較早的版本中，關於戰爭的記載被附在〈兵防〉之下。這些較近期發生的事件顯然挑戰著原本的分類邏輯，因此編者們加入了一個特別的卷次，〈兵事〉，想以此來「詮次加詳」，並「采摭史事（正史）及邑之遺聞（非正式、非官方的街談巷聞）」。見同書，凡例，頁4b。

21 裴大中、倪咸生等修，秦湘業等纂，《無錫金匱縣志》，1881，卷7，頁17b。

22 William T. Rowe, *China's Last Empire: The Great Qing* (Cambridge, Mass.: Harvard University Press, 2009), p. 101, p. 150ff. 編註：此書已有中譯，見羅威廉，《中國最後的帝國：大清王朝》（臺北：臺灣大學，2016）。

23 Kathryn Bernhardt, *Rents, Taxes, and Peasant Resistance*, p. 43, p. 46. 對銀荒與財政危機更為宏觀的介紹，亦見彭澤益，《十九世紀後半期的中國財政與經濟》（北京：人民大學，1983），頁24-71。

24 Rowe, *China's Last Empire*, pp. 172-173.

25 裴大中、倪咸生等修，秦湘業等纂，《無錫金匱縣志》，1881，卷7，頁19a；同書，卷6，頁1a-4b。

26 裴大中、倪咸生等修，秦湘業等纂，《無錫金匱縣志》，1881，凡例，頁4a。在關於別處的戰爭記載中，對於書籍和文書資料損失的描寫也相當突出。例子請見英傑修，晏端書等纂，《續纂揚州府志》，1874，序言。省級官員在戰後組織設立印刷局，以期恢復該地區藏書。

27 裴大中、倪咸生等修，秦湘業等纂，《無錫金匱縣志》，1881，卷7，頁19a。

28 江蘇東部的幾種戰後方志都清楚寫道，他們的首要任務是將戰後的稅賦減免記載

知道義和團，但聽過太平天國的學生相對較少。見其著作*History in Three Keys: The Boxers as Event, Experience, and Myth* (New York: Columbia University Press, 1997), pp. 14-15.

6 英傑修，晏端書等纂，《續纂揚州府志》。

7 Tobie Meyer-Fong, *Building Culture in Early Qing Yangzhou* (Stanford: Stanford University Press, 2003). 中譯本見梅爾清（Tobie Meyer-Fong）著，朱修春譯，《清初揚州文化》（上海：復旦大學，2004）。

8 英傑修，晏端書等纂，《續纂揚州府志》，卷11，頁14a。

9 英傑修，晏端書等纂，《續纂揚州府志》，卷11，頁18a。

10 關於這些宗教及民間慣例的討論，建議參見Robert P. Weller, *Resistance, Chaos, and Control in China: Taiping Rebels, Taiwanese Ghosts, and Tiananmen* (Seattle: University of Washington Press, 1994). 若想看生動且深入淺出的洪秀全傳記，可見Jonathan D. Spence, *God's Chinese Son: The Taiping Heavenly Kingdom of Hong Xiuquan*, 1st ed. (New York: Norton, 1996). 編註：此書已有中譯，見史景遷，《太平天國》（臺北：時報，2016）。

11 關於謠言（特別是揚州地區的）可參見Tobie Meyer-Fong, "Gathering in a Ruined City: Metaphor, Practice, and Recovery in Post-Taiping Yangzhou," in *Lifestyle and Entertainment in Yangzhou*, ed. Lucie B. Olivova and Vibeke Børdahl (Copenhagen: Nordic Institute of Asian Studies, 2009), p. 40. 亦可見符南樵，《咸豐三年避寇日記》。

12 Pamela Crossley, *A Translucent Mirror* (Berkeley: University of California Press, 1999), p. 342. 關於太平天國的願景想像，見Wagner, *Reenacting the Heavenly Vision: the Role of Religion in the Taiping Rebellion* (Berkeley: Institute of East Asian Studies, 1982).

13 對於這些事件，簡又文（Jen Yu-wen）的宏大著作提供了很有用的概述，特別是關於軍事方面。然而，該書將太平天國視為革命且愛國的，並竭力捍衛這種說法。見Jen Yu-wen , *The Taiping Revolutionary Movement* (New Heaven: Yale University Press, 1973). 亦見Philip Kuhn, "The Taiping Rebellion," in *Cambridge History of China, vol. 10, Late Ch'ing, 1890-1911, Part 1*, ed. Denis Twitchett and John King Fairbank (Cambridge, UK: Cambridge University Press, 1978), pp. 264-316.

14 John Withers, "The Heavenly Capital: Nanjing Under the Taiping, 1853-1864" (Ph.D. diss., Yale University, 1983), p. 222.

15 Withers, "The Heavenly Capital" , p. 228.

16 Crossley, A Translucent Mirror, 342. 關於太平天國反滿情緒的宗教層面，見Rudolf Wagner, *Reenacting the Heavenly Vision: The Role of Religion in the Taiping Rebellion* (Berkeley: Institute of East Asian Studies, 1982).

註釋

第一章　戰爭

1　例如William Hail, *Tsěng Kuo-fan and the Taiping Rebellion, with a Short Sketch of his Later Career*, 2nd ed. (1927; reprint, New York: Paragon Book Reprint Corp., 1964), p. xiii. 他引用了Samuel Wells Williams的經典作品*The Middle Kingdom: A Survey of the Geography, Government, Literature, Social Life, Arts and History of the Chinese Empire and Its Inhabitants*的1883年修訂版，稱「住在上海的外國人估計，在1851到1865年間，有整整兩千萬人因太平天國叛亂而喪生」。何炳棣討論過這些數字，並質疑其精確性——見其著作*Studies on the Population of China* (Cambridge, Mass: Harvard University Press, 1959), pp. 246-247. 然而，何炳棣也認為這是人類史上最具毀滅性的戰爭之一（見頁238）。

2　例如姜濤，〈太平天國戰爭與晚清人口〉，收於中國社會科學院近代史研究所政治史研究室、蘇州大學社會學院編，《晚清國家與社會》（北京：社會科學文獻，2007），頁3-13，以及華強、蔡宏俊，〈太平天國時期中國人口損失問題〉，收於中國社會科學院近代史研究所政治史研究室、蘇州大學社會學院編，《晚清國家與社會》，頁64-75。有一篇較早但仍然很有用的文章是Yeh-chien Wang, "The Impact of the Taiping Rebellion on the Population in Southern Kiangsu," *Papers on China, Harvard University, East Asia Research Center* 19 (December 1965): pp. 120-158.

3　Mary B. Rankin, *Elite Activism and Political Transformation in China: Zhejiang Province, 1865-1911* (Stanford: Stanford University Press, 2008), p. 55.

4　Mark S. Schantz, *Awaiting the Heavenly Country: The Civil War and America's Culture of Death* (Ithaca: Cornell University Press, 2008), I. 關於平民死亡人數以及統計死亡數字之難，可參見Drew Gilpin Faust, *This Republic of Suffering: Death and the American Civil War* (New York: Knopf, 2008), xii. 近期一篇刊載在《紐約時報》（*New York Times*）上的文章指出，這個統計數字應該再上調百分之二十，總數應為七十五萬人。這個新數字不含平民死亡人數。見"New Estimate Raises Civil War Death Toll," *New York Times*, April 3, 2012, D1, 3.

5　柯文（Paul Cohen）提到，在他晚期中華帝國史概論課上的很多本科生在選課前就

書中事件年表與大事記

嘉慶年間：一七九六～一八二〇
道光年間：一八二一～一八五〇
咸豐年間：一八五一～一八六一
同治年間：一八六二～一八七四
光緒年間：一八七五～一九〇八

西元年	清代年號	大事記
一八三五	道光十五年	余治在江蘇無錫創辦惜字會，開始其慈善事業。
一八三七	道光十七年	洪秀全科舉落榜，陷入幻覺。
一八四〇	道光二十年	鴉片戰爭爆發。
一八四四	道光二十四年	洪秀全創立拜上帝會。
一八五〇	道光三十年	太平天國戰爭爆發。
一八五一	咸豐元年	太平天國分封諸王，洪秀全自封「天王」，推行「天曆」。

一八五三	咸豐三年	太平天國攻陷揚州、南京，定都南京並改名「天京」；曾國藩開始籌組湘軍；余治開始替地方團練募款。
一八五四	咸豐四年	余治出版《潘公免災寶卷》。
一八六〇	咸豐十年	太平軍二破清軍江南大營、攻陷余治的家鄉江蘇無錫、攻陷杭州，林姓典史遇害；李圭遭太平軍俘虜；曾國藩創立兩江採訪忠義局；美國傳教士泰勒出版《在華五年》。
一八六一	咸豐十一年	太平軍二度攻陷杭州城，張光烈母親遇害。
一八六二	同治元年	李圭自太平軍中逃脫；英國駐寧波領事夏福禮向英國提出敵視太平天國的報告。
一八六三	同治二年	清軍收復蘇州；浙江採訪忠義局成立。揚州人金長福寫下《癸亥日記》。
一八六四	同治三年	洪秀全過世，清軍收復浙江與其省會杭州，攻陷天京城，太平天國戰爭結束。余治出版《江南鐵淚圖》。
一八六九	同治八年	余治出版《得一錄》。
一八七二	同治十一年	浙江昭忠祠建成於省會杭州。
一八七六	光緒二年	丁戊華北奇荒爆發。
一八八〇	光緒六年	張光烈出版《辛酉記》初版。李圭出版《思痛記》。
一八八三	光緒九年	杭州人丁丙開始刊行《武林掌故叢編》，收錄《庚辛泣杭錄》。
一八八七	光緒十三年	張光烈出任蘇州電報局督辦；杭州城舉辦慰藉太平天國戰爭死難者亡魂之法事。

Beyond

12

世界的啟迪

躁動的亡魂：太平天國戰爭的暴力、失序與死亡

What Remains: Coming to Terms with Civil War in 19th Century China

作者	梅爾清（Tobie Meyer-Fong）
譯者	蕭琪、蔡松穎
審訂	郭劼
執行長	陳蕙慧
總編輯	張惠菁
責任編輯	洪仕翰
行銷總監	陳雅雯
行銷企劃	尹子麟、余一霞
封面設計	許晉維
內頁排版	宸遠彩藝

社長	郭重興
發行人	曾大福
出版	衛城出版／遠足文化事業股份有限公司
發行	遠足文化事業股份有限公司
地址	23141 新北市新店區民權路 108-2 號九樓
電話	02-22181417
傳真	02-22180727
客服專線	0800-221029
法律顧問	華洋法律事務所 蘇文生律師
印刷	呈靖彩藝有限公司
一版一刷	2020 年 6 月
一版五刷	2023 年 6 月
Printed in Taiwan	
定價	480 元

歡迎團體訂購，另有優惠，請洽 02-22181417，分機 1124、1135

特別聲明：有關本書中的言論內容，不代表本公司 / 出版集團之立場與意見，文責由作者自行承擔。

ACRO POLIS 衛城出版

Email acropolismde@gmail.com

Facebook www.facebook.com/acrolispublish

國家圖書館出版品預行編目(CIP)資料

躁動的亡魂：太平天國戰爭的暴力、失序與死亡 / 梅爾清(Tobie Meyer-fong)著；蕭琪, 蔡松穎譯. – 初版. – 新北市：衛城, 遠足文化, 2020.06
面；公分. –（Beyond 12）
譯自：What remains : coming to terms with civil war in 19th century China

ISBN 978-986-98890-3-2(（平裝）

1. 太平天國

627.74　　109004216

● 親愛的讀者你好，非常感謝你購買衛城出版品。
我們非常需要你的意見，請於回函中告訴我們你對此書的意見，
我們會針對你的意見加強改進。

若不方便郵寄回函，歡迎傳真回函給我們。傳真電話—— 02-2218-0727

或上網搜尋「衛城出版FACEBOOK」
http://www.facebook.com/acropolispublish

● 讀者資料

你的性別是 □ 男性 □ 女性 □ 其他

你的職業是 ____________ 你的最高學歷是 ____________

年齡 □ 20 歲以下 □ 21-30 歲 □ 31-40 歲 □ 41-50 歲 □ 51-60 歲 □ 61 歲以上

若你願意留下 e-mail，我們將優先寄送 ____________ 衛城出版相關活動訊息與優惠活動

● 購書資料

● 請問你是從哪裡得知本書出版訊息？（可複選）
□ 實體書店 □ 網路書店 □ 報紙 □ 電視 □ 網路 □ 廣播 □ 雜誌 □ 朋友介紹
□ 參加講座活動 □ 其他 ____________

● 是在哪裡購買的呢？（單選）
□ 實體連鎖書店 □ 網路書店 □ 獨立書店 □ 傳統書店 □ 團購 □ 其他 ____________

● 讓你燃起購買慾的主要原因是？（可複選）
□ 對此類主題感興趣
□ 覺得書籍設計好美，看起來好有質感！
□ 議題好熱，好像很多人都在看，我也想知道裡面在寫什麼
□ 其他 ____________
□ 參加講座後，覺得好像不賴
□ 價格優惠吸引我
□ 其實我沒有買書啦！這是送（借）的

● 如果你覺得這本書還不錯，那它的優點是？（可複選）
□ 內容主題具參考價值 □ 文筆流暢 □ 書籍整體設計優美 □ 價格實在 □ 其他 ____________

● 如果你覺得這本書讓你好失望，請務必告訴我們它的缺點（可複選）
□ 內容與想像中不符 □ 文筆不流暢 □ 印刷品質差 □ 版面設計影響閱讀 □ 價格偏高 □ 其他 ____________

● 大都經由哪些管道得到書籍出版訊息？（可複選）
□ 實體書店 □ 網路書店 □ 報紙 □ 電視 □ 網路 □ 廣播 □ 親友介紹 □ 圖書館 □ 其他 ____________

● 習慣購書的地方是？（可複選）
□ 實體連鎖書店 □ 網路書店 □ 獨立書店 □ 傳統書店 □ 學校團購 □ 其他 ____________

● 如果你發現書中錯字或是內文有任何需要改進之處，請不吝給我們指教，我們將於再版時更正錯誤

請沿虛線剪下

廣 告 回 信
臺灣北區郵政管理局登記證
第 1 4 4 3 7 號

請直接投郵•郵資由本公司支付

23141
新北市新店區民權路108-2號9樓

衛城出版 收

● 請沿虛線對折裝訂後寄回，謝謝！

ACRO POLIS 衛城出版

Beyond

12

世界的啟迪